Beller / Bender

Die Welt des Denkens

Verlag Hans Huber

Psychologie

HUBER

Andrea Bender & Sieghard Beller

Die Welt des Denkens

Kognitive Einheit, kulturelle Vielfalt

Verlag Hans Huber

Programmleitung: Tino Heeg
Lektorat: Eva Henle, Wien
Herstellung: Jörg Kleine Büning
Umschlaggestaltung: Claude Borer, Basel
Druckvorstufe: mediaventa, Roland Schmid, München
Druck und buchbinderische Verarbeitung: AALEXX Buchproduktion GmbH, Großburgwedel
Printed in Germany

Bibliografische Information der Deutschen Nationalbibliothek
Die Deutsche Nationalbibliothek verzeichnet diese Publikation in der Deutschen Nationalbibliografie; detaillierte bibliografische Daten sind im Internet über http://dnb.d-nb.de abrufbar.

Anregungen und Zuschriften bitte an:
Verlag Hans Huber
Lektorat Psychologie
Länggass-Strasse 76
CH-3000 Bern 9
Tel: 0041 (0)31 300 4500
verlag@hanshuber.com
www.verlag-hanshuber.com

1. Auflage 2013

ISBN 978-3-456- 85224-9
ISBN 978-3-456-95224-6 (E-Book)
ISBN 978-3-456-75224-2 (E-Pub)

Inhaltsverzeichnis

Vorwort

Kognition und Kultur sind eng verwoben – wie eng, will dieses Buch an ausgewählten Fallbeispielen illustrieren. Über *Kognitionen*, also die Informationsverarbeitung des Menschen, weiß die Psychologie viel zu berichten. Schlägt man ein Lehrbuch zur Kognitiven Psychologie auf, so findet man darin Themen wie Wahrnehmung, Denken und Sprache, aber auch Emotion und Motivation. Meist erfährt man allerdings kaum etwas darüber, in welchem Ausmaß die psychologischen Prozesse über Individuen und Kulturen hinweg variieren. In der Ethnologie wiederum lernt man etwas über die *Vielfalt*, in der menschliches Leben in verschiedenen Gesellschaften organisiert sein kann, aber kaum etwas über die psychologischen Prozesse, die das Erleben und Verhalten des Einzelnen bestimmen. Psychologie als Wissenschaft vom Erleben und Verhalten und Ethnologie als „Wissenschaft vom kulturell Fremden“ (Kohl, 2000) sind als Fachdisziplinen nur wenig verzahnt, obwohl sie einander viel zu bieten hätten. Die beiden Disziplinen stärker aufeinander zu beziehen war Ziel von Vorlesungen und Seminaren zum Thema *Kognition und Kultur*, die wir von 2005 bis 2010 an der Universität Freiburg gehalten haben, und ist auch Ziel dieses Buches.

Zum Inhalt des Buches

Das Einleitungskapitel gibt eine kurze Einführung in die Grundlagen von Kognition und Kultur. Jedes weitere Kapitel behandelt ein spezifisches Thema, für das es zunächst die konzeptuellen und psychologischen Grundlagen vorstellt und vor diesem Hintergrund dann ein Fallbeispiel aus einer spezifischen Kultur diskutiert. Zur vertieften Auseinandersetzung mit den einzelnen Themen enthält jedes Kapitel zudem einige Übungsaufgaben und ausführliche Hinweise auf weiterführende Literatur. Ein Fazit, das die berichteten Befunde einordnet, beschließt den Text.

Zur Entstehung des Buches

Dieses Buch zu konzipieren und zu verfassen erwies sich als aufwendiger, als wir ursprünglich gedacht hatten; von der ersten Idee bis zum fertigen Buch vergingen deshalb mehr als sieben Jahre. Nicht nur, dass immer wieder andere, im akademischen Leben wichtige Dinge die Arbeit am Manuskript unterbrachen – durch diese Arbeit wurden wir zugleich dazu angeregt, zu dem einen oder anderen Thema weitere Forschungsarbeiten durchzuführen. Davon hat der Inhalt dieses Buches natürlich enorm profitiert, die Fertigstellung wurde dadurch jedoch immer wieder verzögert. Dass es nun fertig vor uns liegt, verdanken wir zum einen der *Deutschen Forschungsgemeinschaft* DFG, die mit einem Heisenberg-Stipendium (Be 2451/8-1) der Erstautorin Freiräume für diese Arbeit schuf, und zum anderen dem *Zentrum für interdisziplinäre Forschung* (ZiF) der Universität Bielefeld, wo wir mit unserer Forschungsgruppe *The cultural constitution of causal cognition* dem Dialog und der Zusammenarbeit zwischen der Ethnologie und anderen Kognitionswissenschaften neue Impulse zu geben hoffen.

Danksagung

Ohne die Mithilfe anderer ist ein solches Buchprojekt kaum realisierbar, und so hat auch in diesem Fall über die Jahre hinweg eine ganze Reihe von Personen zum Gelingen beigetragen. Für die Unterstützung bei der Recherche von Literatur danken wir Lukas Bischof, Susanne Bubser, Annelie Rothe, Julian Schmitz und Simone Traber. Mehrere Hundert Bücher und Fachartikel wurden für dieses Werk berücksichtigt. Verschiedene Testleser haben uns zu einzelnen Kapiteln konstruktiv Rückmeldung gegeben und auf vielen Ebenen zur besseren Lesbarkeit und Anschaulichkeit beigetragen. Für ihre Anmerkungen und Ideen möchten wir danken: Lukas Bischof, Susanne Bubser, Lisa Hüther, Stephan Klessinger, Annelie Rothe, Mario Spengler, Michael Stumpf und Sven-Erik Wulf. Und schließlich möchten wir uns auch bei Kurt Pawlik und Hans Spada vom wissenschaftlichen Beirat des Verlags Hans Huber bedanken für ihren Enthusiasmus, mit dem sie unser Buchprojekt aufgenommen haben.

Zum Schluss bleibt uns nur noch, Ihnen, unseren Leserinnen und Lesern, neue Erkenntnisse zum Verhältnis von Kultur und Kognition zu wünschen – einem, wie wir meinen, faszinierenden Themenfeld.

Bielefeld, im Juli 2012 — Andrea Bender und Sieghard Beller

1 Kognition und Kultur

Einheit oder Vielfalt?

> Vor längerer Zeit schuf Frith die Welt. Er schuf auch alle Sterne, und die Welt ist einer der Sterne … Frith schuf alle Tiere und Vögel, aber als er sie machte, waren sie zuerst alle gleich. Der Spatz und der Turmfalke waren Freunde, und sie fraßen beide Samen und Fliegen. Und der Fuchs und das Kaninchen waren Freunde, und beide fraßen Gras … Er ließ wissen, dass er ein großes Treffen veranstalten würde und dass er bei diesem Treffen jedem Tier und jedem Vogel ein Geschenk machen würde, damit sich jeder von dem anderen unterscheide.
> *Richard Adams, Unten am Fluß, 1992, S. 30–31.*

Eine Frage der Perspektive

Wenn wir versuchen, uns in der Welt da draußen, in unseren sozialen Beziehungen oder in unserem Innenleben zurechtzufinden, sind wir oft – wenn auch meist uneingestanden – der Überzeugung, dabei die einzig richtige Perspektive einzunehmen. In vielen Situationen fällt es uns deshalb nicht leicht, die Dinge aus einem anderen Blickwinkel zu betrachten. Nehmen Sie ein paar einfache Beispiele aus dem Alltag:

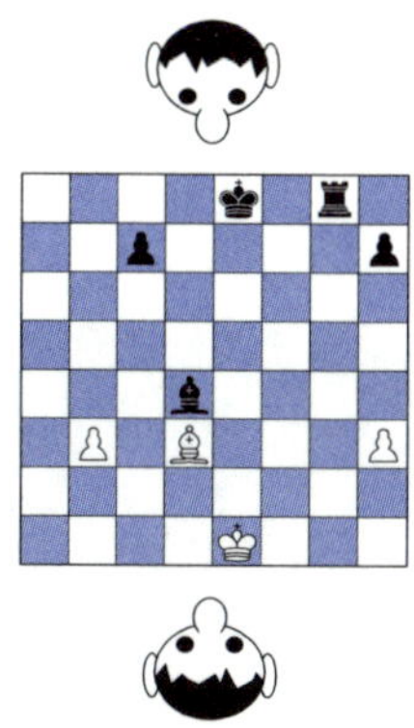

> *Die Besprechung nächsten Mittwoch wird um zwei Tage vorverlegt? Dann findet sie wohl am Montag statt. – Grün und blau sind verschiedene Farben, keine Frage. – „Peter hat mir nicht geholfen, obwohl er mir das versprochen hatte.“ Wer würde sich darüber nicht ärgern? – Oder: „Das Brötchen da vorne links, bitte!“ Wieso reicht mir die Verkäuferin nun statt des gewünschten Sesambrötchens ein Roggenbrötchen von hinten rechts?*

Wie wir noch sehen werden, ist es nicht nur im letzten Beispiel, sondern in *jeder* der genannten Situationen keineswegs selbstverständlich, wie man sie zu verstehen hat oder was andere Personen darüber denken.

Perspektivenwechsel

Perspektivenwechsel ist eine Fähigkeit, die wir alle als kleine Kinder lernen, zumindest dem Prinzip nach (Astington, 2000), und die uns dennoch selbst als Erwachsenen noch schwerfällt (Galinsky et al., 2006;

Wu & Keysar, 2007). Umso mehr setzt es uns zu, wenn wir – etwa bei einer Reise ins ferne Ausland – plötzlich mit Personen konfrontiert werden, deren Ansichten, Werte und Verhaltensweisen so gar nicht unseren Erwartungen entsprechen. Dann können wir uns mit einem Mal sehr gut vorstellen – ja, es erscheint geradezu selbstverständlich –, dass „die anderen" die Welt ganz anders sehen als und sie womöglich auch anders *denken* als wir.

Leitfragen

Aber wie groß sind die Unterschiede wirklich? Und auf welcher Ebene sind sie angesiedelt? *Überschätzt* man im Kontakt mit fremden Kulturen, was wir im Alltag eher *unterschätzen*? Hängt das, was Menschen wahrnehmen, denken und fühlen – womöglich sogar *wie* sie es tun –, grundsätzlich davon ab, in welcher Kultur sie aufgewachsen sind, oder gibt es doch mehr Gemeinsamkeiten als Trennendes? Und wie kann man das eigentlich untersuchen?

Eintauchen in die Welt des Denkens

Fragen wie diese stehen im Zentrum unseres Buches. Es lädt Sie ein, in die faszinierende Welt des Denkens einzutauchen, und dies im doppelten Sinne des Wortes. Zum einen möchten wir Sie mitnehmen auf einen Streifzug durch das weitläufige Gebiet menschlicher Kognitionen. Dazu gehören Vorstellungen von Raum und Zeit genauso wie Emotionen und Sprache. Zum anderen möchten wir Sie mitnehmen auf eine Reise zu verschiedenen Kulturen rund um den Erdball, von den indianischen Kulturen Amerikas bis zu den polynesischen Inseln im Pazifik.

Aufbau des Kapitels

Die Grundlagen werden in dieser Einleitung gelegt, die die wissenschaftliche Betrachtung von Kognitionen und Kultur zunächst aus Sicht der Kognitionswissenschaften (Kapitel 1.1) und dann aus Sicht der Ethnologie (Kapitel 1.2) skizziert. Gegenstand von Kapitel 1.3 sind die methodischen Herausforderungen für die Untersuchung des Zusammenwirkens dieser zwei Aspekte. Wie eng Kognition und Kultur verwoben sind, wird dann in den nachfolgenden Kapiteln illustriert. Eine detaillierte Übersicht über ihren Inhalt wird in Kapitel 1.4 gegeben.

1.1 Die Wissenschaft von den Kognitionen

Zwischen den beiden eingangs angedeuteten Standpunkten – Kognitionen seien durch Kultur entscheidend geprägt *versus* unabhängig davon – bewegen sich nicht nur alltagspsychologische Erklärungen, sondern auch die wissenschaftliche Betrachtung von Kognitionen.

Verschiedene Arten des Denkens und Lévy-Bruhls „primitive Mentalität"

Als während der Kolonialzeit die Europäer verstärkt mit Menschen aus anderen Kulturen in Kontakt kamen, nahmen selbst Sozial- und Kulturwissenschaftler an, dass Menschen aus sogenannten „Naturvölkern" *grundsätzlich anders* dächten als solche aus „modernen westlichen Zivilisationen". Lucien Lévy-Bruhl beispielsweise nannte das in seinen frühen Schriften die „primitive Mentalität" (1910, 1922). Charakteristisch für diese Mentalität sei ein mystisch-prälogisches Denken, das viele Elemente enthalte, die dem Bereich des Religiösen und Übernatürlichen entstammen. Mit den Regeln der Logik, die dem kartesianischen Denken der Europäer zugrunde lägen, lasse es sich deshalb nicht beschreiben oder vereinbaren. Lévy-Bruhl selbst gab diese Position später größtenteils wieder auf. Die Ansicht, dass es zwei Arten des Denkens gäbe, die in allen Menschen koexistieren – analytisches, regelbasiertes, abstraktes einerseits und holistisches, assoziatives und inhaltsspezifisches andererseits –, wird aber aktuell in der Denkpsychologie wieder diskutiert (z. B. Beller & Spada, 2003; Evans, 2008; mehr dazu in Kapitel 4).

Kognitive Einheit und die Kognitionswissenschaften

Dem gegenüber steht die Auffassung von der „psychischen Einheit des Menschengeschlechts", derzufolge alle Menschen unabhängig von ihrem kulturellen Hintergrund über das gleiche kognitive Rüstzeug verfügen. Sie lässt sich mindestens bis in die Aufklärung zurückverfolgen, erfuhr aber in den 1950er- und 1960er-Jahren enormen Auftrieb. Die *Kognitive Revolution* schuf damals die Grundlage für eine neue Forschungsrichtung, als sich sechs Disziplinen – darunter die Psychologie und die Ethnologie – zu den Kognitionswissenschaften zusammentaten, um die Grundlagen des menschlichen Geistes und seiner Leistungen zu erforschen (Boden, 2006; Gardner, 1992; Miller, 2003). Zu diesen Leistungen gehören Wahrnehmung und Aufmerksamkeit genauso wie Lernen, Gedächtnis, Denken und Sprache, aber auch Emotion, Motivation und das Phänomen des Bewusstseins – also „alle Prozesse, durch die der sensorische *Input* transformiert, vereinfacht, elaboriert, gespeichert, abgerufen und verwendet wird" (Neisser, 1967, S. 4).

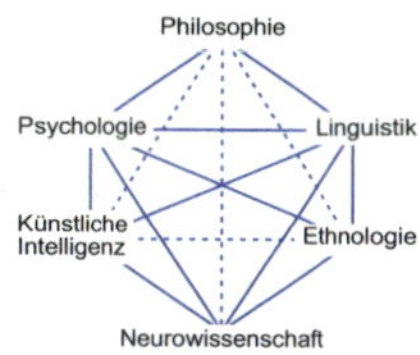

Der Verbund der Kognitionswissenschaften; durchgezogene Linien stehen für starke Verbindungen, gestrichelte für schwache (n. Gardner, 1992, S. 49).

Die Computermetapher und ihre zentralen Annahmen

Der kognitionswissenschaftliche Ansatz zur Beschreibung dieser Funktionen stützt sich auf die sogenannte Computermetapher, nach der man zwischen der *Hardware* (dem „Prozessor" Gehirn), der *Software* (den „Programmen") und den *Daten* (den verarbeiteten Inhalten) unterscheiden kann. Das Denken des Menschen wird dabei beschrieben durch eine Kombination von mental repräsentierten Inhalten (Daten) und darauf abgestimmten Verarbeitungsprozessen (Programmen). Kennt man diese, so lassen sich die entsprechenden Kognitionen etwa auch auf einem Computer realisieren; man spricht dann von künstlicher Intelligenz. Von den Annahmen, die dieser Perspektive zugrunde liegen, sind im Folgenden drei von zentraler Bedeutung:

1. Kognitionen lassen sich trennen in Verarbeitungsprozesse und Inhalte (also die verarbeiteten Informationen).
2. Kognitionen sind ein mentales Phänomen in den Köpfen von Personen; die Verarbeitungsprozesse sind also weitgehend unabhängig vom Kontext, in dem sie ablaufen.
3. Nur der Inhalt variiert kulturell, der Prozessor selbst und damit auch die Verarbeitungsprozesse sind dagegen universell, also bei allen Menschen gleich und unabhängig von ihrer kulturellen Herkunft.

Konsequenzen für die Kognitionsforschung

Für die Forschung zur menschlichen Kognition hatten diese Annahmen weitreichende Konsequenzen.

(1) Prozess versus Inhalt: Arbeitsteilung zwischen Psychologie und Ethnologie

So diente die angenommene Trennbarkeit von Prozess und Inhalt als Rechtfertigung für eine Arbeitsteilung zwischen der Psychologie, die sich eher für die Prozesse zuständig fühlte, und der Ethnologie, die sich mehr für die Inhalte interessierte (D'Andrade, 1981). Dass diese Trennung indes weder sinnvoll noch haltbar ist – und nicht selten zu falschen Schlussfolgerungen führt –, ist inzwischen nachgewiesen (z. B. Atran & Medin, 2008; mehr dazu in Kapitel 3 und Kapitel 11). In jüngerer Zeit werden deshalb verstärkt Anstrengungen unternommen, die Wechselwirkungen von Inhalt und Prozess explizit zu untersuchen.

(2) Kognitionen im Kopf: Forschung im Labor

Als Gegenbewegung zum Behaviorismus, der die wissenschaftliche Beschäftigung mit kognitiven Phänomenen kategorisch ablehnte, weil diese einer direkten Beobachtung nicht zugänglich seien, konzentrierten sich die Kognitionswissenschaften auf eben diejenigen Phänomene, die sich in den Köpfen von Menschen abspielten (das Mentale). Verhalten lasse sich nur erklären, wenn man versteht, worauf Personen ihre Aufmerksamkeit richten, welche Informationen sie verarbeiten und zu welchen Entscheidungen sie gelangen. Das Ziel war klar: *„We must get inside our subjects' heads"* (Frake, 1964, S. 133).

distributed cognition

Auch wenn diese Rückbesinnung auf Kognitionen unverzichtbar war, führte die Konzentration auf Mentales dazu, dass andere Faktoren, die für die kognitive Verarbeitung ebenfalls wichtig waren, aus dem Blick gerieten. So werden viele kognitive Aufgaben ja nicht ausschließlich im

Kopf bewältigt, sondern in Interaktion mit der Umwelt und mit Artefakten, die oft gerade dem Zweck dienen, die kognitive Verarbeitung zu erleichtern (Norman, 1993). Beispiele dafür sind der Umgang mit Ziffern beim Rechnen (Zhang & Norman, 1995; mehr dazu in Kapitel 5) oder die Nutzung von Karten und technischen Geräten bei der Navigation etwa von Schiffen oder Flugzeugen (Hutchins, 1995; mehr dazu in Kapitel 8). Für diese Interaktionen zwischen kognitiver Verarbeitung und kognitiven Artefakten prägte der Ethnologe Edwin Hutchins den Begriff der *distributed cognition* (Hutchins, 2006).

Ökologische Validität

Aber auch über konkrete Hilfsmittel hinaus kann der Kontext, in dem wir Informationen verarbeiten, sich darauf auswirken, *wie* wir Informationen verarbeiten. So lösen wir manche Aufgaben besser, wenn andere Personen anwesend sind – ein Phänomen, das „soziale Erleichterung" genannt wird (z. B. Bond & Titus, 1983; Guerin, 1993). Die gängige Praxis, kognitive Prozesse unter möglichst kontrollierten Bedingungen in psychologischen Laboren zu untersuchen, ist deshalb kritisch zu beurteilen, weil sie die ökologische Validität beeinträchtigt, also die Gültigkeit der Ergebnisse auch über den Laborkontext hinaus.

(3) Wie universell sind die Prozesse wirklich? Forschung mit selektiven Stichproben

Diese Präferenz für Laborstudien wurde indes noch verstärkt durch eine dritte Annahme, wonach die Verarbeitungsprozesse universell – also bei allen Menschen gleich und unabhängig von ihrer kulturellen Herkunft – ablaufen. Selbst die frühen kognitionsethnologischen Studien in anderen Kulturen hatten darauf hingedeutet, dass sich zwar die verfügbaren Informationen zwischen Kulturen unterschieden, nicht aber die Art ihrer Verarbeitung – ja, nicht einmal ihre interne Struktur (z. B. Berlin et al., 1968; Berlin & Kay, 1969; mehr dazu in Kapitel 2 und Kapitel 3). Ein Einfluss von Kultur auf Kognitionen wurde deshalb ebenso ausgeschlossen wie ein Einfluss von Sprache auf das Denken, der als *Linguistische Relativität* oder *Sapir-Whorf-Hypothese* diskutiert worden war[1] (Sapir, 1921, 1929; Whorf, 1991; original in Carroll, 1956). Die Annahme universeller Verarbeitungsprozesse führte in der Konsequenz zu der weitverbreiteten Angewohnheit, sich bei der Erforschung kognitiver Prozesse mit selektiv eingeschränkten Stichproben

1. Bis in die 1950er war diese These recht populär, wurde dann aber durch Noam Chomsky und seine Anhänger massiv kritisiert (z. B. Pinker, 1995) und erlebte erst in den letzten zwei Jahrzehnten eine Renaissance (Boroditsky, 2003; Gentner & Goldin-Meadow, 2003; Gumperz & Levinson, 1996; Lucy, 1992a, 1992b, 1997).

zu begnügen, nämlich meist mit Studierenden der eigenen Hochschule. Wenn kognitive Prozesse universell sind, dann ist für ihre Untersuchung jeder Studierende genauso gut geeignet wie irgendein anderer Mensch auf dieser Welt; und wenn es eine Universalgrammatik gibt, wie sie Chomsky postulierte, dann ist für ihre Untersuchung das Englische genauso gut geeignet wie jede andere Sprache. Woher aber wissen wir, dass solche Prozesse tatsächlich universell sind, wenn wir diese Annahme gar nicht überprüfen?

1.2 Kulturelle Variabilität

„The WEIRDest people in the world"

Herkunft der Stichproben (in %) für Studien in hochrangigen APA-Journals; *Engl* = englisch-sprachige Länder: USA, Kanada, Großbritannien, Australien und Neuseeland; *Eur* = europäische Länder (n. Arnett, 2008, S. 605)

	Engl	Eur	Rest
DevP	83	11	6
JPSP	74	19	8
JAbnP	86	11	2
JFamP	88	8	3
HP	91	8	1
JEdP	78	13	9
Ø	82	13	5

DevP = Developmental Psychology, JPSP = Journal of Personality and Social Psychology, JAbnP = Journal of Abnormal Psychology, JFamP = Journal of Family Psychology, HP = Health Psychology, JEdP = Journal of Educational Psychology

Die Kritik an der gängigen Forschungspraxis ist nicht neu (z. B. Sears, 1986), gewinnt in jüngerer Zeit aber zunehmend an Aufmerksamkeit. Arnett (2008) beispielsweise belegt durch eine Auswertung von sechs führenden Fachzeitschriften der *American Psychological Association (APA)* aus den Jahren 2003 bis 2007, dass die darin publizierten Artikel nicht nur beinahe ausschließlich von Forschern aus dem englischsprachigen Raum und aus Europa, sondern auch beinahe ebenso ausschließlich mit Stichproben aus eben diesen Ländern durchgeführt wurden. Vernachlässigt werden dabei rund 95 % der Weltbevölkerung, über die wir – aus psychologischer beziehungsweise kognitionswissenschaftlicher Perspektive – praktisch nichts wissen (vgl. auch Henry, 2008; Rozin, 2009). Noch weiter in ihrer Kritik gehen Henrich und Kollegen mit dem Artikel *The WEIRDest people in the world* (2010). *WEIRD* steht dabei zunächst einfach als Abkürzung für Menschen aus *„Western, Educated, Industrialized, Rich, and Democratic societies"* und damit für die klassische Stichprobe der Hochschulstudierenden. Diese Gruppe erscheint aber auch insofern als *weird* (d. h. „seltsam"), da sie im globalen Vergleich psychologisch aus dem Rahmen fällt. Mit Generalisierungen von Befunden gerade aus dieser Gruppe sollte man deshalb besonders vorsichtig sein.

Kognitive Universalien ... die keine sind

An zahlreichen Beispielen, die von der visuellen Wahrnehmung über Raumkognition, ethnobiologisches Wissen und ökonomische Entscheidungen bis hin zum Selbstkonzept und zu verschiedenen sozialpsychologischen Phänomenen reichen, arbeiten Henrich und Kollegen (2010) heraus, dass viele der für stabil und generell gehaltenen Effekte nur abgeschwächt oder gar nicht auftreten, wenn man den Kreis der *WEIRD people* verlässt. Ähnliches gilt übrigens auch für die Einschätzung linguistischer Universalien (vgl. Evans & Levinson, 2009).

Die Müller-Lyer'sche Täuschung – ein robuster Effekt?

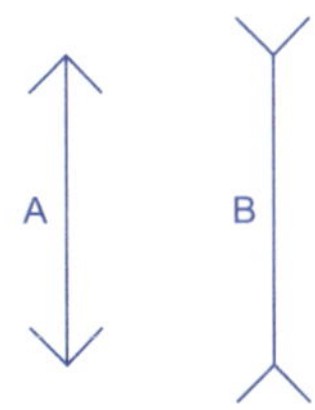

Nehmen Sie als Beispiel die Müller-Lyer'sche Täuschung (s. Abb. rechts): Obwohl die Linien A und B in Wirklichkeit gleich lang sind, neigen wir dazu, Linie B länger als Linie A einzuschätzen – und zwar in der Größenordnung von 10 bis 30 %. Die klassische Erklärung basiert darauf, dass Linie A wie die Außenecke eines Raumes wirkt, Linie B dagegen wie die Innenecke (Gregory, 1966). Von zwei auf der Netzhaut gleich langen Linien (wie in diesem Fall), wird diejenige als größer interpretiert, die als weiter entfernt erachtet wird, also die Innenecke B (für alternative, aber im Ergebnis ähnliche Erklärungen vgl. auch Day, 1990; DeLucia & Hochberg, 1991). Entscheidend an dieser Art Erklärungen ist, dass sie annehmen, die Größenkorrektur erfolge automatisch und ohne dass wir uns dem Effekt entziehen könnten. Wie die meisten optischen Täuschungen gilt die Müller-Lyer'sche Täuschung deshalb als sehr robust (Fodor, 1983).

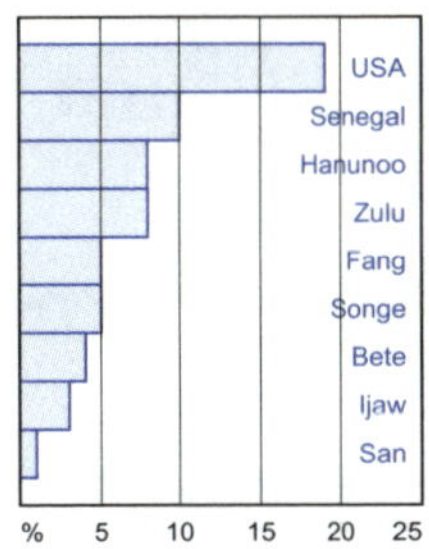

Prozentsatz, um den Linie A länger sein muss als B, um subjektiv als gleich wahrgenommen zu werden (n. Segall et al., 1966, S. 122)

Genau diese Robustheit wurde aber bereits vor knapp fünfzig Jahren durch kulturvergleichende Befunde infrage gestellt (Segall et al., 1966). Für Angehörige von 16 unterschiedlichen Kulturen belegte die Studie signifikante Unterschiede in der Stärke der Müller-Lyer'schen Täuschung. Mit Abstand am anfälligsten für die Täuschung waren dabei die *WEIRD people*, in diesem Fall eine Stichprobe aus der nord-amerikanischen Universitätsstadt Evanston, während die San im südwestlichen Afrika, die als Wildbeuter in der Kalahari leben, praktisch immun dagegen zu sein schienen. Hinweise auf diese Befunde, die eigentlich eine Modifikation der Erklärungsmodelle verlangen, sucht man in gängigen Lehrbüchern zur Wahrnehmung wie dem von Goldstein (2007) indes immer noch vergebens.

Ursachen für kulturelle Unterschiede bleiben oft unklar.

Kulturvergleichende Studien haben mit einer Reihe methodischer Schwierigkeiten zu kämpfen, auf die wir in Kapitel 1.3 noch detaillierter eingehen werden. Eine der Schwierigkeiten besteht darin, dass die Ursachen für einen kulturellen Unterschied oft unklar bleiben, obwohl gerade sie das eigentlich Interessante an dieser Art Forschung ausmachen. In vielen Fällen mag dieser Unterschied schlicht auf einer willkürlichen Entscheidung einzelner Personen basieren, die irgendwann einmal gefällt wurde. Auch von den in diesem Buch behandelten Beispielen werden sich einige nicht „aus der Kultur heraus" erklären lassen – etwa warum es im Russischen zwei Grundfarbwörter für *Blau* gibt, im Deutschen aber nur eines (Kapitel 2).

Kulturelle Kontextfaktoren

In anderen Fällen kann man zumindest spekulieren. Für die Unterschiede in der Müller-Lyer'schen Täuschung besteht eine durchaus plausible Erklärung darin, dass das Auftreten der Täuschung aus Erfahrungen mit einer Umgebung resultiert, in der Gebäude mit geraden Kanten und rechtwinkligen Ecken allgegenwärtig sind. Das visuelle System von Menschen, die in einer solchen Umgebung aufwachsen, lernt deshalb, entsprechende Informationen bei der Wahrnehmung mit zu verrechnen (Segall et al., 1966). Nicht immer sind es jedoch solche materiellen Faktoren, die unsere Erfahrungen prägen – auch linguistische Konventionen, Überzeugungen, Werte oder soziale Strukturen können sich entsprechend auswirken. Diese kulturellen Kontextfaktoren zu identifizieren und ihre Einflüsse zu untersuchen, ist das erklärte Ziel von Ethnologen und Kulturpsychologen (z. B. Cole, 1996; Cole et al., 1971; Hutchins, 1995, 2010; Shweder, 1991, 2007).

Was ist Kultur?

Definitionen von Kultur

Die wahrscheinlich einflussreichste Definition stammt von einem der Gründerväter der Ethnologie, dem Briten Edward Burnett Tylor. In seinem Hauptwerk *Primitive Culture* definiert er Kultur als ein komplexes Ganzes aus Vorstellungen, Fähigkeiten und Gewohnheiten, das Menschen als Mitglieder ihrer Gesellschaft erwerben (Tylor, 1871). Je nach Hintergrund und Forschungsinteresse nehmen Ethnologen allerdings sehr verschiedene Facetten in den Blick, wenn sie über Kultur sprechen. Kognitionsethnologen interessieren sich verständlicherweise vor allem für kognitive Phänomene, aber auch für die kognitiven Repräsentationen aller anderen Phänomene. Aus der klassisch kognitiven Sicht, die sich auf das Mentale beschränkt, umfasst die Kultur einer Gesellschaft deshalb alles, was jemand wissen oder glauben muss, um in einer Weise handeln zu können, die für ihre Mitglieder akzeptabel ist (Goodenough, 1957). Bezieht man Umwelt und Artefakte in die Betrachtung von Kognition mit ein, wie es Hutchins (1995, 2010) fordert und wie es auch für viele interessante Fragen der Kognitionsethnologie entscheidend ist, muss man auch den Begriff der Kultur entsprechend ausdehnen; ein Beispiel dafür liefert die Definition von Franz Boas, einem der Gründerväter der amerikanischen Ethnologie (s. Kasten links).

Culture …

Tylor (1871, S. 1): „… that complex whole which includes knowledge, belief, art, morals, law, custom, and any other capabilities and habits acquired by man as a member of society."

Boas (1930, S. 79): „… all the manifestations of social habits of a community, the reactions of the individual as affected by the habits of the group … and the products of human activities as determined by these habits."

Goodenough (1957, S. 167): „… whatever it is one has to know or believe in order to operate in a manner acceptable to its members."

Das Speicherproblem

So ist beispielsweise ein Kernproblem aller Kulturen das Management von Wissen und einige der Lösungsstrategien für dieses Problem sind auf Artefakte angewiesen. Selbst zahlenmäßig kleine Gesellschaften verfügen typischerweise über ein Repertoire an Informationen, das von keinem einzelnen Mitglied vollständig beherrscht werden kann (d'Andrade, 1981, S. 180; Roberts, 1964, S. 439). Die begrenzte Kapazität des Arbeitsgedächtnisses erschwert zudem den Umgang mit dieser Fülle an Informationen. Um diese Probleme zu lösen, sind verschiedene Strategien möglich. Kleine Informationseinheiten können zu größeren Einheiten *(chunks)* gebündelt werden. Informationen können außerdem extern, beispielsweise durch Schrift, repräsentiert werden. Und schließlich können Informationen auch sozial verteilt werden, etwa an Spezialisten, die für bestimmte Gegenstandsbereiche Expertise erwerben. Jede dieser Strategien wird durch Kultur unterstützt.

Varianten der Speicherung von Wissen

(1) Ordnungsprinzipien

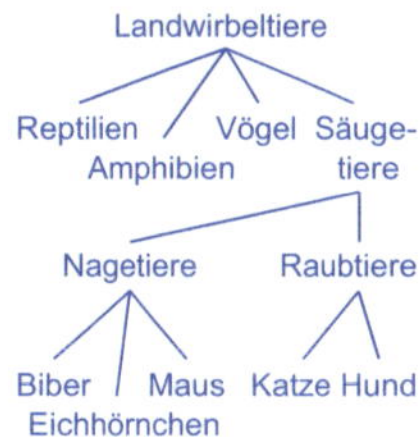

Die Ordnung von Wissen in Gedächtnis-*Chunks* erfolgt zwar individuell, aber für die meisten Wissensdomänen lernen wir Ordnungsprinzipien, die andere vor uns entwickelt haben. Ein Beispiel für solche Ordnungsprinzipien sind Taxonomien, die etwa unser Wissen über die Tierwelt strukturieren (s. Abb. rechts und Kapitel 3). Auf ähnliche Weise wird, wie d'Andrade schreibt, Klugheit zu einem großen Teil *gelehrt*, nämlich durch Vermittlung angemessener Modelle für die Lösung von Problemen (1995, S. 208). Vieles davon erfolgt mithilfe von Sprache und diese Tatsache hat die Frage aufgeworfen, ob nicht die Art, wie Dinge in einer bestimmten Sprache formuliert oder kategorisiert sind, den gedanklichen Umgang mit diesen Dingen beeinflusst *(Linguistische Relativität)*. Diese noch immer umstrittene Frage wird in einigen der folgenden Kapiteln aufgegriffen und diskutiert.

(2) Externe Repräsentation

Externe Repräsentationen können ebenfalls individuell erfunden werden und doch sind auch diese typischerweise kulturell tradiert: Kerben in Holz, um das Zählen zu erleichtern, ein Alphabet, um flüchtige Worte und Gedanken festzuhalten, Bücher, Messinstrumente, Computer – sie alle entlasten das Gedächtnis und erleichtern so den Umgang mit komplexeren Problemen (Hutchins, 1995; Zhang & Norman, 1995). Am Beispiel der Zahlschrift wird das in Kapitel 5 vertieft.

(3) Soziale Verteilung

Und schließlich kann Wissen auch gespeichert werden, indem es sozial verteilt wird, durch Arbeitsteilung und Spezialisierung (d'Andrade, 1981; Hutchins, 1991, 1995). Dies hat allerdings zur Folge, dass kulturell relevantes Wissen nicht mehr von allen Personen geteilt wird, und

Geteiltes versus verteiltes Wissen

wirft die Frage auf, in welchem Umfang man dieses Wissen als kulturelles Wissen einer Gruppe zuschreiben kann. Zur Beantwortung dieser Frage ist es sinnvoll, das Wissen einer Gruppe in zwei Bereiche zu unterscheiden: *Geteiltes* Wissen ist erforderlich, um miteinander kommunizieren, Expertise teilen und ein Gemeinschaftsgefühl entwickeln zu können. *Verteiltes* Wissen erwächst aus einer sich ständig vergrößernden Zahl von Wissensbeständen über spezifische Domänen, für die Experten zuständig sind. Verteiltes Wissen entsteht aber auch durch „Reibungsverluste" bei der Weitergabe von Wissen. Dabei kann es zu Abweichungen kommen, weil Informationen nicht richtig weitergegeben, verstanden oder erinnert werden oder weil Empfänger sich Regeln und Normen nicht zu eigen machen und Subgruppen bilden. Auch Innovationen und die Anpassung an sich verändernde Umstände verändern Wissensbestände.

Lernen durch Instruktion (explizit) versus durch Assoziation (implizit)

Wichtig dabei ist, zwei Arten kulturellen Lernens zu unterscheiden (D'Andrade, 1995; Strauss & Quinn, 1997). Manches, wie das kleine Einmaleins, die Handhabung von Messer und Gabel oder das Rezept für Hefezopf, wird uns gezielt beigebracht. Wir erlernen es anhand von Instruktionen: sprachlich, regelbasiert und seriell (also Schritt für Schritt). Vor allem im Alltag lernen wir vieles aber auch assoziativ: durch wiederholtes, teilweise unbewusstes Einüben und ohne direkten sprachlichen Einfluss. Wie man beim Radfahren das Gleichgewicht hält oder wann man den Dativ verwendet, ist schwer in Worte zu fassen.

Dinge, die wir durch Instruktion lernen, werden typischerweise direkt repräsentiert. Dieses Wissen ist abrufbar und kann als Regel *explizit* formuliert werden. Dass man das Messer in die rechte, die Gabel in die linke Hand nimmt, ist ein Beispiel dafür. Das Ergebnis ist ein kulturelles Muster beim Hantieren mit Besteck, das sich gut auf diese (verinnerlichte) Regel zurückführen lässt. Lernen durch Assoziation dagegen erzeugt keine expliziten Regeln. Oder könnten Sie erklären, warum das Verb „folgen" den Dativ und nicht den Akkusativ verlangt? Dennoch kann auch derart Gelerntes zu einem regelhaften Verhalten führen: So verwenden Personen deutscher Muttersprache den Dativ meist korrekt („er folgt *ihm*"), viele sogar ohne zu wissen, was ein Dativ ist. Da die Angehörigen einer Kultur solche *impliziten* Regeln typischerweise nicht direkt repräsentieren, kann man auch nicht direkt danach fragen, sondern muss sie durch Beobachtung oder Tests herausfinden. Ob nun explizit oder implizit – Lernen führt immer zunächst zu *individuellen Repräsentationen*. Wie also werden daraus *kulturelle Muster*?

Kultureller Konsens

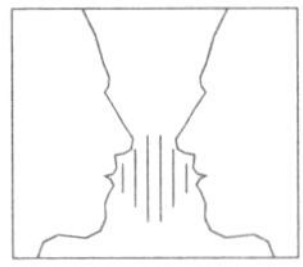

Um über geteiltes und verteiltes Wissen hinweg von *kulturellem Wissen* oder *kulturellen Mustern* sprechen zu können, müssen die Mitglieder einer Kultur oder zumindest ihre jeweiligen Spezialisten darin zu einem gewissen Grad übereinstimmen. Zwischen dem Wissen einer Person und ihrer Übereinstimmung mit anderen Personen gibt es einen engen Zusammenhang: Je mehr die Antworten einer Person mit dem kulturellen Muster übereinstimmen, desto schneller, zuverlässiger und konsistenter sind sie auch (Boster, 1985, 1987a; Romney et al., 1987). Der Grad an Übereinstimmung kann durch einen statistischen Kennwert, den *kulturellen Konsens*, angegeben werden (Romney et al., 1986). Je höher der Wert ist, umso eher sind die vorgebrachten Ansichten „kulturelles Gemeingut", umso eher kann man also von einem stabilen kulturellen Muster sprechen. Damit wird Kultur, zumindest in Ausschnitten, sozusagen quantitativ messbar.

Kulturbereiche

Auf der gesellschaftlichen Ebene manifestieren sich kulturelle Überzeugungen und Verhaltensgewohnheiten in übergeordneten Kulturbereichen: in der Wirtschaftsform etwa, in sozialen Strukturen und der politischen Ordnung, in der Religion oder in der Sprache. Diese vielfältigen Facetten und ihre Verflechtungen zu verstehen ist das Ziel der Ethnologie. Es kann daher nicht verwundern, dass Ethnologen sich meist um eine holistische Perspektive bemühen, also darum, das große Ganze im Blick zu behalten. Eine klassische Ethnografie, also die umfassende Beschreibung einer Kultur, versucht deshalb, zu all diesen Bereichen Auskunft zu geben und dabei so viele Komponenten wie möglich zu berücksichtigen und „dicht" zu beschreiben (z. B. Geertz, 1973, 2003; Kohl, 2000).

Eigenschaften von Kultur

Dabei ist Kultur ein komplexes, teilweise widersprüchliches Geflecht und keineswegs leicht zu (er)fassen. Kultur ist bereits da, wenn Kinder zur Welt kommen, wird durch Individuen aber auch beständig verändert und neu erschaffen (van der Elst & Bohannan, 1999). Kultur wird individuell erlernt (Goodenough, 1957), aber auch sozial geteilt (Borofsky, 1994; Romney & Moore, 1998; Romney et al., 1986). Kultur ist mehr als die Summe ihrer Teile (Lang, 1981, 1994) und dabei keineswegs ein abgeschlossenes System. Vor allem aber ist Kultur mehr als nur eine von vielen psychologischen Variablen, die sich auf einer Dimension, etwa zwischen den Polen Individualismus und Kollektivismus, bewegt, wie es manche sozialpsychologischen Arbeiten nahelegen (für einen kritischen Überblick dazu s. Oyserman et al., 2002).

Macht man sich klar, in wie vielen Facetten Kulturen sich voneinander unterscheiden, stellt sich die Frage nach Universalien ganz neu (Antweiler, 2009; Norenzayan & Heine 2005). Das gilt auch für Auswirkungen dieses kulturellen Kontextes auf Kognitionen und für die Frage, wie stark diese über Kulturen hinweg variieren.

Neuroplastizität

Überraschenderweise kommen Hinweise darauf, dass die kulturellen Unterschiede tiefer reichen könnten, als es sich Kognitionswissenschaftler der ersten Stunde je hätten träumen lassen, ausgerechnet von dem Fach, das man am stärksten mit einer biologischen und damit universellen Position assoziiert: den Neurowissenschaften. Inzwischen mehren sich hier nämlich die Befunde dafür, dass selbst die Hardware Veränderungen unterworfen ist – kulturelle Erfahrungen also sogar das Gehirn beeinflussen und umformen (Kitayama & Uskul, 2011).

1.3 Methodische Herausforderungen

Kulturvergleichende Untersuchungen konfrontieren uns mit einer ganzen Reihe methodischer Herausforderungen. Manche gelten speziell für den Vergleich von Kulturen, andere gelten für empirische Untersuchungen generell. Einige wichtige Probleme werden hier genauer erläutert.

Problem 1: Kulturvergleiche erlauben keine Kausalaussagen.

Experimentalbedingung	
Variante 1	Variante 2
Variable A	Variable A
Variable B	Variable B
...	...

Erkenntnisziel der Kognitionswissenschaften ist es, allgemeingültige Aussagen über die Natur mentaler Zustände und über die kausalen Mechanismen ihrer Verarbeitung zu gewinnen. Als Königsweg hierfür gilt das Experiment: Einzelne Faktoren werden dafür gezielt variiert und ihre kausale Wirksamkeit durch Messung relevanter Variablen unter kontrollierten Bedingungen geprüft (Beller, 2008a; Huber, 2005; Westermann, 2000). Entscheidend für die Aussagekraft der Ergebnisse ist die *interne Validität* des Untersuchungsdesigns. Sie ist nur dann gegeben, wenn es gelingt, andere, in der Untersuchung störende Einflüsse in Schach zu halten, sodass sich die Experimentalbedingungen nur in den gezielt variierten Faktoren unterscheiden. Entsprechend rigoros werden die Experimente angelegt. Kulturvergleichende Studien haben, oberflächlich betrachtet, ein ganz ähnliches Design: Die Variation besteht in den verschiedenen Kulturen; geprüft werden die sich ergebenden kognitiven Unterschiede. Allerdings unterscheiden sich Kulturen generell in vielen Facetten. Da diese Unterschiede sich, anders als in einem Experiment die Störeinflüsse, nicht kontrollieren lassen, kann man auf die kausale Wirksamkeit eines einzelnen Faktors nie mit Sicherheit schließen – forschungslogisch ein unlösbares Problem. Kulturvergleiche sind also nur Quasiexperimente mit der Folge, dass man die Ursachen für einen kognitiven Unterschied nur schwer ausmachen kann. Anstelle der Prüfung von kausalen Zusammenhängen können Kulturvergleiche aber eine andere Funktion haben, wie das Beispiel der Müller-Lyer'schen Täuschung auf Seite 17 zeigt. Sie können kulturelle Varianz in kognitiven Phänomenen aufzeigen, vorschnellen Verallgemeinerungen entgegenwirken und damit die *externe Validität* erhöhen (Norenzayan & Heine, 2005).

Kulturvergleich	
Kultur 1	Kultur 2
Variable A	Variable A
Variable B	Variable B
...	...

Kulturvergleichende Untersuchungen bergen ein weiteres, mit ihrem Design verbundenes Problem. Eine Voraussetzung, um Ergebnisse über Kulturen vergleichen zu können, ist es, funktional äquivalente Untersuchungssituationen herzustellen und gleichartige Fragen und Materialien zu verwenden. Gleichzeitig sollen die Situationen, Fragen und Materialien aber dem jeweiligen kulturellen Kontext angepasst sein, damit sie in jeder der untersuchten Kulturen auch tatsächlich verstanden werden. Beide Kriterien zu erfüllen kommt manchmal dem sprichwörtlichen Spagat gleich.

Problem 2: Vergleichbarkeit der Untersuchungssettings

Sozialwissenschaftliche Studien haben immer mit Personen zu tun und damit ergibt sich ein weiteres Problem: Die Untersuchungsteilnehmer können sich *reaktiv* verhalten, also Forschern gegenüber anders, als sie es sonst tun würden. Manche Personen zensieren ihr Verhalten und agieren eher sozial erwünscht; andere ziehen die vermeintlichen Ziele der Forscher in Betracht und richten das eigene Verhalten danach aus; wieder andere erfinden einfach eine Antwort, weil sie Unwissenheit nicht eingestehen mögen oder die Frage albern finden. Sind Forscher und Versuchsteilnehmer einander fremd, mag dies besonders naheliegend sein. Aber auch, wenn bereits ein Vertrauensverhältnis besteht, sind Forscher gegen derartige Effekte nicht gefeit. So kann es leicht passieren, dass Personen, weil sie „gute Versuchsteilnehmer“ sein wollen, nicht die Antworten geben, die sie eigentlich für richtig halten, sondern die, von denen sie glauben, dass die Forscher sie hören möchten. Reaktivität von Personen ist in der psychologischen Forschung ein generelles

Problem 3: Personen reagieren auf die Anwesenheit anderer.

Problem, das ebenfalls die interne Validität einer Untersuchung gefährdet. Manchmal hilft Aufklärung über den Zweck der Untersuchung, manchmal hilft auch der Hinweis, dass es keine „richtigen“ oder „falschen“ Antworten gibt – immer aber sind die Ergebnisse nach Hinweisen auf Reaktivität kritisch zu prüfen.

Problem 4: Heimnachteile *(home-field disadvantages)* und ihre Ursachen

In Anlehnung an den Begriff des Heimvorteils – eines Vorteils also, der sich beim Sport ergibt, wenn man auf dem eigenen Platz spielt – prägten Medin und Kollegen (2010) den Begriff des „Heimnachteils“ *(home-field disadvantage)*. Dieser Heimnachteil resultiert, um im Bild zu bleiben, aus Vorannahmen über den Spielplatz und die Spielregeln, die nicht hinterfragt werden. Auf den Kontext kulturvergleichender Studien übertragen lassen sich drei Hauptursachen dafür identifizieren:

1. *In-group-Handicap*: Die meisten Forscher entstammen selbst nur einer der kulturellen Gruppen, die verglichen werden.
2. *Ausgangspunkt-Handicap*: Die Regeln für Forschungsdesigns und Analysen (wie die Richtlinien der *American Psychological Association*) entstammen meist einer spezifischen Kultur, und zwar unabhängig davon, ob der jeweilige Forscher derselben Kultur angehört.
3. *Macht-Handicap*: Forscher gehören zudem meist einer Bevölkerungsgruppe an, die über relativ mehr Macht und Autorität verfügt als andere in den Vergleich einbezogene Gruppen.

Drei Arten von Heimnachteilen

Jedes dieser Handicaps vergrößert die psychologische Distanz zwischen Forschern und Beforschten (Trope & Liberman, 2003) und führt zu den folgenden, einander teilweise überlappenden Heimnachteilen:

(1) Markierung der „anderen“ Kultur als „anders“

Werden Kulturen miteinander verglichen und identifiziert man sich mit einer dieser Kulturen stärker, so neigt man dazu, die Eigenschaften dieser Kultur als Standard (d. h. *unmarkiert*) und die der anderen als Abweichungen davon *(markiert)* anzunehmen. Im Fall der Müller-Lyer'schen Täuschung bedeutet dies: Erklärungsbedürftig erscheint, warum die Täuschung bei den San *nicht* auftritt – obwohl man mindestens mit der gleichen Berechtigung fragen könnte (oder müsste), warum sie bei den Amerikanern auftritt. Vertrautheit mit einer Kultur wirkt sich wie ein blinder Fleck aus, aufgrund dessen kulturelle Besonderheiten unbemerkt bleiben.

(2) Einschätzung anderer Kulturen als homogen

Je größer das Machtgefälle und damit die psychologische Distanz zwischen Personen ist, umso schwerer fällt es uns, die Perspektive anderer einzunehmen und deren Denken und Fühlen zu verstehen (Galinsky et al., 2006). Eine Konsequenz daraus ist, dass wir andere Kulturen (oder Gruppen von Kulturen) für homogen halten: „Der Afrikaner an sich tanzt ja gerne …"

(3) Regression zur Mitte

Und schließlich sind viele der Aufgaben, die sich für den Nachweis bestimmter Effekte besonders eignen, in einem kontinuierlichen Verbesserungsprozess genau auf diesen Nachweis zugeschnitten worden – beispielsweise durch geschickte Auswahl spezifischer Inhalte oder konkreter Formulierungen. Wenn aber Effekte nur mit derart spezifischen Aufgaben nachweisbar, also etwas Besonderes sind, muss dies nach dem statistischen Prinzip der *Regression zur Mitte* dazu führen, dass in anderen Aufgaben des gleichen Typs sowie unter anderen Bedingungen – und das bedeutet auch: in vielen anderen Kulturen – dieser Effekt gar nicht (oder zumindest nicht einfach) nachzuweisen ist.

Strategien zur Überwindung der Heimnachteile

Während die Handicaps strukturell bedingt und damit kaum zu vermeiden sind, kann man sich der Heimnachteile bewusst werden und ihnen begegnen: durch Markierung der eigenen Kultur, durch Zusammenarbeit mit Angehörigen der fremden Kultur, durch Wechseln des Ausgangspunktes von eigenen Konzepten zu denen der anderen Kultur und durch Einnehmen möglichst vieler verschiedener Perspektiven.

Der ethnologische Perspektivenwechsel: *emische* versus *etische* Analyse

Gerade dieser Überwindung der Heimnachteile gilt das Hauptaugenmerk der Ethnologie seit beinahe einem Jahrhundert. Sie vertritt die Überzeugung, dass nur der ein guter Ethnologe sein kann, der seine eigene Kultur eben *nicht* als Ausgangspunkt nimmt. Erkenntnisziel ist stattdessen, die Perspektive der untersuchten Kultur möglichst umfassend zu verstehen (Geertz, 1973, 2003; Malinowski, 1922). Eine entsprechende Analyse, die Bedeutungen in den Kategorien des kulturellen Systems zu entdecken versucht, wird *emisch* genannt; im Gegensatz dazu verwendet die *etische* Analyse Kategorien, die der Forscher mitbringt (Pike, 1967; für eine Diskussion s. auch D'Andrade, 1995, S. 18f.).

Malinowski (1922, S. 25)

„This goal is, briefly, to grasp the native's point of view, his relation to life, to realise *his* vision of *his* world." (kursiv im Original)

Vorteile durch interdisziplinäre Kooperation

Es gibt also durchaus eine Reihe von Gründen, warum sich für die Untersuchung von Kognition und ihrer Wechselwirkung mit Kultur eine Kooperation zwischen der Psychologie (und anderen Kognitionswissenschaften) und der Ethnologie empfiehlt (Bender & Beller, 2010, 2011a; Bender, Beller & Medin, 2012; Bender, Hutchins & Medin, 2010; Bender & Röttger-Rössler, 2010). Wie auf Seite 14 dargestellt, ist schon die Arbeitsteilung zwischen diesen Fächern nicht wirklich zielführend: Die Aufspaltung in kognitive Prozesse und kulturelle Inhalte wird dem Gegenstand nicht gerecht. Hinzu kommt die Expertise der Ethnologie für Kultur allgemein ebenso wie für spezifische Einzelkulturen. Dazu gehören auch die Aufmerksamkeit für Heimnachteile und die Anstrengungen, die sie zu ihrer Überwindung unternimmt.

Einander ergänzende Herangehensweisen

Psychologie	Ethnologie
Betrachtungsweise	
analytisch	holistisch
Methode	
kontrollierte Experimente	teilnehmende Beobachtung
Teilnehmer	
eigene Kultur	fremde Kultur
Identifikation von	
Prozessen	Bedeutung

Und schließlich können Psychologie und Ethnologie in ihren sehr unterschiedlichen Herangehensweisen einander auch hervorragend ergänzen – vorausgesetzt, sie überwinden die Vorbehalte gegen die methodischen Vorlieben des jeweils anderen Faches (Beller & Bender, 2010a; Boster, 2011; Kitayama, 2012). So braucht es das analytische (also aufgliedernde) Vorgehen und kontrollierte Experimente mit Teilnehmern aus der eigenen Kultur, wie sie in der Psychologie üblich sind, ebenso wie die holistische Analyse eines (meist fremden) kulturellen Kontextes auf der Grundlage teilnehmender Beobachtungen im Feld, wie die Ethnologie sie bevorzugt. Die psychologische Herangehensweise erlaubt, die dem Denken zugrunde liegenden Konzepte und Prozesse einzeln zu untersuchen. Die ethnologische Herangehensweise dagegen erlaubt, die kulturelle Bedeutung einzelner Ergebnisse zu verstehen und die Bandbreite der Variationen zu erfassen, die über Unterschiede hinweg die Gemeinsamkeiten erkennen lässt. Um ein vollständiges Bild menschlicher Kognitionen zu erhalten, sind die komplementären Perspektiven beider Disziplinen letzten Endes also unverzichtbar.

1.4 Aufbau des Buches

In den nachfolgenden Kapiteln dieses Buches werden Sie einige kognitive Konzepte und Prozesse im Detail kennenlernen; dazu wird aber immer auch der kulturelle Kontext skizziert, in den sie eingebettet sind und der ihnen Bedeutung verleiht. Es werden spannende Ergebnisse aus Experimenten geschildert und genauso spannende Erkenntnisse aus Felduntersuchungen. Ein Teil der berichteten Daten stammt dabei aus Studien mit deutschen oder US-amerikanischen Teilnehmern; die Mehrheit jedoch wurde in anderen Sprach- und Kulturräumen gesammelt. Auch wenn wir hierfür neben klassischen Studien die aktuellsten Befunde zusammentragen, lässt sich dennoch mitunter nur ein vorläufiges Bild zeichnen, weil kulturvergleichende Studien in diesem Bereich leider noch allzu häufig die Ausnahme sind.

Die *Welt des Denkens* wird nach *inhaltlichen* Bereichen geordnet. Im ersten Kapitel etwa geht es um Farben, im zweiten um die Ordnung der Tier- und Pflanzenwelt und so weiter. Jedes Kapitel ist aber als abgeschlossene Einheit konzipiert und deshalb weitgehend aus sich heraus verständlich. Sie können also bei der Lektüre durchaus Ihren persönlichen Vorlieben folgen und die Kapitel in beliebiger Reihenfolge lesen. Die Abfolge der Kapitel ist dennoch nicht willkürlich. Jeweils zwei oder drei Kapitel bilden eine thematische Einheit und diese Einheiten behandeln zunehmend komplexere Bereiche.

Eine thematische Reiseroute durch die Welt des Denkens

Die ersten beiden Kapitel sind Prozessen der *Kategorisierung* gewidmet. Diese gehören zu den wichtigsten psychologischen Prozessen überhaupt. Auf Kategorisierungen basieren beispielsweise unsere Einteilung der Natur (z. B. in belebte und unbelebte Dinge) und viele unserer Urteile, auch im sozialen Bereich (z. B. was ist Kunst, was Kitsch, oder wer ist fremd, wer einheimisch). Wir haben hiervon zwei Bereiche herausgegriffen, mit denen sich die kognitive Ethnologie seit geraumer Zeit beschäftigt: Farbkategorien und ethnobiologische Kategorien. In Kapitel 2 fragen wir: Wie unterteilen Personen das Farbenspektrum durch die Benennung von Farben und welchen Einfluss haben die dabei entstehenden Kategoriengrenzen auf andere kognitive Prozesse? Kapitel 3 stellt vor, wie Personen die sie umgebende Tier- und Pflanzenwelt einteilen und welche Rolle dabei der Grad an Expertise spielt.

Thema 1: Objekte kategorisieren

Die nächsten beiden Kapitel behandeln, wie Menschen Mengen *quantifizieren*. Eine Welt ohne Maße und Zahlen ist für uns kaum vorstellbar. Sie bilden die Basis von Wirtschaftssystemen, der Ingenieurs- und Naturwissenschaften und natürlich der Mathematik. Auch hier haben wir zwei Themen ausgewählt, eines zur Logik und eines zu Zahlen: In Kapitel 4 fragen wir: Welche Schlussfolgerungen ziehen Personen ausgehend von Mengenrelationen und wie wirkt sich der Grad der Schulbildung auf dieses Phänomen aus? Kapitel 5 erklärt, wie Zahlensysteme aufgebaut sind und welche Strategien entwickelt wurden, um die Grenzen dieser Systeme auszuweiten.

Thema 2: Mengen quantifizieren

Die nächsten Kapitel beschäftigen sich mit den *Orientierungsfähigkeiten* des Menschen. Sich in der Welt zurechtzufinden – etwa bestimmte Orte zur rechten Zeit aufsuchen oder vermeiden zu können –, entscheidet manchmal über Leben und Tod. Welche kognitiven Leistungen uns dazu befähigen, behandeln wir in drei Kapiteln. In Kapitel 6 fragen wir: Nach welchen Strategien finden sich Personen in ihrer räumlichen

Thema 3: Sich in der Welt orientieren

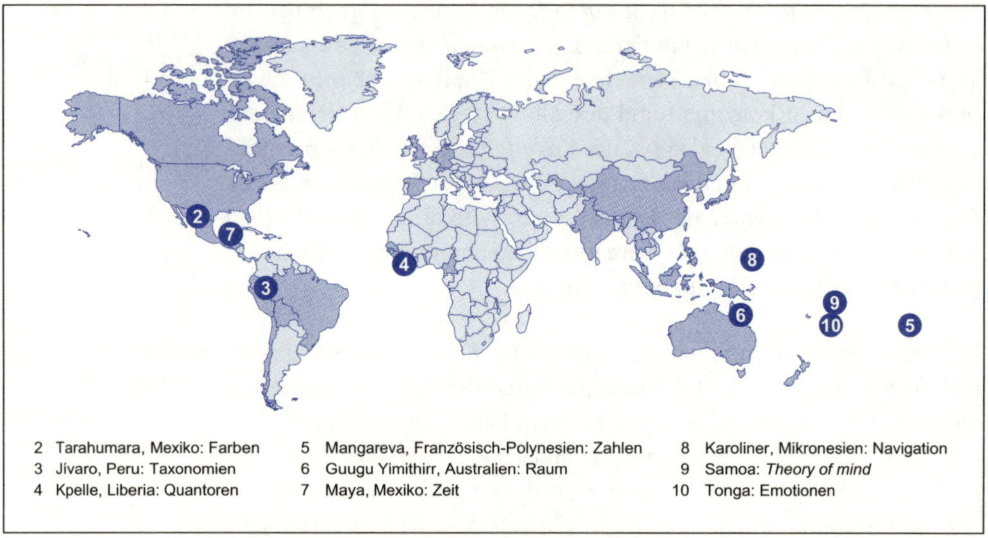

Abbildung 1: Hauptstationen, die auf der Reise durch die Welt des Denkens besucht werden (Kapitel 2–10), und Länder, die unterwegs gestreift werden (dunkel gefärbt)

Umgebung zurecht und wie hängt damit ihre Sprache über räumliche Gegebenheiten zusammen? Kapitel 7 dehnt die Betrachtung auf die Zeit aus: Wie wird *Zeit* verstanden und welche Rolle spielen dabei räumliche Vorstellungen? Kapitel 8 schließlich verbindet die zwei Aspekte mit der Frage, wie es Menschen vergangener Zeiten mit einfachsten Mitteln schafften, sicher auf dem offenen Ozean zu navigieren. Welche Konzepte von Raum und Zeit lagen dieser Kunst zugrunde?

Thema 4: Sich das Verhalten anderer erklären

Die letzten zwei Kapitel behandeln Konzepte der *sozialen* Welt. Soziale Kognitionen bestimmen ganz wesentlich unser Miteinander im Kleinen wie im Großen. Sie prägen unsere Urteile über andere Personen, sie sind entscheidend dafür, wie wir uns anderen gegenüber verhalten, und sie kommen ins Spiel, wenn wir uns das Verhalten anderer erklären. Aus der Vielfalt sozialer Kognitionen haben wir zwei sehr grundlegende Bereiche herausgegriffen: die „naive" Psychologie und Emotionen. In Kapitel 9 fragen wir: Welche Vorstellungen haben Personen darüber, wie andere Personen denken und wie entwickelt sich diese sogenannte *Theory of Mind* bei Kindern in unterschiedlichen Kulturen? In Kapitel 10 wird erläutert, welche Rolle Kognitionen bei der Bildung von Emotionen spielen und wie in verschiedenen Kulturen mit negativen Ereignissen und speziell der Emotion *Ärger* umgegangen wird.

Eine Reise um die Welt

Mit dem gesamten Buch unternehmen Sie eine Reise zu verschiedenen Kulturen, die über alle Kontinente verteilt sind. Die Hauptstationen dieser Reise sind auf der Weltkarte in Abbildung 1 dargestellt; darüber hinaus werden aber auch viele andere Länder und Kulturen gestreift, von Australien bis Usbekistan (s. Anhang *Länder, Sprachen und Kulturen*, ab Seite 285). An jeder Station wird als Fallbeispiel eine klassische Studie vorgestellt, die in der jeweiligen Kultur oder kulturvergleichend durchgeführt wurde. Eingebettet ist die Studie in den breiteren thematischen und kulturellen Kontext. Empfehlenswerte Literatur zum Thema und zur betrachteten Kultur werden am Ende jedes Kapitels gegeben, zusammen mit einigen Arbeitsanregungen, anhand derer Sie einzelne Aspekte des Themas selbst vertiefen können. Kapitel 11 fasst zum Schluss die wichtigsten „Reiseeindrücke" zusammen und versucht auch die Frage zu beantworten, was die gesammelten Erkenntnisse für das Zusammenwirken von Kognition und Kultur bedeuten.

Australien, Belgien, Belize, Bolivien, Brasilien, Burundi, Chile, China, Deutschland, El Salvador, England, Ecuador, Französisch-Polynesien, Guatemala, Guinea, Honduras, Indien, Indonesien, Japan, Kamerun, Kanada, Korea, Liberia, Malaysia, Mexiko, (Föderierte Staaten von) Mikronesien, Neuguinea, Neuseeland, Palau, Papua-Neuguinea, Peru, Philippinen, Samoa, Schweiz, Senegal, Spanien, Thailand, Tonga, USA, Usbekistan

Mit dem Ende dieser Einleitung sind nun gewissermaßen die Reisevorbereitungen abgeschlossen. Das Rüstzeug haben Sie mitbekommen und die Landkarte liegt vor Ihnen. Die Route können Sie, wenn Sie mögen, selbst bestimmen. Nun bleibt uns nur noch, Ihnen eine spannende Reise in die Welt des Denkens und viele neue Erkenntnisse zu wünschen.

Aufgaben

Übung 1: Perspektivenwechsel ist, wie eingangs erläutert, eine zentrale kognitive Kompetenz des Menschen (und möglicherweise sogar, wie wir in Kapitel 9 noch sehen werden, *nur* des Menschen). Jedesmal, wenn Sie jemandem etwas erzählen, das der Betreffende nicht selbst miterlebt hat, versuchen Sie, sich unbewusst in seine Lage zu versetzen und Dinge zu erläutern, die Ihnen zum Verständnis wichtig erscheinen. Achten Sie beim nächsten Anlass einmal bewusst darauf, welche Aspekte Sie explizit erläutern. Was setzen Sie dagegen stillschweigend voraus und warum glauben Sie, das tun zu können?

Übung 2: Suchen Sie ein Beispiel für eine Verhaltensweise, die Sie als *typisch* für Ihre Kultur erachten, für die es also ein *kulturelles Muster oder Schema* gibt, und versuchen Sie für dieses Beispiel die folgenden Fragen zu beantworten: (a) Welche einzelnen Aspekte/Schritte umfasst diese Verhaltensweise? Wie detailliert sind diese festgelegt und in welchem Umfang sind Abweichungen möglich? (b) Wie weitverbreitet sind Ihrer Ansicht nach das Wissen über diese Verhaltensweise und ihr tatsächliches Auftreten? Wie wird dieses Wissen üblicherweise vermittelt? Und wie wird das entsprechende Verhalten kulturell bewertet? (c) Kennen Sie eine andere Kultur, die sich in dieser Hinsicht von der Ihren unterscheidet?

Weiterführende Literatur

Gardner (1992) erzählt die spannende Geschichte der *Kognitionswissenschaft* bis in die 80er-Jahre des vergangenen Jahrhunderts; wie sie sich weiterentwickelte, ist in Boden (2006) nachzulesen. Auch die Computermetapher der menschlichen Informationsverarbeitung wird darin ausführlich behandelt. Gute Übersichten über *kognitive Phänomene* findet man in Lehrbüchern zur Kognitiven Psychologie (z. B. Anderson, 2005; Medin, Ross & Markman, 2004; Müsseler, 2008; Solso, 2005; Spada, 2006) und zur Psychologie allgemein (z. B. Myers, 2008; Zimbardo, 2008). Eine Einführung speziell in die Soziale Kognition gibt Kunda (1999), die Themen Denken und Sprache werden bei Beller und Bender (2010b) vorgestellt. Auch die Kulturvergleichende Psychologie beschäftigt sich mit kognitiven Themen (Berry et al., 2011; Thomas, 2003). Einen Überblick über die *Ethnologie* als Fach und über ihren Blick auf *Kultur* liefern gängige Lehrbücher wie die von Beer und Fischer (2012), Kohl (2000) oder Vivelo (1995). Sehr gute englische Einführungen findet man bei van der Elst und Bohannan (1999), Eriksen (2001) oder Kottak (2012). Die geschichtliche Entwicklung der *Kognitionsethnologie* schildert D'Andrade (1995); darüber hinaus liefert er aber auch einen guten Überblick über ihre zentralen Konzepte, Theorien, Methoden und Ergebnisse. Klassische Texte zur Kognitiven Ethnologie finden Sie in Tyler (1969) und Dougherty (1985), aktuelle Themen und Ansätze in Kronenfeld et al. (2011). Wie neuere Erkenntnisse zur Informationsverarbeitung auch den ethnologischen Blick auf Kultur schärfen können, zeigen Hutchins (1995) und Strauss und Quinn (1997). Und schließlich möchten wir allen, die sich für kulturelle Diversität interessieren, den Artikel von Henrich und Kollegen (2010) ans Herz legen, dem es durch seine pointierte Zuspitzung hoffentlich gelingt, einen Sinneswandel in den Kognitionswissenschaften anzustoßen.

2 Blau und grün statt blün

Beeinflussen Farbkategorien die Farbwahrnehmung?

> Nie zuvor hatte Krabat darauf geachtet, wie vielerlei Grün es gab, hundert Arten von Grasgrün, von Birken- und Weidengrün, Moosgrün dazwischen, bisweilen mit einem Stich ins Bläuliche, junges, flammendes Grün an den Ufern des Mühlenweihers, an jeder Hecke, an jedem Beerenstrauch …
> *Otfried Preußler, Krabat, 1979, S. 203.*

Welche Farben hat der Regenbogen?

Ein Regenbogen entsteht, wenn Sonnenlicht im richtigen Winkel durch Wassertropfen fällt. Das Licht bricht sich in den Tropfen und wird in ein Spektrum von Farben aufgespalten, die wir dann am Himmel als Bogen sehen. Er erscheint uns aus Bändern verschiedener Farben zusammengesetzt, welche die meisten Personen von außen nach innen wie folgt bezeichnen: Rot, Orange, Gelb, Grün, Blau und Violett. Allerdings hat das Farbspektrum des Sonnenlichts weit mehr als diese sechs Farbtöne, denn die Farben gehen fließend ineinander über. Wie kommen wir dann dazu, den Regenbogen mit einigen wenigen, spezifischen Farben zu beschreiben? Um diese Frage zu beantworten, müssen wir analysieren, wie Menschen Farben wahrnehmen, welche Farbbegriffe ihnen ihre Sprache zur Verfügung stellt und wie sie damit das Farbspektrum abdecken.

Leitfrage

Farbbegriffe bezeichnen Kategorien ähnlicher Farben. Wir können Objekte danach kategorisieren, ob sie rot, gelb, grün oder blau sind. Farbbegriffe sind also das Resultat einer Kategorienbildung und damit ein Resultat des Denkens. Mit der These zur *Linguistischen Relativität* von Sapir und Whorf (Sapir, 1921, 1929; Whorf, 1991; original in Carroll, 1956; s. auch Gumperz & Levinson, 1996; Lucy, 1997) wurde die Frage aufgeworfen, ob vorhandene sprachliche Kategorien umgekehrt auch das Denken determinieren (starke Version) oder es zumindest beeinflussen (schwache Version). Nehmen zwei Personen Farben unterschiedlich wahr oder denken sie anders über Farben, wenn sie verschiedene Farbkategorien beziehungsweise Farbbegriffe haben?

Aufbau des Kapitels

Das Zusammenspiel von Farbkategorien und anderen Kognitionen wird in diesem Kapitel anhand klassischer Studien diskutiert, in der englischsprachige Personen mit Tarahumara-Indianern aus Mexiko verglichen werden, deren Sprache nur *ein* Wort für Blau und Grün hat. Als Hintergrund werden zunächst die physikalischen Grundlagen des Lichts und verschiedene Systeme zur Ordnung von Farben erläutert (Kapitel 2.1). Danach werden ausgewählte Aspekte der Farbwahrnehmung behandelt (Kapitel 2.2) und Befunde zur Benennung von Farben vorgestellt (Kapitel 2.3). Damit sind die Grundlagen gelegt, um das Fallbeispiel der Tarahumara vorzustellen (Kapitel 2.4). Abschließend werden Wirkung und Bildung von Kategoriengrenzen diskutiert (Kapitel 2.5).

2.1 Licht und Farbe

Licht als elektromagnetische Welle

Mit „Licht" wird ein bestimmter Ausschnitt des Spektrums elektromagnetischer Wellen bezeichnet. Wellen sind charakterisiert durch ihre *Frequenz* und ihre *Amplitude*. Geordnet nach der Frequenz reicht das Spektrum von der energiereichen, radioaktiven Gammastrahlung mit Wellenlängen von weniger als einem Tausendstel Nanometer (1 nm = ein Milliardstel Meter) bis zu den Radiowellen mit Wellenlängen von 10^9 bis 10^{13} nm (1 m bis 10 km). In einem schmalen Bereich von rund 400 bis 700 nm nehmen wir diese Wellen als Licht wahr (s. Abb. 2).

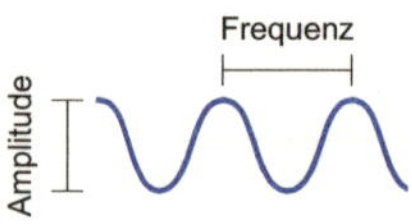

Sonnenlicht besteht aus einer Mischung verschiedener Wellenlängen. Das erkennt man, wenn es in einem bestimmten Winkel durch ein gläsernes Prisma fällt (wie in der Abb. links angedeutet) oder durch Wassertropfen, wie beim Regenbogen. Dabei wird das Licht „gebrochen". Es ändert seine Richtung, und zwar abhängig von der Frequenz unterschiedlich stark. So wird die Mischung in einzelne Frequenzen aufgetrennt, die man als Spektral- oder Regenbogenfarben wahrnimmt. Die Kategorien im Deutschen lauten: Violett (400–450 nm), Blau (450–

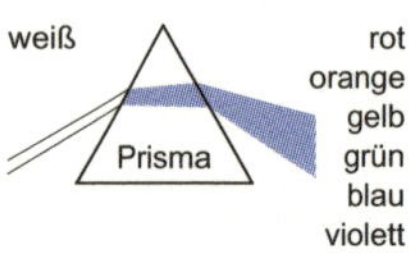

Die Aufspaltung von weißem Licht, das durch ein Prisma fällt, in Spektralfarben

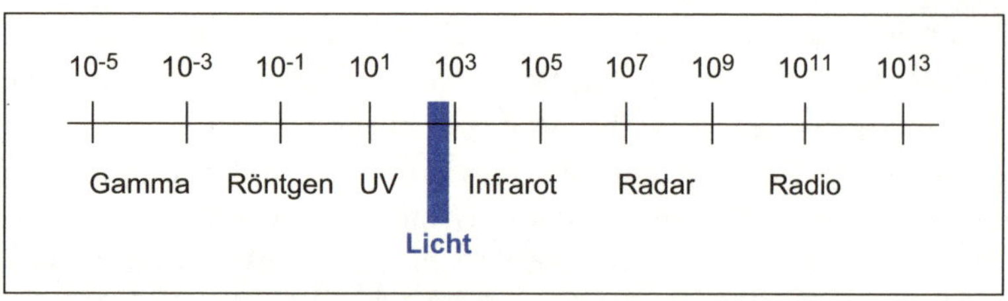

Abbildung 2: Das Spektrum elektromagnetischer Wellen (in nm)

500 nm), Grün (500–570 nm), Gelb (570–590 nm), Orange (590–620 nm) und Rot (620–700 nm). Manche Farben wie Braun oder Magenta (Purpur) sind keine Spektralfarben; sie entstehen durch Farbmischung. Magenta etwa erhält man durch Mischung der „Randfarben" Rot und Violett. Von den bunten, chromatischen Farben unterscheidet man die „unbunten", achromatischen Farben Weiß, Grau und Schwarz.

Additive und subtraktive Farbmischung

Lichtwellen verschiedener Frequenzen – etwa von farbigen Scheinwerfern – verhalten sich additiv: Rotes und grünes Licht mischt sich zu Gelb, rotes und blaues zu Magenta und grünes und blaues zu Cyan, einer Art Türkisblau. Mischt man rotes, grünes und blaues Licht beziehungsweise alle Spektralfarben, so ergibt sich wieder weißes Licht. Warum das so ist, wird in Kapitel 2.2 zur Wahrnehmung von Farbe genauer erklärt. Anders verhält es sich mit Mal- oder Druckfarben. Wie ein Filter „schlucken" diese einen Teil des weißen Lichts *(Absorption)* und reflektieren den übrigen Teil. Wird weißes Licht vollständig absorbiert, sehen wir die Farbe Schwarz; wird es vollständig reflektiert, sehen wir Weiß. Ein Gegenstand, der Grün und Blau absorbiert, erscheint uns rot, weil rotes Licht reflektiert wird. Ein Gegenstand, der nur blaues Licht absorbiert, erscheint uns gelb, weil eine Mischung aus rotem und grünem Licht reflektiert wird. Welche Wellenbereiche ein Körper absorbiert und welche er reflektiert, hängt von seiner physikalischen und chemischen Oberflächenbeschaffenheit ab.

Ordnung von Farben

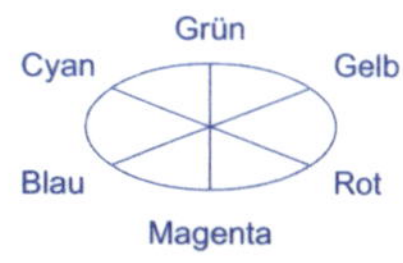

Sowohl für die additive als auch für die subtraktive Farbmischung können Farben kreisförmig angeordnet werden, und zwar so, dass sich benachbarte Farben durch Mischung ergeben und komplementäre Farben – also solche, die sich zu Weiß beziehungsweise Schwarz ergänzen – einander gegenüberstehen. Auf diese Weise erhält man ein zweidimensionales Farbsystem wie den nebenstehenden Farbkreis.

Das CIE-System: Farbton, Sättigung und Helligkeit

Typischerweise werden jedoch drei Dimensionen zur Ordnung von Farben verwendet: Farbton (englisch: *hue*, *h*), Sättigung *(saturation, s)* und Helligkeit *(value, v)*. Farbton meint die spezifische Qualität einer Farbe, also ob es sich etwa um Blau, Grün, Gelb oder Rot handelt, Sättigung den Anteil eines spezifischen Grautons in der Farbe und Helligkeit den Anteil von Weiß in diesem Grauton. Im CIE-System der Internationalen Beleuchtungskommission, das auf den Gegenfarbenpaaren Blau-Gelb, Rot-Grün und Schwarz-Weiß basiert, lassen sich Farben entlang dieser Dimensionen zu einer Kugel anordnen (s. Abb. 3). Die Farbtöne *h* lie-

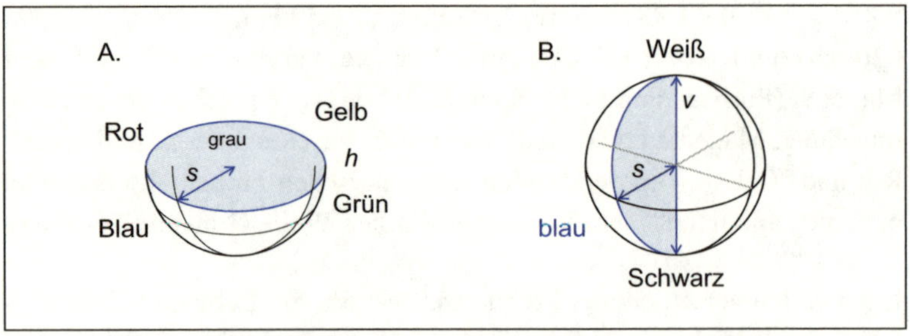

Abbildung 3: Das CIE-System: (A) Farbtöne *h* unterschiedlicher Sättigung *s* auf einer Helligkeitsstufe; (B) verschiedene Helligkeiten *v* und Sättigungen *s* eines einzelnen Blaus

gen auf den waagrechten „Breitengraden" von Blau über Grün, Gelb bis Rot. Nimmt man auf einem solchen Kreis zum Beispiel den Farbton Blau und bewegt sich von außen auf dem Radius zum Kreismittelpunkt, so nimmt die Sättigung *s* ab. Das Blau wird dabei zunehmend mit der Gegenfarbe Gelb gemischt, bis sich beides in der Mitte zu einem Grau ergänzt (Abb. 3, A.). Die Helligkeitsstufen *v* liegen auf senkrechten Linien, die Grautöne etwa auf der Achse Schwarz-Weiß. Für einen einzelnen Farbton *h* liegen folglich alle Nuancen der Sättigung *s* und der Helligkeit *v* auf einem Kreissegment, das durch den „Längengrad" des Farbtons und die Achse Schwarz-Weiß definiert wird (Abb. 3, B.).

Das RGB- und das CMYK-System

Farbordnungssysteme wie das CIE-System werden verwendet, um Farben zu definieren, zum Beispiel für die Darstellung auf Bildschirmen oder für Druckmaschinen. Weitere wichtige Farbsysteme sind das RGB-System mit den primären Spektralfarben Rot, Grün und Blau als Grundlage der additiven Farbmischung, etwa bei Farbmonitoren, und das CMYK-System mit Cyan, Magenta, Gelb *(Yellow)* und Schwarz *(Key)* als Grundlage der subtraktiven Farbmischung beim Vierfarbdruck (ausführlich z. B. bei Welsch & Liebmann, 2004).

2.2 Wahrnehmung von Farbe

Farbe ist keine direkte Eigenschaft von Dingen, obwohl man Farbigkeit oft mit Eigenschaftsworten ausdrückt: „das rote Rücklicht" oder „der Becher mit grüner Fingerfarbe". Der Eindruck von Farbe ist vielmehr das Ergebnis der Verarbeitung elektromagnetischer Wellen durch das Auge und das Gehirn.

Der Weg des Lichts ins Auge

Generell beginnt die visuelle Wahrnehmung damit, dass Licht durch die Pupille ins Auge fällt und auf die Netzhaut *(Retina)* projiziert wird. Dabei reguliert die Iris wie eine Blende die Gesamtmenge des einfallenden Lichts. Bei hellem Licht ist ihr Durchmesser klein, bei schwächerem Licht wird ihr Durchmesser größer. Die Linse bricht das Licht, sorgt für die richtige Entfernungseinstellung und reguliert die Schärfe. In der Netzhaut befinden sich die lichtempfindlichen Zellen. Sie sind praktisch immer empfangsbereit und passen zudem ihre Lichtempfindlichkeit automatisch an. Das eigentliche Sehzentrum ist die *Fovea*.

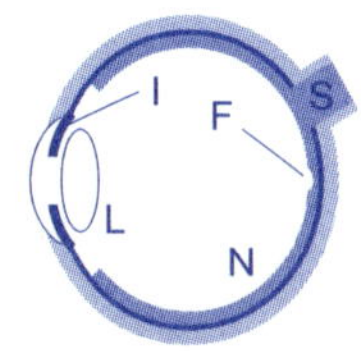

Schnitt durch das Auge: Iris, Linse, Netzhaut (Retina), Fovea und Sehnerv

Fotorezeptoren:
- Stäbchen
- Zapfen

Die vollständige visuelle Wahrnehmung, zum Beispiel von Farbe, aber auch von räumlicher Tiefe und von Objekten, beginnt bei den Fotorezeptoren. Zwei Arten von Rezeptoren – Stäbchen und Zapfen – wandeln die elektromagnetischen Wellen in elektrische Impulse um, die dann über den Sehnerv ans Gehirn geleitet werden. Stäbchen gibt es etwa 120 Millionen. Ihre höchste Dichte haben sie rund um die Fovea; in der Fovea selbst gibt es keine Stäbchen. Zapfen gibt es nur etwa 6 Millionen. Sie haben ihre höchste Dichte mit etwa 50.000 in der Fovea, verteilen sich ansonsten aber nahezu gleichmäßig über die Netzhaut.

Lichtempfindlichkeit und Dunkeladaptation

Stäbchen und Zapfen sind unterschiedlich lichtempfindlich. Zapfen sind im Hellen empfindlicher als Stäbchen. Weil Zapfen in der Fovea die höchste Dichte haben, ist dort im Hellen die Sehschärfe am größten. Wechselt man von einer hellen Umgebung in eine dunkle, etwa bei der Einfahrt in einen Tunnel, so erhöht sich die Lichtempfindlichkeit. Dieser Vorgang der *Dunkeladaptation* dauert eine gewisse Zeit. Deshalb sieht man im Dunklen zunächst fast gar nichts; mit der Zeit lassen sich dann aber mehr und mehr Dinge wahrnehmen. Beim Wechsel vom Dunkeln ins Helle verhält es sich umgekehrt: Die Lichtempfindlichkeit wird herabgesetzt. Zunächst ist man geblendet, aber nach und nach wird die Netzhaut *helladaptiert.* Stäbchen und Zapfen adaptieren unterschiedlich: Zapfen schnell, aber nicht so stark, Stäbchen langsamer, dafür stärker. Nach etwa 20 Minuten im Dunkeln erreichen auch die Stäbchen schließlich ihre maximale Empfindlichkeit. Weil die dann empfindlicheren Stäbchen ihre höchste Dichte neben dem Sehzentrum haben, ist im Dunkeln die Sehschärfe einige Grade *neben* dem Fixationspunkt am größten. Sehr schwach leuchtende Sterne am Nachthimmel scheinen deshalb zu verschwinden, wenn man sie exakt fixiert. Will man also einen solchen Stern möglichst gut sehen, sollte man einige Grade weg vom Stern blicken.

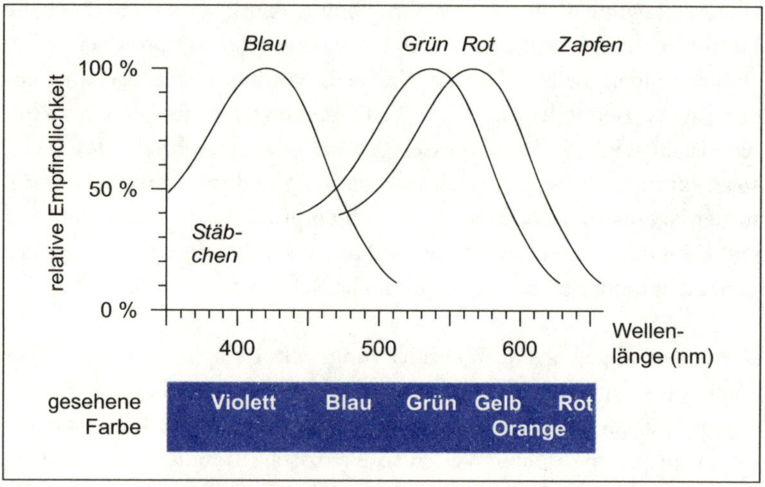

Abbildung 4: Spektrale Empfindlichkeit der Zapfen (durchgezogen) und Stäbchen (gestrichelt) (n. Dartnall et al., 1983, S. 121)

Spektrale Empfindlichkeit der Fotorezeptoren

Stäbchen reagieren am stärksten auf Lichtwellen von 500 nm. Zapfen reagieren am stärksten auf Lichtwellen von 560 nm, wobei sich diese „Gesamtempfindlichkeit“ aus drei Zapfentypen ergibt, von denen jeder für einen anderen Bereich sensitiv ist: Der erste Typ ist besonders empfindlich für blaues Licht (mit 420 nm), der zweite für grünes Licht (535 nm) und der dritte für rotes Licht (565 nm) (s. Abb. 4).

Verschaltung der drei Zapfentypen

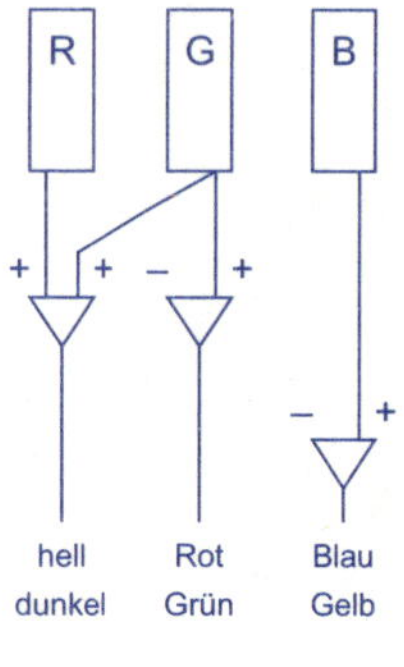

Der Farbeindruck hängt von der gemeinsamen Reaktion der drei Zapfentypen ab. Sie sind neuronal so verschaltet, dass sie ein System mit drei Dimensionen bilden, wie es bereits der Physiologe Ewald Hering (1834–1918) postuliert hat: *Hell-Dunkel* (Summe der Aktivation der rot- und der grünempfindlichen Zapfen), *Rot-Grün* (Differenz zwischen der Aktivation der rot- und der grünempfindlichen Zapfen) und *Blau-Gelb* (Differenz zwischen der Aktivation der blauempfindlichen Zapfen und der Summe der Aktivation der rot- und der grünempfindlichen Zapfen). Eine bestimmte Farbe sieht man, wenn die drei Zapfentypen in einer spezifischen Kombination reagieren. Damit kann auch erklärt werden, warum wir nicht nur gelbe Spektralfarben als Gelb wahrnehmen, sondern auch eine Mischung der Spektralfarben Grün und Rot: Spektrales Gelb (580 nm) aktiviert vor allem die grün- *und* die rotempfindlichen Zapfen, mit der Folge, dass auf der Blau-Gelb-Dimension Gelb aktiviert wird. Fällt spektrales Grün und Rot ins Auge, so aktiviert das Grün zwar stärker die grünempfindlichen Zapfen und das

Rot stärker die rotempfindlichen Zapfen; in der Summe aber wird die Blau-Gelb-Dimension in der gleichen Weise aktiviert wie bei spektralem Gelb – der wahrgenommene Farbeindruck ist folglich derselbe.

Farbsehstörungen

Die Farbwahrnehmung ist gestört, wenn einzelne Zapfentypen fehlen (Farbenblindheit) oder zu schwach ausgeprägt sind (Farbanomalie). Je nachdem, welcher Typ fehlt (bzw. zu schwach ist), ist eine Person rot-, grün- oder blauviolettblind (bzw. -schwach). Fehlen einer Person alle drei Zapfentypen, so ist sie vollständig farbenblind. Sie sieht nur noch Hell-Dunkel-Unterschiede über die Stäbchen, was auch die Sehschärfe beeinträchtigt *(Stäbchenmonochromasie)*. Dieser Fall ist allerdings sehr selten (0,0001 % der Bevölkerung). Am häufigsten treten Störungen des Rot-Grün-Sehens auf, und zwar aufgrund einer geschlechtsspezifischen Vererbung bei Männern (8 %) häufiger als bei Frauen (0,4 %).

Farbe im Dunkeln

Die Anpassung der Lichtempfindlichkeit im Dunkeln beeinflusst auch das Farbsehen. Sehen bei sehr geringer Helligkeit ist hauptsächlich „Stäbchen-Sehen". Der Eindruck von Farbigkeit verschwindet (weil dafür die Zapfen zuständig sind); wahrgenommen werden hauptsächlich Hell-Dunkel-Unterschiede. Man sagt also zurecht: „Nachts sind alle Katzen grau." Blaues Licht mit einer Wellenlänge von weniger als 500 nm sieht man jedoch im Dunkeln besser als beispielsweise rotes Licht, das eine Wellenlänge von mehr als 620 nm hat, weil Blau in stärkerem Maße als Rot auch die Stäbchen anregt, die ihre maximale spektrale Empfindlichkeit bei 500 nm haben. Blaues Licht wirkt im Dunkeln deshalb heller als rotes.

Farbe im Kontext

Die Wahrnehmung eines Farbtons ist auch abhängig von den Farben der Umgebung. Das bedeutet aber auch, dass Licht von ein und derselben Wellenlänge vom Gehirn nicht immer gleich interpretiert wird, sondern je nach Kontext unterschiedlich. Die nebenstehende Abbildung illustriert dies. Im Kontext der senkrechten, dunkelblauen Streifen erscheint das obere Rechteck dunkler als das untere, obwohl deren Farbe physikalisch identisch ist. Dieses Phänomen ist bekannt als „White'sche Illusion" (White, 1979). Auch bei der sogenannten „Farbkonstanz" handelt es sich um einen Kontexteffekt. Darunter versteht man das Phänomen, dass die wahrgenommene Farbe von Gegenständen bei wechselnden Lichtverhältnissen erhalten bleibt, obwohl sich die physikalischen Gegebenheiten wie Frequenzanteile und Intensitäten ändern. Ein roter

Pullover bleibt ein roter Pullover, unabhängig davon, ob man ihn im Sonnenlicht betrachtet oder im Zimmer unter einer Glühlampe, deren Licht ein ganz anderes Frequenzspektrum als Sonnenlicht hat.

Farben werden also im Kontext der Helligkeits- und Farbverteilung der umgebenden Szene interpretiert. Einige dieser Phänomene können durch die neuronale Verschaltung der Zellen in der Netzhaut erklärt werden, andere gehen auf Eigenschaften der nachgeschalteten visuellen Verarbeitung im Gehirn zurück (Goldstein, 2007). Manche Aspekte der Farbwahrnehmung sind allerdings bis heute nicht entschlüsselt.

Wie viele Farben kann der Mensch unterscheiden?

Abschließend kommen wir zu der Frage, wie viele Farben der Mensch eigentlich unterscheiden kann. Dazu wurden Untersuchungen durchgeführt, in denen Personen kleinste Farbveränderungen registrieren mussten. So wurde beispielsweise die Frequenz eines Lichtreizes langsam verändert – also der Farbton bei gleichbleibender Sättigung und Helligkeit – und die Personen mussten angeben, wann sich ihr Farbeindruck änderte. Auf diese Weise fand man heraus, dass Menschen rund 200 Farbtöne, 20 Sättigungswerte und 500 Helligkeitsstufen unterscheiden können. Zusammengerechnet ergibt dies die enorme Zahl von 2 Millionen Farbnuancen (Gouras, 1991). Wie aber sprechen Personen über eine solche Vielfalt?

2.3 Sprechen über Farbe

Über Farben sprechen zu können setzt voraus, dass man ein Konzept von *Farbigkeit* hat, das heißt, dass man Farbigkeit sprachlich von anderen visuellen Aspekten wie Helligkeit oder Oberflächenbeschaffenheit unterscheidet. Farben kann man auf unterschiedliche Arten bezeichnen: durch Verweis auf Objekte einer bestimmten Farbe („von der Farbe einer Tomate") oder durch ein eigenes Wort („Rot"), gegebenenfalls auch durch Angaben von Nuancen („Dunkelrot" oder „Blutrot").

Vier Farbbegriffe genügen: Blau, Grün, Gelb und Rot

Um die Spektralfarben zu beschreiben, kommen Personen im Prinzip mit vier Begriffen aus – mit Blau, Grün, Gelb und Rot –, wie Abramov und Gordon mit englischsprachigen Personen herausgefunden haben. Sie variierten die Lichtfrequenz vom kurzwelligen, blauen Bereich bis in den langwelligen, roten Bereich und ließen Personen ihren Farbeindruck durch prozentuale Anteile dieser vier Farben charakterisieren, wobei beliebige Kombinationen zulässig waren. Das Ergebnis zeigt

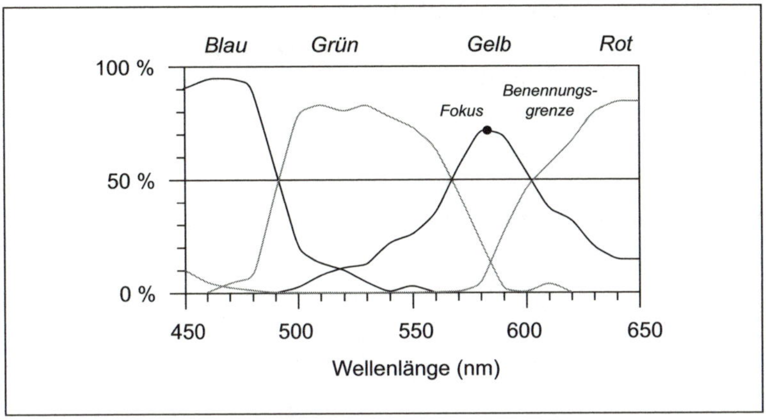

Abbildung 5: Beschreibung von Farben unterschiedlicher Wellenlängen in prozentualen Blau-, Grün-, Gelb- und Rot-Anteilen (n. Abramov & Gordon, 1994, S. 459)

Abbildung 5. Drei wichtige Aspekte lassen sich dieser Abbildung entnehmen. Erstens gibt es fast keine Überschneidungen zwischen Blau und Gelb sowie zwischen Rot und Grün; Paare von Gegenfarben schließen sich also aus. Zweitens gibt es Bereiche, die als Mischung aus zwei Farben beschrieben werden: Orange etwa als Mischung aus Gelb und Rot. Als *Benennungsgrenze* zwischen zwei Begriffen kann man dabei die Wellenlänge definieren, bei der das Mischungsverhältnis gerade als 50 : 50 angegeben wird. Und drittens hat jeder Farbbegriff einen *Fokus*, also einen Farbton, der den Begriff prototypisch repräsentiert.

Alle vier Farbbegriffe sind notwendig.

Als man Personen in einer solchen Untersuchung untersagte, eines der vier Farbwörter zur Beschreibung zu verwenden (zum Beispiel das Wort „Grün"), nutzten manche ihr Wissen über Farbmischungen und beschrieben die Farbtöne zwischen 500 und 550 nm als Mischung aus X % Blau und Y % Gelb. Andere Personen wiederum gaben entweder *nur* den Blauanteil oder *nur* den Gelbanteil an. Offenbar erachteten diese Personen das Wort „Grün" als *notwendig* (Miller, 1997). Trug man alle nicht genannten Anteile (also die Differenz zu 100 %) in die entsprechende Grafik ein, so ergab sich gerade die Kurve für Grün. Analog galt dies, wenn „Blau", „Gelb" oder „Rot" zur Beschreibung nicht verwendet werden durften.

Farbbegriffe in vielen Sprachen: Der *World Color Survey*

Im Deutschen gibt es eine Fülle von Farbwörtern. Als Grundbegriffe gelten Wörter, die allgemein sind und von allen Sprechern einer Sprache verstanden werden (Berlin & Kay, 1969). Allgemein ist ein Farbwort, wenn es auf beliebige Objekte angewendet werden kann und seine Bedeutung nicht unter die Bedeutung eines anderen Farbwortes fällt. Blond, Karmesin und Cyan sind demnach keine Grundbegriffe: *Blond*, weil es nur für Haare verwendet wird, *Karmesin*, weil die damit bezeichnete Farbe auch unter den allgemeineren Begriff Rot fällt, und *Cyan*, weil diese Bezeichnung vielen Personen nicht bekannt ist. Im Deutschen zählt man zu den Grundbegriffen Weiß, Schwarz und Grau für achromatische Farben sowie Rot, Gelb, Grün, Blau, Orange, Violett und Braun für chromatische Farben. Gibt es auch Sprachen, die weniger (oder mehr) Grundbegriffe haben? In einem groß angelegten Untersuchungsprogramm, dem *World Color Survey*, wurden seit 1976 Farbbegriffe vieler Sprachen gesammelt (s. Kay et al., 1997). Ziel war es, weiteren Aufschluss über die These von Berlin und Kay (1969) zu erhalten, dass die Unterteilung in Farbkategorien sich in einer festen, universellen Abfolge entfaltet.

Material, Untersuchungsteilnehmer und Aufgaben

Das Material des *World Color Survey* umfasste 330 Farbtafeln aus dem Farbsystem von Munsell (das 1600 Farbabstufungen definiert). Verwendet wurden 10 Tafeln mit Grautönen von Weiß bis Schwarz und 320 farbige Tafeln mit 40 Farbtönen in 8 Helligkeitsstufen von je maximaler Sättigung. Die Farbtafeln sind in Abbildung 6 dargestellt, die von der Website des *World Color Survey* stammt (http://www.icsi.berkeley.edu/wcs/study.html). Mit diesem Material wurden 110 schriftlose Sprachen kleiner, nicht industrialisierter Gesellschaften untersucht. Pro Sprache nahmen im Durchschnitt 24 Personen teil, und zwar Muttersprachler möglichst ohne Fremdsprachenkenntnisse. Jede Person musste zunächst jede der 330 Tafeln mit einer Farbe benennen und anschließend aus allen Tafeln für jeden der genannten Farbbegriffe diejenige Tafel auswählen, die den Begriff am besten repräsentiert.

Ergebnis 1: unterschiedliche Zahl von Farbwörtern

Der *World Color Survey* förderte eine Reihe interessanter Befunde zutage: Erstens fand man heraus, dass Sprachen unterschiedlich viele Grundfarbbegriffe haben. Manche Sprachen unterteilen den durch die Munsell-Tafeln aufgespannten Farbraum mit nur drei Begriffen, andere mit vier, fünf, sechs oder mehr Begriffen (Berlin & Kay, 1969; Kay & Maffi, 2000). Eine Sprache mit nur zwei Grundfarbbegriffen, wie nach Rosch und Kollegen (1972) das Dani auf Neuguinea, wurde im *World Color Survey* bislang nicht gefunden.

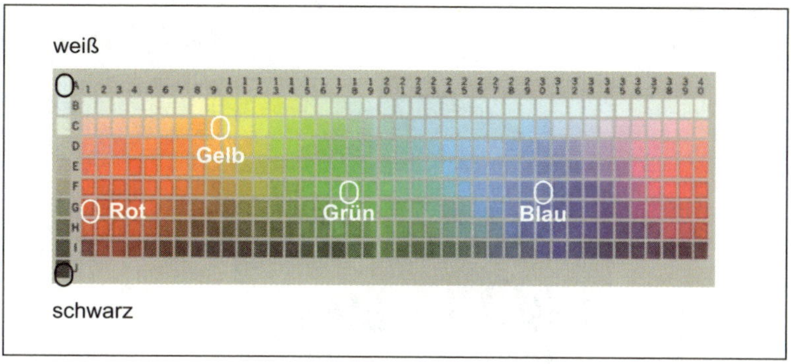

Abbildung 6: Farbtafeln des *World Color Survey* mit den meistgewählten Fokussen (http://www.icsi.berkeley.edu/wcs/study.html)

Ergebnis 2: enge Fokusse

Zweitens, die Fokusse der Kategorien, also die jeweils prototypischen Farben der Kategorien, verteilen sich nicht zufällig über den Farbraum, sondern gruppieren sich um bestimmte Farbtafeln (Kay & Regier, 2003; Regier et al., 2005). Im *World Color Survey* wurden die in Abbildung 6 markierten Tafeln am häufigsten als fokal gewählt.

Ergebnis 3: spezifische Aufspaltung des Farbraums

Drittens schließlich fand man auch Belege dafür, dass sich die Kategorien nicht zufällig entfalten, sondern in einer bestimmten Abfolge (Kay & Maffi, 2000). Die Kategorisierungen des Farbraumes mit zwei, drei, vier, fünf und sechs Grundfarbwörtern sind in Abbildung 7 dargestellt (nach MacLaury, 1992). Bei zwei Begriffen wird nur zwischen hell-warmen Farben und dunkel-kalten Farben unterschieden (Stufe I). Sprachen mit drei Begriffen differenzieren den hellen Bereich weiter und trennen Weiß von Gelb/Rot (Stufe II). Bei vier Begriffen wird der dunkle Bereich weiter differenziert und Schwarz von Grün/Blau getrennt (Stufe III). Sprachen mit fünf Grundfarbwörtern unterscheiden typischerweise noch zwischen Gelb und Rot (Stufe IV) und Sprachen mit sechs Farbwörtern außerdem zwischen Grün und Blau (Stufe V). Diese Abfolge repräsentiert insgesamt 83 % der im *World Color Survey* untersuchten 110 Sprachen (Kay & Maffi, 2000). Davon abweichende Kategorisierungen finden sich meistens auf den Stufen III und IV. In einzelnen Sprachen treten auch Begriffe für Braun oder Purpur vor der Blau-Grün-Unterscheidung auf.

Ist die Kategorienabfolge universell-evolutionär?

Auf der Grundlage solcher Befunde argumentieren Brent Berlin, Paul Kay und ihre Mitarbeiter seit den 1960er-Jahren dafür, dass sich die Grundfarbbegriffe von Sprachen einheitlich entwickeln – ja, sie spre-

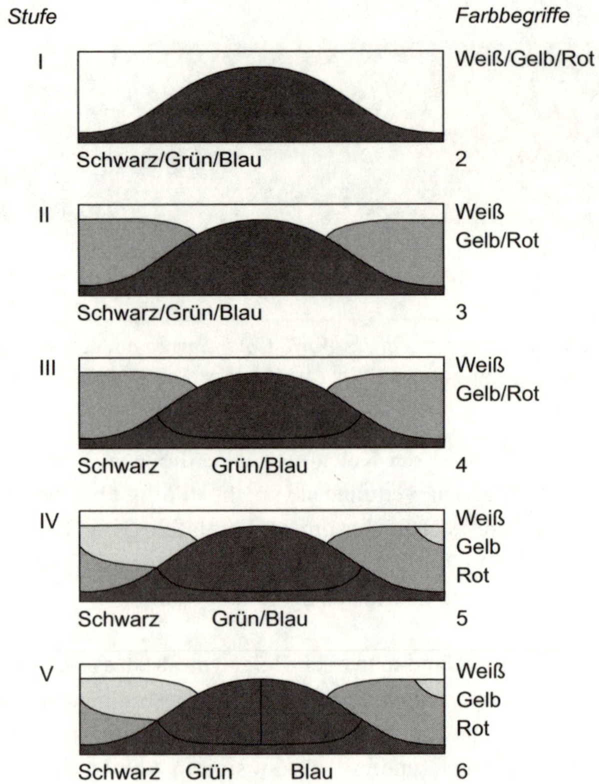

Abbildung 7: Aufteilungen des Munsell-Farbraums aus Abbildung 6 mit unterschiedlich vielen Farbbegriffen (n. MacLaury, 1992, S. 139)

chen sogar von einer „evolutionären" Entwicklung und versuchen, diese auf universelle Prinzipien der Farbwahrnehmung zurückzuführen (Berlin & Kay, 1969; Kay et al., 1991; Kay & Maffi, 2000; Regier et al., 2005). Saunders und van Brakel (1997) kommen nach ihrer Analyse der Befundlage allerdings zu dem Schluss, dass solche Universalien bis heute nicht definitiv nachgewiesen sind.

Besondere Grundfarbbegriffe im Russischen und Keltischen

Man braucht nicht weit zu reisen, um Sprachen zu finden, die das Farbspektrum anders aufteilen als die deutsche oder die englische Sprache. Russisch beispielsweise hat zwei Grundfarbbegriffe für den blauen Bereich, *sinij* (dunkelblau) und *goluboj* (hellblau) (Corbett & Davis, 1997). Die keltischen Sprachen Irisch, Gälisch und Walisisch wiederum unterschieden früher nicht zwischen Blau und Grün (vgl. Stufe IV). Und auch heute ist der Begriff *glas* für die Blau-Grün-Kategorie in seiner alten Bedeutung „blün" bei manchen Irisch, Gälisch oder Walisisch sprechenden Personen nachweisbar, trotz des Einflusses des Englischen (Lazar-Meyn, 1991, 2004).

Die zentrale Frage: Was bewirkt eine Benennungsgrenze?

Die Frage lautet nun: Was macht es eigentlich für einen Unterschied, ob man einen bestimmten Bereich von Farbtönen mit nur *einem* Wort wie „blün" bezeichnet oder ihn mit *zwei* Worten „blau" und „grün" in verschiedene Kategorien teilt? Anders formuliert: Welche Auswirkungen haben solche Kategoriegrenzen? Damit wenden wir uns nun den Tarahumara zu, einer Indianergruppe in Mexiko, deren Sprache wie die keltischen Sprachen nur *ein* Wort für den Blau-Grün-Bereich hat.

2.4 *Blue and green* im Englischen versus *siyó* im Tarahumara

Das Tarahumara ist eine uto-aztekische Sprache, die im Gebiet Chihuahua in Mexiko gesprochen wird. Um herauszufinden, wie das Farblexikon dieser Sprache aufgebaut ist, ließen die Ethnologen Don Burgess, Willett Kempton und Robert MacLaury während ihrer Aufenthalte bei den Tarahumara zwischen 1978 und 1980 insgesamt 15 Personen die 330 Munsell-Farbkärtchen benennen, die auch im *World Color Survey* verwendet werden.

Farbworte des Tarahumara

Die Personen beschrieben den Farbraum mit sechs Grundfarbbegriffen: *rosá*, *čó*, *sitá*, *sa'waró*, *ulá* und *siyó* (Burgess et al., 1983). Ergänzt werden diese Begriffe mit vor- oder nachgestellten grammatikalischen Modifikatoren, die den Grad der Zugehörigkeit zu einer Kategorie bezeichnen, also etwa den Grad an Rotheit oder Gelbheit. Wie eine der Personen die Farbkärtchen benannt hat, ist in Abbildung 8 dargestellt. Ihr kann man entnehmen, dass die Person mit *siyó* einen Bereich bezeichnete, für den wir im Deutschen die Worte „grün" und „blau" verwenden. Das Farbwort *rosá* hat Weiß als Fokus, *čó* Schwarz, *sitá* Rot, *sa'waró* Gelb und *ulá* Gelbbraun. Interessant ist außerdem, dass das Tarahumara zwar sechs Grundfarbbegriffe hat, wie Sprachen der Stufe V, aber dennoch nicht zwischen Grün und Blau unterscheidet, wie man es nach dieser Stufe erwarten würde (vgl. Abb. 7, Seite 42), sondern zwischen Rot, Gelb und Gelbbraun. Tarahumara bildet somit eine der Ausnahmen von der Hauptentwicklungslinie der Farblexika.

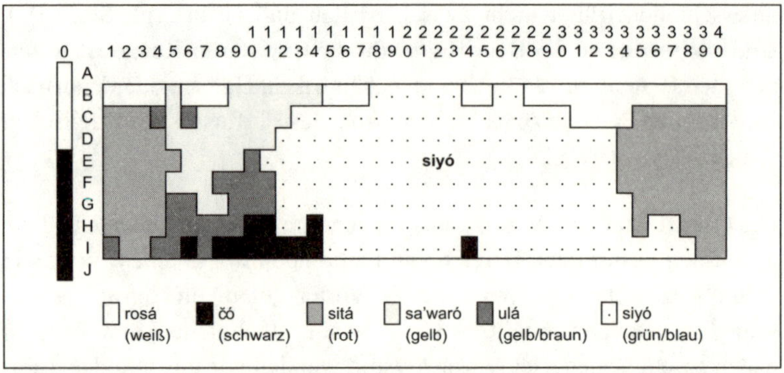

Abbildung 8: Benennung des Munsell-Farbraums (s. Abb. 6, Seite 41) durch einen Tarahumara (n. Burgess et al., 1983, S. 136)

Eine Studie zur Auswirkung von Kategoriengrenzen

Aufgrund der Besonderheit, im Gegensatz zum Englischen oder Deutschen nur *einen* Begriff für den Bereich Grün und Blau zu haben, ist das Tarahumara eine geeignete Vergleichssprache, um die Auswirkungen von Farbworten auf andere kognitive Prozesse zu untersuchen. Eine solche Studie haben Kay und Kempton (1984) durchgeführt. Sie prüften, welchen Effekt die Benennungsgrenze zwischen Grün und Blau im Englischen auf die Ähnlichkeitseinschätzung von Farbnuancen hat. Nach der Sapir-Whorf-Hypothese spiegeln sich strukturelle Unterschiede zwischen Sprachen auch in nicht sprachlichen kognitiven Unterschieden wider. Übertragen auf das Farbbeispiel könnte dies bedeuten, dass der Farbunterschied zwischen zwei Grün-Blau-Nuancen, zwischen denen gerade die Benennungsgrenze verläuft, systematisch *überschätzt* wird im Vergleich zu zwei Grün-Nuancen oder zwei Blau-Nuancen, die nicht durch eine Kategoriengrenze getrennt sind. Die sprachliche Kategorisierung eines Farbtons als „Blau“ oder „Grün“ hätte demnach Konsequenzen für die Farbwahrnehmung.

Schritt 1: Bestimmung der Grün-Blau-Grenze

Wie lässt sich eine solche These prüfen? Im ersten Schritt bestimmten Kay und Kempton die Grün-Blau-Benennungsgrenze. Sie baten vier Amerikanisch-Englisch sprechende Personen, je 40 Farbtöne zweier Helligkeitsstufen (aus dem Munsell-System) auf einer Skala von null bis neun nach dem Grad der Blauheit, Grünheit, Rotheit und Gelbheit einzuschätzen. Die Angaben wurden gemittelt und als Kurven aufgetragen (analog zu Abb. 5, Seite 39). Als Benennungsgrenze wurde dann der Farbton gewählt, der genau von 50 % als Grün und von 50 % als Blau beschrieben wurde.

Die Tarahumara

Die Tarahumara leben seit mindestens 2000 Jahren in der *Sierra Madre Occidental*, die sich von Nord nach Süd durch den Westen Mexikos zieht. Ihr Siedlungsraum liegt im Norden des Landes im heutigen Bundesstaat Chihuahua. Das Gebiet ist mit 35000 km^2 allerdings nur noch halb so groß wie im 17. Jahrhundert, als die Europäer dort erschienen (Pennington, 1983). Es reicht von steinigen, vielfach mit Pinien bewachsenen Gebirgsplateaus in 2000 m Höhe über viele unwegsame Schluchten bis zu tiefer gelegenen Regionen mit kleineren und größeren Flusstälern und mildem, subtropischem Klima. Dort finden sich auch die fruchtbarsten Böden.

Mit rund 87000 Personen gehören die Tarahumara zu den kleineren indigenen Gruppen Mexikos (nach dem Zensus 2000). Sie nennen sich *rarámuri*, was häufig mit „Fußläufer" übersetzt wird, aber auch „vom Himmel Gefallene" bedeuten könnte (Deimel, 1980, S. 34–35). In der jüngeren Geschichte waren sie drei größeren Einflüssen ausgesetzt (Pennington, 1983): Der Jesuitenorden brachte ab 1610 die katholische Religion, die sich allerdings bis heute nur oberflächlich etabliert hat, die mexikanische Regierung brachte Wirtschaftsprogramme und die politische Integration und die steigende Zahl nicht indianischer Zuwanderer führte immer wieder zu Gebietsstreitigkeiten. Dennoch konnten sich die Tarahumara wesentliche Aspekte ihrer ursprünglichen Lebensweise erhalten.

Grundlage ihrer Ernährung bilden Wanderfeldbau (v. a. Mais, Bohnen und Kürbis), Jagd und Fischfang, Tierhaltung (v. a. Ziegen und Rinder) und das Sammeln von Früchten und Nüssen. Besonders der Mais spielt eine zentrale Rolle; aus ihm werden z. B. *tortillas* gebacken und Maisbier (*batári;* spanisch: *tesgüino*) gebraut. Die Tarahumara wandern zum Teil große Strecken, um ihre oft weit verstreuten Grundstücke zu bewirtschaften: sommers in den höheren Regionen, winters in den tieferen und wärmeren Regionen.

Die kleinste soziale und wirtschaftliche Einheit ist die Kernfamilie, die in einer einfachen Hütte aus Holz oder Stein lebt. Mehrere Haushalte bilden kleine Weiler *(ranchos)*, die lange Zeit die einzige Organisationseinheit waren und über Rechts-, Verwaltungs- und zeremonielle Fragen selbstständig entschieden (Merrill, 1983). Ein zentrales Häuptlingstum gab es nicht (Pennington, 1983, S. 278). Die entscheidende Rolle spielten und spielen lokale Beziehungen zu benachbarten Familien: Man hilft einander bei der Arbeit und lädt sich wechselseitig zu Festen ein, beides meist mit „Trink-Feiern" verbunden. Diese werden von einem Haushalt ausgerichtet, der Essen und *batári* stellt. Jede Person nimmt 40- bis 60-mal im Jahr an solchen Feiern teil und ist so eingebunden in ein dichtes „*tesgüino*-Netzwerk" (Merrill, 1983, S. 293).

Die Spanier führten das *pueblo* als Verwaltungseinheit für mehrere *ranchos* ein (Merrill, 1983). Die Ämter werden durch Wahl besetzt und sind zuständig für vielfältige säkulare und religiöse Angelegenheiten. Seit den 1920er-Jahren wurden im Zuge einer Agrarreform zudem kommunale Wirtschaftszentren *(ejidos)* eingerichtet, die den Boden verwalten und kommunale Betriebe wie etwa Mühlen führen.

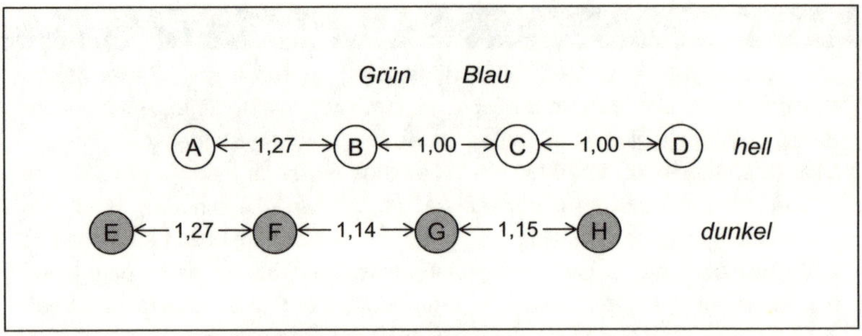

Abbildung 9: Farbchips A bis H, ihre Diskriminationsdistanzen und die Benennungsgrenze (aus Kay & Kempton, 1984, S. 69)

Schritt 2: Auswahl von Grün-Blau-Nuancen

Im zweiten Schritt wählten Kay und Kempton das eigentliche Material für die Untersuchung aus: acht bläulich-grüne beziehungsweise grünlich-blaue Farbtöne, je vier auf zwei Helligkeitsstufen. Die Farbtöne unterschieden sich in genau definierten Nuancen, den sogenannten Diskriminationsdistanzen (s. Abb. 9). Die Distanzen sind normiert: Die kleinste hat den Wert 1,00; alle anderen sind relativ dazu angegeben. Ein Wert 1,27 bezeichnet somit eine Diskriminationsdistanz, die 1,27-mal so groß ist wie die kleinste Distanz (also 27 % größer).

Schritt 3: Messung der subjektiven Distanzen

Im dritten Schritt schließlich wurden die von Personen *subjektiv wahrgenommenen* Distanzen zwischen den Farben gemessen und auf Auswirkungen der Benennungsgrenze überprüft. Kay und Kempton verwendeten hierzu die *Triaden-Technik*: Einer Person werden dabei drei Stimuli vorgelegt. Ihre Aufgabe ist es, einen Stimulus auszuwählen, und zwar den, der sich von den übrigen beiden am stärksten unterscheidet. Dies wiederholt man für alle Kombinationen von Stimuli. Kay und Kempton führten ihre Untersuchung mit fünf normalsichtigen, englischsprachigen Teilnehmern und fünf normalsichtigen Tarahumara durch und ließen sie alle 56 möglichen Triaden der acht Farbchips (ABC, ABD, ABE … bis FGH) beurteilen. Aus den Daten lassen sich relative Distanzen zwischen den Farbchips bestimmen: Zwei beliebige Farbchips kommen in sechs Triaden gemeinsam vor, zum Beispiel A und B zusammen jeweils mit einem der sechs anderen Chips C bis H. Man bestimmt dann, wie häufig A und B als Paar gruppiert und vom jeweils dritten Chip unterschieden wurden. Die Distanz ist minimal, wenn A und B in allen sechs Triaden als Paar gruppiert wurden; sie ist maximal, wenn A und B in allen sechs Triaden getrennt wurden.

Was bewirkt die Benennungsgrenze?

Die subjektiven Distanzen sind in Abbildung 10 dargestellt, und zwar für vier bezüglich der Grün-Blau-Grenze relevante Triaden (die Werte sind normiert, wie oben beschrieben: Der kleinste Wert in einer Sprache ist auf 1,00 gesetzt; die größeren Werte sind Vielfache davon). Wie man sieht, sortierten die Englisch sprechenden Personen zwei Farbchips häufiger in verschiedene Gruppen, wenn zwischen ihnen die Grün-Blau-Grenze verlief. So ist etwa in der Triade AB|C (Benennungsgrenze zwischen B und C) die Distanz zwischen B|C um 33 % größer als die zwischen AB. Im Tarahumara dagegen folgen die subjektiven Distanzen den objektiven Werten: Die Distanz zwischen AB ist größer als diejenige zwischen BC. Ähnliche Wirkungen der Benennungsgrenze sieht man auch bei den Triaden B|CD und EF₲. Allein in der vierten Triade F₲H, in der die Grenze auf dem mittleren Chip liegt, sind die subjektiven Distanzen nahezu gleich.

Verzerrt Sprache die Wahrnehmung oder hilft sie bloß zu kategorisieren?

Was bedeutet dieses Ergebnis? Nehmen Amerikaner Farbtöne ein und derselben Diskriminationsdistanz als stärker unterschiedlich wahr, wenn zwischen ihnen eine Benennungsgrenze verläuft, als wenn dies nicht der Fall ist? Dies würde bedeuten, dass bereits die Wahrnehmung verzerrt ist. Oder helfen die Farbbegriffe bloß, um Kategorisierungsentscheidungen in den Triaden-Aufgaben zu treffen? In der Triade AB|C beispielsweise liegt die Grün-Blau-Grenze zwischen den Farbchips B und C. Nimmt man die *Farbworte* als Anhaltspunkt, so kann man die Chips A und B als „eher grünlich" zusammenfassen und von C als „eher bläulich" unterscheiden. Dieses Vorgehen nannten Kay und Kempton (1984) „Benennungsstrategie". Ob die amerikanischen Teilnehmer eine solche Strategie nutzen, wurde in einem zweiten Experiment geprüft.

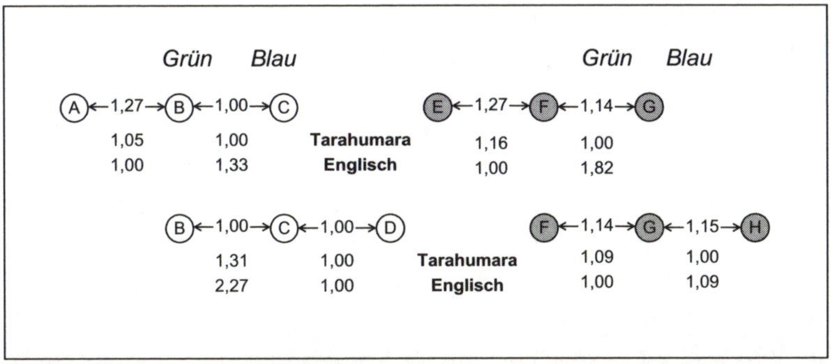

Abbildung 10: Subjektive Distanzen der Tarahumara und der englischsprachigen Personen (n. Kay & Kempton, 1984, S. 71)

Ein zweites Experiment gibt Aufschluss.

Auch im zweiten Experiment mussten die kritischen Farbtriaden beurteilt werden. Diesmal sahen die Personen jedoch nicht alle drei Farbchips gleichzeitig, sondern immer nur zwei: Von der Triade AB|C etwa sahen sie entweder AB oder B|C. Ihre Aufgabe bestand darin, anzugeben, welcher Unterschied größer sei: Der Unterschied in der Grünheit von A und B oder der Unterschied in der Blauheit von B und C. Hierbei spielt es keine Rolle, wie man die Chips benennt. Bei dieser Aufgabenstellung verschwanden die im ersten Experiment gefundenen Effekte der Grün-Blau-Grenze und die Differenzen zwischen der Grünheit und Blauheit folgten recht gut den in Schritt 2 bestimmten absoluten Diskriminationsdistanzen (vgl. Abb. 9, Seite 46). Für die Triade AB|C beispielsweise gaben die meisten Personen an, der Unterschied in der Grünheit von A und B (Distanz 1,27) sei größer als der Unterschied in der Blauheit von B und C (Distanz 1,00). Das bedeutet, dass die Möglichkeit zur Benennung einer Farbe Ähnlichkeitsurteile zu beeinflussen vermag, aber nicht generell die Farbwahrnehmung verzerrt.

2.5 Kategoriengrenzen, ihre Wirkung und Bildung

Auswirkungen von Kategoriengrenzen

Macht es einen Unterschied, ob eine Person separate Farbbegriffe für Blau und Grün hat oder nur einen Begriff für den gesamten Bereich, zum Beispiel „Blün“? Wie wir im letzten Abschnitt gesehen haben, ist dies durchaus der Fall. Zwar ist nicht die Farbwahrnehmung direkt betroffen, wohl aber werden andere kognitive Prozesse von sprachlichen Kategorien und deren Grenzen beeinflusst. Dieses Ergebnis ließ sich auch in neueren Untersuchungen bestätigen. Roberson et al. (2000) verglichen Englisch mit Berinmo, einer Sprache auf Papua-Neuguinea mit nur fünf Grundfarbbegriffen. Sie fanden nicht nur Auswirkungen von Kategoriengrenzen auf Ähnlichkeitseinschätzungen, sondern auch auf das Lernen neuer Farbkategorien und das Wiedererkennen von Farbtönen. Dass fokale Farben im Vergleich zu nicht fokalen Farben besser erinnert oder besser gelernt werden – wie das Rosch Heider (1972) und Rosch Heider und Olivier (1972) für Dani und Englisch sprechende Personen berichtet hatten – ließ sich hingegen nicht bestätigen. Für das Russische, das zwischen Hellblau und Dunkelblau differenziert, fanden Winawer et al. (2007), dass Personen Blautöne schneller unterscheiden, wenn sie in unterschiedliche Kategorien fallen, im Vergleich zu Englisch mit nur einer Blau-Kategorie. Dies gilt speziell für das rechte visuelle Feld (RVF) im Auge, das mit der linken, sprachverarbeitenden Hemisphäre des Gehirns verbunden ist (Drivonikou et al., 2007; Gilbert et al., 2006). Entsprechend fanden Siok et al. (2009), dass die Unterscheidung von Farben verschiedener Kategorien im RVF schnellere und stärkere Aktivierungen von Gehirnarealen der Farbwahrnehmung und der Sprachverarbeitung bewirken. Die Unterscheidung leicht zu benennender Farben führt ebenfalls zu einer stärkeren Aktivierung entsprechender sprachlicher Areale (Tan et al., 2008).

Bewusste oder unbewusste Wirkung?

Gehen die Effekte der Kategoriengrenzen auf *bewusste* Prozesse zurück? Die „Benennungsstrategie" scheint dies nahezulegen. Kay und Kempton selbst gehen dennoch nicht von einem bewussten Vorgang aus. Personen, denen sie die Strategie beschrieben, bestanden nämlich darauf, dass die zwei als ähnlich gruppierten Farben „anders aussähen" als die dritte Farbe (Kay & Kempton, 1984, S. 75). Zumindest in dieser Aufgabe scheint also nicht die explizite sprachliche Benennung der Kategorien den Ausschlag zu geben, sondern eher eine automatische, nicht bewusste Aktivierung.

Wie Farbkategorien gebildet werden.

Bleibt zum Schluss noch die Frage: Wie und warum entwickeln sich Farbbegriffe in der beobachteten Reihenfolge? Eine auf den ersten Blick vielversprechende Rückführung dieser Entwicklung auf eine neuronale Basis wie die Gegenfarbendimensionen (Kay & Maffi, 2000) erscheint manchen Autoren fraglich (Saunders & van Brakel, 1997). Wohl sind neuronale Mechanismen die Grundlage jeglicher Informationsverarbeitung; der Weg von der ersten Stufe der neuronalen Kodierung in der Netzhaut bis zur Bildung von Kategorien ist allerdings weit und nur unvollständig erforscht. Simulationsstudien zufolge ergibt sich die beobachtete Reihenfolge durch allgemeine Prozesse des induktiven Denkens, konkret aus einer Kombination von Prozessen der Farbdiskrimination des Individuums und der Kommunikation zwischen Individuen (Dowman, 2007; Loreto et al., 2012). Roberson und Kollegen (2000) sehen hier ein Prinzip am Werk, das allen Formen der Kategoriebildung zugrunde liegt, der Bildung von Tier- und Pflanzenkategorien (Kapitel 3) genauso wie der Bildung von Farbkategorien: das Prinzip der *Ähnlichkeit*. Es sind stets ähnliche Dinge, die wir zu Kategorien gruppieren. So gibt es beispielsweise keine gemeinsame Kategorie für Blau und Gelb ohne Grün, weil es keinen kontinuierlichen Ähnlichkeitsverlauf von Blau nach Gelb ohne Grün gibt. Neue Kategorien werden immer dann gebildet, wenn *Unterscheidungen* getroffen werden sollen, die relevant erscheinen. Auch Farbkategorien entstehen durch Grenzziehungen und diese Grenzen haben kognitive Konsequenzen.

Aufgaben

Übung 1: Die Farbdimensionen *Hell-Dunkel*, *Rot-Grün* und *Blau-Gelb* können Sie leicht selbst erleben. Fixieren Sie die nebenstehende Figur für 15 Sekunden und richten Sie dann den Blick auf einen weißen Hintergrund. Was sehen Sie? Zeichnen Sie rote, grüne, gelbe oder schwarze Figuren auf weißes Papier und verfahren Sie damit ganz analog.

Übung 2: Warum ist der Himmel blau und sind Blätter grün? Warum ist die untergehende Sonne rot und Wasser in der Südsee türkis? Welche Farbe hat der Weltraum von einem Raumschiff aus gesehen? Überlegen Sie dazu, welche Lichtanteile jeweils absorbiert oder reflektiert werden.

Übung 3: Die folgende Übung ist einer Studie von Boster (1986) nachempfunden. Basteln Sie zuerst acht Farbkärtchen in den Farben Weiß, Schwarz, Rot, Orange, Gelb, Grün, Blau und Purpur (falls Sie keine Farben zur Verfügung haben, können Sie auch die Farbworte auf Kärtchen notieren). Überlegen Sie als Nächstes, wie eine Person diese Farben in zwei Gruppen einteilen sollte, wenn sie nach den evolutionären Stufen vorgeht. Bitten Sie dann einige Ihrer Bekannten, die Kärtchen in zwei „natürliche" Gruppen zu sortieren. Wie teilen sie die Farben auf? Nach welchen Kriterien gehen sie dabei vor? Was passiert, wenn die Personen jede Gruppe nochmals in zwei Gruppen unterteilen sollen?

Weiterführende Literatur

Einen breiten Überblick zum Thema Farbe haben Welsch und Liebmann (2004) in schöner Aufmachung zusammengestellt. In wahrnehmungspsychologischen Lehrbüchern (z. B. Goldstein, 2007) findet man auch viele andere Phänomene der Wahrnehmung und ihre biologischen Grundlagen. Medizinische Aspekte werden bei Schmidt und Schaible (2005) besprochen. Oliver Sacks (1991) dokumentierte in seiner Reisebeschreibung „Die Insel der Farbenblinden" die Auswirkungen totaler Farbenblindheit. Die Daten des *World Color Survey* sind im Internet zugänglich (http://www.icsi.berkeley.edu/wcs/data.html). Eine prägnante Übersicht über Lebensraum, Geschichte und Kultur der Tarahumara gibt der Artikel von Pennington (1983). Dort findet man auch eine kommentierte Liste von ethnografischen Arbeiten aus der Zeit zwischen 1900 und 1980. Merrill (1983) behandelt die soziale und politische Organisation der Tarahumara sowie ihre Weltsicht und Religion. Claus Deimel, der zwischen 1973 und 1978 bei den Tarahumara lebte, beschreibt anhand historischer Aufzeichnungen und aus eigener Anschauung das Leben in der Sierra Tarahumara (Deimel, 1980; 1997).

3 Wie heißt dieser Vogel?

Wie Menschen die Tier- und Pflanzenwelt ordnen

> Ich denke an dieses Gesellschaftsspiel, wo ein armes Würstchen vor die Tür geschickt wird, während die anderen sich etwa ausdenken … Dann kommt das arme Würstchen wieder herein und fängt an zu raten … Ist es konkret? (Ja!) Gehört es zum Mineralreich? (Nein!) Ist es lebendig? (Ja!) Gehört es zum Pflanzenreich? (Nein!) Ist es ein Tier? (Ja!) Ist es ein Vogel? (Nein!) … Ist es eine Katze? (Ja!) Ist es Mons? (Jaaaaaa! Lachen …)
> *Jostein Gaarder, Sofies Welt, 1993, S. 136–137.*

Es hat geschneit. Die Gärten sind dick mit Schnee bedeckt. Draußen vor dem Fenster steht ein Vogelhäuschen, gefüllt mit Sonnenblumenkernen. Zuerst kommen eine Tannenmeise und eine Blaumeise. Dann holt sich ein Rotkehlchen einige Kerne. Der Dompfaff lässt sich im Häuschen nieder. Er verjagt andere Gäste, während er frisst. Geduldig wartet ein Buchfink am Baum gegenüber, bis er an der Reihe ist. – Manche Personen können Dutzende Vogelarten nach Aussehen und Gesang unterscheiden, wissen ihre Namen und etwas über ihre Lebensgewohnheiten. Andere können kaum drei Arten identifizieren. Die Biologie versucht seit jeher, die vielen Tausend Tier- und Pflanzenarten systematisch zu ordnen: Rotkehlchen gehören zu den Vögeln, Vögel zu den Wirbeltieren und diese wiederum zu den Tieren allgemein. Biologische Klassifikationssysteme, auch *Taxonomien* genannt, sind natürlich weitaus komplexer als diese einfache Einteilung; eines aber haben sie gemeinsam: Sie sind hierarchisch aufgebaut.

Leitfragen

In allen Sprachen findet man taxonomische Begriffssysteme für die Tier- und Pflanzenwelt. Welche Rolle spielt bei der Einteilung die Wahrnehmung von Ähnlichkeiten, welche die sprachliche Benennung? Wie werden solche Systeme gebildet und welche Eigenschaften haben sie? Und schließlich: Welche psychologischen Prozesse liegen dem Umgang mit Kategorien zugrunde?

Aufbau des Kapitels

Aufbau und Eigenschaften taxonomischen Wissens werden in diesem Kapitel am Beispiel einer Feldstudie zu ornithologischen Kenntnissen der Shuara-Indianer aus Peru diskutiert. Zunächst wird das Fallbeispiel vorgestellt (Kapitel 3.1). Dann wird gefragt, ob die dort gefundenen Ergebnisse kulturspezifisch sind (Kapitel 3.2). Anschließend werden allgemeine Befunde zu ethnobiologischen Taxonomien berichtet (Kapitel 3.3) und die Eigenschaften von Taxonomien als hierarchische Systeme beleuchtet (Kapitel 3.4). Einige allgemeine Überlegungen zum Erwerb von Kategorien bilden den Schluss (Kapitel 3.5).

3.1 Vogelexpertise der Shuara

Bei den Aguaruna und Huambisa

In den Jahren 1977 und 1978 untersuchten die Ethnologen Brent Berlin und James Boster sowie der Ornithologe John O'Neill das taxonomische Wissen über die Vogelwelt bei zwei Gruppen von Shuara-Indianern im Amazonasgebiet Nordperus (Berlin et al., 1981; Boster et al., 1986). Die eine Gruppe gehört zum Stamm der Aguaruna und lebt an einem Nebenfluss des oberen Rio Marañon, die andere gehört zu den Huambisa und lebt an einem Nebenfluss des Rio Santiago. Die Gruppen haben keinen direkten Kontakt und sprechen verschiedene, aber verwandte Sprachen. Ihr Lebensraum aber ist ähnlich, nämlich der tropische Regenwald. Vögel gibt es dort in großer Vielfalt: Die Anzahl der Arten wird auf rund 500 geschätzt. Wie ordnen und klassifizieren die Shuara diese reichhaltige Vogelwelt?

Material der Untersuchung und Vorgehen

Die Bestimmung des taxonomischen Wissens erfolgte im Wesentlichen durch die Identifikation von Vögeln. Zunächst wurden die häufigsten Arten der Region ausgewählt und ausgestopfte Präparate vorbereitet. Bei den Aguaruna wurden 159 Arten verwendet: 98 Arten Sperlingsvögel *(Passeriformes)* und 61 Arten aus 10 anderen Ordnungen. Bei den Huambisa wurden 186 Arten verwendet: 116 Arten Sperlingsvögel und 70 Arten aus 13 anderen Ordnungen. Die ornithologische Einordnung von drei verwendeten Spechtarten nach Gattung, Familie und Ordnung ist in Abbildung 11 auf Seite 54 dargestellt. Die Präparate wurden in zufälliger Reihenfolge auf Tische gelegt, aufgrund der großen Menge nicht alle gleichzeitig, sondern aufgeteilt in mehrere Sets. Jedes Set wurde von 20 bis 34 Shuara in Einzelversuchen beurteilt. Teilgenommen haben vor allem Männer; Frauen hingegen waren eher zu schüchtern, um mitzumachen. Aufgabe war, die Vögel zu benennen: „*Wajim paiya*" – „Wie heißt er?"

Die Shuara

Im tropischen Regenwald am Ostrand der Anden – von den Gebirgsausläufern Ecuadors in 1200 m Höhe bis in die Niederungen einiger bereits schiffbarer Amazonaszuflüsse Perus – leben die Shuara. Fünf Stämme oder Dialektgruppen werden unterschieden: Jívaro, Achuara, Mayna, Huambisa und Aguaruna. Ihr Lebensraum gehört zu den niederschlagsreichsten Regionen Südamerikas und weist eine vielfältige Flora und Fauna auf (Harner, 1972; s. auch Gippelhauser & Mader, 1990; Lindig & Münzel, 1985).

Keramikfunde belegen eine Besiedlung bereits um 600 vor Christus (Harner, 1972, S. 13). Historisch war die Region lange Zeit geprägt durch Übergriffe von Osten aus dem Amazonastiefland sowie von Westen aus dem Inkareich. Erste Kontakte mit Weißen gab es im 16. Jahrhundert, als die spanischen Eroberer das Gold der Flüsse auszubeuten suchten. Im Jahr 1599 vertrieben die Jívaro die Spanier für mehrere Jahrhunderte aus ihrem Gebiet. Nicht nur deshalb galten sie als recht kriegerisch – bei ihren Nachbarn, den Huambisa und Achuara, gingen sie regelmäßig auf Frauenraub und aus den Häuptern getöteter Feinde fertigten sie Schrumpfköpfe an. Im 19. Jahrhundert wurde die Region verstärkt zum Ziel von Missionaren und Siedlern und schließlich, während des Kautschukbooms, auch von Kautschukgesellschaften (Harner, 1972).

Traditionell leben die Shuara in kleinen, meist an Flüssen oder Bächen errichteten Siedlungen. Das Haus mit umliegenden Pflanzgärten bildet das Lebenszentrum einer (polygynen) Familie, die typischerweise aus einem Mann mit bis zu drei Frauen und ihren Kindern besteht (Harner, 1972).

Ein Standbein der Subsistenz ist der Brandrodungsfeldbau (Gippelhauser & Mader, 1990). Als wichtigster Stärkelieferant wird Maniok kultiviert, aus dem auch Bier gebraut wird. Zudem werden Süßkartoffeln, Bohnen, Erdnüsse, Mais und einige Gemüsesorten angebaut. Die Shuara verehren neben anderen Naturgöttern eine Erdmutter *(Nunkui)*, die für das Wachstum der Pflanzen sorgt; sie soll ihnen auch den Hund als Jagdbegleiter geschenkt haben (Harner, 1972, S. 70 ff.). Die Jagd mit Fallen sowie mit rund zwei Meter langen Blasrohren und Giftpfeilen bildet das zweite Standbein. Zur Beute gehören vor allem Säugetiere (z. B. Pecari, Agouti und Affen) sowie Vögel (z. B. Tukane, Papageien und Hokkohühner). Die Jagd mit dem Blasrohr hat den Vorteil, dass Rohr, Pfeile und Pfeilgift *(Curare)* leicht herzustellen sind und dass nahezu lautlos bis zu 30 Meter weit geschossen werden kann. Getroffene Tiere sterben nach wenigen Minuten an Atemlähmung. Geht der Tierbestand rund um eine Siedlungsstelle zurück oder ist der Boden ausgelaugt, zieht die Familie einige Kilometer weiter und errichtet dort ein neues Haus.

Die Häuser sind in eine Frauen- und eine Männerhälfte aufgeteilt. Darin spiegelt sich die ausgeprägte geschlechtliche Arbeitsteilung der Shuara wider (Gippelhauser & Mader, 1990; Harner, 1972). Frauen verbringen einen Großteil ihrer Zeit mit der täglichen Feldarbeit, der Essenszubereitung und der Kinderbetreuung, Männer dagegen mit der Feldvorbereitung, dem Hausbau, der Jagd und wechselseitigen Besuchen.

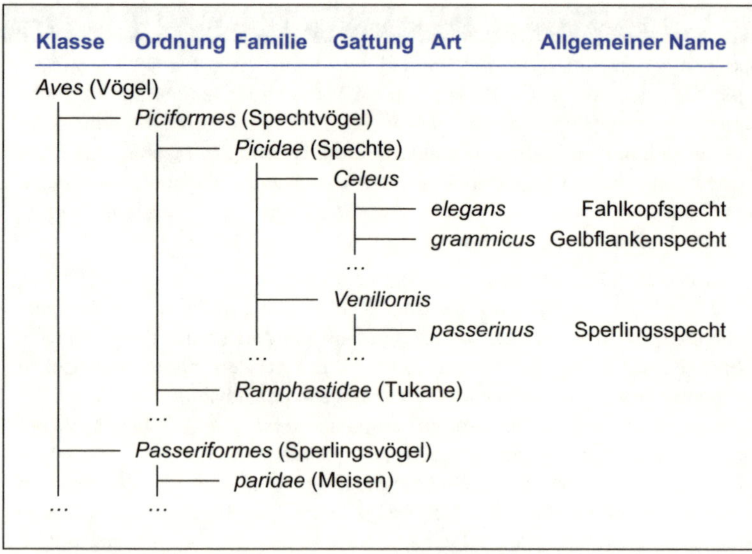

Abbildung 11: Ausschnitt aus einer Vogelklassifikation

Forschungsfragen

Bei der Auswertung gingen die Autoren drei Hauptfragen nach: Warum sind manche Arten leichter zu identifizieren und zu benennen als andere? Lassen sich taxonomische Strukturen erkennen? Und wie gut stimmt die Klassifikation der Shuara mit dem wissenschaftlich-ornithologischen System überein?

Identifikation und Benennung

Ein Vogel sollte umso besser zu identifizieren sein, je auffälliger er im Aussehen und im Verhalten ist (z. B. bezüglich Größe, Farbe, Bewegung und Gesang). Um dies zu prüfen, wurde zunächst die Größe aller Präparate bestimmt und die generelle Auffälligkeit des Vogels von dem Ornithologen des Teams auf einer vierstufigen Skala eingeschätzt.

Auffällige Vögel werden besser erkannt.

Dann wurde der Zusammenhang mit der Identifikationsleistung geprüft. Diese wurde aus den 275 Namen, die die Aguaruna für die 159 Arten verwendet hatten, als Grad der Übereinstimmung in der Benennung jedes Exemplars bestimmt. Die Einigkeit in der Benennung eines Vogels war umso größer, desto auffälliger er eingeschätzt wurde und je größer er war, wobei die Auffälligkeit die größere Rolle spielte (Berlin et al., 1981).

Allerdings zeigte sich ein deutlicher Unterschied zwischen Männern und Frauen. Die Männer stimmten in der Benennung der Vögel stärker überein als die Frauen – ein Unterschied, der mit der Arbeitsteilung korrespondiert: Als Jäger haben die Männer unzählige Gelegenheiten, die Vögel so zu sehen, wie sie in der Benennungsaufgabe dargeboten wurden, nämlich mit vollem Federkleid. Meist schon fertig gerupft, geben sie die Beute dann an ihre Frauen für die Essenszubereitung weiter. Im Einklang mit der Rollenverteilung fand man beim Benennen von Maniok das komplementäre Ergebnis: Maniokanbau ist Frauensache und so zeigten Frauen bei der Identifikation von Maniokarten die größere Expertise (Berlin et al., 1981, S. 99). Die Genauigkeit der Identifikation und die Einheitlichkeit der Benennung einer Art hängt folglich nicht allein von der Auffälligkeit ab – also von Merkmalen der Art –, sondern auch von der Erfahrung der Person.

Männer sind die Vogelexperten.

Taxonomische Struktur

Die gröbste Unterteilung der Aguaruna-Ornithologie ist diejenige in *chigki* und *pishak*. *Chigki* bedeutet „großer Jagdvogel" und steht für alle essbaren Vögel. *Pishak* ist ein mehrdeutiger Ausdruck mit der primären Bedeutung „kleiner Vogel", wird aber auch allgemein für „Vogel" verwendet. Um etwas über die interne Struktur der Taxonomie zu erfahren, wurden drei Aguaruna-Männer ausführlicher interviewt. Sie sollten dabei anhand der Namen diejenigen Vögel gruppieren, die in dieselbe Familie *(pataji)* gehören oder einander sehr ähnlich *(kumpaji)* sind (Berlin et al., 1981, S. 101). Die Interviews ergaben 27 Gruppen, biologisch auf der Ebene der Familie oder Unterfamilie angesiedelt. Vier hatten einen Namen: *pinchu* (Habichte und Falken), *yampis* (Tauben), *pagka* (Ameisenwürger) und *shiik* (Faulvögel). Für die übrigen 23 Gruppen – darunter Spechte, Kolibris, Papageien und Kuckucke – existierte kein Name. Es handelt sich um sogenannte verdeckte Kategorien.

Die Aguaruna-Ornithologie

Es gibt benannte und unbenannte (verdeckte) Kategorien.

Einzelne Gruppen wurden genauer betrachtet und ihre interne Struktur anhand der Benennung der Vögel analysiert. Abbildung 12 (auf Seite 56) zeigt die dabei gewonnene „Verwandtschaftshierarchie" für acht Spechtarten. Die beiden Spechte der Gattung *phloeoceastes* werden bei den Aguaruna *tátasham* genannt, der Schwarzkehlspecht *phloeoceastes melanoleucos* manchmal auch *shing* (echter) *tátasham*. Zwei Spechte der Gattung *celeus* werden *sawáke* genannt, der Zimtkopfspecht *celeus spectabilis* manchmal auch *jíip* oder *apu sawáke*, was so

Kategorien haben Prototypen und sind intern strukturiert.

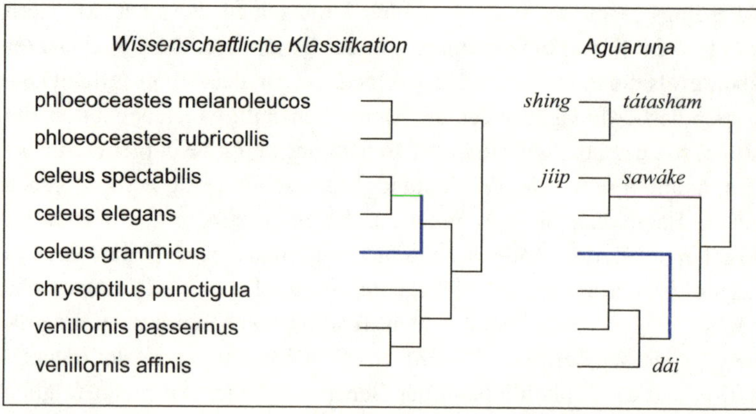

Abbildung 12: Wissenschaftliche Klassifikation und Aguaruna-Klassifikation von acht Spechtarten (n. Berlin et al., 1981, S. 106)

viel bedeutet wie „führender" *sawáke*. Der Specht *veniliornis affinis* gilt als der typische *dái*, obwohl auch noch drei andere Spechtarten so benannt werden. Die Namen der Spechte offenbaren also eine interne Strukturierung dieser Gruppe, wobei einzelne Arten als Prototypen markiert werden. Der größte Unterschied zur wissenschaftlichen Klassifikation besteht darin, dass der Gelbflankenspecht *celeus grammicus* der Gruppe *dái* zugeordnet ist und nicht der Gruppe *sawáke*, zu der die anderen Spechte der Gattung *celeus* gehören. Allerdings waren sich die Personen bei der Benennung dieser Art am wenigsten einig.

Vergleich mit dem wissenschaftlichen System

Boster et al. (1986) führten den Vergleich zwischen der wissenschaftlichen Taxonomie und der Shuara-Taxonomie weiter, indem sie zwei Ähnlichkeitsmaße einander gegenüberstellten: die taxonomische (wissenschaftliche) Ähnlichkeit zweier Arten und die Ähnlichkeit (Konsistenz) ihrer Benennung durch die Aguaruna und Huambisa.

Taxonomische Ähnlichkeit und Benennungsähnlichkeit

Die *taxonomische Ähnlichkeit* wurde anhand der taxonomischen Distanz bestimmt. Diese bezeichnet die Anzahl der Ebenen, die zwei Arten in der wissenschaftlichen Taxonomie trennen. Betrachten Sie zum Beispiel Abbildung 11 (Seite 54): Die Distanz zwischen Arten derselben *Gattung* (z. B. *celeus elegans* vs. *celeus grammicus*) beträgt 1, weil sie durch eine Ebene getrennt sind; die Distanz zwischen Arten derselben

Familie (z. B. *celeus elegans* vs. *veliniornis passerinus*) beträgt 2, weil sie durch zwei Ebenen getrennt sind. Je geringer die Distanz zwischen zwei Arten, desto ähnlicher sind sie einander. Dies ist ein grobes Maß für die biologische Ähnlichkeit zweier Arten. Als *Benennungsähnlichkeit* wurde der Grad an Übereinstimmung der Shuara in der Benennung zweier Vögel gewertet: Zwei Arten sind umso ähnlicher, je häufiger sie mit demselben Namen bezeichnet werden. Auch dieses Maß ist eher grob, denn bei diesem Vorgehen werden Vogelarten, die verwandt sind, aber sprachlich differenziert werden, als unähnlich eingestuft.

Die Shuara-Systeme sind dem wissenschaftlichen System ähnlich.

Die Frage ist nun, wie gut die Benennungsähnlichkeit mit der taxonomischen Ähnlichkeit übereinstimmt. Die Daten belegen einen starken positiven Zusammenhang: Je enger zwei Vögel taxonomisch verwandt sind, desto häufiger identifizierten die Aguaruna und Huambisa sie mit demselben Namen. Aus der guten Übereinstimmung zwischen biologischen und Shuara-Taxonomien können verschiedene Schlüsse gezogen werden: Ethnologen und Psychologen schließen daraus auf universelle Klassifikationsprozesse, Biologen sehen darin einen Hinweis auf die Realität und Diskretheit biologischer Arten (Boster et al., 1986, S. 569).

Die Shuara-Systeme sind einander ähnlich.

Etwa zwei Drittel der Vogelpräparate wurden sowohl bei den Aguaruna als auch bei den Huambisa verwendet. Für diese Präparate ließ sich zeigen, dass die zwei Shuara-Klassifikationen einander stärker ähneln als jedes einzelne System für sich dem wissenschaftlichen System (vgl. Tab. 1, Seite 59). Die Klassifikationssysteme der beiden Shuara-Gruppen sind also vergleichbar, obwohl sie verschiedene Sprachen sprechen.

Sperlingsvögel werden schlechter klassifiziert als andere Vögel.

Auffällig war jedoch, dass die Übereinstimmung der Shuara-Systeme untereinander wie auch im Vergleich zum wissenschaftlichen System bei den Sperlingsvögeln *(passeriformes)* schlechter war als bei Vögeln anderer Ordnungen *(nicht passeriformes)*. Dies kann durch zwei Faktoren erklärt werden: Zum einen sind Sperlingsvögel kleiner und weniger auffällig. Zum anderen sind viele der anderen Vögel kulturell bedeutsam; zu ihnen gehören die am häufigsten gejagten Vögel (Hokkohühner und Guane), die wichtigsten Haustiere (Papageien und Aras) und Vögel, deren Federn gern für Dekorationen verwendet werden (z. B. Tukane). Im Widerspruch dazu steht allerdings, dass die Sperlingsvögel eher auf Artebene und damit feiner differenziert wurden als andere Vögel, die eher auf Gattungsebene unterschieden wurden (Boster, 1988, S. 267). Darauf wird auf Seite 60 f. genauer eingegangen.

3.2 Klassifizieren Amerikaner anders?

Um herauszufinden, ob taxonomische Unterscheidungen nach einer kulturübergreifenden Strategie erfolgen, verglichen James Boster und Kollegen wahrgenommene Ähnlichkeiten zwischen Vogelarten bei verschiedenen Personengruppen (Boster & D'Andrade, 1989).

Aguaruna, Huambisa, US-Studierende und ein Ornithologe

Vergleichsgruppen und Aufgaben

Den Ausgangspunkt bildeten die bei den Aguaruna und Huambisa gewonnenen Benennungsähnlichkeiten zwischen den Vögeln (abgekürzt nach Personengruppe und Aufgabe: A-B und H-B). Zum Vergleich wurden amerikanische Studierende ohne besondere Zoologiekenntnisse herangezogen. Sie bearbeiteten zwei Aufgaben. In der Gruppierungsaufgabe (S-G) waren je 40 Präparate aus der Ordnung *passeriformes* sowie aus anderen Ordnungen nach Ähnlichkeit in Gruppen zu sortieren. In der Teilungsaufgabe (S-T) mussten getrennt je 15 Arten Sperlingsvögel *(passeriformes)* und Spechtvögel *(piciformes)* schrittweise in immer kleinere Gruppen ähnlicher Vögel aufgeteilt werden. Beide Sets hatten dieselbe taxonomische Struktur (s. Abb. 13, Seite 60, oben). Aus dem Ergebnis jeder Aufgabe wurde für jedes Vogelpaar ein Ähnlichkeitswert berechnet. Um einen Vergleich zur wissenschaftlichen Taxonomie zu ermöglichen, bearbeitete auch der Ornithologe John O'Neill die Teilungsaufgabe (O-T) und es wurde die taxonomische Ähnlichkeit der Vögel bestimmt (Tax). Ein Vergleich der sechs Ähnlichkeitsmaße gibt Aufschluss über die Konsistenz der Antworten über Gruppen und Aufgaben hinweg. Wären die Klassifikationen kulturspezifisch verschieden, sollte die Konsistenz nicht sehr groß sein.

Personen verschiedener Kulturen stimmen gut überein.

Tabelle 1 zeigt die Korrelationen der Ähnlichkeitsmaße für diejenigen Vögel, die in allen Aufgaben vorkamen. Es fanden sich durchweg positive Zusammenhänge: Die Shuara-Einschätzungen A-B und H-B korrelieren stark positiv, das heißt, die Benennungssysteme der Aguaruna und Huambisa korrespondieren gut. Die Aufgaben der amerikanischen Studierenden S-G und S-T korrelieren ebenfalls stark positiv, wurden also innerhalb dieser Gruppe ähnlich gelöst. Die Lösungen der Studierenden korrelieren auch stark mit den Shuara-Daten (fett gedruckte Werte); die Klassifikationen sind folglich nicht kulturspezifisch, zumindest nicht in ausgeprägter Weise. Und schließlich findet sich

Tabelle 1: Korrelationen zwischen verschiedenen Personengruppen bzw. Aufgaben (Sperlingsvögel in Blau, Spechtvögel in Schwarz, Minimum: -1,0; Maximum: +1,0) (n. Boster, 1987b, S. 916)

Gruppe	Aufgabe	A-B	H-B	S-G	S-T	O-T	Tax
Aguaruna	**B**enennen		,71	**,61**	**,68**	,34	,35
Huambisa	**B**enennen	,87		**,75**	**,83**	,47	,52
Studierende	**G**ruppieren	**,65**	**,71**		,88	,42	,42
Studierende	**T**eilen	**,80**	**,80**	,94		,40	,46
Ornithologe	**T**eilen	,78	,80	,76	,82		,94
Taxonomische Ähnlichkeit		,76	,78	,90	,91	,89	

erneut der Unterschied zwischen den Ordnungen: Die Klassifikationen der Sperlingsvögel korrespondieren deutlich schlechter mit den biologischen Klassifikationen O-T und Tax als die der Spechtvögel. Abbildung 13 (Seite 60) illustriert die gute Übereinstimmung zwischen der wissenschaftlich-ornithologischen Einteilung O-T und der studentischen Lösung der Teilungsaufgabe S-T für die Spechtvögel ($r = .82$): Sowohl der Ornithologe als auch die Studierenden gruppierten Arten derselben Gattung und Familie als ähnlich. Unterschiede bestanden im Wesentlichen darin, wie daraus größere Gruppen gebildet wurden.

Die Basis der Klassifikationen

Auf welchen Merkmalen der Vögel basieren eigentlich die Ähnlichkeitsurteile der Personen? Um diese Frage zu beantworten, wurden für jeden der 15 Spechtvögel und der 15 Sperlingsvögel, der in der Untersuchung in den USA verwendet worden war, zunächst neun Größen- und sieben Farbmerkmale bestimmt. Aus diesen wurden dann merkmalsbasierte Ähnlichkeiten zwischen allen Vögeln berechnet und zu den sechs klassifikatorischen Ähnlichkeitsmaßen (A-B, H-B, S-G, S-T, O-T und Tax) in Beziehung gesetzt (Boster & D'Andrade, 1989).

Die Analyse zeigte, dass die Vögel der zwei Ordnungen anhand spezifischer Merkmalsprofile differenziert wurden und dass die Profile für die zwei Personengruppen (Shuara und Amerikaner) sowie für die verschiedenen Aufgabe (Benennen, Gruppieren und Teilen) identisch waren (Tabelle 2, Seite 61, listet die Merkmale nach Wichtigkeit geordnet auf).

Ordnungen werden anhand eigener Profile differenziert.

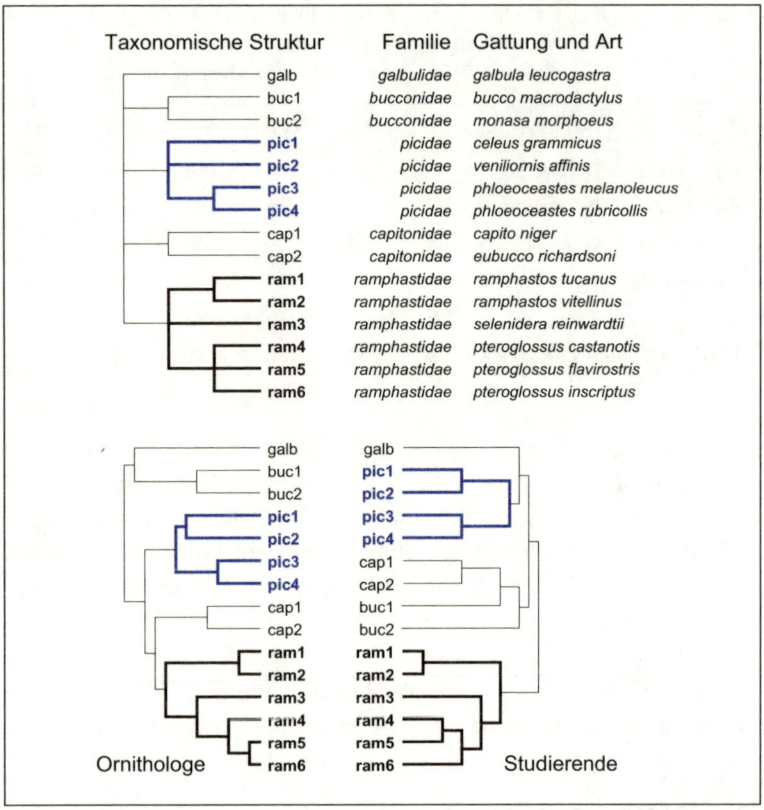

Abbildung 13: Taxonomie von 15 Spechtarten (n. Boster & D'Andrade, 1989, S. 135) und ihre Klassifikation durch den Ornithologen und die Studierenden (n. Boster, 1987b, S. 917)

Fazit: eine einheitliche kognitive Strategie für eine strukturierte Umwelt

Boster und D'Andrade (1989, S. 141) schließen daraus, dass sich die Klassifikationen deshalb ähnlich sind, weil die Vogelwelt bereits von Natur aus strukturiert ist *und* weil Personen aufgrund derselben Merkmale urteilen. Die interkulturelle Übereinstimmung in der biologischen Klassifikation ist ihrer Ansicht nach das Ergebnis einer allmeinen kognitiven Strategie, mit der aktiv ein Verständnis der in sich strukturierten Welt konstruiert wird.

Was ist an Sperlingsvögeln so speziell?

Bemerkenswert vor diesem Hintergrund sind die wiederholt gefundenen Unterschiede zwischen den Sperlingsvögeln (zu der alle Singvögel gehören) und den Vögeln der anderen Ordnungen. Die generelle Übereinstimmung mit der wissenschaftlichen Taxonomie war bei den Sperlingsvögeln stets geringer als bei den anderen Vögeln; zudem wurden

Tabelle 2: Wichtigkeit der Größenmerkmale G1–G9 und der Farbmerkmale F1–F7 bei der Klassifikation zweier Vogelordnungen; die fünf wichtigsten Merkmale der einen Ordnung (blau bzw. kursiv) haben bei der jeweils anderen Ordnung ein anderes Gewicht (n. Boster & D'Andrade, 1989, S. 141)

Rang	Spechtvögel *(piciformes)*	Sperlingsvögel *(passeriformes)*
1	G1 Gesamtlänge	*G4 Schnabelbreite*
2	F2 Kopffarbe	*G5 Schnabelhöhe*
3	F7 Schwanzfarbe	*G7 Kopfumfang*
4	*G5 Schnabelhöhe*	*G9 Schwanzlänge*
5	*G9 Schwanzlänge*	*G3 Schnabellänge*
6	F6 Flügelfarbe	G1 Gesamtlänge
7	*G4 Schnabelbreite*	F5 Bauchfarbe
8	*G3 Schnabellänge*	G2 Brustumfang
9	F3 Kehlfarbe	G8 Flügellänge
10	G8 Flügellänge	F4 Brustfarbe
11	G2 Brustumfang	G6 Kopflänge
12	G6 Kopflänge	F7 Schwanzfarbe
13	F1 Schnabelfarbe	F6 Flügelfarbe
14	F6 Bauchfarbe	F3 Kehlfarbe
15	*G7 Kopfumfang*	F1 Schnabelfarbe
16	F4 Brustfarbe	F2 Kopffarbe

die Sperlingsvögel sprachlich eher auf Artebene unterschieden, die Vögel der anderen Ordnungen eher auf Gattungsebene. Für diese Befunde sind verschiedene Ursachen denkbar: Sperlingsvögel lassen sich schlechter unterscheiden, weil sie eher klein und einander ähnlicher sind (da sie evolutionär jünger sind, sind sie noch nicht so stark diversifiziert). Gleichzeitig stellen sie die größte Ordnung an Vögeln mit rund 5300 Arten. Vielleicht versuchen Personen eine Benennung auf Artebene, weil Gattungsunterschiede nicht leicht auszumachen sind, aber dennoch eine Differenzierung erreicht werden soll.

3.3 Ethnobiologische Kategorien

Biologische Vielfalt und Ordnung

Schon bei den Vögeln ist die Artenvielfalt enorm mit derzeit rund 10.000 beschriebenen Arten. Tiere und Pflanzen belaufen sich auf insgesamt 1,5 Millionen beziehungsweise 0,5 Millionen Arten. Um diese Fülle taxonomisch zu ordnen, hat die Biologie im Laufe der Zeit sehr viele Ordnungsebenen eingeführt: So gibt es Reiche (Tiere und Pflanzen) mit Abteilungen, Stämmen, Klassen, Reihen, Ordnungen, Familien, Gattungen und Arten, um nur einige dieser Ebenen zu nennen. Zur Klassifizierung von Pflanzen werden je nach Kategorisierungssystem bis zu 17 Ebenen unterschieden. Dabei sind alle Arten einer Ebene bezüglich bestimmter Aspekte gleich. Vögel beispielsweise haben als Wirbeltiere dieselben Eigenschaften wie Säuger oder Fische. Im Folgenden werden nicht wissenschaftliche Taxonomien betrachtet: Wie viele Ebenen werden unterschieden und welche Eigenschaften haben sie? In Kapitel 3.4 wird dann der Frage nachgegangen, ob Personen die Arten einer Ebene klassifikatorisch für gleichwertig erachten.

Zahl der Ebenen nicht wissenschaftlicher Taxonomien

Wie wir im Shuara-Beispiel gesehen haben, teilen Menschen die Tier- und Pflanzenwelt in hierarchisch geordnete Kategorien ein. Dies findet man in allen Kulturen. Aber anders als die wissenschaftlichen Taxonomien, die im Laufe ihrer Entwicklung sehr viele Ebenen unterschieden, bestehen nicht wissenschaftliche Taxonomien meist nur aus vier bis sechs Ebenen (Berlin, 1992; Berlin et al., 1968, 1973), und zwar bei Autos und Werkzeugen genauso wie bei Tieren und Pflanzen (Brown et al., 1976). Den Ausgangspunkt einer Taxonomie bildet ein sogenanntes *Reich*, zum Beispiel das Tier- oder Pflanzenreich (s. Tab. 3). Auf der nächsten Ebene sind *Lebensformen* angesiedelt. Nach einigen zentralen Merkmalen werden etwa Säuger, Fische und Vögel bei den Tieren und Bäume, Büsche und Blumen bei den Pflanzen unterschieden. Ihre Zahl ist klein und sie haben immer untergeordnete Kategorien. Als Nächstes folgen *Zwischenstufen* (die allerdings oft fehlen) und darunter die *generischen Kategorien* wie Hund, Wolf oder Fuchs. Generische Kategorien machen den Kern einer Taxonomie aus. Sie kommen Arten oder Gattungen nahe; allerdings sollte man sie nicht mit diesen wissenschaftlichen Einteilungen gleichsetzen. Manchmal werden solche Kategorien noch feiner differenziert in *spezifische Kategorien* (bei den Hunden etwa in einzelne Rassen wie Schäferhund, Dackel oder Pudel) und dann in *Varietäten* (wie in den Belgischen oder Deutschen Schäferhund).

Verdeckte Kategorien für Reiche und Zwischenstufen

Für die auf einer Ebene unterschiedenen Gruppen existiert nicht immer ein Begriff. In vielen Sprachen gibt es zum Beispiel kein Wort, um die höchste Ebene, das Reich, zu bezeichnen. So haben die Aguaruna keine Begriffe für „Pflanze“ und „Tier“, obwohl sie Pflanzen und Tiere klar voneinander unterscheiden (Berlin, 1976, 1992). Die meisten verdeckten Kategorien gibt es auf der Zwischenstufe, wie bereits bei der Aguaruna-Ornithologie deutlich wurde (s. Seite 55). Betrachten Sie hierzu auch Hunde, Wölfe, Füchse und Kojoten. Biologisch werden sie in der

Tabelle 3: Ethnobiologische Kategorieebenen am Beispiel des Belgischen Schäferhundes

Kategorieebene	Beispiele
1. Reich	Tiere, Pflanzen, …
2. Lebensform	Säuger, Fische, Vögel, …
3. Zwischenstufe	(verdeckt), Katzen, …
4. Generisch	Hunde, Wölfe, Füchse, Kojoten, …
5. Spezifisch	Schäferhunde, Dackel, Pudel, …
6. Varietät	Belgische Schäferhunde, Deutsche Schäferhunde, …

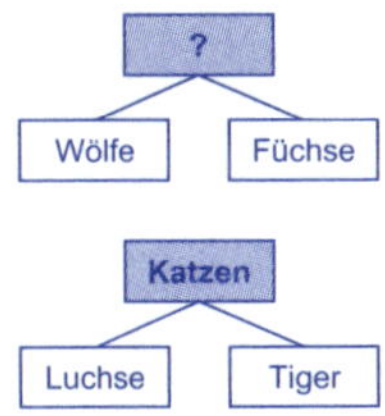

Familie der Hunde *(canidae)* zusammengefasst und Personen sehen sie durchaus als eng verwandt an. Niemand würde jedoch sagen: „Schau, dieser Hund“, wenn er einen Fuchs sieht. Im Deutschen existiert für diese Zwischenstufe kein Begriff. Anders verhält es sich mit Luchsen, Leoparden, Tigern und Löwen. Wir haben keine Schwierigkeiten, sie allesamt als *Katzen* zu bezeichnen, auch wenn wir bei *Katze* normalerweise eher an Hauskatzen als an Wildkatzen denken. Hier kann die Zwischenstufe also benannt werden (D'Andrade, 1995).

Benennungsregeln für Kategorien: primäre und sekundäre Namen

Die Terminologie von Kategorien folgt bestimmten Regelmäßigkeiten (Berlin, 1992, S. 26 f.). Generische und übergeordnete Kategorien werden mit primären Namen wie Hund, Wolf oder Fuchs bezeichnet, die jeweils nur für sich selbst stehen. Für spezifische Kategorien und Varietäten werden meist sekundäre Namen verwendet, die Unterkategorien in Bezug auf die übergeordnete Ebene kontrastieren. So werden mit den Begriffen *Schäfer*-Hund und *Apportier*-Hund zwei Arten von *Hunden* kontrastiert, was durch zusammengesetzte Begriffe markiert wird. Gelegentlich findet man aber auch für spezifische Kategorien primäre Namen (z. B. Dackel), und zwar insbesondere dann, wenn ein Prototyp markiert werden soll oder die Unterscheidung kulturell wichtig ist.

Spezifische Kategorien und Varietäten für kulturell wichtige Arten

Generische Kategorien ethnobiologischer Systeme sind häufig *monotypisch*, das heißt, sie haben keine untergeordneten Kategorien. *Polytypisch* nennt man Kategorien, die weitere Unterkategorien aufweisen. Spezifische Kategorien werden vor allem dann gebildet, wenn Tiere oder Pflanzen von besonderer Bedeutung sind. So hat Berlin (1976) in einer Studie zur Botanik der Aguaruna herausgefunden, dass von insgesamt 563 untersuchten generischen Pflanzennamen 39 % der kultivierten Pflanzen spezifische Unterkategorien haben, 31 % der nicht kultivierten, aber geschützten Pflanzen, 20 % der nicht geschützten, aber für nützlich erachteten Pflanzen, und nur 6 % der kulturell unbedeutenden Pflanzen. Ähnliche Ergebnisse wurden auch für ethnobotanische Taxonomien anderer Kulturen gefunden (eine Übersicht gibt Berlin, 1992, S. 118 f.).

Basiskategorien und was sie auszeichnet

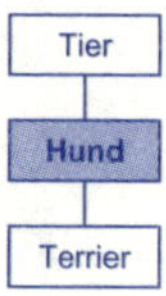

Generische Kategorien werden meist als die wichtigste Ebene der Kategorisierung angesehen und deshalb als „Basiskategorien" bezeichnet. Dass Personen eine solch „mittlere" Kategorisierungsebene bevorzugen, hatte bereits Brown (1958) festgestellt. Wenn zum Beispiel Eltern mit ihren Kindern sprechen, sagen sie zu „Fido" eher *Hund* statt *Tier* oder *Terrier*. Psychologische Studien haben für Basiskategorien vielerlei Vorteile gefunden: Ihre Namen sind in der Benennung untergeordneter Ebenen häufig eingeschlossen (Berlin, 1992; Rosch et al., 1976), was die Zuordnung von Objekten erleichtert; bei der freien Benennung von Objekten werden Basiskategorien bevorzugt genannt (Rosch et al., 1976; Tanaka & Taylor, 1991); Kinder eignen sich deren Bezeichnungen vor den Namen anderer Kategorien an (Anglin, 1977; Rosch et al., 1976) und erlernen sie auch leichter (Horton & Markman, 1980); und schließlich werden Bilder von Objekten Basiskategorien schneller zugeordnet als übergeordneten oder untergeordneten Kategorien (Rosch et al., 1976; Tanaka & Taylor, 1991).

Warum ist die generische Ebene im Vergleich zu den anderen Ebenen so günstig? Murphy (2002, S. 210) sieht in dieser Ebene einen guten Kompromiss zwischen der *Treffsicherheit* der Klassifikation (je allgemeiner die Ebene, desto eher liegt man bei der Einordnung eines Objekts richtig) und der *Vorhersagekraft* (je spezifischer die Ebene, desto genauer kennt man die Eigenschaften des Objekts). Allerdings unterscheiden sich Personen zum Teil darin, welche Kategorien sie als generisch und damit als Basiskategorien ansehen (Rosch et al., 1976). Für einen Stadtmenschen mögen *Baum*, *Busch* und *Blume* generisch sein, für einen Gartenfreund sind es eher *Buche* und *Eiche*, *Goldregen* und *Jasmin*, *Tulpe* und *Rose*. Was genau als generisch angesehen wird, hängt also von der Expertise in einem Bereich ab.

Expertise und Basiskategorien

Experten haben typischerweise breiteres Wissen über spezifische Ebenen als Laien. Bei den Shuara etwa schlug sich die Expertise als Jäger oder Pflanzerin auf die Benennung von Vogel- und Maniokarten nieder (vgl. Seite 55). Tanaka und Taylor (1991) verglichen Vogelexperten und Hundeexperten: In dem Bereich, in dem die Personen Laien waren, dominierte die Basiskategorie über untergeordnete Kategorien; im Bereich ihrer Expertise war das nicht der Fall. Beispielsweise konnten Vogelexperten, die gleichzeitig Hundelaien waren, bei den Vögeln genauso viele Merkmale für Unterkategorien *(Rotkehlchen* und *Krähe)* nennen wie für die Basiskategorie *(Vogel)*; bei den Hunden hingegen nannten sie weniger Merkmale für Unterkategorien *(Dobermann* und *Pudel)* wie für die Basiskategorie *(Hund)*. Expertenwissen, so schließen die Autoren daraus, ist primär auf tieferen Ebenen organisiert.

Unterschiede im taxonomischen Wissen sind kultur- und domänenspezifisch.

Aber nicht nur Individuen unterscheiden sich in der Expertise; manchmal gilt dies auch für Kulturen, wie Dougherty (1978, 1979) an einem entwicklungspsychologischen Beispiel verdeutlicht. Kalifornische Kinder und Tzeltal-Maya-Kinder lernen die ersten Lebensformen ungefähr im selben Alter kennen. In der weiteren Entwicklung ihres botanischen Wissens bleiben die amerikanischen Kinder aber immer weiter hinter den Maya zurück. Mit vier bis fünf Jahren konnten Maya-Kinder bereits über 100 botanische Unterscheidungen treffen, ihre amerikanischen Altersgenossen nur etwa 20. „In der Tat werden die meisten urbanen Amerikaner niemals ein derart elaboriertes botanisches Klassifikationssystem erwerben wie das von Maya-Kindern im Alter von zwölf", schließt Dougherty (1979, S. 312). Dies spiegelt wider, dass für die Tzeltal-Maya mit ihrer Subsistenzwirtschaft Pflanzen von weitaus größerer Bedeutung sind als für die meisten Amerikaner. Dass solche Unterschiede im taxonomischen Wissen domänenspezifisch sind, erkennt man daran, dass Städter in heutigen Gesellschaften zwar nicht für Pflanzen, aber für viele andere Dinge sehr differenzierte Klassifikationssysteme haben, zum Beispiel für Farben (s. Kapitel 2).

3.4 Kategoriestruktur und Typikalität

Taxonomien als hierarchische Systeme

Taxonomien bilden hierarchische Systeme, deren Ebenen durch *Ist-ein*-Relationen verbunden sind. Ein Gelbflankenspecht *ist ein* Specht, ein Specht *ist ein* Vogel, ein Vogel *ist ein* Wirbeltier und so weiter. Diese Art der Gliederung erlaubt eine ökonomische Beschreibung, weil man auf jeder Ebene nur die spezifischen Eigenschaften dieser Ebene zu betrachten braucht, etwa die Unterschiede zwischen Wirbeltieren und wirbellosen Tieren. Das bedeutet aber auch, dass auf der betrachteten Ebene alle Arten als gleich angesehen werden. Als Wirbeltiere sind bei den Vögeln dieselben Eigenschaften angesprochen wie bei den Säugetieren oder Fischen. Gleichzeitig „erbt" eine Ebene alle Eigenschaften der übergeordneten Ebene, aber nicht umgekehrt. Das heißt, was für die Abteilung der Gewebetiere *(eumetazoa)* gilt, gilt auch für den Unterstamm der Wirbeltiere *(vertebrata)* und genauso für die noch tiefere Klasse der Vögel *(aves)*. Dies erlaubt transitive Schlüsse wie „Alle Spechte sind Vögel, alle Vögel sind Wirbeltiere, folglich sind Spechte auch Wirbeltiere" oder Schlüsse über Eigenschaften wie „Alle Vögel haben Flügel, der Pinguin ist ein Vogel, folglich haben Pinguine Flügel". Solche Folgerungen werden in Kapitel 4 behandelt.

Taxonomien als Gedächtnismodell

Hierarchisch-taxonomische Systeme wurden auch als Modelle des semantischen Gedächtnisses vorgeschlagen (s. Chang, 1986). Diese sogenannten „Semantischen Netzwerke" folgen dem Prinzip der *kognitiven Ökonomie*: Merkmale von Kategorien sind nur einmal gespeichert, nämlich an der höchstmöglichen Stelle des Netzes; dass etwa Tiere eine Haut haben, ist nur in der Kategorie *Tier* und nicht in untergeordneten Kategorien verankert (vgl. Abb. 14). Die Plausibilität dieser Annahme haben Collins und Quillian (1969) mit Reaktionszeitmessungen belegt: Es dauert länger, eine Information als gültig zu identifizieren, wenn sie nicht bei einer Kategorie direkt abgespeichert ist, sondern von einer Überkategorie abgeleitet werden muss. So konnten Personen schneller verifizieren, dass Rotkehlchen Würmer fressen, als dass sie eine Haut haben. Je öfter wir allerdings mit einer Objekteigenschaft zu tun haben, desto eher speichern wir sie direkt bei der entsprechenden Kategorie ab und desto schneller können wir sie verifizieren (Conrad, 1972).

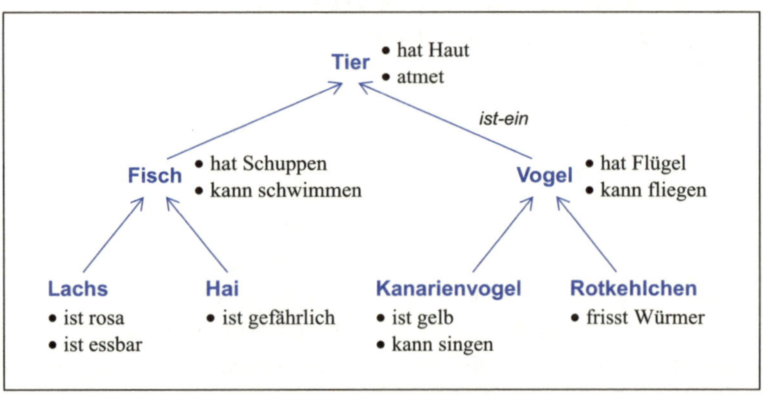

Abbildung 14: Ein semantisches Netz (Collins & Quillian, 1969, S. 241)

Dass uns unser taxonomisches Wissen in seiner Gesamtstruktur bewusst ist, trifft vermutlich nicht zu (Murphy, 2002, S. 209). Wohl kann man die einzelnen Informationen bei Bedarf abrufen – Vögel sind Tiere, Vögel haben eine Haut –, aber das belegt nur, dass wir alle Informationen im Gedächtnis gespeichert haben, nicht jedoch, dass wir wissen, sie bilden eine Taxonomie. Dies illustriert ein Beispiel von Randall (1976). Er ließ philippinische Fischer auflisten, was verschiedene Meeresorganismen fressen. Die Einzelinformationen fügte er zu einem Diagramm der Nahrungskette im Meer zusammen und präsentierte es seinen Fischern. Dazu schreibt er (ebd., S. 545): „Meine Informanten waren zu sehr überrascht über mein Diagramm, als dass dies altes Wissen hätte sein können. Sicherlich wussten sie alle diese Fakten über das Meeresleben, aber ich bezweifle, dass sie diese jemals zuvor auf diese Art und Weise zusammengesetzt hatten."

Sind wir uns unserer Taxonomien bewusst?

Lässt man auf einer Punkteskala beurteilen, ob die Mitglieder einer Kategorie jeweils „gute" Beispiele für diese Kategorie sind, so stellt man fest, dass Personen nicht alle Mitglieder gleich behandeln: Manche gelten als typisch für die Kategorie, andere als untypisch. Tabelle 4 zeigt Typikalitätswerte verschiedener Vögel aus einer Untersuchung mit amerikanischen Teilnehmern. Der Prototyp eines Vogels ist demnach das Rotkehlchen, der Pinguin ist eher untypisch. Die Kategorie der Vögel ist intern also nach Typikalität gestuft. Dies gilt für viele Kategorien (Barsalou, 1985; Rosch & Mervis, 1975): Der Apfel ist eine typische Frucht, die Tomate nicht; der Hammer ist ein typisches Werkzeug, das Messer nicht; die Couch ist ein typisches Möbelstück, der Kühlschrank nicht; die Daunenjacke ist eine typische Winterbekleidung, die

Kategorien sind nach Typikalität gestuft.

Tabelle 4: Typikalität ausgewählter Exemplare von 1 = „sehr gutes Beispiel" bis 7 = „sehr schlechtes Beispiel" für die Kategorie *Vögel* (n. Rosch, 1975, S. 232)

Exemplar		Exemplar		Exemplar	
Rotkehlchen	1,0	Specht	1,8	Pelikan	3,0
Spatz	1,2	Falke	1,9	Bussard	3,1
Amsel	1,4	Rabe	2,0	Ente	3,2
Schwalbe	1,5	Papagei	2,0	Reiher	3,4
Pirol	1,6	Strandläufer	2,4	Huhn	4,0
Adler	1,7	Kranich	2,8	Strauß	4,1
Möwe	1,8	Kondor	2,8	Pinguin	4,5

Jeans nicht. In der Ornithologie der Shuara fanden sich ebenfalls Hinweise auf Prototypen (s. Seite 55) und auch bei Farbtönen unterscheidet man zwischen fokalen und nicht fokalen Farben (s. Kapitel 2).

Was zeichnet Prototypen aus?

Warum ist ein Rotkehlchen „vogelhafter" als ein Kranich oder ein Pinguin, obwohl sie doch alle drei zur selben Kategorie gehören? Liegt es an der *Häufigkeit*, mit der uns einzelne Arten im Alltag begegnen? Die Befunde hierzu sind nicht eindeutig. Barsalou (1985) fand in seinen Experimenten starke Indizien dafür, dass Häufigkeit mit Typikalität korrespondiert, Boster (1988) fand nur schwache Indizien dafür und Mervis et al. (1976) sowie Lynch et al. (2000) fanden keine. Auch für den Grad der *Bekanntheit* als Grundlage von Typikalität sind die Belege nicht eindeutig: positiv bei Lynch et al. (2000), negativ bei Barsalou (1985). Was jedoch oft eine Rolle spielt, ist *Ähnlichkeit*: Ein Mitglied einer Kategorie wird umso typischer eingeschätzt, je mehr Merkmale es mit anderen Mitgliedern der Kategorie teilt, das heißt, je ähnlicher sie sich sind und je weniger Merkmale es mit Mitgliedern anderer Kategorien teilt, also je besser die Kategorien unterscheidbar sind (*family resemblance*; Rosch & Mervis, 1975). So fand Boster (1988), dass ein Vogel umso typischer ist, je mehr verwandte Arten er hat. Für Kategorien, die über Ziele definiert sind, ist ein weiterer Faktor wichtig, nämlich wie gut ein Mitglied die *Ideale* der Kategorie erfüllt (Barsalou, 1985). Zu den typischen Dingen aus der Kategorie „Was man aus dem Haus mitnimmt, wenn es brennt" gehören Personen und Haustiere; untypisch sind Kleider und Nahrung. Ziel bei einem Brand ist ja, den Verlust zu minimieren; Dinge von höchstmöglichem Wert sind deshalb ideal. Welche Aspekte in einer Domäne als Ideale angesehen werden, hängt wiederum von der Expertise ab (Lynch et al., 2000).

Typikalität hat viele Auswirkungen.

Typikalität ist eines der am besten untersuchten Phänomene der Kategorisierungsforschung und hat Einfluss auf viele Bereiche (s. Mervis & Rosch, 1981): Prototypen werden schneller als Vertreter ihrer Kategorie verifiziert als untypische Mitglieder; Prototypen werden häufiger als Vertreter ihrer Kategorie genannt; Prototypen unterstützen den Erwerb von Kategorien, wenn sie in einer frühen Lernphase präsentiert werden; und Prototypen werden als weniger ähnlich zu anderen Mitgliedern eingeschätzt als umgekehrt, obwohl Ähnlichkeit eigentlich eine symmetrische Beziehung ist. Zum Beispiel werden die USA als weniger ähnlich zu Mexiko angesehen als Mexiko zu den USA. Typikalität modifiziert auch deduktive Schlüsse (z. B. Sloman, 1998): Personen halten die Folgerung „Alle Spatzen brauchen Magnesium“ für überzeugender, wenn die Prämisse lautet: „Alle Vögel brauchen Magnesium“, als wenn sie lautet: „Alle Tiere brauchen Magnesium“. Logisch gesehen, dürfte dies keinen Unterschied machen, doch auch hier wirkt sich Typikalität aus – Spatzen sind eben typischer für Vögel als für Tiere insgesamt. Analoge Effekte findet man schließlich auch beim induktiven Denken (für eine Übersicht s. Beller & Bender, 2010b, Kapitel 2; oder Heit, 2000). So verallgemeinern Laien leichter auf der Grundlage typischer Vertreter einer Kategorie als untypischer (z. B. Osherson et al., 1990; Rips, 1975): Personen glauben eher „Alle Vögel haben Eigenschaft XY“, wenn Rotkehlchen als typische Vögel diese Eigenschaft haben und nicht Pinguine als untypische Vögel. Dieser Effekt tritt bei Experten allerdings nicht oder nur abgeschwächt auf (z. B. Bailenson et al., 2002; López et al., 1997; Proffitt et al., 2000). Anders als Laien gründen Experten ihre Urteile nicht auf Ähnlichkeiten zwischen Kategorien, sondern auf breites Kausalwissen.

Repräsentation versus Prozess

Inhaltliche Expertise verändert also die Organisation des Wissens und damit die Bearbeitung von Aufgaben (s. Ericsson et al., 2006, für entsprechende Befunde aus der Expertiseforschung). Dies zeigt außerdem, dass letztendlich die Repräsentation des betrachteten Inhalts darüber entscheidet, welche Denkprozesse ablaufen; oder anders ausgedrückt: Inhalt/Repräsentation und Verarbeitung/Prozess sind nicht zu trennen und müssen gemeinsam betrachtet werden (vgl. Kapitel 1, Seite 14, und Kapitel 11, Seite 241).

3.5 Prozesse beim Erwerb von Kategorien

Bottom-up- und *Top-down*-Prozesse

In allen Kulturen bringen Menschen Ordnung in die sie umgebende Tier- und Pflanzenwelt. Dabei spielt, wie wir gesehen haben, die Wahrnehmung von Ähnlichkeit eine wichtige Rolle, etwa für die Einschätzung der Typikalität einer Art wie auch ganz generell für die Bildung taxonomischer Gruppen. Die berichteten Befunde geben Hinweise darauf, dass Personen aus verschiedenen Kulturen und mit unterschiedlichen Sprachen die biologische Vielfalt nach vergleichbaren Merkmalen beurteilen und in ähnliche Kategorien einteilen. Das bedeutet auch, dass die dabei getroffenen Unterscheidungen nicht beliebig sind, sondern in der Umwelt kausal vorhandene Muster widerspiegeln. Vögel sind auf charakteristische Art und Weise anders als Fische oder Säugetiere und diese Unterschiede gehen *bottom-up*, also von der Stimulusseite her, in die Kategorienbildung ein. Die recht gute Übereinstimmung von Alltags-taxonomien mit dem biologischen System belegt dies. Kategorien sind durch die Umwelt allerdings nicht vollständig determiniert. An verschiedenen Stellen wurde deutlich, dass *Top-down*-Prozesse, also die Aktivierung von Gedächtnisinhalten, den Umgang mit Kategorien modifizieren. So wirkt sich zum Beispiel die individuelle Erfahrung mit einer Domäne auf die Genauigkeit in der Benennung aus, auf die Ebene, auf der Basiskategorien angesiedelt werden, und auch auf die Kriterien, nach denen Prototypen gebildet werden.

Kognitive Prozesse beim Erwerb und der Bildung von Kategorien

Bei der Bildung von Taxonomien sind eine ganze Reihe kognitiver Prozesse beteiligt. Da sind zunächst sehr wahrnehmungsnahe Prozesse, wie das Erkennen, Auswählen und Gewichten einzelner Objektmerkmale. Die Merkmale wiederum bestimmen die Wahrnehmung von Ähnlichkeiten, die Ausbildung von Prototypen und das Ziehen von Grenzen zwischen Kategorien. Hinzukommen Prozesse der Differenzierung, wenn feinere taxonomische Unterscheidungen vorgenommen werden sollen, und Prozesse der Generalisierung, wenn nach verallgemeinerbaren Gemeinsamkeiten gesucht wird. Je nachdem wächst dadurch das taxonomische Wissen mit zunehmender Zahl der Ebenen in die „Tiefe“ oder mit zunehmender Zahl der betrachteten Kategorien pro Ebene in die „Breite“. Und schließlich leistet auch die Sprache einen Beitrag: Sie stellt ein Repertoire von Bezeichnungen für Kategorien und Merkmale bereit, das in seiner Gesamtheit für das taxonomische Wissen einer Kultur stehen mag – und dass dieses sehr umfangreich sein kann, hat das Shuara-Beispiel deutlich gemacht.

Aufgaben

Übung 1: Für diese Aufgabe ist es nützlich, sich eine Kopie der 24 auf Seite 71 gezeigten Objekte anzufertigen. Gehen Sie dann wie folgt vor: Teilen Sie die Objekte zunächst in zwei Gruppen. Innerhalb jeder Gruppe sollten die Objekte ähnlich sein; die Gruppen sollten sich aber unterscheiden. Nach welchem Merkmal erfolgte die Teilung? Finden Sie eine Bezeichnung für jede Gruppe. Notieren Sie sich das Merkmal, Ihre Bezeichnungen und die Nummern der zugehörigen Objekte. Teilen Sie dann jede Gruppe erneut in zwei Teilgruppen und verfahren Sie dabei wie im ersten Schritt. Wiederholen Sie dies, bis keine Gruppen mehr übrig sind. Wie viele Ebenen hat die resultierende Teilungshierarchie? Welche Merkmale waren für Sie relevant, welche irrelevant? Konnten Sie alle Teilgruppen benennen?

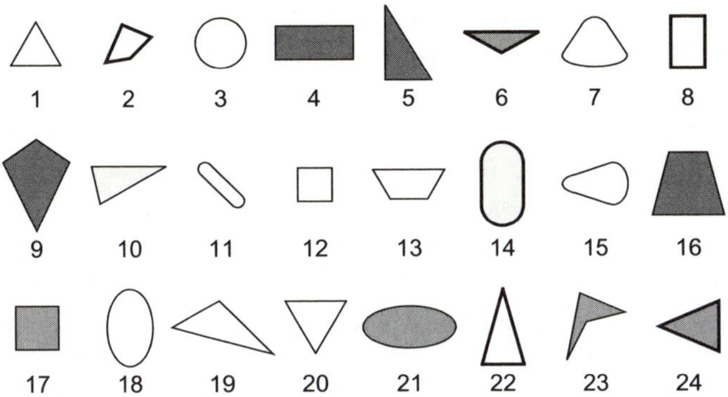

Übung 2: Nachfolgend sind 30 Baumnamen aufgelistet. Notieren Sie jeden Namen auf ein Kärtchen und nummerieren Sie diese durch: *Bergahorn, Birke, Buche, Douglasie, Eibe, Erle, Esche, Feldahorn, Fichte, Flaumeiche, Haselnuss, Holunder, Kastanie, Kiefer, Lärche, Linde, Mammutbaum, Pappel, Platane, Roteiche, Spitzahorn, Stieleiche, Tanne, Thuja, Traubeneiche, Ulme, Wacholder, Weide, Zeder* und *Zypresse.* Sortieren Sie zunächst alle Namen aus, mit denen Sie nichts verbinden. Teilen Sie die übrigen nach der Instruktion aus Übung 1 in Gruppen. Wo kommen Sie an die Grenzen Ihres Wissens? Prüfen Sie durch eine Recherche (Lexikon oder Internet), wie die Bäume biologisch klassifiziert werden.

Übung 3: Gehen Sie die folgenden Gemüsesorten durch und geben Sie jedem eine „Note“ zwischen 1 und 5, je nachdem, ob es 1 = ein sehr gutes, 2 = ein gutes, 3 = ein mittelmäßiges, 4 = ein schlechtes oder 5 = ein sehr schlechtes Beispiel für ein Gemüse ist: *Artischocken, Avocados, Blumenkohl, Brokkoli, Erbsen, Getreide, Grüne Bohnen, Gurken, Karotten, Kartoffeln, Kohl, Kürbis, Linsen, Rosenkohl, Salat, Spargel, Spinat, Stangensellerie, Tomaten, Zucchini* und *Zwiebeln.* Sortieren Sie dann die Gemüsesorten in aufsteigender Reihenfolge. Welche Gemüsesorten sind für Sie typisch, welche untypisch? Lassen Sie die Liste auch von anderen Personen beurteilen. Wo sind Sie sich einig und wo gibt es größere Abweichungen in der Typikalität?

Weiterführende Literatur

Die Bildung von Kategorien ist ein fundamentales und breit untersuchtes psychologisches Thema, von dem hier nur ein Bruchteil der Befunde dargestellt werden konnte. Einen guten Überblick bietet das *Big book of concepts* von Murphy (2002). Es behandelt unter anderem die Themen

Typikalität, Theorien der Konzeptbedeutung, Wissenseffekte, taxonomische Organisation, Lernen, Induktion, Konzeptentwicklung bei Kindern und Wortbedeutung. Prinzipien ethnobiologischer Klassifikation sind umfassend bei Berlin (1992) dargestellt, mit vielen Beispielen aus seiner eigenen Arbeit. Weitere Beispiele aus verschiedenen Kulturen gibt der Reader *Folkbiology* von Medin und Atran (1999) und ihr Buch *The native mind and the cultural construction of nature* (Atran & Medin, 2008). Wissenswertes über die Kultur der Shuara findet man in mehreren Werken: Lindig und Münzel (1985) geben einen allgemeinen Überblick über die Indianer am Ostrand der Anden (Ecuador, Peru, Brasilien und Bolivien), von denen die Shuara die größte Gruppe bilden. Ethnografien einzelner Stämme vermitteln einen Eindruck vom konkreten Leben. Ein Klassiker ist die Arbeit von Michael Harner (1972). Er forschte 1956/57 bei einer Gruppe der Jívaro, die nie kolonisiert war. Richard Gippelhauser und Elke Mader (1990) trugen in Feldaufenthalten bei den Achuara zwischen 1975 und 1982 eine Fülle von Daten zur Subsistenz, Arbeitsorganisation und sozialen Struktur zusammen. Philippe Descola schließlich lebte in den 1970er-Jahren bei den Achuara. Er veröffentlichte 1996 einen literarischen Erfahrungsbericht. Darin beschreibt er auch einen Jagdausflug vom morgendlichen Aufbruch mit den Hunden über die Jagd mit Blasrohr und Giftpfeilen bis zur abendlichen Rückkehr und der Verteilung der Beute.

4 Einige, aber nicht alle

Wenn Inhalte in das logische Denken einfließen

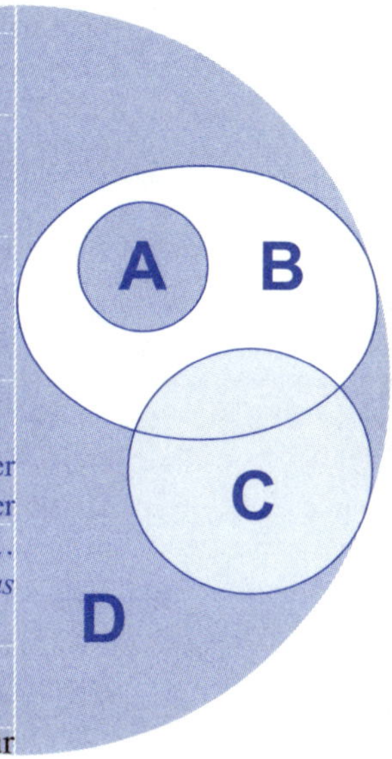

„Alle Athener sind sterblich, und alle Einwohner von Piräus sind sterblich, also sind alle Einwohner von Piräus Athener.“ „Stimmt ja auch.“ „Ja, aber … aus den falschen Gründen.“ *Umberto Eco, Das Foucaultsche Pendel, 1989, S. 79.*

„Das ist doch logisch“, sagt man, wenn man eine Schlussfolgerung für folgerichtig hält. Logisch zu denken ist ein Ideal, das jeder gerne anstrebt, bedeutet es doch gleichzeitig, *vernünftig* zu denken. Dies ist entscheidend etwa bei Ermittlungen nach einer Straftat, wo aufgrund der Beweislage auf mögliche Täter geschlossen wird; bei Diskussionsrunden, wo es darauf ankommt, wer mit seinen Argumenten recht hat; in der Wissenschaft, wo aus Theorien Hypothesen abgeleitet und aus Untersuchungsergebnissen Konsequenzen gezogen werden; und ganz allgemein überall dort, wo aus einer Menge von Tatsachen oder Aussagen die richtigen Schlüsse gezogen werden sollen. Welche Schlüsse gerechtfertigt *(valide)* sind, wird durch die Logik definiert.

Leitfragen

Aus psychologischer Sicht interessieren drei Fragen: Unter welchen Bedingungen denken Menschen logisch und wann gibt es Abweichungen von der Logik *(biases)*? Welche Mechanismen liegen validen Schlüssen, welche liegen Fehlschlüssen zugrunde? Und schließlich: Welchen Einfluss darauf hat die Kultur, in der Menschen aufwachsen? Fördert zum Beispiel ein höherer Grad an Bildung das logische Denken? Diese Fragen werden im Folgenden für eine bestimmte Variante des logischen Denkens diskutiert: für das *syllogistische Schließen*.

Aufbau des Kapitels

Der Einfluss der Bildung auf das syllogistische Schließen wird beleuchtet durch einen Vergleich von Kpelle-Bauern unterschiedlicher Bildungsgrade aus Liberia (Afrika) mit Personen aus „westlichen“ Kulturen. Als Hintergrund führen wir zunächst in die Logik quantifizierter Aussagen ein (Kapitel 4.1). Dann wird das Fallbeispiel der Kpelle präsentiert. Es dokumentiert einen positiven Einfluss der Schulbildung auf abstraktes Denken und zeigt zugleich den engen Bezug zum konkreten Weltwissen, einen *belief bias*, bei Personen, die nie zur Schule gegangen sind (Kapitel 4.2). Anschließend wird gefragt, ob Hochschulstudierende mit umfangreicher Bildung Syllogismen besser lösen und wie sie dabei vorgehen (Kapitel 4.3) sowie ob sie gegen den *belief bias* gefeit sind (Kapitel 4.4). Zum Schluss wird diskutiert, was der *belief bias* für das logische Denken bedeutet (Kapitel 4.5).

4.1 Mengen, Quantoren und Syllogismen

Quantoren

Unsere Sprache gibt uns viele Möglichkeiten, Mengenanteile zu quantifizieren. Über die Schüler einer Klasse kann man zum Beispiel sagen: *Alle* Schüler, die *meisten* Schüler, die *Hälfte* der Schüler, *elf* Schüler, *ungefähr ein Drittel* der Schüler, *einige* Schüler, *kaum einer* der Schüler oder auch *kein* Schüler. Beim syllogistischen Schließen werden von diesen Quantoren genau drei betrachtet: *alle*, *einige* und *keine*.

Vier Arten quantifizierter Aussagen

Mit diesen drei Quantoren lassen sich *universelle* Aussagen formulieren, die für alle Elemente einer Menge gelten, und *partikuläre*, die nur für eine Teilmenge gelten, und zwar jeweils *positiv* oder *negativ*: „Alle X sind Y“ (A: universell, positiv), „Einige X sind Y“ (I: partikulär, positiv), „Kein X ist Y“ (E: universell, negativ) und „Einige X sind keine Y“ (O: partikulär, negativ). Die Benennung mit A und I sowie E und O geht auf die lateinischen Merkworte AFFIRMO (ich bestätige) und NEGO (ich verneine) zurück. In der mathematischen Logik wird der Begriff *kein* als Negation konzeptualisiert, sodass zwei Quantoren genügen: der Allquantor ∀ „Für alle X gilt …“ für universelle Aussagen und der Existenzquantor ∃ „Es gibt mindestens ein X, für das gilt …“ für partikuläre Aussagen. „Kein X ist Y“ hieße damit: „Alle X sind kein Y.“ In jedem Satz bezeichnet man X als *Subjekt* und Y als *Prädikat*.

Syllogismen

Ein Syllogismus besteht aus einer Kombination von zwei quantifizierten Aussagen, die drei Mengen zueinander in Beziehung setzen. Im folgenden Beispiel sind dies Wale, kiemenatmende Tiere und Säugetiere:

> Alle Wale sind Säugetiere.
> Kein Säugetier ist ein Kiemenatmer.

Was lässt sich aus diesen Prämissen als Konklusion über die Atmung der Wale folgern?

Aristotelische Logik

Figur 1	Figur 2
X – Y	X – Y
Y – Z	Z – Y
X – Z?	X – Z?

Figur 3	Figur 4
Y – X	Y – X
Y – Z	Z – Y
X – Z?	X – Z?

Figuren: Es ist ein Schluss von X auf Z zu ziehen, wobei der die zwei Prämissen verbindende Begriff (blau) an verschiedenen Stellen steht.

Bereits vor mehr als 2000 Jahren hat der griechische Philosoph Aristoteles (384–322 v. Chr.) Syllogismen und die zulässigen Schlüsse analysiert (vgl. Adams, 1984; Bochenski, 1970). Er klassifizierte Syllogismen zum einen nach den Quantoren der Prämissen. Das Wal-Beispiel enthält die Quantoren *alle* und *keine*, also A und E. Zum anderen betrachtete er die Abfolge der Subjekte und Prädikate, also der Begriffe *Wale W, Säugetiere S* und *Kiemenatmer K*. Das Beispiel hat die Abfolge W–S und S–K, also Figur 1 (s. rechts). Mit vier Figuren, vier Quantoren für die erste Prämisse und vier Quantoren für die zweite Prämisse ergeben sich $4 \cdot 4 \cdot 4 = 64$ Varianten von Syllogismen. In jedem Fall ist letztlich zu entscheiden, welche Konklusion aus den Prämissen folgt. In Syllogismen vom Typ AE1 – und damit auch im Wal-Beispiel – ist Folgerung E logisch valide: „Kein Wal ist ein Kiemenatmer."

Eulerkreise

Wie lässt sich bestimmen, ob eine Schlussfolgerung valide ist? Ein anschauliches Hilfsmittel ist mit dem Namen Leonhard Euler (1707–1783) verbunden, einem Schweizer Mathematiker, Physiker und Astronomen. Dabei werden Mengen mit Kreisdiagrammen repräsentiert und damit die Bedeutung der Aussagen A, I, E und O definiert. Tabelle 5 zeigt für jede Aussage alle möglichen Mengenbeziehungen. „Alle X sind Y" etwa kann bedeuten, dass die Mengen X und Y äquivalent sind oder dass X eine Untermenge von Y ist. Die Analyse mit fünf Diagrammen geht auf den französischen Mathematiker und Logiker Joseph Gergonne (1771–1859) zurück. Euler selbst hatte jede Aussage (logisch unvollständig) nur durch genau ein Diagramm charakterisiert, etwa Aussage A durch die Untermenge (Politzer, et al., 2006).

Tabelle 5: Bedeutung der quantifizierten Aussagen A, I, E und O in Eulerkreisen; alle Mengendiagramme, die mit einer Aussage vereinbar sind, sind mit √ markiert.

Aussage		 Äquivalenz	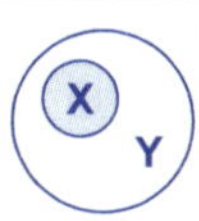 Untermenge	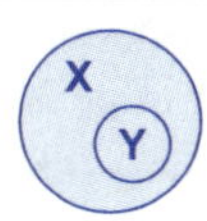 Übermenge	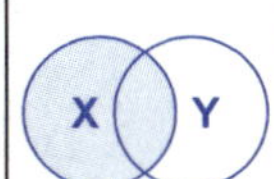 Überlappung	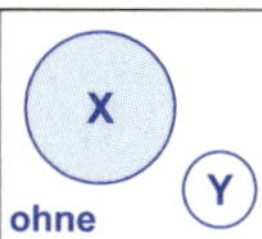 ohne Zusammenhang
Alle X sind Y.	A	√	√	–	–	–
Einige X sind Y.	I	√	√	√	√	–
Kein X ist Y.	E	–	–	–	–	√
Einige X sind keine Y.	O	–	–	√	√	√

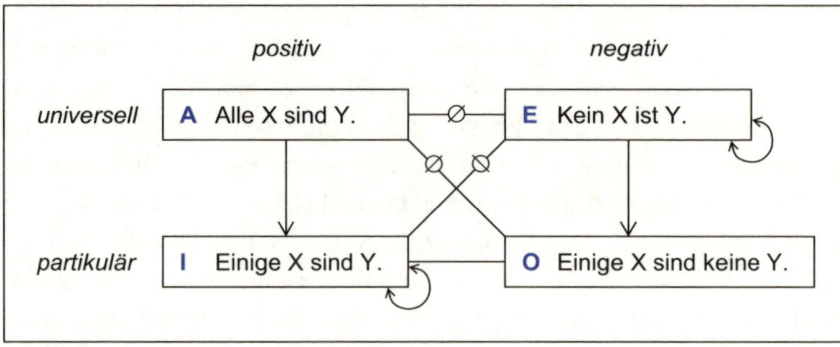

Abbildung 15: Ein logisches Quadrat

Wichtige Beziehungen im logischen Quadrat

Die vier Aussagen bilden ein logisches Quadrat, in dem verschiedene Beziehungen zwischen den Aussagen gelten (s. Abb. 15). Folgende Beziehungen lassen sich aus Tabelle 5 (Seite 75) ableiten:

1. Die universellen Aussagen A und E können nicht gleichzeitig wahr sein. Wenn alle X auch Y sind, kann nicht gleichzeitig gelten „Kein X ist Y". Gilt also die eine Aussage, so ist die andere ausgeschlossen (∅). Sie können aber gleichzeitig falsch sein.
2. Bei den diagonal gekreuzten Paaren schließt ebenfalls die eine Aussage die andere aus (∅). Sofern eine Mengenbeziehung zwischen X und Y besteht, gilt jeweils genau eine der Aussagen. Entweder gilt „Alle X sind Y" (A) oder „Einige X sind keine Y" (O); entweder gilt „Kein X ist Y" (E) oder „Einige X sind Y" (I).
3. Für das positive und das negative Paar gilt, dass die universelle Aussage die partikuläre einschließt (→). Gilt etwa die Aussage „Alle X sind Y" (A), dann trifft dies natürlich auch für einige X zu (I). Umgekehrt gilt dies nicht. Somit implizieren die universellen Aussagen, dass es tatsächlich einige X gibt *(Existenzannahme)*.
4. Die partikulären Aussagen I und O können nicht gleichzeitig falsch sein. Sie können jeweils einzeln, aber auch beide gleichzeitig wahr sein: Einige X sind dann Y, einige sind es nicht.
5. Die Aussagen E und I schließlich sind umkehrbar, das heißt, Subjekt und Prädikat können vertauscht werden(↻; *Konversion*). „Einige X sind Y" und „Einige Y sind X" haben also dieselbe Bedeutung.

Schlussfolgern mit Eulerkreisen

Eulerkreise lassen sich nicht nur verwenden, um die Aussagen A, I, E und O zu definieren, sondern auch, um Schlussfolgerungen aus Syllogismen zu ziehen. Die Grundidee ist einfach. Man entnimmt Tabelle 5 das erste Diagramm für die erste Prämisse sowie das erste Diagramm für die zweite Prämisse und integriert diese in ein gemeinsames Diagramm. Hierfür bestimmt man dann alle damit vereinbaren Aussagen ebenfalls nach Tabelle 5 (s. Seite 75). Dies führt man für alle möglichen Kombinationen von Diagrammen der Prämissen durch. Zum Schluss ist noch zu prüfen, ob es eine logisch zwingende Folgerung gibt, also eine, die in *allen* integrierten Diagrammen gilt.

Ein Beispiel

Das Vorgehen sei am Beispiel des Syllogismus AE3 illustriert. Was folgt aus „Alle Y sind X“ und „Kein Y ist Z“? Viele Personen antworten hier: „Kein X ist Z.“ Aber ist dies auch korrekt? Die Bestimmung der Antwort mit Eulerkreisen ist in Abbildung 16 dargestellt. Wie man sieht, kann die erste Kombination der Prämissendiagramme eindeutig zu einem gemeinsamen Diagramm zusammengefügt werden. Nach Tabelle 5 gelten für dieses integrierte Diagramm vier Aussagen: „Kein X ist Z“, „Einige X sind keine Z“ und beide Umkehrungen. Die zweite Kombination ist nicht eindeutig integrierbar. Die Menge Z kann in Bezug auf X unterschiedlich angeordnet werden. Dennoch lässt sich eine gültige Aussage formulieren: Einige X – nämlich alle Y – sind keine Z. Da diese Aussage in beiden integrierten Diagrammen gilt, ist sie die einzig valide Schlussfolgerung aus den Prämissen.

Anhand dieses Beispiels kann man bereits erahnen, dass syllogistisches Schließen alles andere als einfach ist, selbst wenn man eine anschauliche Methode zur Verfügung hat.

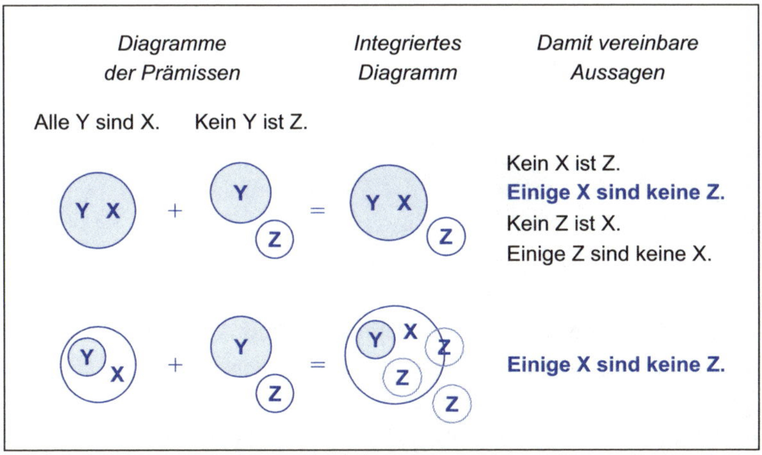

Abbildung 16: Antwortbestimmung mit Eulerkreisen für den Syllogismus AE3: Was folgt aus „Alle Y sind X“ und „Kein Y ist Z“? (Valide Folgerung blau markiert)

4.2 Logikkompetenz und *belief bias* bei den Kpelle

Ein Alphabetisierungsprojekt in Liberia

In Verbindung mit einem Forschungsprojekt in Liberia, in dem Auswirkungen der Alphabetisierung auf Lernen, Denken und andere kognitive Prozesse untersucht wurden (Cole et al., 1971; Cole & Scribner, 1974; Scribner, 1974; Scribner & Cole, 1974, 1981), führte Sylvia Scribner auch eine kleine Untersuchung zum syllogistischen Schließen bei den Kpelle durch, einer Gruppe von Reisbauern (Scribner, 1975). Viele Jugendliche gingen bereits zur Schule, die meisten älteren Personen hingegen hatten nie eine Schule besucht. Durch einen Vergleich beider Gruppen lässt sich der Einfluss der Schulbildung prüfen.

Aufgabenmaterial der Untersuchung

In der Teiluntersuchung zum syllogistischen Schließen verwendete Scribner vier Paare von Aufgaben. Jedes Paar hatte dieselbe Figur und eine Prämisse mit dem Quantor *alle*. Hier ein Beispiel:

1. Einige *kwi*-Personen sind wohlhabend.
   Alle wohlhabenden Personen sind mächtig.
   Sind einige *kwi*-Personen mächtig?

2. Einige Kpelle-Führer sind Kinder.
   Alle Kinder sind unverheiratet.
   Sind einige Kpelle-Führer unverheiratet?

Beide Syllogismen haben die Figur IA1: „Einige X sind Y. Alle Y sind Z. Sind einige X folglich Z?“ Hier sehen Sie die vier möglichen Eulerkreisdiagramme für die erste Prämisse:

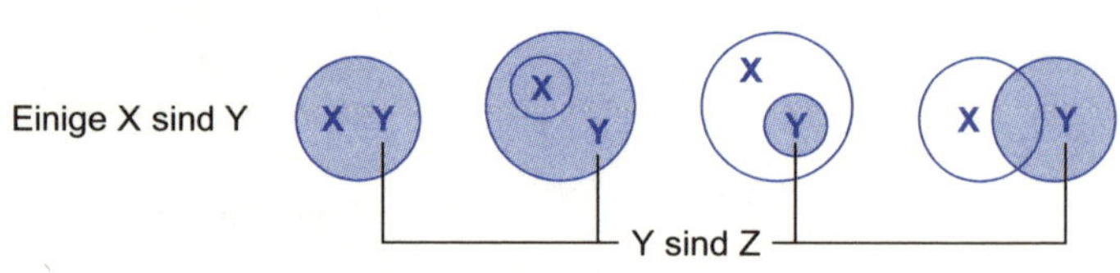

Da alle Y gemäß der zweiten Prämisse Z sind, kann man Y einfach durch Z ersetzen. Die vier Diagramme beschreiben demnach auch die gesuchte Beziehung zwischen X und Z: „Einige X sind Z.“ Entsprechend lauten die logischen Anworten in den beiden Aufgaben:

1. Ja, einige *kwi*-Personen sind mächtig.
2. Ja, einige Kpelle-Führer sind unverheiratet.

Die Kpelle

Im 16. Jahrhundert aus den Savannen des Westsudans (im Osten Afrikas) eingewandert, leben die Kpelle heute teils im Süden Guineas, überwiegend jedoch in Zentralliberia. Dort stellen sie 20 % der über drei Millionen Personen zählenden Bevölkerung und sind damit die größte von über 20 Ethnien.

Die Republik Liberia wurde 1821 als Ansiedlung freigelassener Sklaven aus den USA gegründet und ist seit 1847 unabhängig. Die jüngste Geschichte ist geprägt durch 14 Jahre Bürgerkrieg, der im Jahr 2003 schließlich mit der Flucht des Präsidenten Charles Taylor endete (der 2006 festgenommen und 2012 vom Internationalen Strafgerichtshof in Den Haag wegen Verbrechen gegen die Menschlichkeit verurteilt wurde).

Ein traditionelles Kpelle-Dorf besteht aus 10 bis 150 Rundhütten und zählt 50 bis 600 Personen. Den Kern der Haushalte bilden meist polygyne Beziehungen (Gibbs, 1965): Mehrere Frauen zu haben vermehrt Wohlstand und Ansehen eines Mannes, birgt aber auch Konfliktpotenzial. Das wirtschaftliche Leben wird stark durch den Reisanbau bestimmt, der im Brandrodungsverfahren im sekundären tropischen Regenwald betrieben wird (Gibbs, 1965). Dazu roden die Männer zunächst ein Stück Land, das dann von den Frauen bepflanzt wird. Nach der Ernte lässt man es für mehrere Jahre ruhen und rodet ein anderes Stück. Gearbeitet wird in kooperativen Gruppen. Seit den 1960er Jahren steigt der Anbau von *Cashcrops* wie Zuckerrohr, Kautschuk, Kakao und Kaffee für den Weltmarkt. Zudem verdingen sich zahlreiche Kpelle auf Plantagen oder in Erzminen.

Die Kpelle sind in Klans organisiert, denen meist ältere Männer als Führer vorstehen. Eng verwoben mit der politischen Organisation sind sogenannte Geheimbünde, die seit Jahrhunderten existieren und viele Aspekte des Lebens beeinflussen (Gibbs, 1965): Sie üben soziale Kontrolle aus und sorgen für Integration und Sozialisation. Zu den wichtigsten Bünden gehören der *Poro* für Männer und der *Sande* für Frauen. Zwischen dem 7. und 20. Lebensjahr werden Jungen und Mädchen getrennt für einige Monate (früher waren es mehrere Jahre) in abgelegenen „Busch-Schulen" in ihren Bund aufgenommen. Dabei werden den Jugendlichen unter anderem moralische Werte, religiöse Vorstellungen und diverse Fertigkeiten für das Alltagsleben vermittelt. Zur Initiation werden sie beschnitten und tätowiert. Informationen über den Bund gegenüber anderen preiszugeben ist unter Strafe verboten.

Inzwischen werden Kinder aber nicht nur in Busch-Schulen unterrichtet, sondern auch in einem an das amerikanische angelehnten Schulsystem. Für die Zeit von Scribners Studie beschrieben Cole und Kollegen (1971) die Situation für Grundschüler auf dem Land allerdings als problematisch: Die Klassen waren überfüllt, die Lehrer schlecht ausgebildet, die Materialien nicht in ihrer Muttersprache Kpelle, sondern in der Amtssprache Englisch formuliert und die aus den USA übernommenen Curricula nicht an die lokalen Verhältnisse angepasst. Der Bürgerkrieg trug seinen Teil zur schlechten Bildungssituation bei, sodass auch heute noch mehr als 40 % der über 14-Jährigen weder lesen noch schreiben können.

Figur und Inhalt

Das Besondere an diesem Material ist, dass die Aufgabenpaare zwar *formal* dieselbe Figur haben, sich aber im *Inhalt* systematisch unterscheiden: Die eine Variante enthält faktisch wahre Prämissen – also solche, die in der Welt zutreffen –, die andere enthält mindestens eine faktisch falsche Prämisse. Entsprechend ist auch jeweils eine der Folgerungen faktisch wahr und die andere faktisch falsch. So steht der Ausdruck *kwi* in Beispiel (1) für „westliche Personen" und einige westliche Personen gehörten in Liberia damals in der Tat zu den Mächtigen. Die erste Antwort ist also sowohl logisch als auch faktisch richtig. Kpelle-Führer hingegen sind typischerweise weder Kinder noch unverheiratet. Die logisch korrekte Antwort in Beispiel (2) ist demnach faktisch falsch. Mit diesem Aufgabenmaterial lässt sich prüfen, inwieweit Personen beim Schlussfolgern von den konkreten Fakten abstrahieren.

Vorgehen in der Untersuchung

Scribner und ihre Mitarbeiter befragten drei Gruppen von Personen: 36 Personen ohne Schulausbildung aus einem abgelegenen Kpelle-Dorf, 36 junge Erwachsene aus einer weiterführenden Schule der näheren Umgebung und eine Gruppe von Schülern aus New York zum Vergleich. Jeweils 12 Personen hatten Syllogismen zu lösen, die übrigen bekamen andere Logikaufgaben. Die Inhalte der Aufgaben waren auf das jeweilige Land abgestimmt. Da die Dorfbewohner nicht lesen konnten, wurden die Aufgaben mündlich präsentiert. Im ersten Schritt wurde die Aufgabe vorgelesen. Die Personen waren instruiert, die Prämissen für wahr zu nehmen und nach sorgfältigem Zuhören und Nachdenken eine Antwort zu geben. Im zweiten Schritt erfolgte diese Antwort. Im dritten Schritt wurde nach einer Begründung gefragt. Im vierten Schritt sollte die Aufgabenstellung wiederholt werden. Im fünften und sechsten Schritt schließlich wurde die Aufgabe erneut vorgelesen und sollte nochmals wiederholt werden. Alle Befragungen wurden auf Tonband aufgenommen. Bei den Kpelle wurden sie von zwei Kpelle-Männern durchgeführt, die bereits Erfahrung mit der Durchführung solcher Studien hatten.

Drei Hauptergebnisse

Die Ergebnisse der Untersuchung sind in Tabelle 6 dargestellt. Die zentralen Unterschiede bestehen zwischen der Gruppe der Dorfbewohner ohne Schulbildung und den beiden Schülergruppen. Die Dorfbewohner gaben am seltensten logisch korrekte Antworten (etwa in der Höhe der Ratewahrscheinlichkeit von 50 %); die Schüler waren deutlich besser. Die Dorfbewohner begründeten ihre Antworten überwiegend „empirisch" mit ihrem Wissen über die konkreten Verhältnisse im Land; die

Tabelle 6: Logische Antworten, Begründungen und Erinnerung an die Prämissen (in %; Scribner, 1975)

Untersuchungsphase	Dorfbewohner Kpelle	Schüler Kpelle	Schüler USA
2. Logische Antwort	53	80	90
3. Begründung theoretisch	22	75	82
Begründung empirisch	68	22	3
4. Beide Prämissen erinnert	16	34	53
Eine Prämisse erinnert	29	31	29

Schüler begründeten ihre Antworten meist „theoretisch“, also aus den Quantoren der Prämissen. Und schließlich erinnerten sich über die Hälfte der Dorfbewohner in der Wiederholungsphase an keine der Prämissen korrekt; auch hier waren die Schüler besser.

Erklärung 1: Liegt ein Gedächtnisproblem vor?

Wie kommt es zu der geringen Zahl logisch valider Schlussfolgerungen der Kpelle-Dorfbewohner? Hatten sie sich einfach die Prämissen nicht richtig gemerkt? Die Erinnerungsleistung scheint dies nahezulegen. Sie ist jedoch kein gutes Maß für das Verständnis der Prämissen zum Zeitpunkt der Lösung, weil sie erst *danach* abgefragt wurde. Und in der Tat zeigte eine zweite Studie, in der man die Prämissen *vor* der Lösungsfindung abfragte, eine bessere Erinnerung – wenn auch keine perfekte.

Erklärung 2: Liegt ein spezifischer *belief bias* vor?

Weiteren Aufschluss brachte eine inhaltliche Analyse der als erinnert angegebenen Prämissen. Am häufigsten wurden Quantoren verändert und manchmal Subjekt und Prädikat vertauscht (z. B. *kwi* und wohlhabende Personen). Diese Fehler kamen in allen Gruppen vor. *Eine* Art von Fehlern fand man jedoch nur bei den Kpelle-Dorfbewohnern: Sie hatten die Prämissen oft so umgewandelt, dass sie inhaltlich der Wirklichkeit entsprachen. Diese Art Erinnerungsfehler sowie die empirischen Antwortbegründungen deuten also eher darauf hin, dass die Dorfbewohner ohne Schulbildung die Aufgaben viel seltener losgelöst von ihren konkreten Erfahrungen sahen. Sie antworteten meist nach ihrem Wissen über die Situation im Land – nach ihren *beliefs*. Analoge Ergebnisse wurden in einer Reihe weiterer Untersuchungen bei den Kpelle und Vai in Liberia, bei den Maya in Mexiko (Cole et al., 1971; Scribner & Cole, 1974; s. Scribner, 1977) sowie bei Gruppen in Usbekistan gefunden (Luria, 1971).

Verbessert Bildung das logische Denken oder zumindest die Abstraktion von *beliefs*?

Im Einklang mit Scribners Befunden könnte man nun die These vertreten, ein Mehr an Bildung verbessere das logische Denken *ganz generell*. Etwas vorsichtiger wäre der Schluss, Bildung helfe zumindest, die Aufgaben abstrakt zu betrachten, helfe also gegen den *belief bias*. Durch das Bearbeiten verschiedenster Übungsaufgaben in der Schule wird das Denken flexibler und unabhängiger von der konkreten Lebenswelt. Diese Thesen werden in den nächsten beiden Abschnitten geprüft, und zwar anhand von Daten, die von Personen mit sehr hohem Bildungsstand stammen: von Hochschulstudierenden aus westlichen Ländern.

4.3 Logikkompetenz bei Hochschülern?

Wie erfolgreich sind Studierende im Umgang mit Quantoren? Entspricht ihr Alltagsverständnis der Quantoren der Logik? Wie gut lösen sie Syllogismen und wie gehen sie dabei vor?

Das Alltagsverständnis der Quantoren

Politzer et al. (2006) baten Personen, auf einer Skala von -3 „überhaupt nicht" bis +3 „sehr gut" anzugeben, wie gut jedes der fünf Diagramme aus Tabelle 5 (s. Seite 75) die Bedeutung der quantifizierten Aussagen A, I, E und O ausdrückt. Zu erwarten wäre, dass diejenigen Diagramme positiv bewertet werden, die mit einer Aussage logisch zu vereinbaren sind, und die übrigen Diagramme entsprechend negativ.

Befund: Im Verständnis der Quantoren gibt es spezifische Abweichungen von der Logik.

Die Ergebnisse sehen Sie in Tabelle 7. Die mit einer Aussage logisch nicht vereinbaren Diagramme werden auch als solche erkannt; sie haben durchweg negative Werte. Unterschiede gibt es hingegen bei den logisch vereinbaren Diagrammen. Bei den universellen Aussagen A „Alle X sind Y" und E „Kein X ist Y" werden sie in der Tat sehr positiv bewertet. Hier spiegeln sich die mengentheoretischen Zusammenhänge also klar wider. Für die partikulären Aussagen gilt dies indes nicht. Manche vereinbaren Diagramme scheinen die Bedeutung der Sätze besser auszudrücken als andere: So wird Aussage I „Einige X sind Y" am häufigsten als Überlappung interpretiert und am seltensten als Untermenge. Aussage O „Einige X sind keine Y" wird meistens als Überlappung und Übermenge interpretiert und selten im Sinne des Diagramms ohne Zusammenhang. In einer anderen Untersuchung (Politzer, 1990) wurden schließlich auch die logischen Beziehungen zwischen den vier

Tabelle 7: Vereinbarkeit der Aussagen A, I, E und O mit den fünf Eulerdiagrammen von -3 „überhaupt nicht“ bis +3 „sehr gut“ (n. Politzer et al., 2006, Exp. 1a: S. 704, korrigierte Werte: S. 708); die Werte logisch vereinbarer Diagramme sind blau gedruckt

Aussage		 Äquivalenz	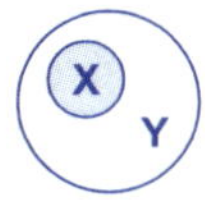 Untermenge	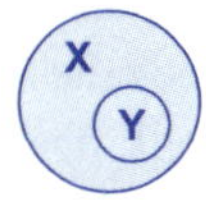 Übermenge	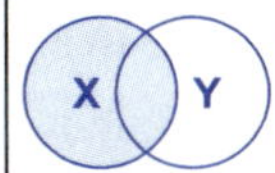 Überlappung	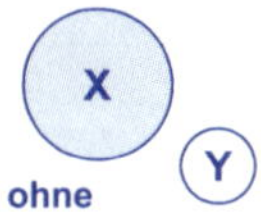 ohne Zusammenhang
Alle X sind Y.	A	**2,55**	**2,61**	–1,72	–1,82	–3,00
Einige X sind Y.	I	**–0,09**	**–0,57**	**1,45**	**2,54**	–2,88
Kein X ist Y.	E	–2,62	–2,42	–1,89	–2,39	**2,81**
Einige X sind keine Y.	O	–2,21	–2,04	**2,27**	**2,56**	**–0,98**

Aussagen A, I, E und O betrachtet (s. Seite 76). Zwar werden viele der Beziehungen korrekt beurteilt, aber auch hier fanden sich systematische Abweichungen. Häufig meinen Personen fälschlicherweise, dass „alle X“ und „einige X“ sich wechselseitig ausschlössen, dass „einige X sind Y“ auch bedeute „einige X sind keine Y“ und dass „alle X sind Y“ umgekehrt werden könne zu „alle Y sind X“. Diese Befunde zeigen, dass bereits im Alltagsverständnis der Quantoren Unterschiede zur Logik bestehen.

Wie gut lösen Studierende Syllogismen?

Die Frage, wie gut Studierende Syllogismen lösen, lässt sich anhand einer Metaanalyse von Chater und Oaksford (1999) beantworten. Darin sind Daten aus fünf Studien an westlichen Universitäten zusammengefasst, in denen alle 64 Syllogismen untersucht wurden. Anders als in der Untersuchung von Scribner wurden in diesen Studien Aufgaben *ohne* direkten Bezug zu konkretem Alltagswissen verwendet. So kann geprüft werden, wie Personen mit den Quantoren als solchen umgehen. Zudem wurden die Aufgaben schriftlich präsentiert, was die Lösung insofern erleichtert, als man sich die Prämissen nicht merken muss.

Befund: Höhere Bildung bedeutet nicht logische Kompetenz.

Manche Aufgaben wurden fast immer logisch korrekt beantwortet: der Syllogismus IA1 etwa, den auch die Kpelle lösen mussten, zu 92 %. Andere Aufgaben wurden selten korrekt beantwortet. Die Personen schnitten besser ab, wenn die korrekte Antwort einen Quantor verlangte

(A, I, E oder O), und schlechter, wenn kein Schluss möglich war: In den 19 Syllogismen, die einen quantifizierten Schluss zu ziehen erlauben, waren im Durchschnitt 64 % der Antworten korrekt; in den 45 Syllogismen, in denen kein quantifizierter Schluss möglich ist, waren es nur 49 %. Auch die Figur hatte einen Einfluss: Figur 1 mit direkter Verbindung von X über Y zu Z wurde am häufigsten korrekt gelöst (59 %), Figur 4 mit vertauschten Prämissen am seltensten (47 %). Die Figuren 2 und 3 lagen dazwischen (54 % bzw. 55 %). Insgesamt waren im Durchschnitt 53 % der Lösungen logisch korrekt. Das liegt zwar deutlich über der Ratewahrscheinlichkeit von 20 % (bei 5 Antwortmöglichkeiten), zeigt aber auch, dass selbst für Personen mit Universitätsausbildung Syllogismen schwierig sind. Die These, höhere Bildung führe generell zu besserem logischem Denken, ist folglich nicht haltbar.

Strategien zur Lösung von Syllogismen

Die Denkstrategien zu identifizieren, die den beobachteten Befunden letztlich zugrunde liegen, ist seit vielen Jahrzehnten eines der zentralen Ziele der Denkpsychologie (Khemlani & Johnson-Laird, 2012).

Ein heuristisches Vorgehen: Antworten nach „Atmosphäre"?

Mit der Atmosphärenheuristik schlugen Woodworth und Sells schon 1935 eine Erklärung vor: Personen versuchten gar nicht, über die Mengenrelationen der Prämissen logisch nachzudenken, sondern entschieden nach einer „Atmosphäre", die durch partikuläre und negierte Prämissen erzeugt würde: Wenn ein Syllogismus eine partikuläre Prämisse enthält, wird eine partikuläre Antwort gegeben, sonst eine universelle; und wenn ein Syllogismus eine negative Prämisse enthält, wird eine negative Antwort gegeben, sonst eine positive. Diese Heuristik ergibt für jeden Syllogismus eine quantifizierte Antwort. Die Atmosphärenerklärung gilt heute allerdings als überholt. So kann sie nicht erklären, warum Personen die unbestimmte Antwort „kein Schluss möglich" geben und oft sogar logisch korrekt. Weil Logik dieser Theorie zufolge keine Rolle spielt, kann sie zudem nicht erklären, warum die Atmosphärenantwort häufiger gewählt wird, wenn sie logisch gerechtfertigt ist (nämlich in 75 % der Fälle), als wenn sie nicht gerechtfertigt ist (nur in 38 % der Fälle; gemäß den Daten von Chater und Oaksford, 1999).

Grafische Strategie: Diagramme zeichnen

Nach Ford (1994) versuchen Personen Syllogismen auf zwei Arten zu meistern: grafisch oder sprachlich (vgl. Bacon et al., 2003). Wenn sie Stift und Papier zur Hand haben, konstruieren sie häufig Diagramme ähnlich den Eulerkreisen. Fehler resultieren daraus, dass die Diagramme nicht alle logischen Möglichkeiten berücksichtigen. Dies ist häufig dann der Fall, wenn Negationen enthalten sind.

Sprachliche Strategie: Prämissen umformen und ineinander einsetzen.

Bei der sprachlichen Strategie formen Personen Prämissen um und setzen sie ineinander ein (wie Gleichungen in der Mathematik). Für Syllogismen mit einer quantifizierten Lösung identifizierte Ford eine Strategie, die sich Mengen-Teilmengen-Beziehungen zunutze macht. Betrachten Sie dazu folgende Prämissen: „Einige Drudel sind Schnösel. Alle Schnösel sind Raffel." Die erste Prämisse identifiziert die Drudel als Teilmenge der Schnösel. Die zweite, allquantifizierte Prämisse erlaubt dann, allen Schnöseln die Eigenschaft Raffel zuzuweisen:

Einige Drudel *(Teilmenge)* sind **Schnösel** *(Menge)*.

= Raffel

Alle **Schnösel** *(Menge)* sind Raffel *(Eigenschaft)*.

Als Antwort folgt direkt: „Einige Drudel sind Raffel." Diese Strategie ist einfach anzuwenden. Im Gegensatz zur Eulermethode braucht man dabei nicht alle Kombinationen von Mengendiagrammen zu analysieren, sondern nur Eigenschaften in den Aussagen geschickt zu ersetzen.

Konversion des Allquantors erklärt viele Fehler.

Die sprachliche Strategie nutzt sogenannte *Monotonie*-Eigenschaften von Mengen: Was zum Beispiel für alle Fische gilt, gilt auch für einzelne Fische, und was für alle Fische nicht gilt, gilt auch für einzelne nicht (Geurts, 2003; Newstead, 2003). Zu logisch nicht validen Schlüssen kommt es dann, wenn Personen gültige Umformungen unterlassen oder ungültige Umformungen vornehmen. So können viele Fehlschlüsse bereits dadurch erklärt werden, dass Personen den Allquantor fälschlicherweise für umkehrbar halten (*Konversion*; Chapman & Chapman, 1959). So wird aus dem Syllogismus der Figur 3 „Alle Y sind X" und „Alle Y sind Z" durch Konversion der ersten Prämisse ein Syllogismus der Figur 1 und es scheint leicht ersichtlich zu folgen „Alle X sind Z". Konversion des Allquantors deckt die häufigsten Fehlschlüsse mit quantifizierten Antworten ab.

Schließen mit mentalen Modellen.

Über die Nennung einzelner solcher Prinzipien für Fehlschlüsse hinaus versucht die Theorie der mentalen Modelle dem Prozesscharakter des Schlussfolgerns gerecht zu werden. Die zentrale Idee dieses Ansatzes ist, dass Personen einen Syllogismus lösen, indem sie zunächst die

Bedeutung der Prämissen in einem *mentalen Modell* repräsentieren und daraus dann Schlüsse ziehen (Johnson-Laird, 1983; Johnson-Laird & Byrne, 1991). Ein mentales Modell ist dabei die Repräsentation einer konkreten Situation, wie sie durch die Prämissen beschrieben wird. Schlussfolgerungen werden in drei Schritten gezogen: Zuerst wird aus den Prämissen ein initiales Modell gebildet, dann wird daraus eine vorläufige Antwort abgeleitet, die anhand weiterer Modelle schließlich auf ihre Validität geprüft wird. Logisch zwingend ist eine Antwort nur dann, wenn sie in allen zulässigen Modellen gilt.

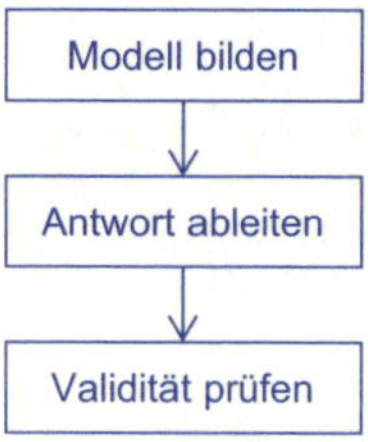

Initiale Modelle für quantifizierte Aussagen

In Tabelle 8 sind die initialen Modelle der quantifizierten Aussagen dargestellt. Ähnlich wie Eulerkreise repräsentieren die Modelle Mengen von Objekten, allerdings nicht abstrakt durch Diagramme, sondern konkret durch Elemente. Jede Zeile steht für ein einzelnes Element mit bestimmten Eigenschaften: „y" etwa für ein Element mit Eigenschaft „y" und „[x] y" für ein Element mit den Eigenschaften „x" und „y". Eckige Klammern drücken Einschränkungen für die Bildung weiterer Elemente aus. Für den Ausdruck „[x] y" etwa zeigt die Klammer um das „x" an, dass die x-Elemente erschöpfend repräsentiert sind. Es gibt demnach keine anderen Arten von x-Elementen als solche mit Eigenschaft „y". Die y-Elemente hingegen sind nicht erschöpfend repräsentiert; es kann also auch welche ohne Eigenschaft „x" geben. Drei Punkte schließlich weisen darauf hin, dass die Repräsentation nicht alle logisch möglichen Fälle abdeckt, die aber bei Bedarf ergänzt werden können.

Modellbildung, Antwortableitung und Validierung

Die initialen Modelle sind diejenigen Modelle, die eine Person als Erstes aufbaut. Liest man „Alle X sind Y", stellt man sich also zunächst nur Elemente vor, die beide Eigenschaften „x" und „y" haben. Dies ist aber nur eine der logischen Möglichkeiten. Bei Bedarf müssen weitere Ele-

Tabelle 8: Die initialen mentalen Modelle für die Aussagen A, I, E und O (n. Bucciarelli & Johnson-Laird, 1999, S. 252 f.)

A Alle X sind Y.	I Einige X sind Y.	E Kein X ist Y.	O Einige X sind nicht Y.
[x] y	x y	[x] ¬y	x ¬y
[x] y	x	[x] ¬y	x ¬y
…	y	[y]	y
	…	[y]	y
			…

[]: erschöpfende Repräsentation; ¬: Negation; …: weitere logische Möglichkeiten

mente generiert werden. Weil x-Elemente erschöpfend repräsentiert sind, können im Einklang mit dieser Aussage nur noch y-Elemente ohne Eigenschaft „x" generiert werden, also „¬x y". Da Syllogismen aus zwei Prämissen bestehen, müssen die Einzelmodelle bei der Interpretation zu einem Gesamtmodell integriert werden. Ganz analog zur Eulerkreismethode werden dabei die Mengen miteinander verknüpft. Gelingt dies, so haben die Prämissen eine kohärente Bedeutung und man kann eine vorläufige Schlussfolgerung daraus ableiten. Im letzten Schritt muss diese dann noch auf Allgemeingültigkeit geprüft werden. Hierbei sucht man ein Gegenbeispiel, also ein alternatives Modell, das der Folgerung widerspricht. Findet man keines, dann ist die Antwort logisch zwingend; findet man eines, so muss man es mit einer anderen vorläufigen Antwort erneut versuchen oder aufgeben.

Wie Kompetenz und Fehler erklärt werden.

Wenn die drei Schritte Modellbildung, Antwortgenerierung und Validierung korrekt ausgeführt werden, lassen sich mit mentalen Modellen alle logisch korrekten Schlüsse ableiten. Die Theorie deckt also die logische Kompetenz ab. Dass aber beispielsweise im Syllogismus AE3 (s. Seite 77) rund 64 % der Personen den logisch nicht gerechtfertigten Schluss „Kein Y ist Z" ziehen, deutet darauf hin, dass sie außer dem ersten Gesamtmodell, das diesen Schluss unterstützt, keine weiteren Modelle bilden. Damit ist das zentrale Prinzip genannt, nach welchem Fehlschlüsse erklärt werden: Personen bilden nicht alle logisch möglichen Modelle der Prämissen; meist sind sie sogar mit dem ersten zufrieden. Im Einklang damit fanden Johnson-Laird und Bara (1984), dass Syllogismen, die nur ein einziges Modell benötigen, häufig gelöst werden (72 %), solche, die zwei oder mehr Modelle benötigen, dagegen selten (<25 %). Insgesamt kann die Modelltheorie die Befundlage recht gut abdecken. Es lassen sich mit ihr jedoch auch Schlüsse ableiten, die Personen gar nicht ziehen; die Theorie ist also zu wenig restriktiv.

Fazit

Alle Theorien machen mehr richtige als falsche Vorhersagen, stellten Khemlani und Johnson-Laird (2012) vergleichend fest, keine ist eindeutig überlegen und keine kann die Befundlage vollständig erklären.

4.4 *Belief bias* auch bei Hochschülern?

Gute Bildung allein macht also keine logischen Denker. Selbst bei Studierenden findet man neben logischer Kompetenz auch systematische Fehler. Bildung könnte aber immerhin helfen, das Denken unabhängiger von inhaltlichem Wissen zu machen und den *belief bias* zu vermeiden. Ob es einen *belief bias* auch bei Studierenden gibt, haben prototypisch Evans et al. (1983) untersucht. Die Autoren konstruierten hierfür Syllogismen, die zwei Aspekte miteinander kombinierten: die logische Validität der Folgerung und ihre inhaltliche Glaubwürdigkeit.

Validität versus Glaubwürdigkeit

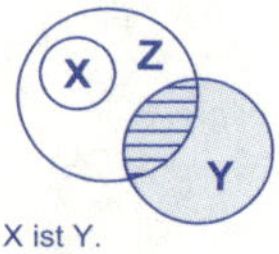

Kein X ist Y.
Einige Z sind Y.

Eines der möglichen Eulerkreisdiagramme für den Syllogismus EI2

Sie verwendeten unter anderem Syllogismen der Figur EI2: „Kein X ist Y. Einige Z sind Y." Von X auf Z ist kein quantifizierter Schluss möglich. Die Aussage „Einige X sind keine Z" ist logisch nicht valide, weil es möglich ist, dass alle X auch Z sind (s. links). Von Z auf X lässt sich jedoch valide schließen „Einige Z sind keine X", weil die Z-Elemente in Menge Y definitiv nicht in Menge X sind. Die Inhalte der Syllogismen wurden so gewählt, dass die Konklusion einmal glaubwürdig war und einmal nicht. Als glaubwürdige Konklusion wurde verwendet: „Einige gut trainierte Hunde sind keine Polizeihunde." Neben Polizeihunden werden ja auch Blinden- und Lawinenhunde gut trainiert. Als unglaubwürdige Konklusion kam die Umkehrung zum Einsatz: „Einige Polizeihunde sind keine gut trainierten Hunde." Polizeihunde werden immer gut ausgebildet. Kombiniert man beide Aspekte, Validität und Glaubwürdigkeit, lassen sich folgende Aufgaben formulieren:

Beispielaufgaben

1. Kein Polizeihund ist bissig.
   Einige gut trainierte Hunde sind bissig.
   Sind einige gut trainierte Hunde keine Polizeihunde?

2. Kein gut trainierter Hund ist bissig.
   Einige Polizeihunde sind bissig.
   Sind einige Polizeihunde keine gut trainierten Hunde?

3. Kein gut trainierter Hund ist bissig.
   Einige Polizeihunde sind bissig.
   Sind einige gut trainierte Hunde keine Polizeihunde?

4. Kein Polizeihund ist bissig.
   Einige gut trainierte Hunde sind bissig.
   Sind einige Polizeihunde keine gut trainierten Hunde?

Mit diesen Aufgaben können beide Aspekte geprüft werden: der Effekt der Validität (die Antwort „ja" ist bei Aufgabe 1 und 2 valide, bei Aufgabe 3 und 4 nicht) und der Effekt der Glaubwürdigkeit (Antwort „ja" ist bei Aufgabe 1 und 3 glaubwürdig, bei Aufgabe 2 und 4 nicht).

Tabelle 9: Auswirkung der Glaubwürdigkeit auf die Akzeptanz valider bzw. nicht valider Konklusionen (in %, N = 120, gewichtete Mittelwerte aus drei Experimenten; Evans et al., 1983)

Konklusion	glaubwürdig	nicht glaubwürdig	Mittelwert
valide	89	56	72
nicht valide	71	10	40
Mittelwert	80	33	

Hilft Bildung gegen den *belief bias*?

Die Ergebnisse sind in Tabelle 9 zusammengefasst. Ingesamt akzeptieren Personen logisch valide Schlüsse häufiger als nicht valide. Dies ist ein Indiz für ihre Kompetenz, logisch zu schließen. Allerdings akzeptieren sie auch glaubwürdige Schlüsse häufiger als unglaubwürdige, unabhängig von ihrem logischen Status. Damit ist auch die zweite These widerlegt: Selbst Hochschulbildung wappnet nicht gegen den *belief bias*.

Der *belief bias*: ein altes und verbreitetes Phänomen

Der *belief bias* ist eigentlich ein altes Phänomen; er ist spätestens bekannt seit der Arbeit von Wilkins aus dem Jahr 1928. Einige Aufmerksamkeit hat er in sozialpsychologischen Arbeiten aus den 1940er- und 50er-Jahren erlangt zu der Frage, wie politische Vorurteile als *beliefs* das Denken beeinflussen (z. B. Gorden, 1953; Janis & Frick, 1943). Er tritt zudem nicht nur bei Syllogismen auf, sondern auch bei anderen Arten logischer Schlüsse wie dem konditionalen Schließen (z. B. Beller & Spada, 2003), dem relationalen Schließen (Roberts & Sykes, 2003) oder dem probabilistischen Schließen (Klauer et al., 2010). Inhaltseffekte wie der *belief bias* motivieren die Unterscheidung von zwei Arten des Denkens (Evans, 2003, 2008, vgl. Kapitel 1 auf Seite 13): *abstraktes*, domänenübergreifendes Denken, das regelbasiert, sequenziell, kontrolliert und langsam erfolgt und durch die Kapazität des Arbeitsgedächtnisses begrenzt ist, sowie *intuitives*, domänenspezifisches Denken, das assoziativ, parallel, automatisch und schnell abläuft und vom Arbeitsgedächtnis unabhängig ist. Dass Kulturen unterschiedliche Präferenzen für abstraktes und intuitives Denken aufweisen können, haben Norenzayan et al. (2002) in einem Vergleich asiatischer und amerikanischer Studierender nachgewiesen. Dass Koreaner stärker dem *belief bias* unterlägen als Amerikaner, wie von Norenzayan und Kollegen ebenfalls behauptet, wurde jedoch widerlegt (Unsworth & Medin, 2005). Die Unterscheidung zwischen abstraktem und intuitivem Den-

Zwei Arten zu denken:
- abstrakt, regelbasiert
- intuitiv, assoziativ

ken ist, so einleuchtend sie sein mag, nicht immer eindeutig. So gibt es Beispiele dafür, dass Personen auch bei abstrakten Aufgaben auf assoziative Prozesse zurückgreifen und umgekehrt bei konkreten Aufgaben regelbasiert vorgehen (Beller & Spada, 2003; Beller, 2012).

Wie und wann sich *beliefs* auswirken.

In der Theoriebildung wurde auch danach gefragt, an welcher Stelle *beliefs* in den Denkprozess eingreifen (z. B. Klauer et al., 2000): Betrifft die Beurteilung der Glaubwürdigkeit nur die Antwortbildung oder bereits die Interpretation der Prämissen? Beides ist möglich. Wenn ein *belief* sich direkt auf die Antwort bezieht, braucht man gar nicht über die Prämissen nachzudenken und hat eine Lösung für die Aufgabe. Wenn sich ein *belief* auf eine Prämisse bezieht, kann dies zwei Effekte haben. Eine Prämisse, die einem *belief* entspricht, ist leichter zu interpretieren, da der *belief* die Zahl möglicher Mengenkombinationen reduziert. So erlaubt die wahre Aussage „Alle Wale sind Säugetiere" nur *eine* Interpretation – die Wale sind eine echte Teilmenge der Säugetiere – und nicht zwei Interpretationen, wie sie eine allquantifizierte Aussage im Prinzip haben kann (s. Tab. 5 auf Seite 75). Widerspricht die Prämisse dagegen einem *belief*, so könnte man sie zugunsten des *beliefs* ignorieren; man könnte aber auch versuchen, den *belief* zu ignorieren, weil offensichtlich ist, dass dieser hier zum Widerspruch führt.

4.5 Bildung, Sprache, Logik und *beliefs*

Was vermittelt Schulbildung für das logische Denken?

Schulbildung per se macht aus einer Person noch keinen logischen Denker und gegen den *belief bias* wappnet sie auch nicht. Wohl aber schafft sie eine Reihe von Voraussetzungen für ein Verständnis von Logik: Als grundlegende Fähigkeiten werden Lesen und Schreiben gelehrt. Logiken sind formale Sprachen, die wie natürliche Sprachen eine Syntax und eine Semantik haben. Sie definieren, welche Aussagen (grammatisch) zulässig sind und welche Bedeutung sie haben. Die Entwicklung von Schrift war sicher eine Voraussetzung dafür, dass Logiken entwickelt werden konnten. Schulbildung lehrt zudem formale Methoden, vor allem in der Mathematik. Dazu gehören meist auch Beweismethoden und Mengenbetrachtungen; gerade Letztere sind für die Lösung von Syllogismen hilfreich. Und schließlich wird Logik manchmal auch gezielt im Unterricht gelehrt. Damit sind zum Schluss aber zwei Fragen noch immer offen: Was bedeutet der *belief bias* letztlich für die logische Kompetenz des Menschen? Und warum waren die Kpelle-Dorfbewohner so anfällig für diesen *bias*, die Kpelle-Schüler jedoch nicht?

Betrachtet man die abstrakte Struktur der Aufgabe (bei Syllogismen die Quantoren und Figur) losgelöst vom Inhalt und legt die Messlatte der Logik nur an diese Struktur an, so erscheint der *belief bias* als *Fehler*: Sind abstrakte Struktur und Inhalt in Konflikt, so wird die logische Antworte unterdrückt zugunsten einer Antwort, die dem eigenen Wissen über den Inhaltsbereich entspricht. Der Anteil nicht logischer Antworten steigt folglich an. Man kann den *belief bias* aber auch unter einer umgekehrten Perspektive sehen, indem man den Inhalt der Aufgabe losgelöst von der abstrakten Aufgabenstruktur betrachtet und prüft, ob der Umgang mit den *Inhalten als solchen* logischen Regeln folgt (Beller & Spada, 2003). Bei diesem Vorgehen ist eine genaue Analyse des Verständnisses entscheidend, das Personen von einem Inhaltsbereich haben – und bezogen darauf findet man oft erstaunliche logische Kompetenzen. So konnte gezeigt werden, dass Personen etwa mit kausalen Inhalten (Beller & Kuhnmünch, 2007) und mit deontisch-sozialen Regeln wie Verboten oder Erlaubnissen (Beller, 2008b, 2010, 2012) logisch adäquat umgehen. Und Hutchins (1980) beobachtete in einer ethnografischen Feldstudie auf den Trobriand-Inseln, dass die Trobriander in Landrechtsdiskussionen pragmatische, aber auch formal-logische Schlüsse kompetent zogen. Es ist also eine Frage der Perspektive, ob man die Nutzung von *beliefs* beim Schlussfolgern als logischen Fehler ansieht oder als kompetente Leistung.

Spricht der *belief bias* gegen logische Kompetenz?

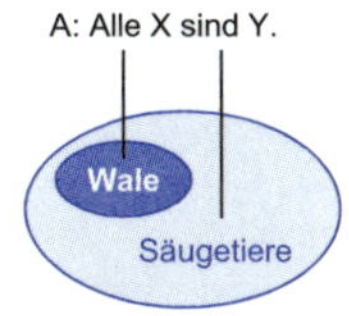

Abstrakte Struktur (A) und konkreter Inhalt (eine Untermenge) für die Aussage „Alle Wale sind Säugetiere."

Und damit kommen wir zur letzten Frage: Warum war der Einfluss der *beliefs* bei den Kpelle-Dorfbewohnern so stark, nicht aber bei den Schülern? Im Kern wird damit nach den Bedingungen gefragt, unter denen Wissen *(beliefs)*, das über die gegebenen Prämissen hinausgeht, im Denkprozess berücksichtigt wird. Zunächst einmal gilt: Aussagen und Schlussfolgerungen vor dem Hintergrund des eigenen Wissens zu interpretieren ist eine grundlegende Eigenschaft des Sprachverstehens und damit „natürlich". *Beliefs auszublenden* fällt leicht bei Aufgaben, bei denen schon die syntaktische Struktur die Antwort nahelegt. Was folgt aus „Wenn das Auto ein Golf ist (P), dann ist es ein Opel (Q)" und „Das Auto ist ein Golf"? Der Vorwärtsschluss von P auf Q fällt hier leicht auch gegen das Wissen, dass der Golf von VW ist und nicht von Opel. Die Aufgaben in der Kpelle-Studie gehören zu den leichten Aufgaben, denn sie enthalten durchweg eine allquantifizierte Prämisse. *Beliefs zu berücksichtigen* wird betont, wenn der Aufgabenkontext entsprechende Hinweise gibt. Bei den Kpelle mag das Aufgabenverständnis eine solche Rolle gespielt haben: Versteht man einen Syllogismus als Aufgabe,

Wann kommen beim logischen Denken *beliefs* ins Spiel?

in der es um eine Frage der realen Welt geht, dann wird man sein Weltwissen selbstverständlich berücksichtigen. Versteht man einen Syllogismus dagegen als schulische Textaufgabe, die für sich selbst steht, dann gelingt es leichter, sein Weltwissen auszublenden. Dies jedenfalls könnte den Unterschied zwischen den Kpelle-Dorfbewohnern und Schülern erklären – die Dorfbewohner ohne Schulbildung hatten diese Art von Übungen und Logikspielen nie gemacht.

Aufgaben

Übung 1: Der Syllogismus AA1 erlaubt einen transitiven Schluss: Aus „Alle X sind Y" und „Alle Y sind Z" folgt „Alle X sind Z". Veranschaulichen Sie mithilfe von Eulerkreisen, dass die Syllogismen EE1 und II1 keine solchen transitiven Schlüsse erlauben.

Übung 2: Der Syllogismus aus dem Eingangszitat von Seite 73 hat zwei allquantifizierte Prämissen und folgt der Figur 2 (AA2). (a) Der eine Dialogteilnehmer zweifelt an der Validität der Schlussfolgerung. Liegt er richtig mit seinem Zweifel? Prüfen Sie mithilfe von Eulerkreisen, ob die Schlussfolgerung logisch valide ist, also wirklich *zwingend* aus den Prämissen folgt. (b) Der andere Dialogteilnehmer hält die Schlussfolgerung für gerechtfertigt. Woher bezieht er seine Gewissheit?

Weiterführende Literatur

Eine Übersicht über die aristotelische Logik und die Eulerkreis-Analyse gibt Adams (1984). Alternative Verfahren zur Lösung von Syllogismen sind bei Stenning (2002) beschrieben. Die klassischen psycho-logischen Befunde und Theorien inklusive des *belief bias* werden bei Evans et al. (1993) ausführlich diskutiert. Johnson-Laird (2006) behandelt verschiedene Aspekte des Denkens aus dem Blickwinkel der Theorie der mentalen Modelle. Und in der Arbeit *Ethno-logic* von Hamill (1990) schließlich findet man eine detaillierte Untersuchung logischer Denkprozesse bei den Navajo aus ethnologischer Perspektive. Eine gut strukturierte Ethnografie der Kpelle etwa aus der Zeit von Scribners Untersuchung verfasste der Ethnologe James Gibbs (1965), der zwischen 1957 und 1958 in Liberia forschte. Darin beschreibt er unter anderem den Poro-Bund als Beispiel eines afrikanischen Geheimbundes. Zudem findet man dort eine kommentierte Bibliografie. Cole et al. (1971) geben in Kapitel 2 eine kurze Einführung in wichtige Aspekte der Kultur der Kpelle und vertiefen dann insbesondere die schulische Situation im Liberia der 1960er-Jahre.

5 Zwei, vier, sechs, acht, zehn

Wie Zahlensysteme und Rechenoperationen interagieren

Da die meisten Zamonier an jeder Hand vier Finger haben, basiert die zamonische Urmathematik auf der Zahl Vier. Es gibt die Zahlen Eins, Zwei, Drei, Vier und Doppelvier, die eigentlich Acht bedeutet. Die dazwischenliegenden Zahlen Fünf, Sechs und Sieben werden von der zamonischen Urmathematik als ‚Unzahlen' verachtet … Die zamonischen Druiden hingegen akzeptieren nur eine einzige Zahl, die sie Olz nennen. Olz ist die Anzahl von Druidenseelen, die angeblich gleichzeitig durch ein Schlüsselloch passen, und das ist eine sehr hohe, eigentlich nur für Druiden erfassbare Summe … Die umständlichste Mathematik Zamoniens wird aber von den Fhernhachen praktiziert: Sie rechnen in Zuneigungen, und deshalb können sie nur zählen, wenn sie mindestens zu zweit sind. *Walter Moers, Ensel und Krete, 2002, S. 85–86.*

Eine Welt voller Zahlen …

Zahlen sind in unserem Alltag allgegenwärtig. Sie werden verwendet, um Preise zu kalkulieren, um die Uhrzeit anzugeben, um Buchseiten zu nummerieren oder einfach dazu, die Äpfel in einer Kiste zu zählen. Zählen ist einfach – so einfach, dass wir, wenn jemand „nicht bis drei zählen kann", auch keine großen Hoffnungen in seine übrigen intellektuellen Fähigkeiten setzen. Sind das Verständnis natürlicher Zahlen und das Zählen aber wirklich so selbstverständlich, quasi natürlich?

… und eine ganz ohne?

Ein Artikel in der Zeitschrift *Science* aus dem Jahr 2004 machte eine kleine Gruppe südamerikanischer Indianer weltberühmt. Darin berichtete der Psychologe Peter Gordon, die Pirahã könnten Mengen, die über zwei hinausgehen, nicht exakt bestimmen, weil ihre Sprache keine Zahlwörter größer als 2 besitzt. Der Linguist Daniel Everett (2005) ging noch einen Schritt weiter: Er behauptet, diese Sprache besitze überhaupt keine Zahlwörter und aufgrund kultureller Beschränkungen der Grammatik seien die Pirahã auch außerstande, zählen zu lernen.

Leitfragen

Das Beispiel wirft eine Reihe von Fragen auf: Wie viel mathematisches Know-how haben wir Menschen von Geburt an und was setzt dies an kognitiven Fähigkeiten voraus? Welche Werkzeuge geben uns unsere Kultur und unsere Muttersprache für den Umgang mit Zahlen an die Hand, und beeinflussen die Eigenschaften dieser Werkzeuge, wie wir mathematische Probleme lösen? Welche Strategien wurden entwickelt, um die Grenzen des Zählbaren zu überwinden, und welchen Stellenwert haben mathematische Konzepte überhaupt in verschiedenen Kulturen?

Aufbau des Kapitels

Um diese Fragen zu beantworten, sind Erkenntnisse aus verschiedenen wissenschaftlichen Disziplinen – Mathematik, Kognitionswissenschaft, Psychologie, Linguistik und Ethnologie – erforderlich. Sie liefern die Grundlage, um zu zeigen, wie Menschen Zahlen repräsentieren und mit ihnen umgehen, und zwar abhängig von ihrer Sprache und Kultur. Dafür wird zunächst das Konzept des Zählens mit natürlichen Zahlen vorgestellt und erläutert, welche kognitiven Anforderungen damit verbunden sind (Kapitel 5.1). Als wichtigstes Werkzeug für die numerische Kognition stellen wir dann verschiedene Zahlensysteme vor, deren Eigenschaften wir schildern und deren Auswirkungen auf kognitive Prozesse wir beleuchten (Kapitel 5.2). Am Fallbeispiel der objektspezifischen Zahlensysteme auf Mangareva sollen einige dieser Wechselwirkungen illustriert werden. Das Beispiel zeigt unter anderem, wie die von jedem Zahlensystem zwangsläufig gesetzten Grenzen durch kreative Problemlösungen überwunden werden können (Kapitel 5.3). Das erlaubt es auch, generelle Schlussfolgerungen über die Entwicklung von Zahlensystemen kritisch zu prüfen (Kapitel 5.4).

5.1 Zählen mit natürlichen Zahlen

Anzahl als abstrakte Eigenschaft mit Bedeutung

Dass Objekte in verschiedenen Anzahlen auftreten können, ist eine einfache Tatsache: Ein Baum kann fünf Äpfel tragen, einen Korb voll Äpfel oder so viele, dass niemand sie würde zählen wollen. Anzahl ist dabei eine *abstrakte* Eigenschaft: Fünf Äpfel ist die gleiche Menge wie fünf Gedichte, auch wenn die gezählten Dinge sich in ihrer Beschaffenheit grundlegend unterscheiden. Es ist aber auch eine Eigenschaft mit *Bedeutung*: Ein Korbvoll Äpfel sättigt mehr Personen als eine Handvoll und fünf Gedichte auswendig zu lernen ist anstrengender als eines. Wie viel von dem Know-how, das wir zum Zählen brauchen, bringen wir Menschen als Spezies von Geburt an mit und welche kognitiven Fähigkeiten setzt das Zählen voraus?

Erfassung von Anzahl:
- *Subitizing*
- Zählen

Die direkte Wahrnehmung der Anzahl von Objekten ist uns Menschen nur in engen Grenzen möglich. Versuchen Sie einmal, in der nebenstehenden Abbildung die Anzahl der Kreise in (a) und die Anzahl der Karos in (b) zu bestimmen. Der Unterschied ist offensichtlich: Die Anzahl der Kreise erschließt sich direkt, also „auf einen Blick", während man die Anzahl der Karos durch Abzählen ermitteln muss. Woran liegt das? Natürlich dauert es länger, 16 Elemente zu zählen als 4, aber der Unterschied reicht tiefer. Kleine Anzahlen erschließen sich durch direktes Betrachten *(subitizing)*. Dieser Prozess funktioniert schnell und akkurat für Anordnungen aus 1 oder 2 Elementen; aber schon ab 3 nehmen Geschwindigkeit und Genauigkeit kontinuierlich ab; und 4 gilt gemeinhin als Obergrenze für das *subitizing* (Mandler & Shebo, 1982). Für die Kreise in (a) reicht das *subitizing* aus, nicht aber für die Karos in (b); um deren Anzahl exakt zu bestimmen, muss man sie *zählen*, und Zählen erfordert Zeit und ist fehleranfällig. Schneller und besser geht es bei einer größeren Anzahl von Objekten, wenn diese geordnet sind wie die Quadrate in (c). Allerdings hilft diese Ordnung nur dann, wenn man auch die (kulturell vermittelte) Information $4 \cdot 4 = 16$ unmittelbar aus dem Gedächtnis abrufen kann. Vom *subitizing* in (a) ist die Bestimmung der Anzahl in (c) also – trotz hoher Geschwindigkeit und Genauigkeit in beiden Fällen – grundverschieden.

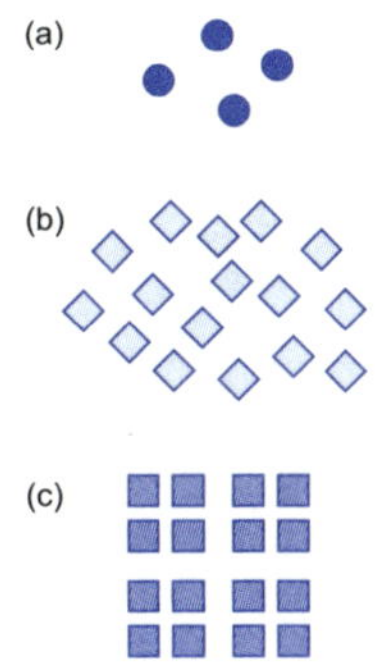

Wie viele Objekte sind hier abgebildet?

Kognitive Architektur

Befunde wie diese sprechen dafür, dass grundsätzlich zwei kognitive Systeme zur Verfügung stehen, um Mengen zu bestimmen (Feigenson et al., 2004): Eines davon, das *analoge System*, teilen wir mit vielen nicht menschlichen Spezies. Es erhält Input durch *subitizing* und Schätzprozesse und es erlaubt uns, Mengen zu vergleichen und grobe Abschätzungen bei einfachen Rechenoperationen (Überschlag) vorzunehmen. Das zweite, *digitale System* dagegen ist auf symbolische Repräsentationen wie Sprache angewiesen, benötigt also kulturellen Input: Nur wenn wir eine Sequenz aus Zahlwörtern erlernen, erwerben wir auch die Fähigkeit, größere Mengen durch Abzählen exakt zu bestimmen und mit ihnen zu rechnen (Dehaene, 1997; Hurford, 1987; Wiese, 2003). Auf der Grundlage neurowissenschaftlicher Studien unterteilen Forscher wie Dehaene (1992; s. auch Campbell, 1994) das digitale System weiter in eines für gesprochene (Zahl-)Wörter und eines für geschriebene Symbole oder Ziffern. Jedes dieser Systeme ist wiederum spezialisiert auf bestimmte Operationen: Zählen und kleines Einmaleins basieren auf Zahlwörtern, die Bestimmung der Geradzahligkeit und komplexere Aufgaben gelingen besser mit Ziffern.

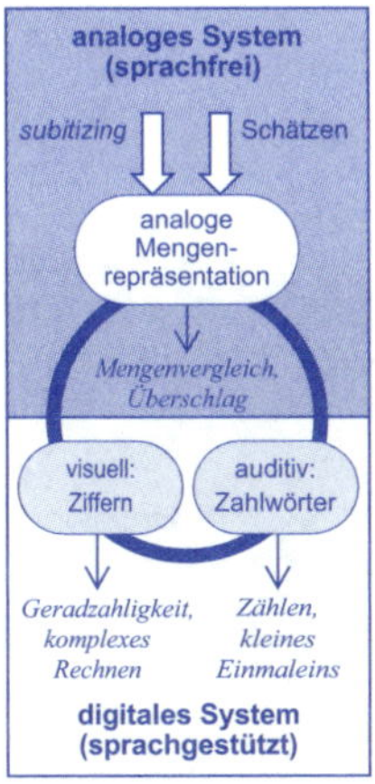

Das *Triple-Code-Modell* der numerischen Kognition (n. Dehaene, 1992, S. 31)

Das von Dehaene vorgeschlagene Modell beschreibt, wie die kognitive Architektur bei Menschen aussehen könnte, die mit den arabischen Ziffern vertraut sind. Wie solche kognitiven Prozesse bei Menschen ineinandergreifen, die keine oder eine andere Zahlschrift verwenden, ist dagegen noch kaum untersucht worden (für Ausnahmen s. die Studien zu den Pirahã und Mundurukú im Amazonas-Becken: Dehaene et al., 2006, 2008; Gordon, 2004; Pica et al., 2004).

Zahlwörter und Ziffern als Bausteine von Zahlensystemen

„eins, zwei, drei …"
1, 2, 3 …

Wenn das Zählen erfunden wurde, um die Anzahl von Dingen in der Welt sicher bestimmen zu können – wie kann es dann zu kulturellen Unterschieden im Zählen und womöglich Rechnen kommen? Zieht man in Betracht, *womit* wir zählen, wird rasch offenkundig, wie eng der Prozess des Zählens mit wichtigen Aspekten von Kultur verknüpft ist: mit Sprache und Schrift. Unsere Sprache liefert uns die Wörter (Numeralia), mit deren Hilfe wir zählen, und unsere Schrift stellt uns Symbole (Ziffern) bereit, um Zahlen zu repräsentieren und damit zu rechnen. Zwar kann man auch ohne Wörter zählen, indem man beispielsweise eine Strichliste führt wie auf einem Bierdeckel oder für jedes Objekt ein Steinchen auf einen Haufen legt, aber dies erlaubt nur Mengenvergleiche, keine präzisen Angaben über einzelne Mengen.

Zählen heißt, die Mächtigkeit einer Menge bestimmen.

Um die „Mächtigkeit" einer Menge präzise bestimmen zu können, braucht es Zahlen, oder genauer: eine *Zählsequenz*. Was genau passiert beim Zählen? Wir nehmen das erste Objekt einer Menge und sagen „eins". Eines nach dem anderen nehmen wir dann weitere Objekte und sagen „zwei", „drei", „vier", „fünf" und so weiter, bis wir beim letzten Objekt angekommen sind und damit die Gesamtzahl aller Objekte angeben können, zum Beispiel „sechzehn". Diese Gesamtzahl gibt die Mächtigkeit einer Menge an, einen Aspekt, den man *Kardinalität* nennt. Die Reihenfolge, in der die Objekte gezählt werden, ist beliebig. Bei den Zahlwörtern ist dies anders: Sie folgen einer kulturell festgelegten Sequenz; deshalb können sie auch eine Rangfolge repräsentieren („der Erste", „der Zweite", „der Dritte" usw.); diesen Aspekt nennt man *Ordinalität*. Wichtig ist, jedem Objekt genau *ein* Zahlwort zuzuordnen; würde man es doppelt zählen, käme man zu einem falschen Endergebnis. Die Grundzähleinheit ist in der Regel 1. Außerdem ist Zählen insofern abstrakt, als es auf beliebige Objekte angewendet werden kann (vgl. Gelman & Gallistel, 1978; Wiese, 2003). Dass nicht alle Systeme abstrakt sein oder mit 1 als Grundzähleinheit operieren müssen, wird das Fallbeispiel in Kapitel 5.3 zeigen.

Kardinalität:
{1, 2, 3 … 16} = **16**

Ordinalität:
1. < 2. < 3. < … < 16.

Zahlen sind also ein kognitives „Werkzeug“ (Wiese, 2007). Sie werden benötigt, um Objekte zu zählen, um zu rechnen oder um Zähl- und Rechenergebnisse anderen Personen mitzuteilen. Welche Eigenschaften sollten Zahlwörter haben, um solche Aufgaben zu erleichtern?

Zahlen als kognitives Werkzeug

Für jede dieser Aufgaben spielen die verschiedenen Teile des Gedächtnisses eine zentrale Rolle: das Langzeitgedächtnis, in dem unser Wissen (etwa über das kleine Einmaleins) gespeichert ist, und das Kurzzeit- oder Arbeitsgedächtnis, das zum Rechnen benötigt wird. Aus der Gedächtnisforschung weiß man, dass die Gedächtnisspanne – also die Anzahl der Elemente, die eine Person kurzzeitig im Arbeitsgedächtnis behalten kann – von der Anzahl der Silben abhängt: Personen können sich umso mehr Wörter merken, je weniger Silben diese haben (Baddeley et al., 2009). Kurze Zahlwörter sind deshalb besonders günstig, vor allem für das Kopfrechnen (und im Deutschen ist von den Grundzahlen für 1 bis 10 nur „sieben“ zweisilbig). Außerdem sollten sie auditiv gut unterscheidbar sein, damit Verwechslungen möglichst ausgeschlossen sind (weil „zwei“ und „drei“ einander zu ähnlich sind, wird in manchen Kontexten „zwo“ für „zwei“ verwendet).

Günstig sind einsilbige und gut unterscheidbare Zahlwörter.

Dass sich Zahlwörter zwischen Sprachen unterscheiden, ist offensichtlich, aber spielen diese Unterschiede eine Rolle? „Drei“ oder „three“, „dreizehn“ oder „thirteen“ scheinen ja nur oberflächlich verschiedene Vokabeln für das gleiche Konzept zu sein. Wie ist es jedoch mit „dreiundzwanzig“ im Vergleich zu „twenty-three“? Und ist es wirklich einerlei, ob man 12 · 9 oder XII · IX berechnen will?

Ist Zahlwort gleich Zahlwort?

5.2 Zahlensysteme und ihre Eigenschaften

Zählsequenzen stellen die wichtigsten Werkzeuge für numerische Kognition zur Verfügung, ohne die Rechnen nur schwer oder gar nicht zu bewerkstelligen wäre. Alle Zählsequenzen beziehen sich auf einen Ausschnitt der natürlichen Zahlen; *wie* sie dies tun, ist jedoch ein Stück weit beliebig. Insofern definieren die Zahlwörter und Symbole, aus denen die Zählsequenzen bestehen, das numerische System und seine Eigenschaften. Zu diesen Eigenschaften eines Systems gehören sein *Umfang*, seine *Dimensionalität, Basis und Struktur*, seine *Regelmäßigkeit* und die Verfügbarkeit einer *Notation* (Bender & Beller, 2011b). Wirken sich die kulturspezifischen Ausprägungen dieser Eigenschaften auf die kognitiven Verarbeitungsprozesse aus und darauf, wie Menschen numerische Aufgaben bearbeiten? Um diese Fragen zu beantworten, werden im Folgenden die Eigenschaften von Zahlensystemen detailliert beschrieben und auf ihre kognitiven Implikationen hin analysiert.

Umfang

Obere Grenze L

Theoretisch können Zahlensysteme unendlich sein. In der Praxis jedoch sind sie begrenzt – sei es, weil die Sprache keine weiteren Numeralia bereitstellt, um höhere Zahlen auszudrücken, oder weil der Platz auf dem Papier nicht ausreicht, um weitere Ziffern zu notieren. Selbst Computer können nur mit einer begrenzten Zahl von Stellen umgehen. Die obere Grenze eines Zahlensystems wird durch die „Grenzzahl" L *(limiting number)* angegeben. Sie ist definiert als die nächstgrößere Zahl nach dem größten regulär gebildeten Zahlwort (Greenberg, 1978, S. 253), typischerweise eine Potenz mehr als das Zahlwort für die höchste Potenz. So lassen sich in einem regelmäßigen Dezimalsystem mit „hundert" als höchster Potenz Zahlwörter bis 999 bilden: $9 \cdot 100 + 9 \cdot 10 + 9$. Damit hat das System einen Umfang von L = 1000.

Variationen im Umfang

Sprache	L
Pirahã	3
Latein	10^4
(Alt-)Griechisch	10^5
Mangareva	10^{10}
…	

Hinsichtlich der Obergrenzen ihrer Zahlensysteme unterscheiden sich Sprachen massiv. Pirahã beispielsweise beinhaltet, wie erwähnt, nur Wörter für 1 und 2 (Gordon, 2004) und selbst die sind möglicherweise keine echten Zahlwörter, sondern nur ungefähre Mengenbezeichnungen (Everett, 2005). Einige polynesische Zahlensysteme wie das Mangareva erreichen dagegen einen Umfang von L = 10^{10} (Bender & Beller, 2006b; mehr dazu in Kapitel 5.3).

Untere Grenze: War am Anfang die 0 oder die 1?

Während die höchste Zahl in Zahlensystemen einer enormen Variabilität unterliegt, gilt dies für die niedrigste Zahl nicht. Auf der ganzen Welt beginnen Zählsequenzen in natürlichen Sprachen bei 1 (Greenberg, 1978) und nicht etwa bei 0. Zwar benötigt man einen Begriff, um eine Situation zu beschreiben, in der von einer Objektart *keines* vorhanden ist – etwa um ausdrücken zu können: „In der Kiste sind *keine* Äpfel" (vgl. Kapitel 4). Um Zahlwörter bilden zu können, beispielsweise für die Zahlen 100 oder 1003, ist die „Null" jedoch nicht erforderlich.

Kognitive Implikationen der Systemgrenzen

Je ausgedehnter ein Zahlensystem ist, desto größer ist auch der Bereich, in dem gezählt und gerechnet werden kann. Pirahã mit seiner mutmaßlichen Obergrenze von L = 3 ist dafür ein gutes Beispiel: So hatten die Teilnehmer an Gordons (2004) Experimenten erkennbare Schwierigkeiten, die genaue Anzahl von Objekten zu reproduzieren, wenn sie größer als 3 war. Die gleichen Ergebnisse lassen sich aber auch mit englischsprachigen Personen erzielen, wenn man sie daran hindert, die Objekte abzuzählen (Frank et al., 2008) – ein deutlicher Hinweis darauf, wie wichtig Sprache für diese Aufgabe ist. Allerdings ist der Umfang eines Systems eine Eigenschaft, die sich besonders leicht anpassen lässt, wenn größere Zahlwörter als L benötigt werden – und das sogar, ohne das System an sich verändern zu müssen. Hat man L erreicht, kann man einfach sagen „und eins mehr"; man kann auf Hilfskonstruktionen zurückgreifen wie in „zehntausend" und „hunderttausend"; oder man kann neue Potenzbegriffe erfinden oder übernehmen, wie die dem Lateinischen entlehnte „Million". Auf eine weitere Variante gehen wir in Kapitel 5.3 ein.

Ausdehnung von Systemgrenzen

Dimensionalität, Basis und Struktur

Anhand ihres Aufbaus lassen sich Zahlensysteme einer von drei Arten der Dimensionalität zuordnen (Zhang & Norman, 1995): Wird für jede Zahl ein eigenes Wort verwendet, handelt es sich um ein *eindimensionales System (1D)*. Würde unser verbales Zahlensystem bei „zwölf" enden, wäre es ein solches 1D-System. Auch die Körperzahlensysteme, wie sie in Neuguinea verbreitet sind, liefern ein Beispiel dafür: In diesem Fall wird jeder Zahl ein bestimmter Körperteil zugeordnet; die Zählsequenz endet, wenn alle Körperteile abgezählt sind (Saxe, 1981; Wassmann & Dasen, 1994; s. auch Abb. auf Seite 113). Werden Zahlwörter dagegen rekursiv aus einigen wenigen Grundbegriffen zusammengesetzt, handelt es sich um ein *zweidimensionales System (1x1D)*. Anhand unserer Zahlschrift lässt sich dieses Prinzip gut erläutern: Die Basis des Systems ist 10; größere Zahlen werden generiert, indem man die verschiedenen Potenzen der Basis – also Einer, Zehner etc. – durchzählt und summiert (mehr dazu ab Seite 102). *(1x1)x1D-Systeme* schließlich stellen eine Erweiterung der 1x1D-Systeme dar: Sie verwenden neben ihrer Hauptbasis noch eine Subbasis. Das bekannteste Beispiel dafür sind die römischen Ziffern: Zusätzlich zur Dezimalbasis (X) und ihren Potenzen (C und M) verwenden sie auch spezifische Symbole für 5 (V), 50 (L) und 500 (D), die als Subbasis dienen.

Dimensionen:
- 1D
- 1x1D
- (1x1)x1D

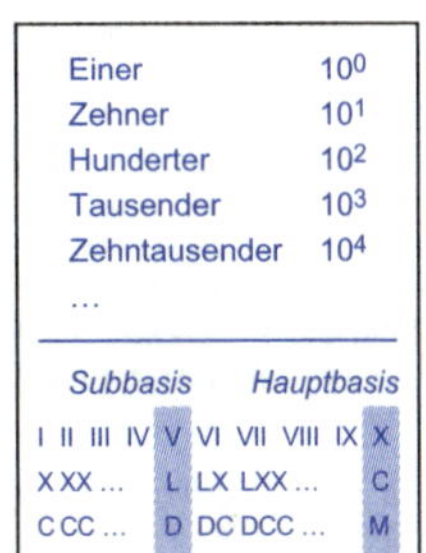

Potenzen in einem System mit Basis 10 (oben), Hauptbasis 10 und Subbasis 5 bei römischen Ziffern (unten)

1x1D-Systeme verwenden als Bausteine eine kleine Anzahl grundlegender Numeralia: Die primäre Zählsequenz mit der Basis als letztem Element sowie deren Potenzen. In unserem Dezimalsystem geht die pri-

Bausteine eines 1x1D-Systems:
- primäre Zählsequenz
- Basis und Potenzen

märe Zählsequenz von „eins“ bis „zehn“. Dann beginnt ein neuer Zyklus, der aus der Basis und den gleichen Numeralia besteht, etwa „dreizehn“ (Ausnahmen werden ab Seite 101 besprochen). Für zwei Potenzen der Basis – 100 und 1000 – hat das Deutsche eigene Numeralia („hundert“ und „tausend“), nicht aber für höhere Potenzen wie „Million“ oder „Milliarde“; diese sind dem Lateinischen entlehnt.

Prinzipien der Zusammensetzung

2703
$= 2 \cdot 10^3$
$+ 7 \cdot 10^2$
$(+ 0 \times 10^1)$
$+ 3 \cdot 10^0$

Um aus diesen Bausteinen ein Zahlwort wie „zweitausendsiebenhundertunddrei“ zu bilden, werden zunächst die Potenzen selbst gezählt – in diesem Fall also „zweitausend“ ($2 \cdot 10^3$), „siebenhundert“ ($7 \cdot 10^2$) und „drei“ ($3 \cdot 10^0$). Innerhalb der Potenzterme wird *multipliziert*; die Gesamtzahl ergibt sich dann, indem man alle Potenzterme *addiert*. Allerdings bleiben diese Verknüpfungen implizit; nur im Wort „und“ vor dem letzten Term deutet sich die Addition an. Wie das Beispiel zeigt, unterscheiden sich Zahlsprache und Ziffernnotation (s. links) darin, dass in der Notation auch für nicht vorhandene Potenzen ($0 \cdot 10^1$) ein Symbol benötigt wird (mehr dazu auf Seite 102).

Variationen in Basis und Struktur

Basis	Sprachen
5	Takia (PNG)
8	Yuki (Kalifornien)
10	Indoeuropäisch
20	Maya, Aztekisch
60	Babylonisch
Subbasis	
5	Maya, Aztekisch
10	Aztekisch

Sprachen unterscheiden sich nun nicht nur darin, welche Basis sie bevorzugen – Basis 10 ist sehr häufig, aber bei Weitem nicht die einzige (Comrie, 2011; Hammarström, 2010) –, sondern auch darin, wie sie die zusammengesetzten Zahlwörter bilden. Allerdings sind Prinzipien, die über Addition und Multiplikation hinausgehen, eher selten (Greenberg, 1978). Ein Beispiel ist das Subtraktionsprinzip bei römischen Ziffern (z. B. steht IV für 4, IX für 9 und XC für 90). In vielen Sprachen beginnen Zahlwörter übrigens mit der größten Potenz. In der Kommunikation hat dies den Vorteil, dass der Hörer bereits mit dem ersten Potenzausdruck einen Eindruck von der Größenordung der Zahl erhält.

Kognitive Implikationen der Dimensionalität

1D-Systeme sind konzeptuell einfach; sie verlangen nicht danach, dass generative Prinzipien oder Regeln für die Zusammensetzung von Zahlwörtern erlernt werden, und sie überraschen auch nicht mit Unregelmäßigkeiten. Für kleine Anzahlen sind sie deshalb völlig ausreichend (und manche Operationen wie Mengenvergleiche oder Additionen sind damit sogar einfacher; vgl. dazu Nickerson, 1988). Bei großen Zahlen allerdings sind 1x1D-Systeme effizienter. Die Rekursivität bei der Zahlwortbildung hilft, die Zahlwörter kompakt und die Menge zu erlernender Wörter klein zu halten. 1x1D-Systeme bringen noch einen weiteren Vorteil: Sie erleichtern bestimmte Berechnungen, und zwar abhängig von der verwendeten Basis.

Kognitive Implikationen der Basis

Für die Struktur eines Systems ist die Basis die zentrale Komponente. Ihre Größe bestimmt unter anderem, wie viele Numeralia man in einem Zahlensystem benötigt. In einem regelmäßigen Dezimalsystem etwa sind das Numeralia für die Grundzahlen 1 bis 10 und je ein Numerale für jede weitere Potenz der Basis (100, 1000, ...). Allgemein gilt: Je größer die Basis, desto mehr Numeralia sind für Grundzahlen notwendig, aber desto weniger für Potenzen. Damit werden zusammengesetzte Zahlwörter zugleich kürzer und kompakter. Für den Gedächtnisabruf großer Zahlen sind Systeme mit größerer Basis deshalb günstiger. Dies ist jedoch nur *eine* Implikation der gewählten Basis; eine weitere kommt beim Rechnen ins Spiel. Die Basis bestimmt nämlich auch den Umfang des kleinen Einmaleins, das heißt die Anzahl der elementaren Additionen und Multiplikationen, die man für verschiedene Rechenoperationen auswendig beherrschen sollte. Diese Anzahl steigt überproportional mit wachsender Basis an (Zhang & Norman, 1995) – ein klarer Nachteil für Systeme mit größerer Basis. Und schließlich bestimmt die Basis auch, welche Rechenoperationen besonders einfach sind: Im Dezimalsystem ist dies etwa die Multiplikation mit 2, 5 und vor allem 10, während eine Multiplikation mit 7 schwerer fällt; gerade umgekehrt verhält es sich in einem System mit Basis 7.

Zusammenhang zwischen der Basis (B) und der Anzahl der Numeralia (Num), der Kompaktheit der Darstellung (Kompakt) und der Anzahl der elementaren Operationen (1x1), wenn man bis zu einer Million zählen will.

B	Num	Kompakt[1]	1x1
2	20	*10010100*	3
5	12	*1043*	15
10	15	*148*	55
12	16	*104*	78
20	23	*78*	210

1 Diese Spalte zeigt, wie die Darstellung einer Zahl (hier am Beispiel 148) umso kompakter wird, je größer die Basis ist: Ein System mit Basis 2 benötigt dafür acht Stellen, eines mit Basis 20 nur noch zwei.

Regelmäßigkeit

Zahlen in Form arabischer Ziffern werden regelmäßig gebildet, wie auf Seite 100 am Beispiel der Zahl 2703 gezeigt wurde. Für Zahlwörter gilt dies nicht gleichermaßen und das Deutsche ist ein besonders gutes Beispiel für solche Unregelmäßigkeiten.

Unregelmäßigkeiten im Deutschen:
- Inversion
- Hilfsbasis 1000
- spezifische Zahlwörter

Typischerweise wird bei zusammengesetzten Zahlen mit dem größten Potenzwert begonnen und die Aufzählung bis zum kleinsten fortgesetzt, also „zweitausend", „siebenhundert" und „drei". Bei den Zehnern allerdings wechselt diese Reihenfolge: Während 703 als „siebenhundert-und-drei" gesprochen wird, ist 73 nicht „siebenzehn-und-drei", sondern „dreiundsiebzig" (Inversion). Für die Potenzen 10.000 und 100.000 werden keine neuen Numeralia verwendet, sondern die Tausender als Hilfsbasis weitergezählt als „zehntausend" und „hunderttausend". Schließlich gibt es spezifische Wörter für Zahlen, für die man zusammengesetzte Wörter erwarten würde (z. B. „elf" statt „zehn-und-eins" und „zwölf" statt „zehn-und-zwei"). Zu diesen spezifischen Elementen gehört auch die Nachsilbe, mit der Vielfache von 10 bezeichnet werden:

Während Hunderter und Tausender gezählt werden, indem man ihnen einfach ein Zahlwort voranstellt (wie in „vierhundert"), wird für Zehner das Zahlwort mit „-zig" kombiniert, also „vierzig" statt „vierzehn".

Variationen in (Un-) Regelmäßigkeiten

Französisch

… bildet die Zehner 70, 80 und 90 als *soixante-dix* (60 + 10), *quatre-vingt* (4·20) und *quatre-vingt-dix* (4·20 + 10). Im belgischen und im schweizerischen Französisch heißt es *septante*, *octante* *(huitante)* und *nonante*.

Auch in anderen indoeuropäischen Sprachen finden sich derartige Unregelmäßigkeiten – man denke nur an die französischen Wörter für 80 und 90. Obwohl solche Unregelmäßigkeiten oft als Nebeneffekt sprachlicher Veränderungsprozesse auftreten, sind sie keineswegs unvermeidbar: Das Chinesische ist nur *ein* Beispiel für ein regelmäßiges System, in dem die Zahlwörter die polynomische Struktur eines 1x1D-Systems genau wiedergeben (Fuson & Kwon, 1991):

$$N = [n\ P_{10^x}] + \ldots + [n\ P_{10^2}] + [n\ P_{10^1}] + [n]$$
$$\text{mit } n \in \{1 \ldots 9\} \text{ und } P = \text{Zahlwörter für Potenzen}$$

Kognitive Implikationen von (Un-)Regelmäßigkeiten

Dies hat einen entscheidenden Vorteil: Zahlworte werden schneller erlernt. Untersuchungen mit chinesischen und amerikanischen Kindern haben gezeigt, dass die Unregelmäßigkeiten im Englischen (die denen im Deutschen sehr ähnlich sind) den Erwerb des Zahlensystems verlangsamen, ein rasches Verständnis seiner dezimalen Struktur behindern und sogar Rechenstrategien beeinflussen (Fuson, 1988; Fuson & Kwon, 1991; Geary et al., 1996; Miller et al., 1995; Miura et al., 1993; Stigler et al., 1986). Auch bei Erwachsenen führt beispielsweise die Vertauschung der Zehner und Einer immer wieder zu Fehlern. In Norwegen wurde deshalb in den 1950er-Jahren ein Gesetz erlassen, wonach im Schulunterricht die Zehner vor den Einern auszusprechen sind (ZEIT vom 22.1.2004) – ein Ziel, das sich auch der 2004 in Bochum gegründete Verein „Zwanzigeins" unter dem Vorsitz des Mathematikers Gerritzen auf die Fahnen geheftet hat (s. auch Gerritzen, 2008).

Notationssystem

Indoarabische Ziffern:
- 1x1D-System
- Basis 10
- Positionsprinzip

2703					
=	$2 \cdot 10^3$ =	2	0	0	0
+	$7 \cdot 10^2$ =		7	0	0
+	$0 \cdot 10^1$ =			0	0
+	$3 \cdot 10^0$ =				3

Für das Zählen genügt eine Sequenz von Zahlwörtern; die meisten numerischen Operationen fallen aber leichter, wenn dafür eine externe Repräsentation zur Verfügung steht. Das am weitesten verbreitete System ist unsere Ziffernnotation indoarabischen Ursprungs. Dabei handelt es sich um ein 1x1D-System mit Basis 10. Für die Darstellung aller natürlichen Zahlen kommt es mit den Ziffern 1 bis 9 und 0 aus. Spezielle Symbole für die Potenzen (10, 100, 1000, …) werden aufgrund des *Positionsprinzips* nicht benötigt: Die Potenz wird einfach durch die

Position der Ziffer innerhalb der Zahl repräsentiert. Für solche Systeme ist ein Symbol für 0 unverzichtbar, um unbesetzte Stellen zu kennzeichnen; andernfalls wüsste man bei 7 3 nicht, ob 703 oder 73 gemeint ist.

Zahlwörter versus Ziffern

Wir haben bisher gelegentlich Ziffern verwendet, um Zahlwörter zu repräsentieren und umgekehrt. Das ist insofern gerechtfertigt, als beide ja das Gleiche bezeichnen. Dennoch stehen sie zueinander in keiner direkten Beziehung. Ziffern können deshalb viel leichter von einer Kultur in eine andere übernommen werden, als dies für Zahlwörter gilt, und auch dies hat dazu beigetragen, dass sich die indoarabischen Ziffern so weit verbreitet haben.

Variationen in Notationssystemen

Vor diesem Siegeszug der indoarabischen Ziffern gab es eine Fülle von Notationssystemen; Chrisomalis (2010) listet mehr als einhundert verschiedene auf. Wie die sprachlichen Zahlensysteme unterschieden sich auch diese deutlich (s. nebenstehende Tabelle), und zwar in der Form ihrer Symbole, in den Prinzipien ihrer Zusammensetzung und nicht zuletzt in der Passung mit dem sprachlichen Zahlensystem. Das ägyptische und aztekische System beispielsweise verwendeten innerhalb einer Potenzstufe stets das gleiche Symbol. Im aztekischen System steht • für die Einer (••• bezeichnet also 3 Einer), während P für die Einheiten der nächsten Potenzstufe steht, in diesem Fall für die 20er (PPPP bezeichnet also 4 Zwanziger = 80). Das römische und das Maya-System sind im Prinzip ähnlich strukturiert, verwenden aber zusätzlich eine Subbasis (V, D und L im römischen, — im Maya-System), um größere Anhäufungen immer gleicher Zeichen zu vermeiden, die das *subitizing* erschweren. Das Maya-System unterscheidet sich außerdem bei den Potenzstufen, die mit dem gleichen Symbol gekennzeichnet werden und deren exakter Wert sich nur aufgrund ihrer Position bestimmen lässt (wie im indoarabischen System). Ganz anders im Altgriechischen: Wie in unserem indoarabischen System verwendete es für alle Grundzahlen jeweils ein eigenes Zeichen. Das Gleiche taten die Griechen aber auch mit den Potenzen und sogar den Vielfachen der Basis; auf diese Weise gingen ihnen rasch die Symbole aus, weshalb es einiger Tricks bedurfte, um in diesem System größere Zahlen darzustellen (vgl. Nickerson, 1988).

Auswahl von Notationssystemen (n. Zhang & Norman, 1995, S. 272); die jeweilige Basis ist blau unterlegt.

Arabisch	Griechisch	Ägyptisch	Römisch	Aztekisch	Maya
1	α	|	I	•	•
2	β	||	II	••	••
3	γ	|||	III	•••	•••
4	δ	||||	IIII	••••	••••
5	ε	|||||	V	•••••	—
6	ς	||||||	VI	••••• •	• —
7	ζ	|||||||	VII	••••• ••	•• —
8	η	||||||||	VIII	••••• •••	••• —
9	θ	|||||||||	VIIII	••••• ••••	•••• —
10	ι	∩	X	••••• •••••	— —
20	κ	∩∩	XX	P	•
100	ρ	9	C	PPPPP	—
200	σ	99	CC	PPPPP PPPPP	— —

Eigenschaften von Notationssystemen

Da viele Eigenschaften von Notationssystemen denen sprachlicher Systeme analog sind (z. B. Umfang, Dimensionalität, Basis und Struktur), werden sie hier nicht ausführlicher behandelt (für detaillierte Analysen

s. Chrisomalis, 2004, 2010; Nickerson, 1988; Schlimm & Neth, 2008; Widom & Schlimm, 2012; Zhang & Norman, 1995). Allerdings sollten wir darauf hinweisen, dass durchaus nicht alle Notationssysteme auf Schrift basieren, und das bekannteste darunter ist sicher das Quipu-System der Inka (Ascher & Ascher, 1981; s.u. Kasten auf Seite 105).

Explizite und implizite Repräsentation

Entscheidend ist, dass bei jedem dieser Notationssysteme unterschiedliche Informationen entweder explizit oder implizit repräsentiert sind (Zhang & Norman, 1995). *Explizit* repräsentiert sind solche Aspekte, die in einer Eigenschaft der Zahlrepräsentation ausdrücklich abgebildet sind und deshalb direkt abgelesen werden können. Im ägyptischen oder aztekischen System gilt dies beispielsweise für die Mengeninformation innerhalb einer Potenzstufe: |||| sind einfach doppelt so viele wie ||. Für welche Potenzstufe diese Zeichen stehen, bleibt dagegen *implizit* und muss erlernt werden. Implizit repräsentierte Informationen zu entschlüsseln setzt also Vorwissen und Gedächtnisabruf voraus. In der arabischen Ziffernnotation gilt das für beinahe alle Aspekte: Auf welche Menge sich eine bestimmte Ziffer bezieht, wie sich der Wert durch eine bestimmte Position verändert oder aus welcher Richtung eine Zahl zu lesen ist – das alles sind Dinge, die man wissen muss, um den Wert einer Zahl korrekt ablesen zu können.

Kognitive Implikationen der Notation:
- Existenz
- Passung
- explizite/implizite Repräsentation

Da externe Repräsentationen generell das Arbeitsgedächtnis entlasten, erleichtern Notationssysteme allein durch ihre bloße Existenz alle Arten kognitiver Operationen. Wie gut dies gelingt, hängt aber unter anderem von der Passung zwischen dem sprachlichen Zahl- und dem (schriftlichen) Notationssystem ab. Im Deutschen oder Englischen ist diese Passung durch die gleiche Basis zwar oberflächlich gewährleistet, aufgrund der Unregelmäßigkeiten und der jeweils unterschiedlichen Konstruktionsprinzipien für zusammengesetzte Zahlen aber keineswegs optimal. Auch andere Eigenschaften von Notationssystemen können sich in spezifischer Weise auf die kognitive Verarbeitung auswirken. So beeinträchtigt etwa der Umfang, in dem numerische Information implizit bleibt, die Leichtigkeit, mit der ein System erlernt und gehandhabt werden kann. In dieser Hinsicht ist das indoarabische System für Anfänger besonders „undurchsichtig" und wird (von den oben genannten Systemen) nur noch vom griechischen System überboten (Nickerson, 1988). Im Gegenzug erlaubte das Positionsprinzip aber auch, eine Reihe durchaus effizienter Algorithmen für elementare Rechenoperationen zu entwickeln (wie nebenstehend abgebildet).

Addition

```
  2 7 4 3
+   3 8 2
   1 1
---------
  3 1 2 5
```

Multiplikation

```
 3 7 2 · 1 2
------------
 3 7 2
+  7 4 4
  1
------------
 4 4 6 4
```

Quipu: Die Knotenschnüre der Inka

Die Inka in Südamerika

Im 15. Jahrhundert hatten sich die Inka über einen großen Teil der südamerikanischen Anden bis zur Küste und in den tropischen Regenwald ausgebreitet. Ihre politische, religiöse und sprachliche Vorherrschaft basierte auf einer bürokratischen Verwaltung und einer durch Bewässerungssysteme intensivierten Landwirtschaft. Das ausgedehnte Straßennetz und ein ausgeklügeltes System zur Nachrichtenübermittlung sicherten das Eintreiben der Steuern ebenso wie den Informationsfluss. Anstelle einer Schrift hatten die Inka dazu ein einzigartiges Notationssystem entwickelt: die *Quipu* (Ascher & Ascher, 1981; Quilter & Urton, 2002; Urton, 1997).

Zahlen auf Schnüren

Ein Quipu (s. nebenstehende Abbildung) besteht aus einer Hauptschnur (a), an der verschiedene Arten von Zählschnüren (b) – darunter Kopfschnüre und herabhängende Schnüre, jeweils mit untergeordneten Nebenschnüren – sowie eine Endschnur (c) befestigt sind. Drei Arten von Knoten geben die Anzahl wieder: Achter-Knoten (E) repräsentieren einen einzelnen Einer, lange Knoten (x) repräsentieren die übrigen Einer, mit einer Schleife pro Objekt, und einfache Knoten (•) repräsentieren Einheiten höherer Potenzen. Das Quipu-System ist damit ein 1x1D-System mit Basis 10. Die Potenzen steigen vom losen Ende einer Schnur zum befestigten Ende hin an und sind (theoretisch) unbegrenzt. Da das Quipu-System auf dem Positionsprinzip basiert, können einfache Knoten (•) unterschiedliche Werte repräsentieren, je nach ihrer relativen Position. Das Fehlen einer Schnur oder eines Knotens entspricht in diesem Fall *null* Einheiten des gezählten Objektes.

Foto eines Inka-Quipu (aus Ascher, 1991, S. 18)

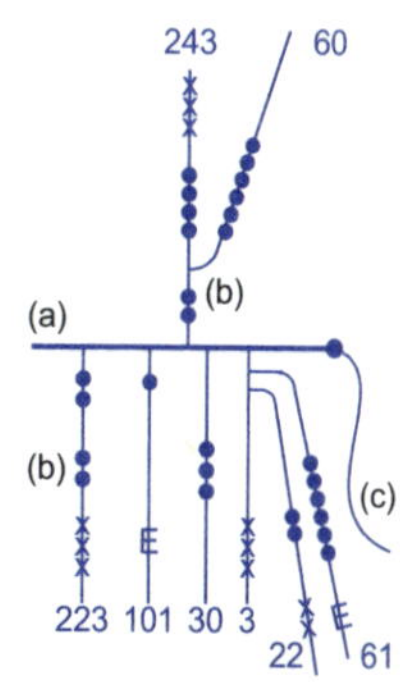

E = einzelner Einer
x = mehrere Einer
• = Einheiten höherer Potenzen

Verschiedene Aspekte der zu repräsentierenden Information wurden unterschiedlich kodiert: in der Art und Farbe einer Schnur, in der Ebene, auf der sie angebracht war, im relativen Abstand der Schnüre zueinander und schließlich in der Art und Anzahl der Knoten. Während die Schnüre selbst das Thema absteckten, das der Botschaft die Bedeutung gab (etwa die Menge der Kartoffeln, die von den Familien eines Dorfes verzehrt wurden), gaben die Knoten die Anzahl jeder einzelnen Teilmenge an (etwa die Anzahl der Kartoffeln pro Familienmitglied pro Familie).

Eigenschaften des Quipu-Systems

Die Quipu weisen eine Reihe von Merkmalen auf, die wir von der Ziffernnotation bereits kennen. Zahlen werden nach dem Positionsprinzip kodiert; die Basis des Systems ist dezimal; nicht besetzte Positionen entsprechen der Null. Für die Grundzahlen gibt es allerdings keine abstrakten Symbole, deren Bedeutung erlernt werden müsste; stattdessen werden sie direkt durch die Anzahl von Knoten repräsentiert. Als dauerhafte, externe Repräsentation erlaubten die Quipu nicht nur die Archivierung detaillierter numerischer Informationen, sondern erleichterten auch verschiedene Rechenoperationen bis hin zu einer akribischen „Buchhaltung".

Fazit

Der Aufbau von Zahlensystemen folgt in der Regel gut definierten Gesetzen. Dennoch gibt es viele Freiheitsgrade dafür, wie ein System konkret in eine Sprache oder Symbolschrift umgesetzt werden kann. Jede spezifische Ausgestaltung stellt ihre eigenen kognitiven Anforderungen. Die Analyse dieser Anforderungen zeigt zum einen, dass hinter dem so selbstverständlichen Umgang mit Zahlwörtern und Ziffern und dem so einfachen Akt des Zählens reichlich konzeptuelles Know-how steckt, und zum anderen, dass bestimmte Eigenschaften von Zahlrepräsentationen den Umgang mit Zahlen erleichtern oder erschweren können. Deshalb gibt es auch nicht das eine „perfekte" System (s. Bender & Beller, 2012; Chrisomalis, 2010; Widom & Schlimm, 2012). Menschen, die ein bestimmtes Notationssystem über Jahre hinweg regelmäßig verwenden, verinnerlichen seine Form und Struktur so sehr, dass sie mit strukturell besseren Systemen zunächst kaum rechnen können. Die Frage, wie effizient ein Zahlensystem als Werkzeug ist, hängt aber auch ganz zentral davon ab, wofür es genutzt wird. Für regelmäßiges Zählen haben zweidimensionale Systeme durchaus Vorteile. Wenn exakte Anzahlen hingegen nicht von Interesse sind, ist es nutzlos, ein derart komplexes System zu erlernen. Und Kulturen unterscheiden sich in ihren mathematischen Interessen durchaus dramatisch.

5.3 Brotfrucht ist nicht gleich Brotfrucht: Zählen auf Mangareva

Gemeinsamkeiten polynesischer Zahlensysteme:
- 1x1D
- Basis 10
- regelmäßige Struktur

In den meisten Kulturen Polynesiens war das Interesse an Zahlen schon in vorkolonialer Zeit groß. Ihre Zahlensysteme sind 1x1D-Systeme mit Basis 10; die regelmäßig gebildeten Zahlwörter folgen der polynomischen Struktur (ähnlich wie das auf Seite 102 skizzierte chinesische System); und die Numeralia verraten noch immer die Verwandtschaft zu den übrigen Sprachen der austronesischen Sprachfamilie (Bender & Beller, 2006a, 2006b). Jedes dieser Systeme verfügt allerdings auch über charakteristische Eigenheiten: Zum einen ist ihr Umfang sehr verschieden und mitunter verblüffend groß – und das, obwohl es für diese Sprachen früher weder Schrift noch Zahlnotation gab. Zum anderen wurden früher in nahezu all diesen Sprachen bestimmte Objekte in einer Weise gezählt, die sich von der „normalen" Zählweise unterschied. Ein Beispiel dafür ist das Zahlensystem im Mangareva.

Eigenheiten polynesischer Zahlensysteme:
- variables, oft hohes L
- objektspezifische Zählsequenzen

Mangareva

Mangareva ist Teil der Gambierinseln im Osten Polynesiens, rund 1650 km südöstlich von Tahiti gelegen. Die Inselgruppe ist der Überrest eines Vulkans und umgeben von einem 65 km langen Wallriff. Sie wurde vermutlich um 500 n. Chr. besiedelt und diente als Ausgangspunkt für Entdeckungsreisen zu den weiter östlich gelegenen Inseln Pitcairn, Henderson und Rapa Nui. Um 1150 n. Chr. wurden die Gambierinseln in einer zweiten Welle von den Marquesas aus erobert (Fischer, 2001). Die Sprache Mangareva, die noch von rund 1000 Menschen gesprochen wird, gehört zum polynesischen Zweig der ozeanischen Sprachen und damit zur austronesischen Sprachfamilie, die von Madagaskar im Westen bis zur Osterinsel (Rapa Nui) im Osten reicht.

Trotz geringer Landfläche und Einwohnerzahl zählt Mangareva zu den polynesischen Inselreichen mit ausgeprägter sozialer Schichtung, bestehend aus einfachen Leuten, einer Kriegerschicht und dem Adel (Goldman, 1970; Kirch, 1984). Die einfachen Bauern waren ihren Lehnsherren zu regelmäßigen Tributen verpflichtet; im Gegenzug wachten jene über die Gruben mit fermentierter Brotfrucht, die als Notproviant gegen Hungersnöte angelegt wurden (Buck, 1938). Über Jahrhunderte florierte im Osten Polynesiens ein weitgespanntes Handelsnetz zwischen Hawaii, den Marquesas und Tuamotus, den Austral-Inseln und den Inselgruppen um Tahiti und Mangareva (Collerson & Weisler, 2007). Mangareva selbst verfügte über Fisch, Ofensteine und Muschelschalen zur Herstellung scharfkantiger Werkzeuge. Auch mit Süßwasser und fruchtbarem Land war die Inselgruppe gut versorgt. Für die Herstellung von Äxten war man dagegen auf harten Basalt und Pechstein von den westlicher gelegenen Inselgruppen oder Pitcairn angewiesen. Auch für den Austausch von Ehepartnern war der Kontakt zwischen den Inseln wichtig (Green & Weisler, 2002). Um 1450 n. Chr. kam der Fernhandel allerdings zum Erliegen, Entwaldung und Bodenerosion verschlechterten die Lebensbedingungen zusätzlich und als die Meuterer der Bounty 1790 auf Pitcairn landeten, fanden sie die Insel unbewohnt vor (Kirch, 2000).

1834 begann die Missionierung durch französische Padres (Fischer, 2001) und seit Ende des 19. Jahrhunderts sind die Gambierinseln offiziell Teil des französischen Überseeterritoriums Französisch-Polynesien. Dies führte zu tief greifenden kulturellen Veränderungen, die auch dazu beitrugen, dass die spezifischen Zahlensysteme heute nicht mehr verwendet werden. Empirische Studien zu ihrem Gebrauch sind aus diesem Grund nicht möglich; an ihrer Stelle sind sprach- und kulturvergleichende Analysen ein zentrales Verfahren, um wichtige Daten und Informationen zu rekonstruieren.

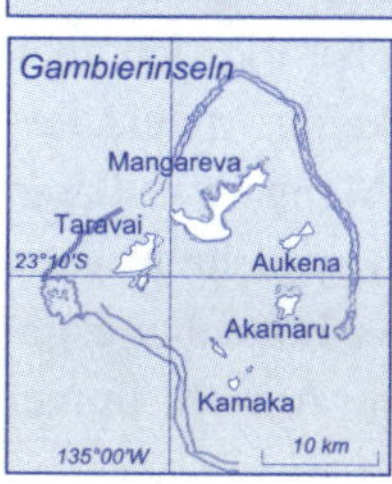

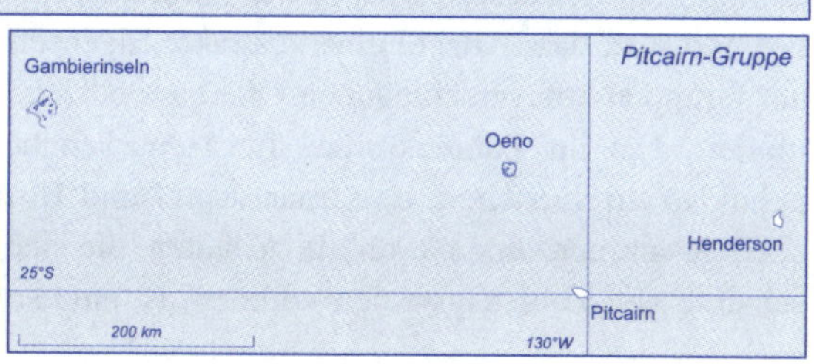

Handelsbeziehungen in Ostpolynesien

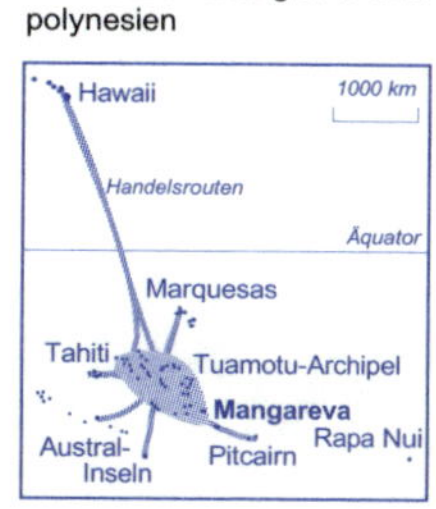

Allgemeines Zählen

n	Wort	P	Wort
1	tahi	10^1	takau
2	rua	10^2	rau
3	toru	10^3	mano
4	hā	10^4	makiu
5	rima	10^5	makiukiu
6	ono	10^6	makore
7	hitu	10^7	makorekore
8	varu	10^8	tini
9	iva	10^9	maeaea
10	rogo'uru		*jeweils für $2 \cdot 10^x$*

Die allgemeine Zählsequenz im Mangareva umfasste Numeralia für die Zahlen von 1 bis 10 und für die Potenzen von 10 bis einschließlich 10^9, was einer Obergrenze von $L = 10^{10}$ entspricht. Damit ist es zugleich eines der umfangreichsten Systeme in ganz Ozeanien – vielleicht sogar weltweit – und wird nach aktuellem Kenntnisstand nur noch von Nukuoro (mit $L = 10^{11}$) überboten (Bender & Beller, 2006b). Die Potenzbegriffe gelten allerdings nicht einfach für die Stufen von 10^2 bis 10^9, sondern für das Doppelte der Stufen, also $2 \cdot 10^2$ bis $2 \cdot 10^9$, und auch für 20 ($= 2 \cdot 10^1$) gab es mit *takau* ein eigenes Numerale (Janeau, 1908).

Objektspezifische Zahlwörter

G	tauga	paua	tataua	varu
1	2	20	40	80
2	4	40	80	160
3	8	80	160	320

G = Gruppe spezifischer Objekte:
1 Brotfrüchte, Zuckerrohr, Pandanus, Werkzeuge
2 reife Brotfrüchte, Kraken
3 erste Brotfrüchte und Kraken der Saison

Noch bemerkenswerter aber sind drei objektspezifische Zählsequenzen, und zwar aus mehreren Gründen. So beinhalten sie Wörter, die beim allgemeinen Zählen nicht auftreten: *tauga*, *paua* und *tataua*. Obwohl es sich dabei um Numeralia handelt, kann man sie nicht eindeutig einem bestimmten Zahlenwert zuordnen. Ihr Wert hängt vielmehr davon ab, welche Objekte gezählt werden. Für Brotfrüchte, Zuckerrohr, Pandanus und Werkzeuge beispielsweise (in der nebenstehenden Tabelle als Gruppe G1 zusammengefasst) entspricht *tauga* einem Zahlenwert von 2, *paua* einem von 20 und *tataua* einem von 40. Für reife Brotfrüchte und Kraken (G2) dagegen entsprechen *tauga*, *paua* und *tataua* den Werten 4, 40 und 80; und wenn man die ersten Brotfrüchte und Kraken einer Saison zählt (G3), entsprechen sie den Werten 8, 80 und 160. Noch vielschichtiger ist die Bedeutung von *varu*, das normalerweise 8 bedeutet. In den spezifischen Systemen bedeutet *varu* dagegen – und zwar ebenfalls abhängig vom gezählten Objekt – 80, 160 oder 320 und *varu varu* sind davon jeweils 8 Portionen (also 640, 1280 oder 2560). Schließlich basieren die Zählsequenzen nicht einfach auf Zehnerschritten, sondern machen zwischendurch Sprünge. Am Beispiel für Zuckerrohr ist das in nebenstehender Tabelle dargestellt. Ob dieses System über *varu varu* hinaus fortgesetzt wurde – und wenn ja, wie –, ist leider nicht überliefert.

Sprünge in den Sequenzen

n	Wort	n	Wort
1	—	20	paua
2	tauga	40	tataua
3	—	80	varu
4	rua tauga	160	rua varu
5	—	240	toru varu
6	toru tauga	320	hā varu
7	—	…	…
8	hā tauga	640	varu varu
9	—		
10	rima tauga		

Blau: Numeralia für Potenzstufen

Ist objektspezifisches Zählen ein Indiz für mangelndes mathematisches Verständnis?

In dieser Form dargestellt, wirkt das Zahlensystem im Mangareva recht kompliziert. Außerdem wirft es die Frage auf, ob seinen Nutzern nicht bewusst war, dass Anzahl eine abstrakte Eigenschaft ist, die sich auch auf Gruppen aus verschiedenen Objekten beziehen kann. Anders formuliert: Hat ihr Zahlensystem die Menschen auf Mangareva daran gehindert zu verstehen, dass man Äpfel und Birnen manchmal eben *doch* zusammenzählen kann? In Arbeiten, die sich der Entstehungsgeschichte von Zahlensystemen widmen, ist eine solche Ansicht immer

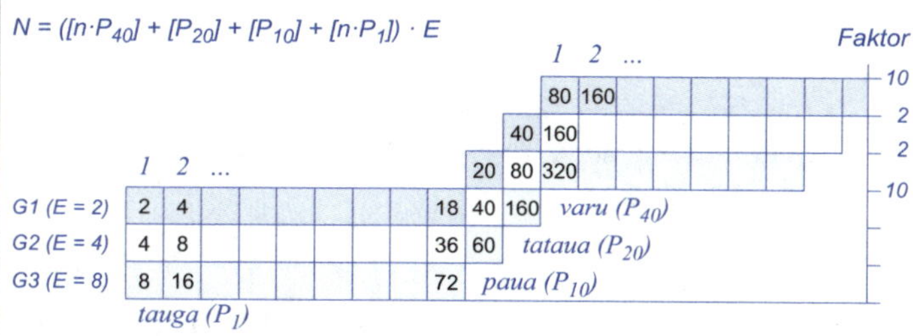

Erläuterung: Quadrate repräsentieren mögliche Terme im Polynom; die darin eingetragene Zahl gibt an, wie vielen Einzelobjekten es jeweils entspricht. *Unter* jeder Potenzstufe ist der jeweilige Begriff verzeichnet. Die *über* den Stufen notierten Zahlen geben an, wie häufig (n-mal) die jeweilige Einheit P im Term auftritt. Die Zahlen am rechten Rand geben an, um welchen Faktor diese Stufe zu multiplizieren ist, um die nächste Stufe zu erreichen.

Abbildung 17: Die drei Varianten des objektspezifischen Zahlensystems im Mangareva (n. Beller & Bender, 2008, S. 214)

wieder vertreten worden (z. B. Ifrah, 1986; Klix, 1993; Menninger, 1957/58). Den objektspezifischen Zählsequenzen in Polynesien wird diese Sichtweise allerdings in keiner Weise gerecht und im Folgenden werden wir die Gründe dafür aufzeigen.

Struktur objektspezifischer Zählsequenzen

Aus der Tabelle auf Seite 108, in der die objektspezifischen Zahlwörter im Mangareva verzeichnet sind, erkennt man bereits, dass die ihnen zugeordneten Zahlenwerte keineswegs willkürlich sind, sondern einem bestimmten Muster folgen: Über die Gruppen hinweg steigen sie jeweils um Faktor 2 an. Noch deutlicher wird dies, wenn man die Zahlwörter der objektspezifischen Sequenzen schematisch darstellt (wie in Abb. 17). Dann wird nämlich erkennbar, dass der Faktor, mit dem sich der Zahlenwert der spezifischen Zahlwörter zu ändern scheint, einfach einer von 1 abweichenden Zähleinheit entspricht. Die Zählsequenz selbst bleibt dagegen über alle Gruppen hinweg identisch und entspricht dem folgenden Polynom:

Polynomische Darstellung

$$N_{objektspezifisch} = ([n \cdot P_{40}] + [P_{20}] + [P_{10}] + [n \cdot P_1]) \cdot E$$

N steht dabei für ein beliebiges Zahlwort einer der drei objektspezifischen Zählsequenzen, *n* für die Numeralia von 1 bis 9 und *P* für die Zahlwörter für die Potenzstufen (wobei die tiefgestellten Zahlen den jeweiligen Grundwert der Potenzstufe indizieren). Die Potenzterme stehen in eckigen Klammern, weil sie auftreten *können*, aber nicht *müssen*. Der Gesamtwert des Zahlworts N ergibt sich aber erst, wenn der Wert, der sich aus den Einzeltermen innerhalb der runden Klammern errechnet, mit einer für die jeweilige Objektgruppe spezifischen Zähleinheit *(E)* multipliziert wird (also entweder 2, 4 oder 8).

Um das an einem konkreten Beispiel aus Gruppe 2 (für reife Brotfrüchte) zu verdeutlichen:

$$
\begin{aligned}
N_{G2} &= \text{rua varu} + \text{paua} + \text{toru tauga} \\
&= 2 \cdot 40 + 10 + 3 \text{ tauga} \\
&= 80 + 10 + 3 \text{ tauga} \\
&= 93\ (\cdot\ 4)
\end{aligned}
$$

Auspartialisieren der Zähleinheit

Der entscheidende Punkt ist, dass die Einheit 4 dabei nicht die ganze Zeit „mitgeschleppt", sondern von vornherein aus der Zahlrepräsentation herausgerechnet wird. Deshalb ist oben auch nicht der Term vor der 4, sondern die 4 selbst eingeklammert – sie bleibt nämlich *implizit*. Als Sprecher des Mangareva *weiß* man einfach, dass die Zähleinheit für reife Brotfrüchte 4 ist. In analoger Weise ist 2 die Zähleinheit für Objekte der Gruppe 1 und 8 die Zähleinheit für Objekte der Gruppe 3.

Elemente eines Binärsystems

2 paua = 1 tataua
2 tataua = 1 varu

Die Regelmäßigkeit dieser Sequenzen wird nur dadurch beeinträchtigt, dass das generell dezimale Muster (z. B. 10 *tauga* = 1 *paua*) von Elementen eines Binärsystems überlagert ist, erkennbar daran, dass sich die Stufen *paua* und *tataua* jeweils um Faktor 2 (statt 10) von der nachfolgenden Stufe unterscheiden. Diese Unregelmäßigkeit unterschied das System in Mangareva von den durchweg regelmäßigen objektspezifischen Sequenzen in den übrigen polynesischen Sprachen. Ein daraus eventuell resultierender Nachteil wurde aber dadurch aufgewogen, dass sich im Binärsystem besonders einfach rechnen lässt, wie wir seit Anfang des 18. Jahrhunderts aus den Arbeiten von Leibniz wissen.

Vorteile für das Zählen:
- Beschleunigung des Zählvorgangs
- Ausweitung des Umfangs

Das Zahlensystem im Mangareva ist aber nicht nur weniger kompliziert, als es oberflächlich scheinen mag, sondern es bringt sogar Vorteile mit sich: Objekte in größeren Einheiten wie Paaren, Vierer- oder Achtergruppen zu zählen *beschleunigt* zunächst einmal den Zählvorgang. Etwas Ähnliches tun übrigens auch wir, wenn wir Dinge mit „zwei, vier, sechs, acht, zehn …" zählen. Anders als bei uns wurde im Mangareva der Wert dieser Zähleinheit aber aus den Zahlen herausgerechnet und dies *erweitert* den Umfang des Systems: Ein Sprecher des Mangareva gelangt deshalb im Fall der Paarzählung mit der gleichen Sequenz doppelt so weit wie wir mit unserer Strategie des Zählens in Vielfachen von Zwei. Nun mag im Mangareva, das bereits eines der umfangreichsten Systeme im ganzen Pazifikraum besitzt, die Ausdehnung des Umfangs nicht das vorrangige Ziel gewesen sein – in anderen polynesischen Sprachen war dies aber durchaus relevant. Im Tonganischen beispielsweise verschob die Verwendung von 20ern als Zähleinheit die Grenze des Systems um denselben Faktor nach oben: von L = 1.000.000 auf L = 20.000.000 (Bender & Beller, 2007).

Vorteile für das Rechnen:
- kompaktere Zahlrepräsentation
- Erleichterung des Kopfrechnens

Das Auspartialisieren der Zähleinheit vereinfacht aber auch das Kopfrechnen. Zunächst einmal führt es zu einer Verkleinerung großer Zahlworte: 360 reife Brotfrüchte beispielsweise entsprechen 2 *varu* + 1 *paua*. Diese kompaktere Repräsentation ist sowohl für das Abspeichern im Langzeitgedächtnis als auch für das Kopfrechnen im Kurzzeitgedächtnis hilfreich. Darüber hinaus vereinfacht sie aber auch das Rechnen mit diesen Zahlen enorm, wie das nebenstehende Beispiel mit „Dutzend" als Zähleinheit zeigt. Insofern kombinieren die spezifischen Systeme die Vorteile großer und kleiner Basen: den Vorteil der kompakteren Repräsentation (wie in einem Basis-40-System) und den eines kleineren Einmaleins (wie in einem Basis-10- oder Basis-2-System).

allgemeines System	spezifisches System
72	6 Dutzend
– 36	– 3 Dutzend
+ 24	+ 2 Dutzend
= 60	= 5 Dutzend

Offene Fragen

Das Ganze ist natürlich nur dann sinnvoll, wenn auf Mangareva Zahlen und Zählen wirklich so wichtig waren, dass sich dieser Aufwand lohnte. Und es ist nur dann stichhaltig, wenn das System wirklich so systematisch funktionierte, wie oben beschrieben.

Wie systematisch waren die alten Zahlensysteme wirklich?

Leider wissen wir nicht genau, wie akkurat die frühen Europäer – meist Missionare oder Kolonialbeamten – die polynesischen Zahlensysteme beschrieben haben. Die Darstellungen lassen jedenfalls vermuten, dass den Europäern der systematische Aufbau dieser Systeme nicht vollständig bewusst war. Um die Bedeutung der jeweiligen Vokabeln zu erfassen, versuchten sie typischerweise, die Verwendung der Zahlwörter zur tatsächlichen Anzahl gezählter Objekte in Beziehung zu setzen. So gelangten sie häufig zu der Überzeugung, deren Bedeutung würde sich je nach Objekt ändern. Das generative Prinzip, das den Sequenzen zugrunde lag, wurde dabei nicht ausreichend beachtet. Es ist deshalb schwer zu beurteilen, ob die Grenzen der objektspezifischen Zählsequenzen wirklich dort lagen, wo die Beschreibungen aufhörten, und ob wirklich alle Zwischenschritte und Zähleinheiten korrekt wiedergegeben wurden. Vergleicht man allerdings das Muster im Mangareva mit dem in anderen polynesischen Sprachen, zeigen sich wichtige Gemeinsamkeiten (Beller & Bender, 2008; Bender & Beller, 2006a, 2006b, 2007): Die meisten polynesischen Kulturen waren erkennbar an hohen Zahlen interessiert und verwendeten objektspezifische Zählsequenzen, die von einem allgemeinen abstrakten System abgeleitet waren. Diese spezifischen Sequenzen waren meist sogar noch systematischer als im Fall von Mangareva. Außerdem traten sie bevorzugt in den Kulturen auf, in denen auch die soziale Hierarchie sehr ausgeprägt war.

Wie wichtig waren Zahlen und Zählen auf Mangareva?

Auch darüber, wie wichtig auf Mangareva Zahlen und Zählen wirklich waren, wissen wir nicht allzu viel. Aufgrund archäologischer Befunde und kulturvergleichender Studien lassen sich aber begründete Vermutungen anstellen. So ist beispielsweise bekannt, dass Mangareva in vorkolonialer Zeit nicht nur eine stark stratifizierte Gesellschaft war (Bellwood, 1987; Goldman, 1970; Kirch, 1984), sondern auch ein Knotenpunkt für den Fernhandel (Green & Weisler, 2002). Sowohl Tribute an den Lehnsherrn als auch Handelswaren fielen demnach regelmäßig in größeren Mengen an. Darüber nicht den Überblick zu verlieren – insbesondere, wenn Zahlnotationen nicht zur Verfügung standen – war eine anspruchsvolle Aufgabe, die in vielen polynesischen Kulturen von Spezialisten ausgeübt wurde (Elbert, 1988; Hughes, 1982), und in diesem Kontext hätten die spezifischen Zählsequenzen einen enormen praktischen Vorteil verschafft.

Besondere Objekte

Aber warum gerade Brotfrüchte? Wie wir gesehen haben, gibt es für sie die meisten Zählsequenzen: Normale Brotfrüchte werden paarweise, reife in Vierern und die ersten der Saison sogar in Achtern gezählt. Ähnlich wie Kraken waren sie wichtig genug, um gezählt zu werden, und zahlreich genug, dass eine effiziente Vereinfachung von Rechenprozessen erstrebenswert war. Genau genommen ist es gerade diese Kombination, die den Gebrauch der spezifischen Systeme mit ihren gemischten Basen und hohen Zahlwörtern nicht nur charakterisiert, sondern wohl auch motiviert hat. In anderen polynesischen Kulturen traf dies auch auf andere Produkte zu und besonders häufig auf Kokosnüsse und Fisch (Bender & Beller, 2006a, 2007).

Fazit

Wie das Beispiel zeigt, wirken sich die Eigenschaften eines sprachlichen Zahlensystems auf die kognitive Verarbeitung aus; diese Eigenschaften können aber auch selbst verändert werden. Für bestimmte Produkte, die von besonderer kultureller Bedeutung waren und regelmäßig in größeren Mengen anfielen, haben die Polynesier gestraffte Zählsequenzen eingeführt, die auf größeren Zähleinheiten basierten und so das Zahlensystem ausweiteten und Kopfrechnen erleichterten. Die Existenz solch spezifischer Zahlensysteme steht dabei keineswegs im Widerspruch zu einem abstrakten Interesse an Zahlen, denn Zuckerrohr und Kraken können ohnedies nicht addiert werden und für allgemeinere Berechnungen stand ja das allgemeine System zur Verfügung. Von einem Relikt eines vormathematischen Verständnisses, wie lange angenommen, kann also keine Rede sein – im Gegenteil: Unter den ungünstigen Bedingungen des Rechnens ohne Notation waren die spezifischen Zählsequenzen eine elegante Lösung für ein kognitives Problem.

5.4 Evolution von Zahlensystemen

Grenzen von Zahlensystemen

Zahlensysteme sind in Sprache eingebettet und folgen kulturellen Konventionen. Ihr Umfang und ihre Struktur werden definiert durch die Zahlwörter, aus denen sie bestehen. Damit setzt jedes sprachliche Zahlensystem seinen Nutzern aber auch Grenzen. Wo diese Grenzen liegen, variiert von Sprache zu Sprache, und wie sehr die Sprecher dieser Sprachen mit den ihnen gesetzten Grenzen zufrieden sind, hängt davon ab, welche Bedeutung Zahlen in ihrer Kultur zukommt. In den Ländern der westlichen Welt etwa, in denen die Staatsdefizite meist jedes Vorstellungsvermögen sprengen, sind diese Grenzen sehr hoch gesteckt und durch sprachliche oder mathematische Kniffe erweitert. In einigen anderen Kulturen mag es dagegen genügen, zwischen einer geringeren Anzahl von Mengen zuverlässig unterscheiden zu können und den Rest als „vieles“ zu kategorisieren. Die Pirahã sind für solch ein geringes Interesse an Zahlen berühmt geworden, doch auch in Ozeanien finden sich dafür zahlreiche Beispiele.

Körperzahlen der Yupno

Die zu den Papua gehörenden Yupno im Finisterre-Gebirge an der Nordostküste Neuguineas beispielsweise verwendeten ein Körperzahlensystem, bei dem sich das Zählen an den Gliedmaßen und hervorstechenden Teilen des menschlichen Körpers orientiert und folglich endet, sobald alle relevanten Körperteile abgezählt sind (Wassmann, 1993). Echte Zahlwörter gibt es nur für 1, 2 und 3; höhere Zahlwörter werden daraus und/oder aus den Begriffen für die Körperteile zusammengesetzt. Rechenoperationen sind mit diesem Zählsystem zwar möglich, jedoch – wie Wassmann und Dasen (1994) zeigen – nicht einfach. Für die Yupno spielte das aber keine Rolle, wie auch das Zählen bei ihnen kaum eine Rolle spielte. Allein bei der Brautpreisübergabe kam es traditionellerweise auf die Genauigkeit von Anzahlen an. Ähnliche Systeme sind in Neuguinea weitverbreitet, darunter auch das wohl bekannteste, das der Oksapmin (Saxe, 1981). Wieder andere enden bei 20, nämlich wenn alle Finger und Zehen abgezählt sind.

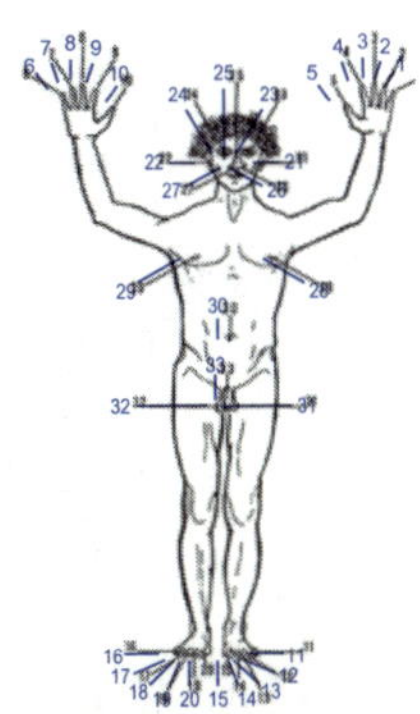

(aus Wassmann, 1993, S. 50)

Zahlumfang gleich Mathematikverständnis?

In der kultur-evolutionistischen Tradition stehende Mathematikhistoriker wie Ifrah (1986) haben die Entwicklung von Zahlensystemen vom Einfachen zum Komplexen nachgezeichnet und sind dabei dem allzu naheliegenden Trugschluss verfallen, dass die Existenz einfacher Systeme bei „einfachen" Kulturen auch auf ein geringer entwickeltes mathematisches Verständnis hinweise. Nun ist es unbestreitbar, dass nicht alle Kulturen eine explizite und ausschließliche Beschäftigung mit Zahlen um ihrer selbst willen betreiben. Die simple Gleichsetzung des Umfangs oder der Effizienz eines Zahlensystems mit dem mathematischen Verständnis ist allerdings nicht gerechtfertigt.

Kulturelle Bedeutung von Zahlen

Wie effizient ein Zahlensystem ist, hängt nämlich nicht nur von seiner Struktur, sondern auch von der Art der Aufgabe und dem Kontext seiner Verwendung ab (Lave, 1988). Zahlen finden praktische Verwendung bei der Buchführung über Steuereinnahmen wie bei den Inka, in der Astronomie und für kalendarische Berechnungen wie bei den Maya oder bei der Umverteilung von Ressourcen wie bei den Polynesiern. In all diesen Fällen sind umfangreiche Zahlensysteme hilfreich. Aber nicht in allen Kulturen sind Menschen an exakten Zahlen interessiert, und je geringer das Interesse, umso weniger sinnvoll ist es, sich ein komplexes System anzueignen. Dieses Interesse kann sich indes ändern und Zahlensysteme lassen sich modifizieren. In einigen Sprachen wurden sie im Lauf der Jahrhunderte ausgeweitet, in anderen dagegen eingeschränkt oder nahezu ganz aufgegeben. Gerade der ozeanische Raum liefert dafür vielfältige Beispiele (Beller & Bender, 2008).

Große Unterschiede selbst in verwandten Sprachen

Zahlensysteme in vier Sprachen

Sprachfamilie	
Austrones.	Papua
Proto-Ozean. 1x1D $L \geq 10^3$	*Oksapmin* 1D $L = 27$ Körper
Adzera 1x1D $L \approx 5$	*Iqwaye* 1x1D $L \geq 20^3$ Körper

Adzera beispielsweise – eine Sprache, die in der Morobe-Provinz von Papua-Neuguinea gesprochen wird – besitzt ein Zahlensystem, dessen Grundzahlwörter nicht über 2 hinausgehen (Holzknecht, 1986). Als Teil der austronesischen Sprachfamilie ist Adzera aber weitläufig mit dem Mangareva verwandt und stammt von einer Sprache ab (dem Proto-Ozeanischen), die bereits ein Zahlensystem mit Basis 10 und Numeralia für Potenzen bis mindestens 10^2 besaß (Lynch et al., 2002). Die Iqwaye dagegen – Nachbarn der Adzera in der Morobe-Provinz – sprechen wie die Yupno (Wassmann, 1993) und Oksapmin (Saxe, 1981) eine Papua-Sprache. Anders als jene haben sie aber ein ausgedehntes Vigesimalsystem (mit Basis 20) entwickelt, das auf komplexe und faszinierende Weise mit ihrem Verwandtschaftssystem und ihrer Kosmologie verknüpft ist (Mimica, 1988). Selbst wenn man sich also auf den unmittelbarsten Ausdruck numerischer Konzepte in einer Kultur beschränkt, auf ihre Zahlworte nämlich und das von ihnen aufgespannte Zahlensystem, lässt sich eine große Variabilität mitunter selbst bei verwandten Kulturen beobachten. Diese Unterschiede erklären sich allein durch Interesse oder Bedarf an diesen Zahlen und keineswegs durch ein mehr oder weniger entwickeltes mathematisches Verständnis (Beller & Bender, 2008).

Ethnomathematik

Wir konnten hier nur einen kleinen Ausschnitt aus dem weiten Feld der Mathematik behandeln, die weitaus mehr zu bieten hat als nur Zahlen und Zählen. Viele der frühen Ethnografen haben verschiedene Formen der *Ethnomathematik* mit großer Sorgfalt dokumentiert. Auch Mathematiker wie Marcia Ascher haben es sich zur Aufgabe gemacht, für eine ganze Reihe kultureller Domänen die mathematischen Prinzipien zu entschlüsseln, auf denen sie beruhen (Ascher, 1991, 2003, 2005; Ascher & Ascher, 1981; vgl. auch Crump, 1990; Gerdes, 1997). Mit einer Fülle von Beispielen aus allen Teilen der Welt konnten sie nachweisen, dass mathematische Konzepte – mitunter explizit, oft auch nur implizit – in sehr verschiedenen Lebensbereichen in Erscheinung treten: in stilisierten Ornamenten beispielsweise, in Spielen und Rätseln, bei Zeitrechnung (s. Kapitel 7) und Wahrsagen, für die Navigation (s. Kapitel 8) und selbst in den Verwandtschaftsstrukturen. Jede kulturelle Gruppe hat ihre ganz spezifische Art entwickelt, mathematische Konzepte zu repräsentieren. Wie Menschen diese Konzepte ausdrücken, was sie damit erreichen und wie dies auf andere Domänen ihrer Kultur zurückwirkt, bleiben spannende Forschungsfragen.

Sandzeichnung *(sona)* „Leopard mit Jungen" der Tschokwe (Ascher, 1991, S. 40)

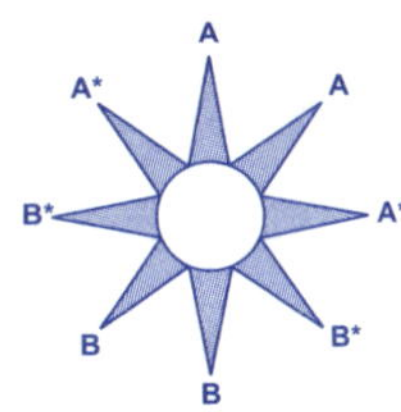

Mu torere: ein Spiel der Maori (Ascher, 1991, S. 96)

Aufgaben

Übung 1: Füllen Sie mehrere Schüsseln mit einer jeweils unterschiedlichen Menge an Erbsen und versuchen Sie, deren Anzahl zu schätzen. Zählen Sie anschließend die Erbsen in jeder Schüssel und notieren Sie das jeweilige Verhältnis von Schätzung und tatsächlicher Anzahl. Wiederholen Sie den Vorgang mit neuen Mengenverhältnissen. Werden Ihre Schätzungen über die Versuche hinweg genauer? Wie verändern sich Abweichungen in den Schätzungen abhängig von der tatsächlichen Anzahl? Und was lässt sich daraus für den Schätzprozess schließen?

Übung 2: Suchen Sie aus einem Wörterbuch oder im Internet die Zahlwörter zusammen, die man braucht, um im Dänischen bis 1000 zu zählen. Welche Unregelmäßigkeiten entdecken Sie, wenn Sie dieses System mit der Ziffernnotation vergleichen? Und wo könnten sich diese Unregelmäßigkeiten im Alltag negativ auswirken?

Übung 3: Erfinden Sie ein neues Zahlensystem mit Basis 6 und eines mit Basis 13. Sie können sich dafür neue Symbole ausdenken oder die uns geläufigen um die benötigte Anzahl neuer Ziffern ergänzen. Wählen Sie dann drei Rechenaufgaben aus (je eine Addition, Subtraktion und Multiplikation) und führen Sie diese jeweils im vertrauten 10er- sowie im neuen 6er- und 13er-System aus. Was verändert sich beim Rechnen mit den neuen Systemen, was bleibt gleich? Was fällt leicht, was schwer? Was muss man lernen, um die jeweilige Notation verstehen und die Rechenschritte durchführen zu können? Welche kognitiven Vor- und Nachteile haben diese Systeme im Vergleich zum 10er-System?

Übung 4: Auch bei uns gibt es Objekte, die mit anderen Zähleinheiten als 1 gezählt werden – welche fallen Ihnen dazu ein? Und wo sehen Sie praktische Vorteile?

Weiterführende Literatur

Gut lesbare Einführungen zum Umgang mit Zahlen geben Dehaene (1997) und Wiese (2003). Die geschichtliche Entwicklung von Zahl- und Rechensystemen beschreibt Ifrah (1986) sehr spannend; bei Menninger (1957/58) findet man eine Fülle weiterer Informationen. Nickerson (1988), Zhang und Norman (1995), Schlimm und Neth (2008), Chrisomalis (2010), Widom und Schlimm (2012) sowie Bender und Beller (2012) haben einige Zahlrepräsentationen auf ihre kognitiven Implikationen hin analysiert. Übersichten zu den polynesischen und mikronesischen Zahlsprachen sowie ihren austronesischen Urformen bieten Bender und Beller (2006a, 2006b), Clark (1999), Harrison und Jackson (1984) und Lemaître (1985). Die Darstellung der mangarevianischen Zahlensysteme basiert auf Janeau (1908); Buck (1938) berichtet eine etwas andere Version. Die tonganischen Zahlensysteme werden ausführlich in Bender und Beller (2007) beschrieben; ein mikronesisches Beispiel (von Woleai) findet sich in Alkire (1970). Ascher (1991, 2005) erläutert an zahlreichen Beispielen aus verschiedenen Kulturen, in welchen Bereichen sich mathematische Konzepte direkt oder indirekt widerspiegeln. Ethnografische Hintergrundinformationen zu Mangareva liefern Buck (1938) und Goldman (1970); die archäologischen Befunde wurden von Weisler (1996; Green & Weisler, 2002) aufgearbeitet. Die Besiedlungsgeschichte Polynesiens ist bei Buck (1954) und Kirch (2000) anschaulich beschrieben.

6 Wege in der Wüste

Wie räumliche Bezugssysteme für Orientierung sorgen

„Tatsache ist", sagte Kaninchen, „dass wir irgendwie den Weg verfehlt haben." Sie rasteten in einer kleinen Sandkuhle mitten im Wald. Pu war die Sandkuhle allmählich leid … immer wenn sie durch den Nebel auf sie zukam, sagte Kaninchen triumphierend: „Jetzt weiß ich, wo wir sind!", und Pu sagte traurig: „Ich auch", und Ferkel sagte nichts.
Alan A. Milne, Pu der Bär, 1989, S. 277–278.

„Zur Johanneskirche? Ganz einfach. Passen Sie auf: Sie gehen jetzt da vor, bis zur Kreuzung, und biegen dann links ab, hinter der Schule rechts und dann immer geradeaus bis zum Bertholdsbrunnen." Der freundliche Herr wedelt vage mit den Armen. „Aber eigentlich müssen Sie gar nicht zum Bertholdsbrunnen, sondern vorher, also gegenüber dem roten Haus, geht eine Straße ab, die einen Bogen macht. Sie gehen rechts an zwei Abzweigungen vorbei und biegen dann erst rechts ab. Nein, warten Sie mal …" – So oder so ähnlich wurde Ihnen sicher auch schon ein Weg erklärt und wahrscheinlich haben Sie das Ziel nicht auf Anhieb gefunden. Auch die obige Wegbeschreibung wäre nicht in jedem Punkt hilfreich, aber sie verdeutlicht zwei Aspekte dieses Kapitels, nämlich die Bedeutung räumlicher Bezugspunkte und begleitender Gesten für die räumliche Orientierung.

Leitfragen

Ähnlich wie die Farbwahrnehmung (Kapitel 2) unterliegt auch die räumliche Wahrnehmung physiologischen Grenzen und ist grundsätzlich ein allen Menschen gemeinsamer kognitiver Prozess. Hinzu kommen die objektiven Eigenschaften des Raumes. Wo würde man also *weniger* kulturelle Varianz erwarten als bei der räumlichen Orientierung? Andererseits gibt es zweifelsohne Kulturen, in denen es weitaus wichtiger ist als bei uns – mitunter überlebensnotwendig –, die Orientierung nicht zu verlieren, sei es in den Wüsten Australiens, auf den Schneefeldern der Arktis oder in den Weiten des Pazifik. In diesen Kulturen wurden Strategien entwickelt, um die räumliche Orientierung zu sichern, so wie wir uns heutzutage mit Schildern, Landkarten und satellitengestützten Navigationssystemen behelfen. Liegen kulturelle Unterschiede aber allein in diesen Hilfsmitteln oder gehen sie tiefer, bis hinein in die kognitiven Prozesse? Um diese Frage beantworten zu können, müssen wir erst verstehen, auf welchen Konzepten und Fähigkeiten unsere räumlichen Kognitionen basieren. Wie nehmen wir Menschen Raum wahr? Wie repräsentieren wir räumliches Wissen? Welche Bezugssysteme präferieren wir dabei? Und wie wirken sich diese Repräsentationen und Präferenzen auf die Orientierung aus?

Aufbau des Kapitels

Die Fähigkeiten australischer Aborigines, sich sogar in der Wüste zurechtzufinden, sind legendär. Einige der sprachlichen und kulturellen Besonderheiten, die sie darin unterstützen, werden in diesem Kapitel vor allem am Fallbeispiel der Guugu Yimithirr erläutert. Dazu führen wir zunächst kurz in die Grundlagen räumlicher Kognition bei Tieren und Menschen ein (Kapitel 6.1). Wie räumliches Wissen strukturiert ist, wird anschließend für kognitive Karten (Kapitel 6.2) und Bezugssysteme (Kapitel 6.3) genauer ausgeführt, ehe wir uns dem Fallbeispiel zuwenden (Kapitel 6.4). Ob kulturelle Unterschiede in der Art der Repräsentation auch zu Unterschieden bei basalen kognitiven Prozessen führen können, wird abschließend diskutiert (Kapitel 6.5).

6.1 Grundlagen räumlicher Kognition

Bedeutung der Orientierung bei Tieren und Menschen

Orientierung im Raum ist für Mensch und Tier von essenzieller Bedeutung: Nahrung, Artgenossen und Fressfeinde sind räumlich verteilt und müssen gefunden, im Auge behalten oder gemieden werden. Vögel, Fische, ja sogar Insekten finden Brutplätze oder Winterquartiere zuverlässig über weite Distanzen hinweg. Selbst junge Kuckucke, die ihre biologischen Eltern nie kennenlernen, scheinen ganz genau zu „wissen", wann und wohin sie im Herbst aufbrechen müssen (Berthold, 1998). Wir Menschen dagegen haben oft schon Schwierigkeiten, die Himmelsrichtungen exakt zu bestimmen. Natürlich sind die Fähigkeiten von Zugtieren, sich über weite Distanzen zu orientieren, hoch spezialisiert, angeboren und wenig flexibel. Die Orientierung in der unmittelbaren Umwelt dagegen erfordert die mentale Repräsentation von räumlichen Anordnungen und einen flexiblen Umgang damit. Auch wenn wir nicht mit dem vermeintlich untrüglichen Ortssinn von Brieftauben ausgestattet sind, verfügen wir dennoch über eine ganze Reihe kognitiver Kompetenzen zur räumlichen Orientierung.

Raumdimensionen

Diese sind bis zu einem gewissen Grad an die natürlichen Gegebenheiten angepasst, was wiederum den Spielraum für kulturelle Vielfalt einschränkt. So hat der Raum mit seinen drei Dimensionen objektive Eigenschaften und die aufrechte Haltung legt bereits eine dieser Dimensionen als räumliche Koordinate fest. Unmittelbar *sehen* können wir diese drei Dimensionen allerdings nicht, denn alle optischen Eindrücke werden zunächst auf unserer Netzhaut abgebildet, die als gekrümmte Fläche nur zweidimensional ist (s. Kapitel 2.2, Seite 35). Trotzdem gelingt uns meist ohne große Schwierigkeiten ein dreidimensionaler Eindruck – ja, mitunter können wir uns ihm gar nicht entziehen. So nehmen wir selbst dort Tiefe wahr, wo das Original gar keine hat, wie etwa bei den beiden „Würfeln“ in nebenstehender Abbildung.

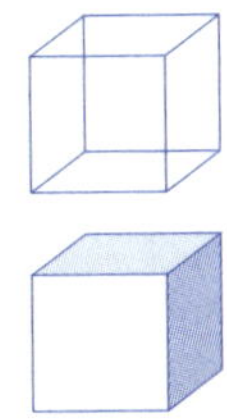

Dreidimensionaler Eindruck trotz zweidimensionaler Darstellung

Tiefenkriterien

Ein solcher Tiefeneindruck wird aus vier Quellen gespeist (vgl. Goldstein, 2007): Im Nahbereich hilft die Stärke der Eindrehung der Augen, Entfernungen abzuschätzen *(okulomotorisches Tiefenkriterium)*. Bewegen wir uns, so können wir anhand der sich verändernden Verdeckung ferner Gegenstände durch nähere oder anhand scheinbar unterschiedlicher Geschwindigkeiten von Objekten feststellen, welche näher und welche weiter entfernt liegen *(bewegungsinduzierte Tiefenkriterien)*. Für die *Querdisparation* nutzen wir die geringen Unterschiede in den Netzhautabbildern der zwei Augen, die daraus resultieren, dass jedes Auge einen etwas anderen Blickwinkel hat *(binokulares Tiefenkriterium)*. Aber selbst mit nur einem Auge und ohne Bewegung sind wir noch in der Lage, Tiefe wahrzunehmen *(monokulare Tiefenkriterien)*. Dazu berücksichtigen wir die gewohnte Größe von Gegenständen, die relative Größe zweier Objekte im Vergleich zueinander und auch die oben genannte Verdeckung von Gegenständen. Außerdem nutzen wir Perspektivinformationen: Die atmosphärische Perspektive entsteht durch Farbverschiebungen und das Verschwimmen von Konturen zum Horizont hin; die lineare Perspektive lässt parallele Linien, beispielsweise Eisenbahnschienen, in einem Fluchtpunkt zusammenlaufen.

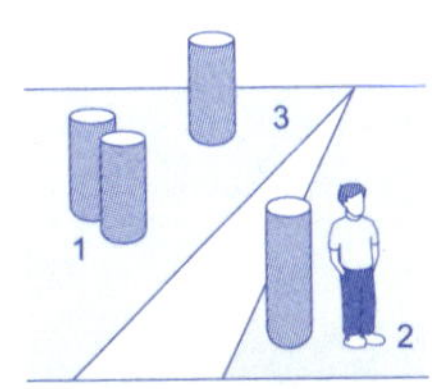

Räumliche Tiefe aufgrund von (1) Verdeckung, (2) gewohnter und relativer Größe und (3) Perspektive

Kontinuierliche Positionsbestimmung durch Pfadintegration

Die Raumwahrnehmung ist aber nur *eine* Voraussetzung für die räumliche Orientierung. Wer sich nicht ziellos bewegen, sondern zurechtfinden will, muss die aufgenommenen Informationen kontinuierlich miteinander „verrechnen“, um die eigene Position in Relation zu Objekten oder Orten bestimmen zu können. Dies kann selbst in unbekannter Umgebung und bei völligem Fehlen äußerer Orientierungshilfen gelingen. Erforderlich ist dazu mindestens ein fixer Punkt – nehmen wir den

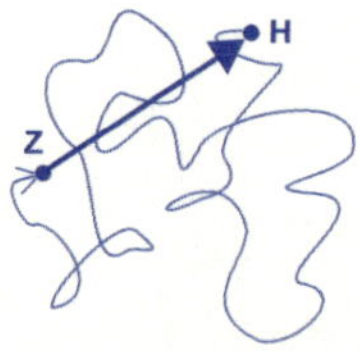

Direkter Weg vom Ziel nach Hause

Ausgangspunkt einer Bewegung und nennen ihn „Heim“ – und die Berücksichtigung der Eigenbewegung. Bewegung kann als Vektor dargestellt werden, der sich aus zwei Komponenten zusammensetzt: der Richtung, in die man sich bewegt, und der Entfernung, die man dabei zurücklegt. Richtungsänderungen führen dazu, dass Winkel miteinander verrechnet und Entfernungen entsprechend korrigiert werden müssen – man spricht dabei von Pfadintegration oder *dead reckoning*, was so viel wie „absolute Schätzung“ bedeutet. Der resultierende Vektor gibt die kürzeste Verbindung vom Ausgangs- zum Zielpunkt an ($\overline{HZ}$), der umgekehrte Vektor den direkten Heimweg ($\overline{ZH}$).

„Wander“-Ameisen

Ein Indiz dafür, ob Lebewesen ihre Position mittels Pfadintegration ständig neu bestimmen, liefert die Richtung, die sie für ihren Heimweg einschlagen. Verlassen Ameisen auf der Suche nach Nahrung ihre Burg, scheinen sie oft chaotisch umherzuwandern. Dennoch sind sie offenbar nicht darauf angewiesen, für den Heimweg ihre Spuren oder Duftmarken zurückzuverfolgen. Vielmehr können sie ihren Heimweg ohne Umwege in direkter Linie antreten (Müller & Wehner, 1994; Wehner, 1982) und das ist – unter den getesteten Bedingungen – nur möglich, weil sie tatsächlich laufend ihre Position bestimmen.

Positionsbestimmung bei verschiedenen Spezies

Abbildung 18 zeigt das Ergebnis entsprechender Tests mit Spinnen, Ameisen, Hunden und Menschen. Tiere und Menschen folgten einem L-förmigen Weg von o nach x und sollten von dort heimkehren. Orientierungshilfen wurden weitestgehend ausgeschlossen (Menschen bspw. mussten dies mit verbundenen Augen, unter Kopfhörern und bei gleichzeitigem Lösen einer Denkaufgabe leisten). Gemessen wurde die eingeschlagene „Heim“-Richtung von x aus; in Abbildung 18 ist sie als diagonaler Pfeil eingetragen. Die Ergebnisse belegen, dass so unterschiedliche Arten wie Insekten und Säugetiere kontinuierliche Positionsbestimmungen durchführen. Diese erlauben ihnen – zumindest auf moderate Distanzen –, die Richtung recht gut abzuschätzen. Allerdings lässt sich auch, und zwar artenübergreifend, eine Verzerrung beobachten: Der einwärts einzuschlagende Winkel wird überschätzt.

Während Menschen auf kurze Distanzen offenbar einen recht guten Überblick über die Heim-Richtung bewahren können, ist dies für größere Distanzen zumindest fraglich. Außerdem ist die kontinuierliche Positionsbestimmung durch Pfadintegration vor allem dort von Bedeutung, wo wir uns nicht auskennen und Orientierungshilfen aus der

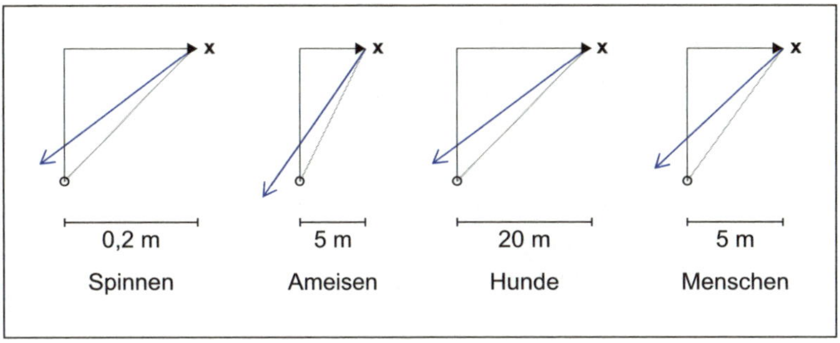

Abbildung 18: Errechnen des Heimwegs von x nach o (*dead reckoning*; aus Etienne et al., 1998, S. 56)

Umwelt fehlen. Bewegen wir uns dagegen auf vertrautem oder gut „ausgeschildertem" Terrain, kann es effizienter sein, Hinweise aus der Umwelt mit einer mentalen Repräsentation dieser Umwelt – einer kognitiven Karte – abzugleichen, um die eigene Position zu bestimmen.

6.2 Kognitive Landkarten

Karten als externe versus interne Repräsentationen

Erinnern wir uns an das Eingangsbeispiel und nehmen wir an, Sie suchen noch immer den Weg zur Johanneskirche. Wenn Sie in der Stadt ganz fremd sind, ziehen Sie vielleicht einen Stadtplan zu Rate. Leben Sie hingegen schon eine Weile dort, haben Sie eine grobe Vorstellung davon, wie es im Zentrum aussieht, und versuchen nur, die Johanneskirche in diese Vorstellung aufzunehmen. Stadtpläne und Landkarten sind *externe* Repräsentationen, Ihre Vorstellung vom Stadtzentrum ist eine *interne* (mentale) Repräsentation, eine kognitive Karte.

Eigenschaften von Landkarten:
- Nordung
- Maßstabstreue
- Abstraktion

Karten haben eine lange Tradition; die Konventionen herauszubilden, die unsere heutigen Kartenwerke gliedern, hat viele Jahrhunderte gedauert. So ist es beispielsweise üblich, Karten zu norden. Noch im Mittelalter waren sie, wenn überhaupt, nach Osten ausgerichtet (daher der Begriff „*Orient*-ierung"). Maßstabstreue ist ein weiteres wichtiges Merkmal guter Karten. Der Maßstab sollte nicht nur angegeben, sondern auch überall auf der Karte derselbe sein. Davon abgesehen abstrahieren Karten in einem beträchtlichen Ausmaß von Details der abgebildeten Landschaften und heben nur einige wenige, aber bedeutsame Aspekte hervor. All diese Eigenschaften machen Karten zu einem wichtigen Hilfsmittel, das seine Funktion aber nur erfüllen kann, wenn kulturelle Konventionen bei der Herstellung beachtet werden und bei der Nutzung bekannt sind. In unterschiedlichen Kulturen sehen Karten deshalb auch sehr verschieden aus. Die Stabkarten der Mikronesier etwa, wie sie in Kapitel 8 (Seite 180) über die Navigation kurz beschrieben werden, verfolgen ein von unseren Karten völlig verschiedenes Prinzip und sind für Laien nicht zu interpretieren (Lewis, 1994). Allen Karten und anderen externen Repräsentationen ist jedoch gemein, dass sie das abbilden, was ihren Nutzern wichtig ist, sich aber nur schwer „im Kopf behalten" lässt.

Kognitive Karten: interne Repräsentationen

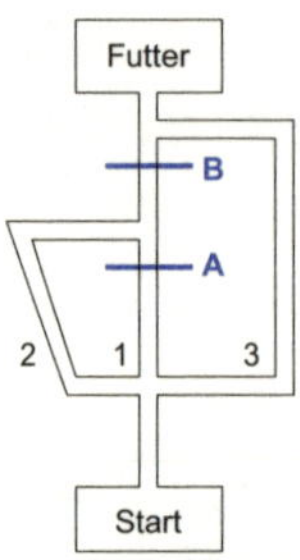

Ein Labyrinth (n. Tolman & Honzik, 1930, S. 223)

Von einer Umwelt, die uns vertraut ist, brauchen wir keine Karte; hier haben wir eine *interne* (mentale) Repräsentation: Wir *wissen*, dass sich hinter der Kuppe ein Bauernhof befindet oder eine Bäckerei auf der Rückseite des Hochhauses, auch wenn wir beides nicht sehen können. Bereits in der ersten Hälfte des 20. Jahrhunderts, auf dem Höhepunkt des Behaviorismus, wies der amerikanische Psychologe Edward C. Tolman (Tolman & Honzik, 1930; Tolman, 1948) nach, dass selbst Ratten über eine solche interne Repräsentation ihrer Umwelt verfügen. Wurde ihnen in einem Labyrinth der direkte Weg zum Futter (Pfad 1 in der Abb. links) an Punkt A versperrt, entschieden sie sich für die kürzere Alternative (Pfad 2). War Pfad 1 dagegen am Punkt B blockiert, wählten sie Pfad 3, und dies trotz einer zuvor antrainierten Präferenz für Pfad 2 *vor* Pfad 3 – ein starkes Indiz also für eine „kognitive Landkarte".

Routenkarten versus Übersichtskarten

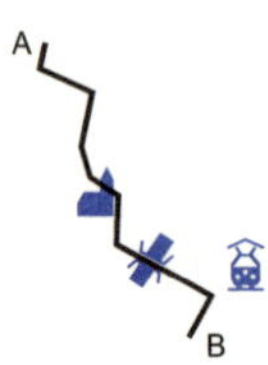

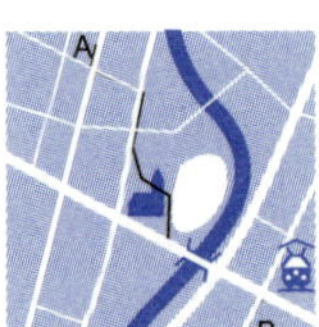

Grundsätzlich können zwei Arten kognitiver Karten unterschieden werden: Routenkarten und Übersichtskarten. Die *Routenkarte* ist weitgehend eindimensional und besteht aus prägnanten Örtlichkeiten oder Landmarken. Die Beziehungen zwischen den Örtlichkeiten sind meist nur ordinal abgebildet, das heißt, in der Reihenfolge, in der sie entlang der Route auftauchen. Die Routenkarte wird typischerweise durch Wegbeschreibungen oder eigene Erkundung erworben und spiegelt die Perspektive einer Person wider, die einem Weg von Punkt A nach B folgt; Ausrichtung und Umgebung ändern sich fortlaufend, der (sich bewegende) Bezugspunkt (die Person) bleibt dagegen der gleiche. Wenn die Vertrautheit mit der Umgebung wächst und verschiedene Routenkarten miteinander verknüpft werden, entwickeln sich *Übersichtskarten*. Übersichtskarten sind zweidimensional und nehmen eher eine Vogelperspektive ein: Die Ausrichtung wird beibehalten und ist unabhängig von einer sich bewegenden Person. Übersichtskarten bilden Örtlichkeiten nicht mehr in ihrer Abfolge entlang einer bestimmten

Route ab, sondern beinhalten zumindest *topologische* Relationen, also Informationen darüber, wie sich verschiedene Orte und Regionen zueinander verhalten. Von *metrischen* Relationen kann man erst dann sprechen, wenn diese Relationen auch maßstabsgetreu abgebildet sind – ein Kriterium, das für mentale Karten normalerweise nicht gilt.

Relationen:
- topologisch
- metrisch

Keine räumliche Repräsentation kann die Umwelt exakt abbilden. Wie echte Landkarten enthalten auch interne Repräsentationen nur eine Auswahl an Elementen und setzen bestimmte Akzente. Kognitive Landkarten folgen dabei jedoch keinem kohärenten Schema; vielmehr können auch eigentlich markante Informationen fehlen oder es werden Orte „erinnert", die in der Realität gar nicht oder nicht an der betreffenden Stelle vorhanden sind. Kognitive Karten haben zwar durchaus kartenhafte Merkmale – beispielsweise haben wir von vielen räumlichen Konstellationen eine eher bildhafte Vorstellung, und so benötigt man umso länger, in der Vorstellung von A nach B zu wechseln, je weiter diese Orte in der Realität voneinander entfernt liegen (Kosslyn et al., 1978). Allerdings haben kognitive Karten auch Merkmale, die mit Karten nicht vereinbar sind und zu systematischen Verzerrungen führen (Tversky, 1993). Einige davon werden im Folgenden beschrieben.

Kognitive Karten haben kartenhafte und nicht kartenhafte Eigenschaften.

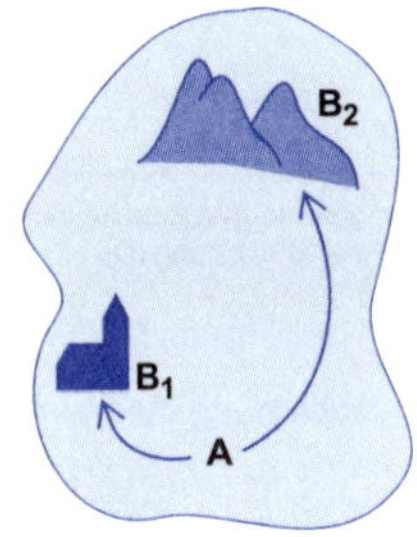

Eine gut ausgebildete Landkarte besteht aus Einheiten mit „Gestalt-Charakter": Die Örtlichkeiten und Routen sind zu sinnhaften Einheiten gruppiert, die intern gegliedert sind, wobei unser Wissen über größere Einheiten das Wissen über die Details strukturiert. Für unser Gedächtnis ist diese hierarchische Struktur der mentalen Repräsentation ein entscheidender Vorteil, denn sie erlaubt uns, räumliche Informationen effizient abzuspeichern und zu nutzen. Allerdings resultiert auch ein Teil der Verzerrungen und systematischen Fehler aus dieser Struktur (für einen Überblick s. Tversky, 1981, 1993). Sie betreffen vor allem die Relation zwischen einzelnen Elementen von einem bestimmten Blickpunkt aus oder die Relation zwischen einzelnen Elementen und übergeordneten Kategorien (wie Landschaften oder Staaten), wie das folgende Beispiel illustriert.

Verzerrungen durch hierarchische Strukturen

Was glauben Sie liegt weiter nördlich – London oder Hamburg? Viele Menschen tippen auf London, und zwar deshalb, weil England im Großen und Ganzen *nördlich* von Deutschland liegt. Für die beiden Städte ist das aber gerade umgekehrt: London liegt weiter *südlich* als Hamburg. Dass die Einschätzung der relativen Lage von Orten davon beein-

Was liegt nördlicher – London oder Hamburg?

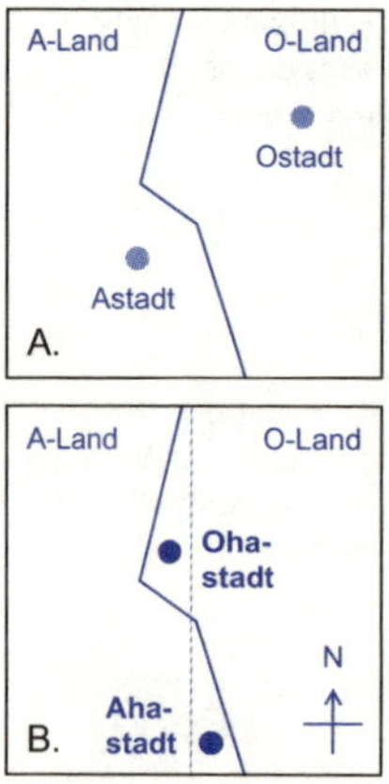

Kongruente (A) und inkongruente Bedingung (B)

flusst wird, was wir über die übergeordneten Einheiten wissen, gilt jedoch nicht nur für echte Landkarten (Stevens & Coupe, 1978). Auch mit erfundenen Karten wie in den Abbildungen links lässt sich der Effekt nachweisen. Astadt und Ostadt verhalten sich in ihrer West/Ost-Ausrichtung genauso zueinander wie A-Land und O-Land: Astadt liegt westlicher als Ostadt (kongruente Bedingung). Betrachten wir hingegen Ahastadt und Ohastadt, so tauschen sie aufgrund der gekrümmten Grenzlinie die Plätze: jetzt liegt Ohastadt westlicher, auch wenn O-Land im Osten liegt (inkongruente Bedingung). Wenn sich Personen später an die Lage der gesehenen Städte erinnern sollen, führt die Tendenz, die Lage von Städten an der Lage der Staaten auszurichten, in der inkongruenten Bedingung zu einem falschen Urteil (45 %), und zwar mehr als doppelt so häufig wie in der kongruenten Bedingung (18 %; Stevens & Coupe, 1978).

Anbindungsheuristik

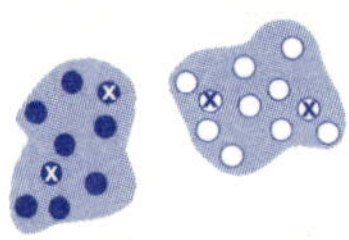

Die hierarchische Struktur unseres räumlichen Wissens verzerrt aber nicht nur die Einschätzung der relativen Lage, sondern auch die von Entfernungen (Hirtle & Jonides, 1985). Wenn Orte als zusammengehörende Gruppe aufgefasst werden („Anbindungsheuristik"), werden Distanzen innerhalb der Gruppe relativ zu Distanzen zwischen Gruppen unterschätzt, auch wenn sie faktisch gleich sind (wie links von x zu x).

Verzerrungen durch eine Tendenz zur „guten Gestalt"

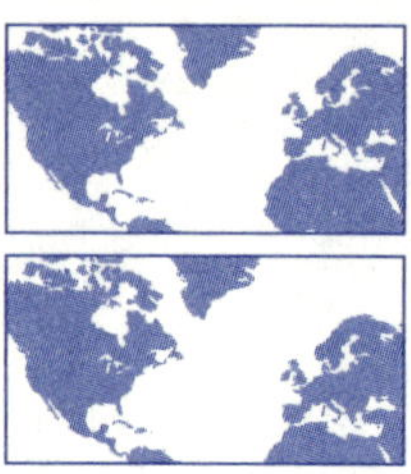

Welche der beiden Karten stimmt?

Außerdem neigen wir dazu, unregelmäßige Linien (z. B. Landesgrenzen) zu begradigen, zu parallelisieren und gegebenenfalls zu rotieren, um sie den Himmelsrichtungen anzugleichen. So wird beispielsweise die Anordnung von Kontinenten als „kompakter" erinnert, als sie ist: Nord- und Südamerika annähernd innerhalb derselben Längengrade oder die USA auf der gleichen Höhe wie Mitteleuropa (Tversky, 1981) – sind Sie nun selbst verunsichert? Dann prüfen Sie es nach! Darüber hinaus werden spitze oder stumpfe Winkel (etwa bei Abzweigungen) oft in rechte Winkel verwandelt. Das passiert selbst dann, wenn drei gerade verlaufende Straßen die Seiten eines Dreiecks bilden, obwohl in Dreiecken nie mehr als ein Winkel rechtwinklig sein kann. Und schließlich schwankt die Einschätzung von Distanzen mit dem Vorhandensein oder Fehlen von Umwegen, Kurven oder Kreuzungen.

Verzerrungen durch kognitive Perspektiven und Referenzpunkte

Auch die eingenommene Perspektive beeinflusst unsere Schätzungen: Entfernungen zwischen Landmarken in der Nähe werden größer eingeschätzt als solche zwischen gleich weit auseinanderliegenden Landmarken in der Ferne (Holyoak & Mah, 1982). Wenn Sie in Süddeutschland zu Hause sind, werden Sie sicher die Erfahrung kennen, dass alles nördlich des „Weißwurstäquators" viel dichter beisammen zu liegen scheint (und umgekehrt für jemanden, der in Norddeutschland zu Hause ist). Selbst die geschätzte Entfernung zu einem bekannten Referenzpunkt ist keine feste, objektive Größe; vielmehr scheinen Distanzen von einem unbekannten Ort zu einem bekannten Ziel hin kleiner zu sein als dieselbe Distanz in umgekehrter Richtung (Sadalla et al., 1980).

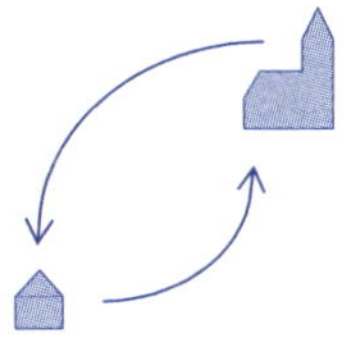

Kognitive Karten sind häufig nur „Collagen".

Unsere mentalen Repräsentationen unterliegen aber nicht nur systematischen Verzerrungen – mitunter sind diese Verzerrungen auch untereinander so inkonsistent, dass ein integriertes, kohärentes Bild gar nicht erst entstehen kann. In diesen Fällen sollte man eher von einer kognitiven *Collage* (Tversky, 1993) als von einer *Karte* sprechen. Solche Collagen entstehen, weil räumliches Wissen meist nicht systematisch erworben wird, sondern in Form unzusammenhängender Informationen, die aus verschiedenen Quellen stammen, die unterschiedliche Blickwinkel einnehmen und denen ein einheitlicher Maßstab fehlt: Reiseerinnerungen etwa, Ausschnitte von Landkarten, Wegbeschreibungen oder Fakten über Entfernungen und Zeitzonen. Interessanterweise sind Menschen in der Lage, Verzerrungen zu erkennen und zu revidieren, wenn sie auf Unstimmigkeiten achten (Tversky, 1993). Je häufiger sie dies tun, je akkurater die Informationen, die sie sammeln – kurz: je vertrauter die entsprechenden räumlichen Anordnungen werden –, umso präziser wird auch die Repräsentation, bis sie schließlich ein „mentales Modell" ergibt (Johnson-Laird, 1983; Gentner & Stevens, 1988).

Mentale Modelle

Mentale Modelle sind abstrakter als Routen- oder Übersichtskarten und bilden räumliche Relationen perspektivenfrei ab. Sie sind nicht notwendigerweise maßstabsgetreu, aber die in ihnen enthaltenen räumlichen Relationen sind kohärent. Damit ähneln sie eher einem strukturellen Modell als einer Karte und erlauben es, jede der beiden Perspektiven – Routen- oder Überblicksperspektive – gleich rasch einzunehmen (Taylor & Tversky, 1992).

Sprachlicher Ausdruck mentaler räumlicher Repräsentationen

Mentale räumliche Repräsentationen finden ihren Ausdruck aber nicht nur in externen Repräsentationen wie Landkarten, sondern auch in sprachlichen Äußerungen, etwa bei Wegbeschreibungen. Der Frage, wie solche Beschreibungen organisiert sind und welche Perspektive oder welches Bezugssystem dabei bevorzugt wird, gehen wir im nächsten Abschnitt nach.

6.3 Räumliche Referenzrahmen

Geht man von der Bedeutung unseres visuellen Systems für die Wahrnehmung von Raum aus, so liegt es nahe, anzunehmen, dass auch der kognitive Umgang mit den räumlichen Dimensionen bei allen Menschen gleich sein sollte. Lange Zeit hat man denn auch angenommen, dass das Bezugssystem zur Beschreibung räumlicher Konstellationen in der Regel vom menschlichen Körper und der eigenen Perspektive abgeleitet ist, dass wir den Raum also einteilen in das, was *vor* oder *hinter* uns ist, was sich *links* oder *rechts* befindet und was *darüber* oder *darunter* liegt (z. B. Clark, 1973; Piaget & Inhelder, 1975; Miller & Johnson-Laird, 1976).

Räumliche Bezugssysteme: „Referenzrahmen"

Um über räumliche Konstellationen zu sprechen, genügt ein solches Vokabular indes nicht. Objekte sind räumlich nur in Bezug auf andere Objekte beschreibbar. Man kann nicht einfach sagen: „Die Katze ist vor", sondern muss angeben, vor *was* die Katze sich befindet: „vor dem Auto", „vor dem Baum" oder „vor mir". Mit anderen Worten: Für räumliche Beschreibungen muss immer auch ein Bezugssystem, ein sogenannter *Referenzrahmen*, gewählt werden. Die folgende Darstellung beschränkt sich auf statische, horizontale Anordnungen (für die vertikale Achse gibt es vermutlich kaum Varianz).

Drei Typen von Referenzrahmen:
- absolut
- intrinsisch
- relativ

Bausteine: Koordinatensystem mit Ursprung = X
Figur = F
Grund = G
Betrachter = B

Um die Referenzrahmen zu charakterisieren und voneinander zu unterscheiden, sind folgende Elemente notwendig (für mehr Details und eine formalere Darstellung s. Levinson, 2003): ein Koordinatensystem, das den Raum in benannte Abschnitte einteilt (z. B. „Norden, Süden, Westen, Osten" oder „vorne, hinten, rechts, links"), die Objekte Figur (F) und Grund (G), der Standpunkt des Betrachters (B) und der Ursprung des Koordinatensystems (X). In der folgenden Beschreibung wird immer eine Katze das Figurobjekt F sein, also das Objekt, dessen Position beschrieben werden soll (auch „Referens" genannt), und ein Auto das Grundobjekt G, in Bezug zu dem die Position der Katze bestimmt wird (auch „Relatum" genannt). Mit diesen Elementen lassen sich drei verschiedene Referenzrahmen identifizieren (und mehr wurden in den Sprachen der Welt bislang auch nicht gefunden): der *absolute* (oder umweltzentrierte), der *intrinsische* (objektzentrierte) und der *relative* (betrachterzentrierte) Referenzrahmen (Levinson, 2003).

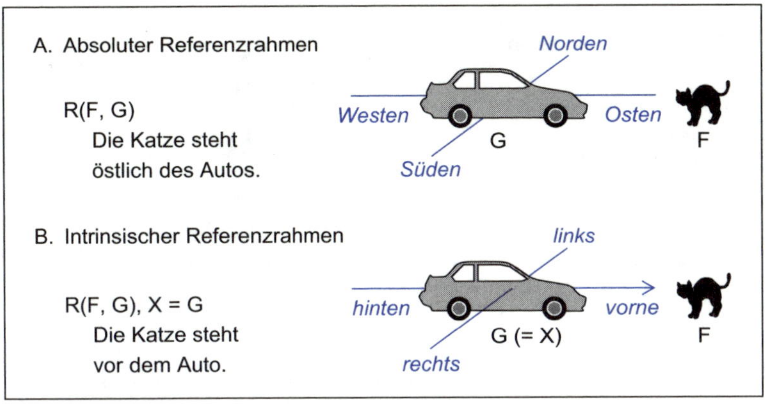

Abbildung 19: Betrachterunabhängige Referenzrahmen für Relationen (R) zwischen Figur (F) und Grund (G)

Absoluter Referenzrahmen

Der *absolute Referenzrahmen* gilt für Relationen zwischen zwei Objekten, nämlich Figur F und Grundobjekt G: „Die Katze steht östlich des Autos“ (s. Abb. 19, A.). Das Koordinatensystem wird umweltzentriert genannt, weil es sich an „Fixpunkten“ der Umwelt orientiert. Das können Himmelsrichtungen sein, aber auch andere auffällige Umweltmerkmale wie lang gestreckte Berghänge, vorherrschende Windrichtungen (z. B. Passat oder Monsun), ein Flusslauf oder die Land-/Meerseite einer Küste (Bennardo, 2002; Levinson, 2003; Senft, 1997). Das Koordinatensystem verfügt nicht über ein Zentrum. Jeder Ort kann als Zentrum angenommen werden; der Einfachheit halber wird jedoch oft das Grundobjekt gewählt. Die Position des Betrachters ist irrelevant.

Intrinsischer Referenzrahmen

Der *intrinsische Referenzrahmen* gilt ebenfalls für Relationen zwischen zwei Objekten (Figur F und Grundobjekt G): „Die Katze steht vor dem Auto“, vom Auto aus gesehen (Abb. 19, B.). Der Mittelpunkt des Koordinatensystems liegt im Zentrum des Grundobjekts. Dies können der Betrachter selbst sein, aber auch andere Personen, Tiere oder Gegenstände wie Fahrzeuge oder Fernsehgeräte. Voraussetzung ist, dass sie ein eigenes, *intrinsisches* Vorne und Hinten haben. In jedem Fall wird für die Beschreibung die Perspektive von G eingenommen (X = G).

Relativer Referenzrahmen

Der *relative Referenzrahmen* gilt für Relationen zwischen drei Objekten, nämlich Figur F, Grundobjekt G und Betrachter B: „Die Katze steht rechts vom Auto“, vom Betrachter B aus gesehen (s. Abb. 20). Damit ist das Koordinatensystem betrachterzentriert (X = B). „Relativ“ wird

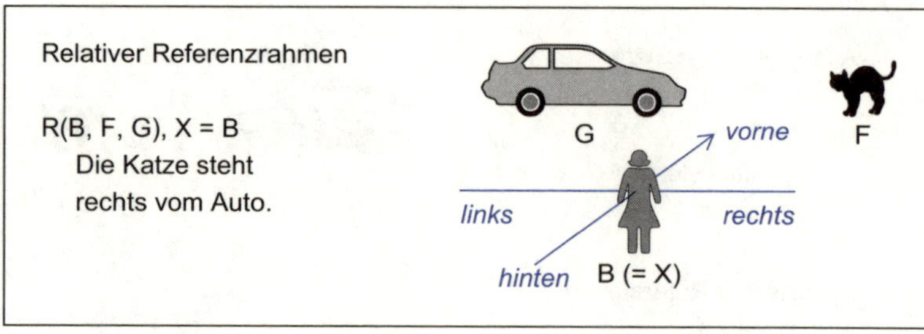

Abbildung 20: Betrachterabhängiger Referenzrahmen

der Referenzrahmen deshalb genannt, weil die Anordnung nicht stabil durch die beteiligten Objekte F und G definiert ist, sondern vom Standpunkt des Betrachters B abhängt. Wandert dieser auf die andere Seite des Autos, so befindet sich die Katze, die zuvor rechts vom Auto stand, dann links davon – und das, ohne sich selbst bewegt zu haben. Dieser Betrachterstandpunkt kann vom Sprecher eingenommen werden, aber auch von einer anderen Person oder einem Objekt. Entscheidend ist, dass der Betrachter B *verschieden* ist vom Grundobjekt G (B ≠ G).

Varianten des relativen Referenzrahmens

Unter der relativen Perspektive muss von diesem *primären* Koordinatensystem, das seinen Ursprung in B hat, ein *sekundäres* Koordinatensystem abgeleitet werden. Dafür wird das Koordinatensystem des Betrachters B nach G verlegt, und zwar auf eine von drei Arten: durch Reflexion, durch Rotation um 180° oder durch Translation. In unserer Sprache wird das Koordinatensystem am Bezugspunkt G (hier also am Auto) *gespiegelt (Reflexion)*: Die Katze befindet sich demnach *vor* dem Auto; rechts und links bleiben unverändert (wie dies nebenstehend in der oberen Abbildung zu sehen ist). Der *Rotationstyp* entspricht dem Reflexionstyp, nur werden hier zusätzlich die rechte und die linke Seite vertauscht. Würden Sie sich dagegen in das Auto hineinversetzen, ohne Ihre Blickrichtung und Ihren Referenzrahmen zu verändern, kämen Sie zu dem Schluss, die Katze stünde *hinter* dem Auto, wie dies in der unteren Abbildung dargestellt ist. Weil in diesem Fall das Koordinatensystem des Betrachters B einfach nach G *verschoben* wird, nennt man diesen Subtyp *translational*. Er findet sich unter anderem in der afrikanischen Sprache Hausa (Hill, 1982), in den polynesischen Sprachen in Tonga (Bennardo, 2000) und auf den Marquesas (Cablitz, 2006) sowie im Chinesischen (Bender et al., subm.).

Reflexion (oben) und Translation (unten)

In vielen Sprachen der Welt kommen alle drei Basistypen vor, der absolute, der intrinsische und der relative Referenzrahmen (Majid et al., 2004). Da diese ohne Kenntnis der Situation nicht mehr ineinander überführbar sind, erhält man kohärente Beschreibungen nur, indem man jeweils einen Referenzrahmen konsistent beibehält, und um sich auch mit anderen Menschen verständigen zu können, ist es sinnvoll, sich auf einen zu einigen. Welcher kann – oder sollte – das aber sein?

Gibt es „natürliche" Präferenzen für Referenzrahmen?

Auf der Wahrnehmungsebene liegt das Zentrum des Koordinatensystems in der eigenen Person, was eine betrachterzentrierte Perspektive und damit den relativen Referenzrahmen nahelegt. Für Konstellationen im näheren Umfeld verwenden wir dieses System bevorzugt, auch wenn wir als Kinder die Rechts-Links-Unterscheidung erst relativ spät erlernen (Piaget & Inhelder, 1975) und selbst als Erwachsene damit manchmal noch Schwierigkeiten haben (Franklin & Tversky, 1990). Gehen die räumlichen Konstellationen „über unseren Horizont hinaus", greifen wir nicht selten zu absoluten Angaben, die sich beispielsweise an den Himmelsrichtungen orientieren. In den meisten Kontexten müssen wir über absolute Beziehungen aber erst nachdenken. Dass Hamburg im Norden von Deutschland liegt, kann wahrscheinlich jeder aus dem Gedächtnis direkt abrufen. Aber wie sieht es mit dem Verhältnis Ihrer Wohnung zu Ihrer Arbeitsstätte aus?

Brauchen wir einen absoluten Referenzrahmen?

Lange Zeit wurde angenommen, dass die absolute Perspektive für das Denken im Alltag nahezu irrelevant ist; vielmehr sei es die „egozentrische" (also intrinsische bzw. relative) Perspektive, die den konzeptuellen Kern des räumlichen Denkens bilde (Clark, 1973; Miller & Johnson-Laird, 1976). Vieles spricht jedoch dafür, dass es gerade umgekehrt ist: Der absolute Referenzrahmen kommt in allen, der relative dagegen nur in 14 der 20 von Majid et al. (2004) betrachteten Sprachen überhaupt vor, ist also keineswegs universell. Zudem ist der relative Referenzrahmen vom intrinsischen abgeleitet; er kann also nur in Sprachen auftreten, die auch über den intrinsischen Rahmen verfügen. Der absolute Referenzrahmen dagegen kommt nicht nur in den menschlichen Kulturen flächendeckend vor, sondern auch über Primatenspezies hinweg (Haun et al., 2006). Diese Befunde sprechen dafür, dass wir alle zunächst den absoluten Rahmen bevorzugen (auch deutsche Kinder zumindest bis zum Alter von 4 Jahren), dass diese Präferenz in einigen Sprachen und Kulturen dann aber von anderen Referenzrahmen überlagert wird. Bereits bei 8-Jährigen ist die kulturelle Präferenz robust.

Entwicklungssequenzen

Räumliche Referenzrahmen in 20 Sprachen (n. Majid et al., 2004, S. 112)

	abs.	intr.	rel.
vorhanden	20	19	14
bevorzugt	13	8	9

Kognitive Implikationen

Welche Konsequenzen können die Verfügbarkeit von oder Präferenzen für bestimmte Referenzrahmen haben? Ist es nicht völlig gleichgültig, wie Objekte räumlich zueinander in Beziehung gesetzt werden, solange dies nur konsistent geschieht? Die Antwort auf diese Frage hängt davon ab, ob Referenzrahmen sich ineinander übersetzen lassen. Das tun sie ganz offensichtlich nicht. Denken Sie etwa an die Wegbeschreibung aus der Einleitung zurück. Sie wurde in der relativen Perspektive verfasst, mit Begriffen wie „links" oder „hinter der Schule". Selbst ein intrinsischer Referenzrahmen ist nicht ohne Weiteres daraus ablesbar, denn ob sich „hinter der Schule" aus Betrachtersicht mit dem „Hinten" der Schule deckt, wissen Sie nicht. Schon gar nicht könnten Sie sagen, ob sich die gesuchte Kirche nördlich oder südlich der Schule befindet.

Wie speichern wir räumliche Anordnungen?

Referenzrahmen können also nur sehr eingeschränkt ineinander überführt werden. Was bedeutet das beispielsweise für das Gedächtnis? Wenn Sie sich eine räumliche Anordnung merken, tun Sie dies so, dass Sie sie später gegebenenfalls auch beschreiben können. Sie merken Sie sich also unter der bevorzugten Perspektive und nehmen dabei in Kauf, dass bestimmte Informationen (bspw. Himmelsrichtungen) verloren gehen.

Referenzrahmen und kognitive Karten

Auch auf kognitive Landkarten wirken sich Referenzrahmen aus. Routenkarten sind typischerweise betrachterzentriert, übernehmen also eine relative Perspektive, während Übersichtskarten absolut orientiert sind. Unsere Sprache erlaubt beide Perspektiven und so ist uns auch der Umgang mit beiden Kartentypen vertraut. In Übereinstimmung mit unserem *bevorzugten* Referenzrahmen, dem relativen, bevorzugen wir allerdings, wie im Eingangsbeispiel illustriert, auch meist die Routenperspektive (Levelt, 1996; Levinson, 2003).

Was aber, wenn eine Sprache *nur* den absoluten Referenzrahmen ermöglicht, wie dies beispielsweise im Guugu Yimithirr der Fall ist? Angesichts der Unübersetzbarkeit räumlicher Perspektiven liegt der Gedanke nahe, dass die Bevorzugung eines bestimmten Referenzrahmens Konsequenzen auch für andere Aspekte unseres Denkens nach sich zieht. Wie genau sich der bevorzugte Referenzrahmen darauf auswirkt, wie Personen sich räumliche Anordnungen merken, welche räumlichen Schlüsse sie ziehen, mit welchen Gesten sie ihre Beschreibungen begleiten und wie sie sich in ihrer Umwelt orientieren, wird im folgenden Abschnitt am Beispiel australischer Aborigines erläutert.

6.4 Strategien der räumlichen Orientierung bei den Aborigines

Wo ist Mama?

Sally White fuhr eine Gruppe von Aborigines-Frauen aufs Land, wo sie nach Wombat-Hügeln graben wollten. Die Hügel waren nur wenige Zentimeter hoch, grasüberwachsen und auf ein Gebiet von zweieinhalb Quadratkilometern verteilt. Bald hatten die Frauen sich in den Boden gegraben, und Sally fuhr zurück ins Lager, begleitet von einem vierjährigen Mädchen. Als sie später zu den Frauen zurückkehren wollten, konnte Sally weder die Hügel noch die Frauen wiederfinden. Schließlich fragte sie das dösende Mädchen: „Wo ist Mama?" Das Kind setzte sich auf, schaute sich um und zeigte über ihre Schulter. Während Sally den Land Rover in einem Bogen wendete, bewegte das Mädchen den Arm, um die angezeigte Richtung beizubehalten. Bereits nach ein paar hundert Metern erreichten sie genau die Stelle, wo die Mutter arbeitete.

Haben Aborigines einen absoluten Orientierungssinn?

Die Geschichte, berichtet von Lewis (1976, S. 278 f.), illustriert nicht nur sehr schön den Orientierungssinn und die räumlichen Erinnerungsleistungen, für die die Aborigines berühmt sind (Kearins, 1981), sondern auch, in welch jungen Jahren er bereits zutage tritt und wie selbst die Gestik darauf abgestimmt ist. Die Geschichte klingt allerdings so schön, dass sie Zweifel weckt: Woher sollten die Ureinwohner des australischen Kontinents einen „Sinn" haben, der Angehörigen anderer Kulturen fehlt? In den 1970er-Jahren ging David Lewis der Frage nach, wie zuverlässig ihre Orientierung tatsächlich ist, und ein gutes Jahrzehnt später begannen John Haviland und Stephen Levinson mit der systematischen Untersuchung der kognitiven Grundlagen dazu.

Referenzrahmen: absolut

Ihr Interesse war von der Beobachtung geweckt worden, dass die meisten Aborigines-Sprachen *bevorzugt* und einige – darunter das Guugu Yimithirr – sogar *ausschließlich* den absoluten Referenzrahmen verwenden (Haviland, 1993, 1998, 2000; Levinson, 1997, 2003; s. auch Majid et al., 2004). Wie bei den Gruppen in der *Western Desert*, die Lewis besucht hatte, werden auch bei den Guugu Yimithirr räumliche Anordnungen nach den Himmelsrichtungen beschrieben: „der Berg nördlich des Lagers", „der Wombat-Hügel auf der Westseite des Baumes", „der Hund südlich von dir". Begriffe wie „rechts" und „links", die für einen intrinsischen oder relativen Referenzrahmen typisch sind, kommen dagegen nicht vor.

Ein Experiment

Natürlich könnten sie diese Dimensionen dennoch verwenden, um sich räumliche Anordnungen einzuprägen – aber wie lässt sich das prüfen? Die Versuchsanordnung ist ebenso einfach wie pfiffig. Sie macht sich zunutze, dass absolute und relative Referenzrahmen nicht ineinander übersetzbar sind und voneinander abweichen, sobald der Betrachter sich um die eigene Achse dreht. Je nachdem, wie Sie dieses Buch gerade halten, wird die dunkelblaue Katze in nebenstehender Abbildung vielleicht nach Norden oder Westen zeigen; wandern Sie mit dem Buch in der Hand umher, wird sich die Himmelsrichtung ändern. Solange Sie es aber halten wie bisher, wird die dunkelblaue Katze immer links von den beiden anderen sein.

In Levinsons Experimenten (1997, 2003) sollten sich die Versuchsteilnehmer Anordnungen von Objekten einprägen, die auf einem Tisch vor ihnen standen. Dann wurden sie gebeten, sich um 180° zu drehen und auf einem zweiten Tisch dieselben Objekte wiederzuerkennen oder in der gleichen Weise anzuordnen (Abb. 21). Während niederländische Teilnehmer fast ausschließlich den relativen Referenzrahmen verwendeten, die Tiere also „mit der dunklen Katze *links*“ wieder anordneten, bevorzugten die Guugu Yimithirr den absoluten Referenzrahmen und ordneten die Tiere in derselben *Himmelsrichtung* an wie zuvor.

Vier kognitive Auswirkungen

(1) „Absolute“ Erinnerung

Dieser Unterschied resultiert nicht aus Unterschieden in der Wahrnehmung. Beide Gruppen haben dasselbe gesehen; sie haben es nur verschieden repräsentiert: die Guugu Yimithirr in Bezug zu den Himmelsrichtungen, die Niederländer – ebenso übrigens wie die meis-

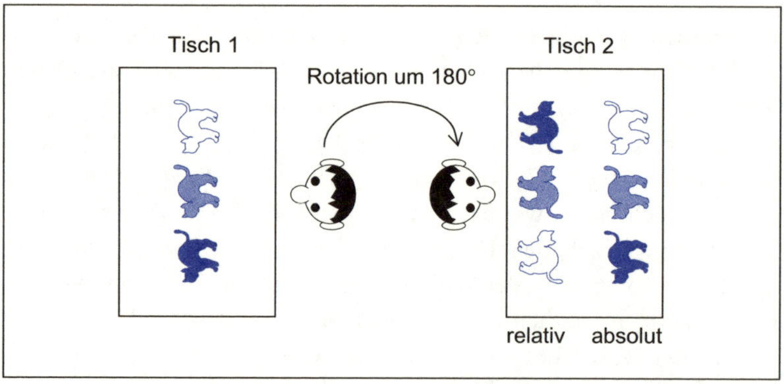

Abbildung 21: Eine Person hat auf Tisch 1 Objekte gesehen. Wie ordnet sie die Objekte auf Tisch 2 an (n. Levinson, 2003, S. 156)?

Guugu Yimithirr

Vor rund 50.000 Jahren besiedelten die Vorfahren der Aborigines den australischen Kontinent. Für sie selbst begann die Geschichte mit den Taten von „Kulturheroen", die in der Urzeit (auch „Traumzeit" genannt) umherzogen und dabei Landschaft und Lebewesen sowie die Grundlagen für die Lebensweise der Aborigines schufen. Diese Kulturheroen nahmen verschiedene Gestalten an und ein Teil verwandelte sich in Felsen und andere landschaftliche Besonderheiten. Solche Orte sind den Aborigines heilig, weil hier die Schöpferkraft der Traumzeit noch wirksam ist. Um die Welt zu erhalten, muss diese Kraft jedoch beständig reaktiviert werden, weshalb die Aborigines immer wieder den Spuren der Kulturheroen entlang der *Traumpfade* folgen und an den heiligen Stätten Rituale vollziehen. Die mythischen Wesen gelten zugleich als Urahnen einzelner Klans, die sich nun den Tieren und Pflanzen besonders verbunden fühlen, deren Gestalt ihr Urahn angenommen hatte, und die für den Teil des Landes verantwortlich sind, den er durchwandert hat. Mitglieder eines Klans sind verwandt, sprechen die gleiche Sprache und teilen die zeremoniellen Pflichten, über die sie mit ihrem Land verbunden sind.

Fast alle der ehemals 250 Aborigines-Sprachen gehören zur Pama-Nyungan-Sprachfamilie, darunter das Guugu Yimithirr und die Sprachen, die in der *Western Desert* gesprochen werden. Die Vorfahren der Guugu Yimithirr bewohnten früher ein Gebiet von rund 10.000 km^2 nördlich von *Cooktown*, bis 1872 ein Goldrausch ihre Welt aus den Angeln hob. Heute zählen die Guugu Yimithirr rund 1500 Mitglieder und leben verstreut um die *Hopevale Aboriginal Community*. Obwohl sie ihre Lebensmittel überwiegend aus Supermärkten beziehen, bevorzugen noch viele die schweifende Lebensweise ihrer Vorfahren und pflegen das traditionelle Jäger- und Sammlerwissen. Ihre mentale Landkarte umfasst ein Gebiet von 150 × 300 km. Anders als die karge Umwelt der *Western Desert* ist dieser Lebensraum abwechslungsreich – ein Küstengebiet mit Bergen, lichtem Buschland und dichtem Regenwald. Tiefe Flüsse, Sümpfe oder Sanddünen zwingen immer wieder zu Umwegen und meist sieht man nicht weiter als 30 m (Levinson, 1997).

Aufgrund ihrer Wirtschaftsweise als Jäger und Sammler hatten die Aborigines allgemein und vor allem die Bewohner der Wüstengebiete im Landesinneren große Territorien kontinuierlich durchstreift. Bei diesen Territorien handelte es sich jedoch eher um Netzwerke von Pfaden und spirituellen Stätten, nicht um räumlich starr abgegrenzte Gebiete, an deren Grenzen Streitigkeiten ausgefochten worden wären. Das änderte sich, als Captain Cook den Kontinent 1770 für die britische Krone in Besitz nahm. Die zunächst freundlichen Beziehungen verschlechterten sich rasch, als die Aborigines von ihrem Land in lebensfeindliche Regionen abgedrängt und systematisch verfolgt wurden. Volle Bürgerrechte wurden ihnen erst 1967 zuerkannt, ihr Kampf um Landrechte dauert bis heute an. Im Jahr 2008 hat sich die australische Regierung unter Präsident Rudd offiziell für die Gesetze und die Politik der früheren Regierungen entschuldigt, die den Aborigines als australischen Mitbürgern Schmerz, Leid und Schaden zugefügt haben.

ten Mitteleuropäer – in Bezug zu ihrem eigenen Standpunkt. Das passiert auch im Alltag: Wenn Menschen sich Dinge einprägen, tun sie dies automatisch so, dass sie davon berichten können. Räumliche Anordnungen werden deshalb in dem Referenzrahmen kodiert, in dem auch darüber gesprochen würde: bei den Niederländern also relativ, bei den Guugu Yimithirr absolut.

(2) „Absolute" Gestik

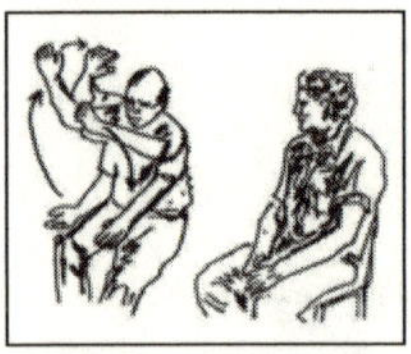

Gestik zur Geschichte „Wie das Boot sank" (aus Haviland, 1993, S. 16)

Ein weiterer eindrucksvoller Beleg für die Bedeutung, die den Himmelsrichtungen im Guugu Yimithirr zukommt, stammt von John Haviland (1993; s. auch 2000). Er hatte im Juli 1980 gefilmt, wie ein Mann von einem Boot berichtete, das in einem Sturm gesunken war. Das Umkippen des Bootes deutete der Erzähler durch eine rollende Bewegung mit seinen Händen an, zuerst nach oben, dann von sich weg, abwärts und schließlich zurück zum Körper. Bei der gleichen Erzählung durch denselben Mann gut zwei Jahre später beobachtete Stephen Levinson eine andere Geste: Diesmal ahmte der Mann keine Rolle vorwärts vom Körper weg, sondern seitwärts, entgegen dem Uhrzeigersinn nach. Die Unterschiede in der Gestik entsprangen dabei keineswegs einer Laune des Erzählers, sondern gaben die *tatsächliche* Bewegung des Bootes wieder: Das Boot war westwärts gekentert. 1980 saß der Erzähler selbst westwärts gewandt, bei der zweiten Darstellung 1982 hingegen blickte er nach Norden. Wie das vierjährige Mädchen aus der Eingangsgeschichte, das seine Zeigerichtung laufend an die veränderte Fahrtrichtung anpasste, passte auch dieser Erzähler seine Gestik der veränderten Sitzposition an.

(3) „Absolute" Inferenzen

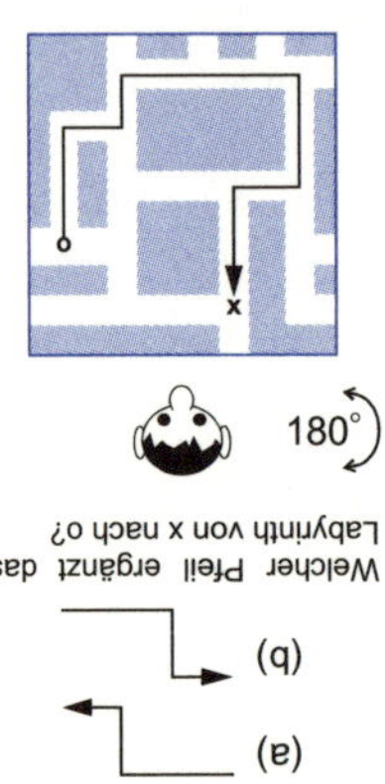

Welcher Pfeil ergänzt das Labyrinth von x nach o?

Die Gestik ist aber nur *ein* Bereich, in dem es eine Rolle spielt, welchen Referenzrahmen man bevorzugt. Ein anderer sind räumliche Schlussfolgerungen. Betrachten Sie den Weg durch das nebenstehende Labyrinth und überlegen Sie, wie das kürzeste Stück Weg aussehen müsste, das die Lücke von x nach o ergänzt. Dazu sollen Sie ein Stück auswählen von einem Tisch, der hinter Ihnen steht – Sie müssen sich also wieder um 180° drehen. Welches Stück wählen Sie? Menschen, die einen relativen Referenzrahmen bevorzugen, entscheiden sich für den Pfeil, dessen Spitze, wenn er vor ihnen liegt, nach links zeigt, also für Pfeil (b). Guugu Yimithirr dagegen (und mit ihnen alle Personen, die einen absoluten Referenzrahmen verwenden) wählen den Pfeil, dessen Spitze in dieselbe Himmelsrichtung zeigt, in der o relativ zu x liegt, auch nach einer Drehung um 180° also Pfeil (a).

(4) „Absolute“ Orientierung

Noch entscheidender aber sind die Auswirkungen, die der Referenzrahmen auf die Orientierung ausübt. Wie wir bereits gesehen haben, erfordert ein absoluter Referenzrahmen, dass man sich der Himmelsrichtungen immer vergleichsweise sicher sein muss. Wie könnte man sonst jemandem erzählen, wie das Boot gesunken ist, wenn man dessen und die eigene Lage nicht zur Kenntnis genommen hat?

Kontinuierliche Positionsbestimmung

Personen, die den absoluten Referenzrahmen verwenden, müssen also ihre eigene Ausrichtung kontinuierlich bestimmen. Dazu benötigen sie eine kognitive Karte, in der die Relationen wichtiger Orte und Landmarken zueinander sowie Richtungen und Entfernungen vergleichsweise exakt repräsentiert sind. Darüber hinaus müssen sie sich selbst in Relation zu anderen Orten darin einordnen können. Um diese Annahmen zu testen, haben David Lewis (bei den Antakarinya, Warlpiri, Luritja und Pintupi in der *Western Desert*) und Stephen Levinson (bei den Guugu Yimithirr in *Queensland*) Daten darüber gesammelt, wie genau ihre Begleiter auf Reisen die Richtung von Orten angaben.

Geringe Abweichungen bei den Aborigines

Lewis (1976) ließ dazu fünf seiner Begleiter insgesamt 34 Mal auf bestimmte Orte zeigen, die im Mittel rund 300 km entfernt lagen. Am schlechtesten schnitten seine Begleiter ab, wenn sie die Richtung von Orten ohne spirituelle Bedeutung einschätzen sollten. Dies gelang nach längeren Fahrten mit dem Land Rover schlechter (durchschnittliche Fehlerrate 22,9°), als nach Fußmärschen (12°), und zwar wahrscheinlich deshalb, weil sie die Fahrgeschwindigkeit nicht ausreichend berücksichtigt hatten. Noch weniger irrten sie sich, wenn sie die Himmelsrichtungen (4,4°) oder die Lage heiliger Stätten (2,8°) angeben

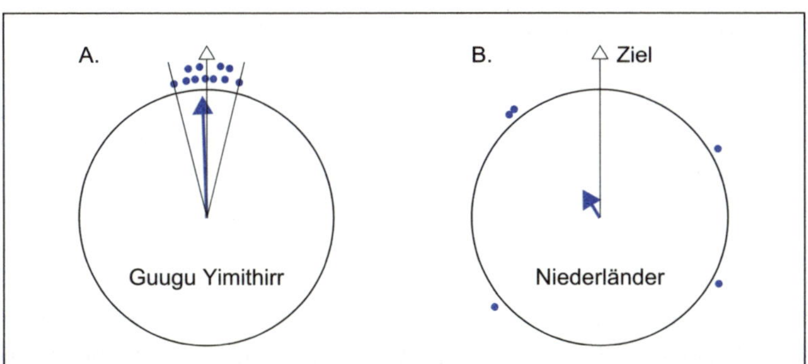

Der Kreismittelpunkt markiert den Ort, von dem aus die Richtungsangaben als Punkte eingetragen sind; jeder Punkt steht für eine Person. Der schwarze Pfeil gibt die *korrekte* Richtung zum Zielort an. Der blaue Pfeil gibt den Gesamtvektor der Gruppe an, also die über alle Personen *aggregierte* Richtung; er ist umso länger, je enger die Schätzungen der Personen beieinander liegen.

Abbildung 22: Zielgenauigkeit bei den Guugu Yimithirr und den Niederländern (n. Levinson, 2003, S. 233 und 239)

sollten. Insgesamt lag die durchschnittliche Fehlerrate bei 13,7°. Zu ähnlichen Ergebnissen kam auch Levinson (1997, 2003) für die Guugu Yimithirr: Zehn Männer zwischen 35 und 70 Jahren hatten insgesamt 140 Mal die Richtung von Orten geschätzt, die bis zu 350 km entfernt lagen; einige dieser Orte kannten sie nur aus Erzählungen. Die Schätzungen ergaben eine durchschnittliche Fehlerrate von 13,6° (vgl. Abb. 22, A., Seite 135). Die Richtungsangaben streuten nur gering (erkennbar an den eng beieinanderliegenden Punkten) und lagen insgesamt nahe an der korrekten Zielrichtung. Wieder bezogen sich die zehn besten Schätzungen auf kulturell wichtige Orte.

Deutliche Abweichungen in Europa

Im deutlichen Gegensatz dazu steht eine niederländische Vergleichsstichprobe von fünf Pilzesuchern (Abb. 22, B.): So klein die Gruppe auch war, so zeigt sie dennoch Abweichungen von der Heimrichtung in einem Ausmaß, wie es in keiner der Aborigines-Stichproben zu beobachten war; der Gesamtvektor ist hier wegen der großen Streuung sehr kurz (Levinson, 2003). Ein nur wenig besseres Ergebnis englischer Teilnehmer berichtet Baker (1989).

6.5 Sind Aborigines „genordet“?

Räumliche Orientierung verlangt Antworten auf zwei Fragen: „Wo sind bestimmte Orte?“ und „Wo bin ich?“ Für die Beantwortung der ersten Frage sind mentale Karten erforderlich, für die Beantwortung der zweiten Frage benötigt man zusätzlich einen Referenzrahmen, um die Relation von sich selbst zu einem Ort bestimmen zu können.

Europäer versus Aborigines

Sprecher des Deutschen, Englischen oder anderer verwandter Sprachen bevorzugen den relativen (und intrinsischen) Referenzrahmen sowie eine Routenperspektive. Oft haben sie Schwierigkeiten, diese Routen in Überblickskarten zu integrieren (Golledge et al., 1993). Ihre mentalen Karten sind zudem einer Reihe von Verzerrungen unterworfen, die beispielsweise durch Perspektive und Referenzpunkt entstehen. Die Sprecher vieler Aborigines-Sprachen bevorzugen dagegen den absoluten Referenzrahmen oder verwenden ihn gar ausschließlich. Ihre mentalen Karten haben Überblickscharakter und sind ziemlich akkurat; Verzerrungen treten seltener auf. Deshalb fällt es Aborigines beispielsweise auch leichter, die Gegenrichtung einer Route aus ihren mentalen Karten abzulesen (Levinson, 2003; Sutton, 1998).

Auswirkungen von Referenzrahmen

Der absolute Referenzrahmen unterscheidet sich allerdings nicht nur inhaltlich vom relativen bzw. intrinsischen, sondern auch in den Auswirkungen. Der absolute Referenzrahmen ist konzeptuell einfacher als die beiden anderen, weil die Relationen immer unabhängig von der Form von Objekten oder dem eigenen Standpunkt sind; außerdem ist er logisch eleganter, denn nur im absoluten Referenzrahmen lassen sich transitive und umgekehrte Schlüsse bedingungslos ziehen. Aber die Verwendung eines absoluten Referenzrahmens bringt auch Nachteile mit sich. So wird die sprachliche Kodierung von den (betrachterzentrierten) visuellen Eindrücken abgekoppelt und es ist kognitiv anstrengend, sich permanent an den Himmelsrichtungen zu orientieren.

Kognitive Unterschiede?

An der Frage, ob sich solche sprachlichen Präferenzen auch auf andere kognitive Prozesse auswirken, entzündete sich eine kontroverse Diskussion (Li & Gleitman, 2002; Li et al., 2011; vs. Levinson et al., 2002; Haun et al., 2011). Wie die Experimente von Levinson zeigen, werden räumliche Anordnungen je nach Referenzrahmen in spezifischer Weise im Gedächtnis abgespeichert; in der Rotationsaufgabe werden diese Anordnungen dann unterschiedlich rekonstruiert und es werden unterschiedliche Schlüsse daraus gezogen. Auch auf die Gestik als nonverbales Ausdrucksmittel wirken sich sprachliche Präferenzen aus (für ein Beispiel aus Mexiko siehe Le Guen, 2011). Den eindrucksvollsten Unterschied zwischen Sprechern mit verschiedenen Präferenzen findet man aber bei der Orientierung. Viele Aborigines sind sich der Referenzpunkte ihrer mentalen Karten so bewusst, dass sie Richtungen sehr präzise angeben können. Für Mitteleuropäer, die einen relativen Referenzrahmen bevorzugen, gilt dies nicht in gleicher Weise. Liefert der absolute Referenzrahmen den Aborigines also gar die Grundlage für eine „Nordung“?

Ein Kompass im Kopf?

Die Tatsache, dass die Teilnehmer an Lewis' und Levinsons Studien recht genau wussten, wo Norden ist, und sich selbst in unwegsamem Gelände zurechtfanden, bedeutet nicht, dass sie über einen zusätzlichen Sinn, einen „Kompass im Kopf“ verfügen. Vielmehr haben sie von Kindesbeinen an gelernt, wie wichtig es ist, sich einen genauen Überblick über die Umwelt zu verschaffen und Richtungen „im Kopf“ zu behalten. Aus kognitiver Sicht sind dafür Aufmerksamkeit, der Aufbau einer akkuraten mentalen Karte, stetes Verrechnen räumlicher Bewegungen *(dead reckoning)* und unterstützende Gedächtnistechniken erforderlich (ähnlich wie beim Navigieren, vgl. Kapitel 8.5, Seite 186 f.).

Aufmerksamkeit

So betont Lewis (1976), mit welcher Aufmerksamkeit seine Begleiter jede Besonderheit der Landschaft – jede Pflanze, jede Tierspur, die Höhe von Sandhügeln, die Farbe von Felsen oder die Verteilung von Honigblumen – zur Kenntnis nahmen. Sie wandten viel Zeit für genaue Beobachtungen auf, tauschten Informationen aus und integrierten diese in ihre mentalen Karten.

Memorierung

Eine präzise Kenntnis der weitverstreuten Wasserstellen und Nahrungsressourcen ist in den Wüstengebieten überlebensnotwendig. Informationen lassen sich umso zuverlässiger abspeichern, je mehr Details ausgearbeitet, zueinander in Beziehung gesetzt und mit anderen Aspekten verknüpft werden. Genau dies zeichnet die Informationsverarbeitung der Aborigines aus. Räumliches Wissen wurde spirituell angereichert und auf diese Dimension wurde bei allen Streifzügen und Wanderungen beständig Bezug genommen (vgl. Kasten auf Seite 133). Nahezu jede landschaftliche Besonderheit ist mit Mythen verknüpft und von übernatürlichen Wesen bevölkert, viele Orte haben eine spirituelle Bedeutung und für Außenstehende unsichtbare Wege verbinden sie miteinander (Lewis, 1976; Supp, 1985). Auf diese Weise wandelt sich Landschaft von einer monotonen Anordnung aus Sandhügeln, Steinen und Gestrüpp in einen mit Bedeutungen und Empfindungen reich ausgestatteten Lebensraum. Diese spirituelle „Anreicherung" wirkt wie eine Gedächtnistechnik, die das Einprägen und Abrufen räumlichen Wissens erleichtert.

Orientierung

Auf ihrem eigenen Gebiet genügen den Aborigines deshalb geringste Hinweisreize zur Orientierung. Nur in unvertrautem Gelände werden gelegentlich auch externe Referenzpunkte (etwa Berge, Flüsse oder der Sonnenstand) berücksichtigt, um die Positionsbestimmung neu zu kalibrieren (Lewis, 1976).

Sprachliche Präferenzen – Henne oder Ei?

Diese Unterschiede in der Orientierung zwischen Aborigines und uns Mitteleuropäern ist allerdings nur gradueller, nicht grundsätzlicher Art. Außerdem könnte er andere Ursachen haben als die sprachlichen Präferenzen. Wie wir gesehen haben, war eine genaue Ortskenntnis und Orientierung für die Aborigines überlebenswichtig und wurde durch kulturelle Strategien unterstützt. Warum sollte man also wie Levinson annehmen, dass es sprachliche Präferenzen waren, die ein (kulturell geteiltes) kognitives System absoluter räumlicher Konzeption hervorbrachten? Ist es nicht ebenso denkbar, dass das kognitive System Voraussetzung war für die sprachliche Übereinkunft zugunsten des absoluten Systems? Empirisch lässt sich diese Frage natürlich nicht mehr klären, aber es ist schwer vorstellbar, wie eine Kultur sich auf ein solches kognitives System hätte einigen können, ohne darüber gesprochen zu haben.

Vieles spricht dafür, dass ein absoluter Referenzrahmen, wenn auch keine *notwendige*, so doch eine *hinreichende* Voraussetzung für eine gute Orientierung ist. Räumliche Beschreibungen etwa im Guugu Yimithirr sind nur möglich, wenn Informationen über die absolute Ausrichtung von Objekten aufgenommen und verarbeitet werden, und zwar mindestens in derselben Geschwindigkeit, in der Gespräche geführt werden. Um sich permanent orientieren zu können, müssen zudem Eigenbewegungen aufmerksam verfolgt, mit der Umwelt abgeglichen und Abweichungen integriert werden – und das bei jedem Orts- und Richtungswechsel (Levinson, 1997, 2003). Sprachliche Präferenzen und kognitive Leistungen sind zumindest in diesem Fall also eindeutig verknüpft. Und diese Verknüpfung hat vermutlich nicht wenig dazu beigetragen, das Überleben der Aborigines auch in unwirtlichen Gegenden über Jahrtausende zu sichern.

Aufgaben

Übung 1: Versuchen Sie ganz spontan, so „aus dem Bauch heraus", in die Richtung zu zeigen, von der Sie glauben, es sei Norden. Und was denken Sie, wo Paris, Wien, London oder einfach die nächstgrößere Stadt liegt? Vergleichen Sie Ihre Ergebnisse mit einer Landkarte. Wie nahe sind Sie der richtigen Richtung gekommen – näher als 14°?

Übung 2: Zeichnen Sie eine Route, die Sie gut kennen, etwa den Weg zur Universität oder zu Ihrem Arbeitsplatz, so genau wie möglich auf ein Blatt Papier. Vergleichen Sie diese Zeichnung mit einem Stadtplan oder einer Landkarte und prüfen Sie, in welchen Aspekten – Nordung, Maßstabstreue oder Abstraktion – Ihre Skizze von den tatsächlichen Gegebenheiten abweicht. Welche der in Kapitel 6.2 beschriebenen Verzerrungen finden Sie wieder?

Übung 3: Nehmen Sie sich für Ihren nächsten Einkauf Folgendes vor, wenn Sie beim Bäcker, an der Fleisch- oder an der Käsetheke stehen. Versuchen Sie, der Verkäuferin klarzumachen, welche Artikel Sie wollen, ohne diese konkret zu benennen und vor allem ohne darauf zu zeigen. Auf zwei Aspekte kommt es dabei an: auf die räumliche Beschreibung der gewünschten Artikel in Relation zu anderen Objekten und auf die Kommunikation mit einer Person, die eine andere Perspektive hat. Wie formulieren Sie Ihr Anliegen? Wie leicht fällt der Perspektivenwechsel? Werden Sie auf Anhieb verstanden oder müssen Sie die Bewegungen der Verkäuferin korrigieren?

Weiterführende Literatur

Die Wahrnehmung räumlicher Tiefe wird im Lehrbuch von Goldstein (2007) verständlich beschrieben. Eindrucksvolle Beispiele für räumliche Kognitionen bei Tieren werden in dem von Healy (1998) herausgegebenen Buch sowie von Tomasello und Call (1997) behandelt. Einen Überblick über mentale Karten finden Sie auf Deutsch bei Downs und Stea (1982), eine kurze Darstellung der typischen Verzerrungen bei Tversky (1993). Bloom et al. (1996) liefern eine gute Übersicht über den Forschungsstand zu Raum und Sprache. Eine aktuelle und umfassende Darstellung räumlicher Referenzrahmen gibt Levinson (2003); darin wird auch ausführlich auf die Guugu Yimithirr eingegangen. Die gegenteilige Position, die den Einfluss von Sprache auf Kognitionen bestreitet, wird beispielsweise von Li und Gleitman (2002) vertreten (für den Stand der Kontroverse siehe außerdem – in dieser Reihenfolge – Levinson et al., 2002; Li et al., 2011; Haun et al., 2011). Befunde zur räumlichen Referenzierung in verschiedenen Sprachen und Kulturen findet man unter anderem in den Sammelbänden von Senft (1997) und Levinson und Wilkins (2006). Eine schöne Studie, die sowohl kulturvergleichende als auch artvergleichende Befunde berichtet, stammt von Haun et al. (2006). Ethnografien über die Kultur der Aborigines sind meist in englischer Sprache erschienen, beispielsweise von Berndt (1970) oder Elkin (1979); zu den Guugu Yimithirr findet man Informationen auch bei Haviland (1985, 1993), Haviland & Haviland (1980) und Levinson (1997, 2003). Eine Einführung auf Deutsch, die ebenso kritisch mit der Unterdrückung der Aborigines wie mit ihrer Verklärung durch viele Europäer abrechnet, gibt Supp (1985). Empfehlenswert ist auch immer noch die Reiseerzählung von Bruce Chatwin (1990).

7 Vorwärts oder rückwärts in die Zukunft

Wie relativ sind Konzepte der Zeit?

> Es gibt ein großes und doch ganz alltägliches Geheimnis. Alle Menschen haben daran teil, jeder kennt es, aber die wenigsten denken je darüber nach. Die meisten Leute nehmen es einfach so hin und wundern sich kein bißchen darüber. Dieses Geheimnis ist die Zeit. Es gibt Kalender und Uhren, um sie zu messen, aber das will wenig besagen, denn jeder weiß, dass einem eine einzige Stunde wie eine Ewigkeit vorkommen kann, mitunter kann sie aber auch wie ein Augenblick vergehen – je nachdem, was man in dieser Stunde erlebt. Denn Zeit ist Leben. Und das Leben wohnt im Herzen.
> *Michael Ende, Momo, 1973, S. 57.*

Zeit – unfassbar?

Zeit ist eines der abstraktesten Konzepte, mit dem Menschen zu tun haben. Man kann sie nicht sehen, nicht ertasten oder fühlen – für die Zeit haben wir kein Sinnesorgan. Dennoch treibt sie uns um: Über wenige Themen sprechen wir so gerne, kaum ein anderes Phänomen hat derart viele Sprichwörter hervorgebracht und für unsere Sprache ist sie so wichtig, dass sie sogar grammatikalisiert ist in Form des Tempus von Verben.

Leitfragen

Was aber ist Zeit? Wie nehmen wir sie wahr, wenn uns ein Sinnesorgan für sie fehlt? Wie denken und sprechen wir über sie? Fließt sie in eine Richtung – und wenn ja: in welche – oder kehren Ereignisse zyklisch immer wieder wie Jahreszeiten? Und was ist Zeit uns wert?

Bedeutung von Zeit …

Das Buch *Momo* von Michael Ende lehrt uns, dass es sich nicht lohnt, Zeit „sparen" zu wollen, und doch oder vielleicht gerade deshalb boomen Kurse und Bücher zum Thema Zeitmanagement und Entschleunigung, Wellnessangebote und Initiativen wie die *Slow-Food*-Bewegung. Menschen unterscheiden sich aber nicht nur darin, wie sie mit Zeit umgehen, sondern auch in der Bedeutung, die sie diesem Umgang beimessen. Der Sozialpsychologe Robert Levine hat im Rahmen eines

Sabbatjahres den Umgang mit Zeit in 30 Ländern untersucht. Seine Beobachtungen hat er in einem äußerst lesenswerten Buch zusammengefasst (Levine, 2001). Hier ein Beispiel:

... und der Wert der Pünktlichkeit

Verabredungen einhalten und halbwegs pünktlich erscheinen oder rechtzeitig absagen – in unserer Kultur gehört all dies zum angemessenen Umgang mit Zeit. Auf Vereinbarungen will man sich verlassen können, und Zeit ist Geld. Wären Sie dagegen in Brasilien oder im afrikanischen Burundi aufgewachsen, dächten Sie anders über die Zeit: Pünktlichkeit wäre die Ausnahme, zu spät zu kommen dagegen die Regel. Selbst einem Dozenten kann es dort passieren, zu Beginn einer Vorlesung die einzige Person im Saal zu sein, während die Studierenden ganz unbekümmert erst nach und nach hinzustoßen (Levine, 2001, S. 17 f.). Mitunter ist das Zuspätkommen sogar ein Gebot der Höflichkeit. Diese „stumme Sprache" (Hall, 1959) zu beherrschen – also zu verstehen, welcher Umgang mit Zeit in welchem sozialen Kontext angebracht ist – ist eine der zentralen Voraussetzungen, um Missverständnissen zwischen Angehörigen verschiedener Kulturen zu begegnen und daraus entstandene Vorurteile abzubauen (s. auch Gell, 1992).

Aufbau des Kapitels

Weil Zeit ein derart abstraktes und schwer fassbares Konzept ist, werden wir uns ihr im Folgenden aus vier Richtungen nähern: Zeit ist eine physikalische Dimension der Welt; deshalb werden wir zunächst kurz darlegen, was wir aus der Physik darüber wissen (Kapitel 7.1). Dann behandeln wir die biologischen und psychologischen Prozesse, mit deren Hilfe wir Zeit wahrnehmen und Informationen dazu verarbeiten (Kapitel 7.2). Anschließend wenden wir uns der Frage zu, wie zeitliche Aspekte in Sprache ausgedrückt werden (Kapitel 7.3), und schließlich loten wir anhand von Fallbeispielen aus drei Indianergruppen aus, wie stark Vorstellungen von Zeit auch kulturell geprägt sind (Kapitel 7.4).

7.1 Physikalische Perspektive: der Pfeil der Zeit

Das Fundament der Physik

Es gibt drei gute Gründe, das Thema Zeit mit Physik zu beginnen. Erstens ist die Zeit eine physikalische Dimension, und Grundlagenwissen zu den Phänomenen, über die Menschen nachdenken, hilft zu verstehen, warum sie dies in einer bestimmten Weise tun. Zweitens geht es in diesem Kapitel um die Relativität der Zeit – ein Konzept, das Albert Einstein (1879–1955) in der Physik eingeführt hat. Whorf wurde davon zu seinem Prinzip der Linguistischen Relativität inspiriert, das in diesem

Buch an zentralen Stellen immer wieder auf den Prüfstand gestellt und diskutiert wird. Und schließlich behauptet Whorf, wie wir in Kapitel 7.4 sehen werden, dass die Hopi sich Zeit auf eine Weise vorstellen, die dem der Einstein'schen Physik recht nahe kommt.

Der Pfeil der Zeit

früher → *später*

Ursache → Wirkung

- Gravitation
- Thermodynamik
- Strahlung
- biologisches Wachstum
- Erinnerung

Der Raum dehnt sich in drei Dimensionen aus: nach *oben/unten*, nach *vorne/hinten* und nach *rechts/links* (wenn wir die Dimensionen anhand des relativen Referenzrahmens bezeichnen, wie er in Kapitel 6 ab Seite 126 beschrieben wurde). Auch die Zeit dehnt sich in diesem Sinne und gilt damit als eine weitere Dimension unserer Welt: *früher/später*. Sie unterscheidet sich vom Raum aber darin, dass sie asymmetrisch ist – Zeit hat eine Richtung, nämlich aus der Vergangenheit in die Zukunft. Man spricht deshalb auch von einem „Zeitpfeil" (Breuer, 1987; Mackey, 2003; Magnon, 1997). Er lässt sich überall dort beobachten, wo unumkehrbare Prozesse ablaufen. Die Ausdehnung des Universums seit dem Urknall infolge von Gravitationskräften, die Zunahme an Entropie in der Thermodynamik, der Zerfall radioaktiver Elemente und die radiale Ausbreitung von Licht, Wachstum und Verfall in der Biologie oder das Erinnern an Erlebtes: All das erfolgt immer nur in eine Richtung. Unser ganzes Verständnis von Kausalität hängt zentral von diesem Zeitpfeil ab: Die Ursache kommt *vor* der Wirkung.

Das Newton'sche Weltbild

Zeit ist absolut

Newton, 1687: „Die absolute, wahre und mathematische Zeit verfließt an sich und vermöge ihrer Natur gleichförmig und ohne Beziehung auf irgendeinen äußeren Gegenstand." (zit. n. Breuer, 1987, S. 58)

Für Sir Isaac Newton (1642–1727), den Begründer der klassischen Physik, war die Zeit eine *konstante* und *absolute* Größe und das heißt, kein anderer physikalischer Faktor kann sie beeinflussen oder verändern. Er verstand Zeit als ein gleichmäßig dahinfließendes Kontinuum, in dem sich alles im Universum in derselben Geschwindigkeit aus der Vergangenheit in die Zukunft bewegt. Weil Zeit zudem als objektiv messbar und in allen physikalischen Systemen gleich erschien, konnte man auch bestimmen, ob zwei Ereignisse gleichzeitig stattfanden. Aus dieser Annahme ließen sich zwei wichtige Konsequenzen ableiten: Alle Raumpunkte des Universums sind zueinander zeitgleich und kausale Beziehungen sind überall gleich (Breuer, 1987; Fritzsch, 1990).

Zeit und Veränderung

$$v = \frac{s}{t}$$

Für die Physiker spielt Zeit aber eine weitere zentrale Rolle: Sie ist eines der Hauptwerkzeuge, um Veränderungen zu beschreiben. So ist die Geschwindigkeit (v) eines Körpers eine Veränderung im Raum über die Zeit, definiert als zurückgelegte Strecke (s) pro Zeiteinheit (t). Diese

Tatsache hat umgekehrt auch Relevanz für die Psychologie, wie wir noch sehen werden: Unsere Wahrnehmung von Zeit hängt stark davon ab, ob wir Veränderungen wahrnehmen können.

Das Newton'sche Prinzip der Relativität: Zeit ist absolut, Geschwindigkeit relativ.

Auch wenn die meisten Menschen Relativität mit Einstein in Verbindung bringen, hat bereits zwei Jahrhunderte vor ihm Newton ein ähnliches Prinzip formuliert. Während für Newton die Zeit konstant war, galt dies nicht für die Geschwindigkeit, mit der sich ein Gegenstand bewegt. Welche Geschwindigkeit ihm zugesprochen wird, hängt nämlich auch vom Bewegungszustand des Betrachters ab. Nehmen wir an, mein Nachbar geht an mir vorbei die Straße entlang, dann hat er, aus seiner Sicht, eine Geschwindigkeit von etwa 4 km/h. Bin ich selbst aber in der Gegenrichtung mit dem Fahrrad (mit 20 km/h) unterwegs, beträgt seine Geschwindigkeit relativ zu mir bereits 24 km/h. Ein Zusammenstoß mit mir würde ihn deshalb wesentlich härter treffen als ein Zusammenstoß mit einer Straßenlaterne. Berücksichtigt man noch die Geschwindigkeit, mit der sich die Erde um sich selbst dreht (rund 1670 km/h) und um die Sonne (rund 100.000 km/h), könnte es einem den Atem rauben.

Das Einstein'sche Weltbild

Zeit ist relativ

Einstein: „Der Unterschied zwischen Vergangenheit, Gegenwart und Zukunft ist für uns Wissenschaftler eine Illusion, wenn auch eine hartnäckige." (zit. n. Breuer, 1987, S. 56)

Vor rund einem Jahrhundert hat Albert Einstein das klassisch-physikalische Bild der Welt revolutioniert, zunächst mit der Speziellen, später mit der Allgemeinen Relativitätstheorie. Für unser Thema relevant ist die Spezielle Relativitätstheorie von 1905, die sich mit Raum und Zeit beschäftigt. Sie zieht die Zeit als gleichberechtigte Dimension neben den drei Raumdimensionen für die Beschreibung von Ereignissen heran. Zeit ist damit eine Koordinate der Raumzeit, kein fließendes Kontinuum, und sie ist auch nicht absolut gültig und überall gleich. *Vorher* und *nachher* lassen sich nicht allgemein, sondern nur in Bezug auf ein bestimmtes Einzelereignis bestimmen (Breuer, 1987; Fritzsch, 1990; Hawking, 1992). In diesem Weltbild ist nur noch ein Faktor konstant: die Lichtgeschwindigkeit $c \approx 3 \cdot 10^8$ m/s (oder 300.000 km/s). Andere Größen – wie Zeit, Raum oder Masse – verändern sich in Abhängigkeit von den Bewegungszuständen der Systeme und relativ zu ihrer Geschwindigkeit, und zwar um den Faktor Gamma γ (Meschede & Vogel, 2006).

Der Gammafaktor (γ)

$$\gamma = \frac{1}{\sqrt{1 - \left(\frac{v}{c}\right)^2}}$$

Der Faktor γ errechnet sich gemäß nebenstehender Formel aus dem Verhältnis der Eigengeschwindigkeit (v) des interessierenden Systems zur Lichtgeschwindigkeit (c). Bei geringen Geschwindigkeiten beträgt der Faktor nahezu 1 und fällt damit nicht ins Gewicht; dann vereinfachen sich die physikalischen Gesetze auf die von Newton beschriebenen, die wir im Alltag anwenden können. Das Newton'sche Weltbild ist also nicht falsch, sondern bildet lediglich einen Spezialfall ab. Je größer jedoch die Geschwindigkeit des bewegten Systems, umso größer wird auch γ und umso mehr verändert sich die Welt, wie wir sie kennen: Die Uhren in einem sehr schnellen Raumschiff gehen langsamer, weil die Zeit um den Faktor γ gedehnt wird *(Zeitdilatation)*. Das Raumschiff selbst verkürzt sich, weil der Raum sich um den Faktor γ zusammenzieht *(Lorentz-Kontraktion)*, es wird um den Faktor γ schwerer – weshalb es auch niemals Lichtgeschwindigkeit erreichen kann, weil es dann unendlich schwer wäre (Meschede & Vogel, 2006).

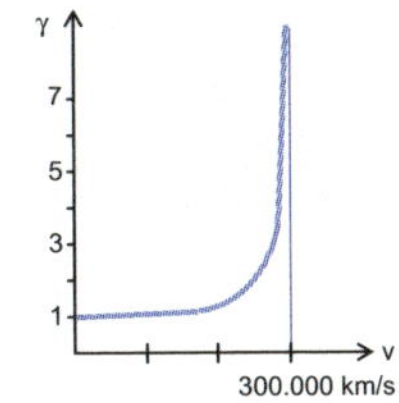

Beziehung zwischen dem Faktor γ und der Geschwindigkeit v eines Systems

Das hat zur Folge, dass zwei Ereignisse, die in einem bestimmten System gleichzeitig stattfinden, in einem anderen System nicht gleichzeitig stattfinden. Noch drastischer ausgedrückt: Wenn man von einem System in ein anderes wechselt, ändern sich die Zeit und die Relation von Ereignissen zueinander (Fritzsch, 1990, S. 134). Und mit dem Verschwinden absoluter Gleichzeitigkeit verschwindet auch die universelle Gegenwart, denn Gegenwart ist ebenfalls relativ.

Das Einstein'sche Prinzip der Relativität: Lichtgeschwindigkeit ist absolut, Raum, Zeit und Gleichzeitigkeit sind relativ.

Für den Alltag ist die Erkenntnis, dass Zeit relativ ist, selbst aus physikalischer Sicht ziemlich unerheblich. Und doch beschreibt sie recht gut, wie Menschen *subjektiv* Zeit empfinden, nämlich eben nicht als gleichmäßig dahinfließend. Diesem Empfinden widmet sich das folgende Kapitel.

7.2 Biopsychologische Perspektive: die Gesichter der Zeit

Wie Michael Ende in *Momo* sehr schön beschreibt, kann eine Stunde subjektiv unterschiedlich lang erscheinen – je nachdem, ob wir etwas Schönes oder etwas Unangenehmes erleben. Auch Einstein hat diese Beobachtung einmal herangezogen, um seine Relativitätstheorie allgemeinverständlich zu erklären. Geradezu paradox wird diese Subjektivität, wenn wir Erlebtes und Erinnertes vergleichen: Was uns in der Gegenwart buchstäblich „lang-weilig" wurde, scheint in der Erinnerung nur von kurzer Dauer gewesen zu sein, während für Aufregendes gerade das Umgekehrte gilt. Aber handelt es sich dabei nur um einen subjektiven – im Sinne von „unsachlichen" – Eindruck oder beruht dieser auf

Das Zeitparadox: im Erleben lang, im Erinnern kurz – und umgekehrt

tiefer liegenden psychologischen Prozessen? Und bedeutet die Tatsache, dass wir keine Rezeptoren für die Wahrnehmung von Zeit haben, auch, dass uns jedes Gefühl für Zeit abgeht?

Chronobiologische Rhythmen und die innere Uhr

Die innere Uhr, ihre endogenen Schrittmacher und externen Zeitgeber

Alle Lebewesen, der Mensch eingeschlossen, verfügen über eine Art innerer Uhr, die den Takt vorgibt für die sogenannten *chronobiologischen Rhythmen*. Diese Rhythmen steuern eine Vielzahl unserer basalen Aktivitäten, von der Zellteilung über Atmung und Herzschlag bis hin zum weiblichen Menstruationszyklus. Jeder dieser Rhythmen wird durch einen spezifischen, endogenen (also im Organismus selbst liegenden) Schrittmacher angetrieben und bezieht Informationen von externen Zeitgebern. Der *Schrittmacher* bestimmt die Periodenlänge, die je nach Rhythmus von Millisekunden bis zu Jahren reichen kann, und gibt damit quasi den Takt an. Die *Zeitgeber* wiederum sorgen dafür, dass der Rhythmus im Takt bleibt, indem sie ihn mit der Umwelt synchronisieren und bei Bedarf zurück auf null setzen.

Drei Kategorien von Biorhythmen:
- infradian (>1Tag)
- circadian (~1 Tag)
- ultradian (<1 Tag)

Biologische Rhythmen mit einer Periodenlänge von etwa 24 Stunden nennt man „circadian". Rhythmen, die sich über einen längeren Zeitraum erstrecken, heißen „infradian", und solche mit einer Periodenlänge von weniger als einem Tag werden als „ultradian" bezeichnet. Im unteren Bereich beispielsweise liegt bei etwa 300 Millisekunden die Zeitschwelle für motorische Kontrollprozesse; sie bildet die Grenze zwischen automatisierten Bewegungen mit einer Frequenz von rund 5 Hertz (das entspricht 150–200 Millisekunden) und willentlich gesteuerten Bewegungen mit einer Frequenz von rund 2 Hertz (500 Millisekunden) (Kunesch et al., 1989). Am anderen Ende des Spektrums liegen die langphasigen Rhythmen, die unter anderem die 90-minütigen Schlafphasen oder den umfassenderen Schlaf-Wach-Zyklus regulieren (für einen Überblick s. Spork, 2004).

Circadianer Rhythmus:
- Länge 24,18 Std.
- Schrittmacher SCN
- Zeitgeber Sonne

Der bekannteste und am besten untersuchte Biorhythmus ist der *circadiane Zyklus*. Seine Periodenlänge liegt bei etwas mehr als 24 Stunden (genau genommen bei 24 Stunden und 11 Minuten) und das mit einer nur geringen Varianz und weitgehend unabhängig vom Alter der Personen (Czeisler et al., 1999). Ähnliche und ähnlich stabile Periodenlängen findet man übrigens überall in der Biologie: bei Bakterien und Pilzen ebenso wie bei Pflanzen und Tieren. Grund dafür ist der durch die

Eigenrotation der Erde bedingte Wechsel von Tag und Nacht. Bei Menschen und anderen Säugetieren liegt der Schrittmacher der circadianen Uhr im *suprachiasmatischen Nucleus* (SCN), einer sehr kleinen Zellstruktur des Hypothalamus, direkt über der Kreuzung der beiden Sehnerven. Mithilfe neuronaler und hormonaler Signale synchronisiert dieser Schrittmacher alle Aktivitäten, die dem Tag-Nacht-Rhythmus unterliegen (Yamaguchi et al., 2003). Als wichtigsten externen Zeitgeber für ihre Kalibrierung nutzt die circadiane Uhr das Licht (Gronfier et al., 2007). Der circadiane Taktgeber reguliert aber nicht nur den Schlaf-Wach-Zyklus, sondern auch andere sich über den Tag hinweg verändernde Zustände wie Körpertemperatur, Aktivitäten des Immunsystems oder Aufmerksamkeit. Generell hilft er dabei, sich auf täglich wiederkehrende Phänomene einzustellen.

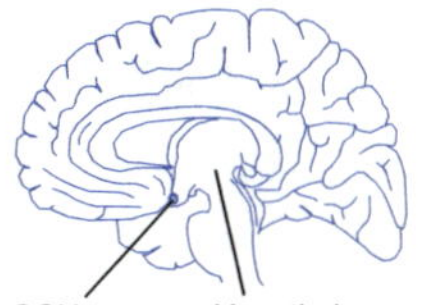

Das Selbstexperiment des Michel Siffre

Was geschieht, wenn man den Zeitgeber der inneren (circadianen) Uhr – das Tageslicht – abschaltet, zeigen Experimente wie das des französischen Höhlenforschers Michel Siffre. In den 1960er-Jahren hatte er für einen Selbstversuch mehrere Wochen lang eine Gletscherhöhle 115 m unter der Erdoberfläche bewohnt und dort, abgeschnitten von Informationen aus der Außenwelt, nach seiner inneren Uhr gelebt. Er konnte zeigen, dass unsere innere Uhr von externen Hinweisreizen abhängig ist und Deprivation von solchen Reizen rasch zu einem Gefühl von Zeitlosigkeit und zu einer Unterschätzung der Zeit führt: Hatte er das Gefühl, es sei eine Stunde verstrichen, waren es in Wirklichkeit zwei, und als er nach subjektiven 35 Tagen an die Oberfläche zurückkehrte, waren tatsächlich 2 Monate vergangen (Siffre, 1964; s. auch Levine, 2001). Was sich in seinem Fall verschob, war allerdings weniger der Biorhythmus und seine tatsächlichen Schlafzeiten als vielmehr sein *subjektives Empfinden* der verstrichenen Zeit. Und das wirft die Frage auf, wie genau wir eigentlich Zeit wahrnehmen und kognitiv verarbeiten.

Zeitkognitionen

Psychologische Zeit – ein Bündel von Konzepten

Was Physiker unter Zeit verstehen, haben wir im letzten Kapitel bereits erläutert. Das psychologische Konzept der Zeit – oder genauer der Wahrnehmung von Zeit – geht darüber hinaus. Es umfasst so verschiedene und teilweise voneinander unabhängige Phänomene wie Gleichzeitigkeit und Abfolge, zeitliches Nacheinander, Erwartung, subjektive Gegenwart, zeitliche Kontinuität und Dauer (Fraisse, 1984; Pöppel, 1997).

Zwei Mechanismen für die Verarbeitung zeitlicher Information

Diese Erfahrungen lassen sich zwar hierarchisch ordnen, basieren aber auf mindestens zwei voneinander unabhängigen neurokognitiven Mechanismen: einem hochfrequenten Verarbeitungssystem mit einer Wahrnehmungsschwelle von etwa 30 Millisekunden und einem niederfrequenten Mechanismus, der mit einer Spanne von etwa 3 Sekunden operiert. Beide Systeme sind unabhängig von der Sinnesmodalität, funktionieren also für visuelle, auditive und taktile Ereignisse gleichermaßen (Pöppel, 1997; Pöppel & Wittmann, 1999).

Hochfrequentes System für kleinste Zeiteinheiten

Das hochfrequente Verarbeitungssystem basiert auf neuronaler Oszillation und erzeugt den Eindruck diskreter Zeiteinheiten im Umfang von etwa 30 Millisekunden. Dieses System entscheidet über die Wahrnehmung von *Gleichzeitigkeit* und *Abfolge*: Treten Ereignisse in einem zeitlichen Abstand von weniger als 30 Millisekunden auf, nehmen wir sie als gleichzeitig wahr; ist ihr Abstand dagegen länger, nehmen wir sie als aufeinanderfolgend wahr (Pöppel, 1997).

Niederfrequentes System für kohärente Zeitspannen

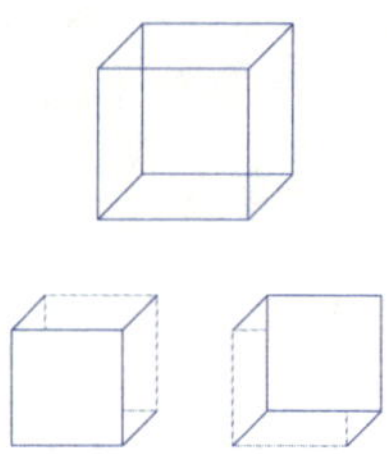

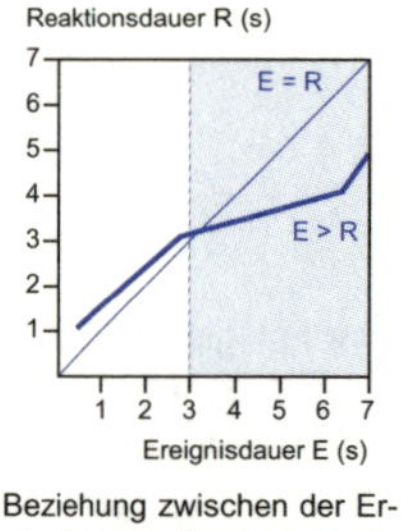

Beziehung zwischen der Ereignisdauer E und der Reaktionsdauer R in Sekunden (n. Pöppel, 1997, S. 59)

Das niederfrequente Verarbeitungssystem operiert mit einer Spanne von rund 3 Sekunden, innerhalb derer aufeinanderfolgende Eindrücke zu Einheiten zusammengefügt und damit kohärente Zustände erzeugt werden. Um es in Pöppels Worten bildlich auszudrücken: Alle 3 Sekunden fragt das Gehirn: „Was ist neu?“ (1997, S. 59) Neue Informationen werden dann bei der nachfolgenden Verarbeitung bevorzugt. Diese zeitlich getaktete Integration zu einem kohärenten Eindruck ist der Grund, warum wir bei Kippbildern wie dem Neckerwürfel (in nebenstehender Abb.) nur alle 3 Sekunden zwischen den verschiedenen Interpretationen hin- und herwechseln können. Anhand seiner charakteris-tischen 3-Sekunden-Intervalle lässt sich auch erschließen, für welche weiteren Aktivitäten dieses niederfrequente Verarbeitungssystem zuständig ist. So finden wir die gleichen Intervalle etwa bei der Gliederung spontaner Rede, in der Behaltensspanne des Kurzzeitgedächtnisses und im sensomotorischen Verhalten. Bis zu einer Ereignisdauer von 3 Sekunden kann die Dauer zeitlich relativ genau reproduziert werden; eine längere Dauer wird dagegen eher unterschätzt (s. nebenstehende Abb.). Weil diese Zeitspanne allein von Konstanten des Verarbeitungsprozesses und nicht vom verarbeiteten Inhalt abhängt, nennt man sie auch „präsemantisch“. Für diesen inhaltsunabhängigen Automatismus spricht auch ihre Konstanz in verschiedenen Kulturen (Schleidt et al., 1987) und über Artgrenzen hinweg (Gerstner & Fazio, 1995).

Subjektive Gegenwart

Interessant ist diese Zeitspanne auch deshalb, weil sie die *subjektive Gegenwart* erzeugt. Unser Gefühl von „Jetzt" erstreckt sich nämlich ebenfalls über eine Spanne von rund 3 Sekunden. Wie aber kann aus solch diskreten Intervallen ein Eindruck von *Kontinuität* entstehen? Verantwortlich dafür ist die Bedeutung, die wir dem beimessen, was wir wahrnehmen. Gerade weil wir aus der Vergangenheit bereits Einstellungen mitbringen und für die Zukunft bestimmte Ziele verfolgen und Intentionen bilden, beziehen wir eingehende Informationen auf übergeordnete und überdauernde Repräsentationen. Und die mentale Repräsentation dieser Inhalte ist unabhängig von den Intervallen, die unsere Verarbeitungsprozesse kennzeichnen (Pöppel, 1997).

Subjektive Dauer

Zeitliche Kontinuität ist auch ein Aspekt der *wahrgenommenen Dauer* von Ereignissen. Diese Wahrnehmung ist subjektiv, insbesondere dann, wenn sie sich im Bereich mehrerer Minuten bis Stunden bewegt, wie beispielsweise bei einem Gespräch. Anders als die beiden oben beschriebenen Mechanismen (welche relativ konstante Intervalle von rund 30 Millisekunden bzw. 3 Sekunden erzeugen), unterliegt die Wahrnehmung der Ereignisdauer nämlich keinem festen Takt; uns fehlt sozusagen ein geeichter Maßstab. Wie uns dennoch meist eine ganz passable Schätzleistung gelingt, ist noch nicht restlos geklärt. Manches spricht dafür, dass für unterschiedliche Arten von Schätzungen auch unterschiedliche Mechanismen zuständig sind – also jeweils ein eigener Mechanismus für Ereignisse mit und ohne Bewegung oder für zyklische Ereignisse im Gegensatz zu linearen Ereignissen. Es steht auch außer Frage, dass unser Bewusstsein für verstreichende Zeit mit Gedächtnisprozessen verknüpft ist (Lewis & Miall, 2006). Ob es dafür jedoch einen eigenen Schrittmacher braucht, dessen Signale im Arbeitsgedächtnis quasi abgezählt werden (Gibbon, 1977), oder ob die Gedächtnisprozesse selbst die Taktung übernehmen (Lewis & Miall, 2006; Staddon & Higa, 1999) ist noch umstritten.

Einfluss der kognitiven Beanspruchung *(mental load)*

Wie wir Dauer einschätzen, hängt von verschiedenen Faktoren ab. Einer der wichtigsten ist dabei die kognitive Beanspruchung (auch *cognitive* oder *mental load* genannt). Bei hoher Beanspruchung achtet man weniger auf die Zeit, die deshalb schneller zu vergehen scheint. Bei niedriger Beanspruchung dagegen wird mehr Aufmerksamkeit auf das Verstreichen der Zeit gelenkt; das verlangsamt den Schrittmacher der inneren Uhr und damit auch die subjektiv empfundene Zeit. Zumindest gilt dies für den Zeitpunkt des Erlebens selbst – im Rückblick wirkt die

Erinnerung an ein Ereignis mit hoher kognitiver Beanspruchung hingegen länger und das erklärt das oben angesprochene Zeitparadox (Pöppel, 1997).

Einfluss von Emotionen

Auch unsere Emotionen (Kapitel 10) nehmen Einfluss darauf, wie wir die Dauer von Ereignissen einschätzen, aber dieser Einfluss ist vielschichtig. So können angenehme Ereignisse Aufmerksamkeit binden und dabei den Schrittmacher vernachlässigen. Dies führt zu einer Abnahme an Impulsen und damit zum Eindruck, es verginge *weniger* Zeit, als es tatsächlich der Fall ist. Umgekehrt erscheint die verstrichene Zeit *länger*, als sie es tatsächlich war, wenn die emotionale Erregung (das *Arousal*) ansteigt, weil das den Schrittmacher beschleunigt. Das gilt sogar dann, wenn diese Erregung künstlich erzeugt wurde und gar nicht mit einer echten Emotion einhergeht: durch sich beschleunigende Geräusche, durch einen Anstieg der Körpertemperatur oder durch die Einnahme von Drogen. Vermutlich ist es die (wahrgenommene) Dringlichkeit, auf ein bevorstehendes Ereignis zu reagieren, die Emotionen zu einem der zentralen Faktoren für Veränderungen in der Zeitwahrnehmung macht (Droit-Volet & Meck, 2007).

Messen von Zeit: Uhren und Kalender

Zeit ist also ein psychologisch höchst komplexes Phänomen, das sich nur schwer fassen lässt. Um sie zu messen und festzuhalten, haben Menschen deshalb immer genauere Uhren und Kalender entwickelt (Levine, 2001). Selbst der Anreiz zur Erfindung von Schrift kam in vielen Fällen aus dem Wunsch, wichtige Daten festzuhalten (Prem, 1990; Riese, 1990). Offensichtlich ist Zeit in vielen Kulturen und vor allem in unserer globalisierten Welt von enormer Bedeutung. Wie aber spricht man über etwas, das derart „flüchtig“ ist?

7.3 Sprachliche Perspektive: die Verankerung der Zeit im Raum

Prinzip der metaphorischen Extension

Wie wir über abstrakte Themen denken und sprechen, versucht unter anderem der *Metaphernansatz* zu klären (z. B. Gentner, 2001; Lakoff, 1987; Lakoff & Johnson, 2003). Vertreter dieses Ansatzes nehmen an, dass wir für das Verständnis abstrakter kognitiver Domänen auf Konzepte zurückgreifen, die aus konkreten Domänen stammen. Die Zusammensetzung und Struktur der konkreten Domäne wird dabei per Analogie auf die abstrakte Domäne übertragen und so „metaphorisch ausgedehnt“. Um uns Zeit begreiflicher zu machen, nutzen wir ver-

Tabelle 10: Metaphorische Ausdehnung des Raumes auf die Zeit (Núñez et al., 2006, S. 136; s. auch Moore, 2006; Radden, 2004)

Quellendomäne: Raum (eine Dimension)	Zieldomäne: Zeit
Objekte	Zeiten
Sequenz von Objekten	chronologische Ordnung von Zeiten
Objekte innerhalb der Sequenz, orientiert an Vorne-hinten-Relation	Zeiten innerhalb der Sequenz, orientiert an „Vorne-hinten“-Relation
Objekt A *vor/hinter* Objekt B	Zeit A *vor/nach* Zeit B
Bewegung der gesamten Sequenz	Verstreichen von Zeit

schiedene Analogiequellen (Evans, 2003; Lakoff & Johnson, 2003), etwa „Zeit ist Geld“ oder „Zeit heilt alle Wunden“. Die wichtigste Analogiequelle aber ist der Raum (Tab. 10).

Sprachliche Korrespondenz zwischen Raum und Zeit

Die geordnete und systematische Korrespondenz zwischen den Domänen Raum und Zeit wird besonders in der Sprache offenkundig (McTaggart, 1908; s. auch Clark, 1973; Miller & Johnson-Laird, 1976; Traugott, 1975, 1978). Wir stellen uns die Zeit als etwas Ausgedehntes vor und sprechen von „langen“ oder „kurzen Zeiträumen“. Wir sagen „Ostern liegt vor Pfingsten“ auf die gleiche Weise, wie wir sagen „der See liegt vor der Stadt“. Wir zählen Ereignisse – etwa Stunden oder Hochzeiten –, als wären sie (räumliche) Objekte. Wir „lokalisieren“ Ereignisse in der Zeit, sehen sie „auf uns zukommen“ und „an uns vorübergehen“, wie die nächste Prüfung oder Besprechung mit dem Chef.

Zeit: eindimensional, direktional und dynamisch

Allerdings unterscheiden sich Raum und Zeit in mindestens zwei Aspekten ganz grundlegend: Der Raum hat drei Dimensionen, die Zeit nur eine; dafür hat die Zeit eine (Fließ-)Richtung (s. Seite 143), der Raum nicht. Deshalb ist nur ein Teil der räumlichen Begriffe auf die Zeit übertragbar – welche das sind, wird dadurch bestimmt, wie wir Zeit konzeptualisieren. Im westlichen Verständnis ist Zeit eine eindimensionale, direktionale und dynamische Entität (Clark, 1973). Für sprachliche Beschreibungen der Zeit werden dabei Begriffe der *Vorne-hinten-Relation* bevorzugt (z. B. „vor Ostern“); diese sind über Sprachgrenzen hinweg weitverbreitet, aber nicht universell, wie wir in Kapitel 7.4 noch sehen werden. Außerdem stellen wir uns das Verstreichen von Zeit als *Bewegung* vor; die Richtung dieser Bewegung hängt indes von der konkreten Perspektive ab, die wir dazu einnehmen.

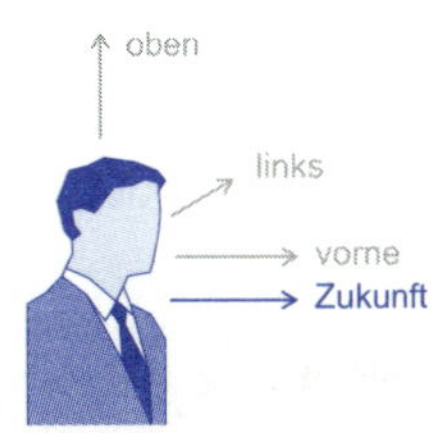

Perspektiven auf die Zeit

Nehmen Sie an, für Mittwoch nächster Woche sei ein Treffen anberaumt. Dann hören Sie, dass dieses Treffen zwei Tage vorverlegt wurde – an welchem Tag findet es nun statt? Sie halten die Frage für trivial? Dann lassen Sie sich überraschen …

Zwei Perspektiven auf Zeit

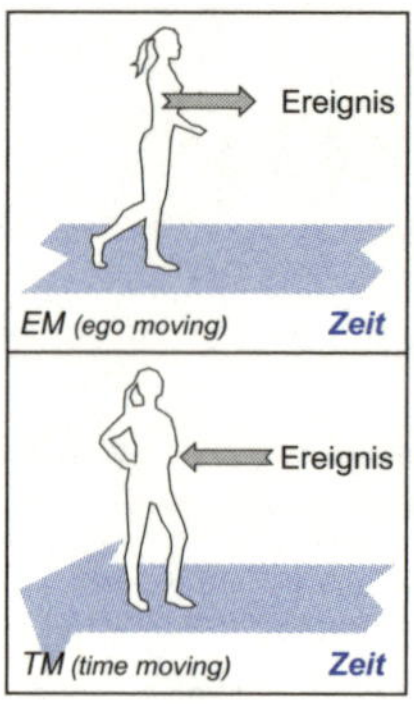

Um die Frage zu beantworten, muss zunächst die Richtung des Vorverlegens bestimmt werden: Wo ist *vorne* in der Zeit – in der Zukunft oder in der Vergangenheit? Beide Antworten sind grundsätzlich möglich; wie ich tatsächlich antworte, hängt davon ab, welche von zwei gegenläufigen Perspektiven ich einnehme (Clark, 1973; McGlone & Harding, 1998): diejenige, in der ich selbst mich wie auf einem Fluss durch die Zeit bewege *(ego moving = EM)*, oder diejenige, in der die Zeit auf mich zufließt *(time moving = TM)*. Je nachdem verändert sich auch die Referenzierung für zeitliche Relationen: Unter der EM-Perspektive nähere ich mich zukünftigen Ereignissen, die deshalb „vor" mir in der Zukunft liegen (z. B.: „Wir gehen auf den Winter zu."), und lasse sie dann „hinter" mir. Unter der komplementären TM-Perspektive dagegen kommen zukünftige Ereignisse auf mich zu und gehen an mir vorüber („Der Winter rückt näher."). Ein Zeitpunkt, der sich „vor" einem Ereignis befindet, liegt dann in dessen relativer Vergangenheit. Ob diese linguistische Unterscheidung sich auch kognitiv auswirkt, wurde in den letzten Jahren vielfach untersucht.

Aktivierung der Zeitperspektive

Dabei stand zunächst die Frage im Mittelpunkt, ob Personen bei der Verarbeitung zeitlicher Informationen die oben genannten Perspektiven aktivieren. Um dies zu prüfen, versetzt man sie in eine bestimmte Perspektive – etwa indem sie einen Satz lesen wie „Ostern liegt vor uns" (EM) – und prüft dann ihre Reaktionszeit auf Sätze wie „Ostern liegt vor Pfingsten", der eine TM-Perspektive erfordert. Alternativ kann man sich zunutze machen, dass man auf die Frage nach dem vorverlegten Treffen – zumindest im amerikanischen Englisch – keine eindeutige Antwort erhält: Rund die Hälfte der Amerikaner nehmen an, vorverlegen *(moving forward)* bedeute eine Verschiebung in die *Vergangenheit*, während die andere Hälfte den Termin nun in der *Zukunft* vermutet.

Das Treffen, das am Mittwoch nächster Woche stattfinden sollte, wurde um zwei Tage vorverlegt. Wann findet es nun statt?

Einfluss der Zeitperspektive auf die Verarbeitung zeitlicher Information

Die Befunde solcher Studien sprechen dafür, dass es sich bei den beiden Zeitperspektiven tatsächlich um zwei distinkte metaphorische Systeme handelt: Bereits verarbeitete Informationen aktivieren eines dieser Systeme; die dabei eingenommene Perspektive wird dann beibehalten und beeinflusst die Verarbeitung weiterer Informationen. Dieser Einfluss beschränkt sich nicht allein auf den Schwierigkeitsgrad der Interpretation – was sich in höherem Verarbeitungsaufwand und damit längeren Reaktionszeiten in der inkonsistenten Bedingung niederschlägt –, sondern zeigt sich auch in ihrem Ergebnis: Verben wie *moving forward* etwa wurden von zwei Dritteln der amerikanischen Versuchsteilnehmer konsistent zur zuvor induzierten Perspektive interpretiert (z. B. Gentner et al., 2002; McGlone & Harding, 1998; s. nebenstehende Abb.).

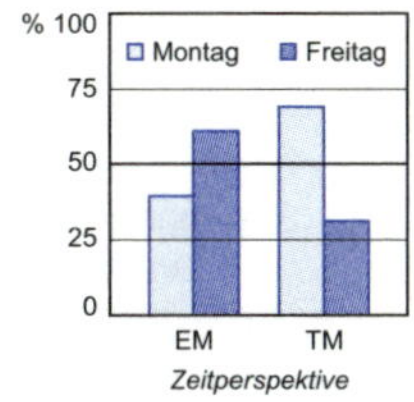

Von Mittwoch 2 Tage vorverlegt (in %; Daten aus McGlone & Harding, 1998)

Einfluss räumlicher Bewegung auf die Verarbeitung zeitlicher Information

Wenn nun gemäß dem Metaphernansatz zeitliche Konzepte der Domäne Raum entlehnt werden, sollte sich dann nicht auch räumliche *Bewegung* auf die Verarbeitung zeitlicher Informationen auswirken? Dieser Frage gingen Lera Boroditsky und Kollegen nach, indem sie anstelle einer zeitlichen eine räumliche Bewegungsperspektive induzierten und deren Einfluss auf das Verständnis zeitlicher Aussagen untersuchten. Brachte man Personen dazu, sich vorzustellen, sie selbst bewegten sich durch den Raum (analog der EM-Perspektive), interpretierten rund zwei Drittel von ihnen *moving forward* als zukunftsgerichtet; brachte man Personen hingegen dazu, sich vorzustellen, ein Objekt bewege sich auf sie zu (analog der TM-Perspektive), interpretierten sie das Verb mehrheitlich eher als vergangenheitsgerichtet (Boroditsky, 2000; Boroditsky & Ramscar, 2002). Dieser Effekt ließ sich selbst für Bewegungen im übertragenen Sinn zeigen (Matlock et al., 2005).

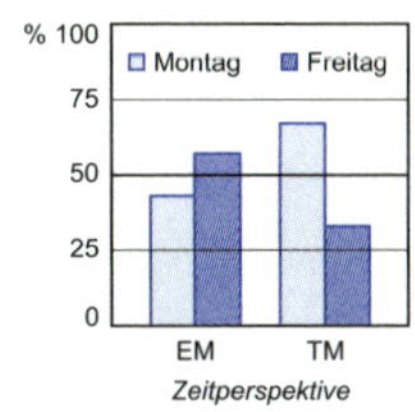

Von Mittwoch 2 Tage vorverlegt (in %; Daten aus Boroditsky & Ramscar, 2002, Studie 1)

Raum *vor* Zeit

Studien wie diese zeigen auch, dass die Verknüpfung von Raum und Zeit *asymmetrisch* ist: Räumliche Schemata beeinflussen, wie wir zeitliche Aussagen interpretieren (auch wenn sie für deren Verständnis nicht unerlässlich sind); umgekehrt trägt die Aktivierung zeitlicher Schemata aber nichts zum Verständnis räumlicher Beziehungen bei (Boroditsky, 2000; Casasanto & Boroditsky, 2008; Casasanto et al., 2010). Erfahrungen mit dem Raum sind also offenbar so grundlegend, dass sie unser Verständnis von Zeit – aber auch von anderen abstrakten Domänen wie Quantität – vorstrukturieren (Walsh, 2003) und damit die Grundlage schaffen für Repräsentationen wie *Zeitstrahl* (Weger & Pratt, 2008) oder *Zahlenstrahl* (Dehaene, 2003; Fias & Verguts, 2004). Ob dies jedoch auch bedeutet, dass unser Verständnis dieser abstrakten Domänen *embodied*, also durch körperliche Erfahrungen kulturunabhängig geprägt ist, wird derzeit kontrovers diskutiert (Bender & Beller, 2011c; Kranjec & Chatterjee, 2010; Miles et al., 2010; Núñez, 2011).

Zeitliche Referenzrahmen

Zwei Arten der Referenzierung:
- rein zeitlich
- räumlich-zeitlich

Wollen wir über zeitliche Relationen sprechen, gilt dasselbe wie für den Raum: Wir müssen uns zunächst für einen Referenzrahmen entscheiden (vgl. Kapitel 6.3, ab Seite 126). Nun ist die Zeit ja eindimensional und hat eine „Fließ“-Richtung; die Einordnung von Ereignissen sollte also weniger komplex sein als im Raum. Und tatsächlich macht sich eine Art der Referenzierung auch genau dies zunutze: Wenn wir sagen, ein Ereignis habe „früher“ stattgefunden als ein anderes, setzen wir diese Ereignisse *rein zeitlich* und damit eindeutig zueinander in Beziehung. Mindestens ebenso häufig aber nutzen wir *räumlich-zeitliche* Begriffe wie „vor“ und erweitern damit auch das Bedeutungsspektrum: Wie die Präposition „vor“ zu interpretieren ist, hängt nämlich vom Referenzrahmen ab. In den letzten Jahren wurde deshalb versucht, das Konzept der Referenzrahmen aus der Domäne Raum auf die Zeit zu übertragen. Allerdings tut dies praktisch jeder Forscher auf eine ihm eigene Weise (z. B. Kranjec, 2006; Moore, 2006; Núñez et al., 2006; Tenbrink, 2011; Zinken, 2010). Im Folgenden stellen wir denjenigen Ansatz vor, der sich am engsten an der in Kapitel 6.3 beschriebenen Taxonomie für den Raum orientiert (Bender et al., 2010, 2005).

Referenzrahmen und ihre Bausteine

Koordinatensystem mit
Ursprung = X
Figur = F
Grund = G
Betrachter = B

Räumliche Referenzrahmen liefern ein Koordinatensystem, innerhalb dessen Beziehungen zwischen den Objekten F (Figur) und G (Grund) bestimmt werden können. Je nachdem, wo dieses Koordinatensystem seinen Ursprung (X) hat, werden drei Arten von Referenzrahmen unterschieden: absolut, intrinsisch und relativ (Levinson, 2003). Der Standpunkt des Betrachters B wird nur für den relativen Referenzrahmen benötigt. Aufgrund der konzeptuellen und sprachlichen Verknüpfung beider Domänen lassen sich diese räumlichen Referenzrahmen auch auf die Zeit übertragen, wie in Tabelle 11 gezeigt.

Absoluter Referenzrahmen

Wie sein Pendant im Raum, beschreibt der *absolute Referenzrahmen* auch in der Zeit eine Relation zwischen Figur F und Grund G. Seine Orientierung bezieht er aus dem Feld außerhalb von G, das am Zeitpfeil ausgerichtet ist (s. Seite 143). Welche Richtung dabei dem *Vorne* entspricht, ist allerdings eine Frage kultureller Konventionen. Bei uns ist dies in der Regel die Zukunft; in einigen anderen Kulturen ist es dagegen, wie wir noch sehen werden, die Vergangenheit. Nimmt man an, der Zeitpfeil weise in die Zukunft, dann liegt ein Ereignis F „vor“ einem Ereignis G, wenn es *später* als G stattfindet, also in dessen Zukunft

Tabelle 11: Zeitliche Referenzrahmen (Bender et al., 2010, S. 290)

		relativ	
(a) absolut	(b) intrinsisch	(c) reflexiv	(d) translational
		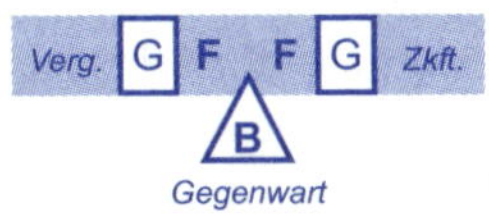	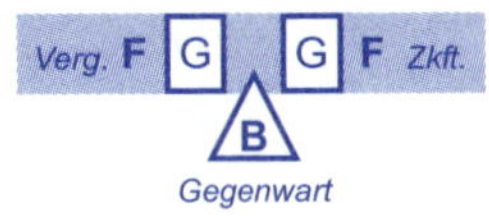
binäre Relation (F, G) „vorn" = Zukunft „vorwärts" = zukunftswärts	binäre Relation (F, G) „vorn" = Beginn von G „vorwärts" = vergangenheits-wärts	ternäre Relation (B, F, G) „vorn" = zwischen G und B „vorwärts" = zukunftswärts in der Vergangenheit = vergangenheitswärts in der Zukunft	ternäre Relation (B, F, G) „vorn" = jenseits von G „vorwärts" = vergangenheitswärts in der Vergangenheit = zukunftswärts in der Zukunft
Mi ⇒ **Fr**	**Mo** ⇐ Mi	Mi ⇒ **Fr** || **Mo** ⇐ Mi	**Mo** ⇐ Mi || Mi ⇒ **Fr**

(„Ostern [F] liegt noch *vor* uns [G]."), und „vorverlegen" impliziert eine Verschiebung in die Zukunft (also z. B. von Mittwoch auf Freitag).

Intrinsischer Referenzrahmen

Der *intrinsische Referenzrahmen* beschreibt ebenfalls eine Relation zwischen F und G; sein Ursprung liegt in G, das zudem eine intrinsische Richtung benötigt. Da Ereignisse ein solch intrinsisches Vorne und Hinten haben, nämlich Beginn und Ende, ist ein Ereignis F „vor" einem Ereignis G, wenn es *früher* als G stattfindet, also in dessen Vergangenheit („Ostern [F] liegt *vor* Pfingsten [G]"), und „vorverlegen" impliziert eine Verschiebung in die Vergangenheit (von Mittwoch auf Montag).

Relative Referenzrahmen:
- Reflexion
- Translation

Berücksichtigt man schließlich einen von G verschiedenen Betrachterstandpunkt B (also dessen subjektive Gegenwart), braucht es einen *relativen Referenzrahmen*, der in zwei Varianten auftritt. Bei *Reflexion* wird die Betrachterperspektive an G gespiegelt: Ein Ereignis F liegt dann „vor" einem Ereignis G, wenn es *zwischen* B und G stattfindet (unabhängig davon, ob es sich in der Vergangenheit oder Zukunft ereignet); „vorverlegen" impliziert eine Verschiebung auf B zu (also für vergangene Termine in die Zukunft bzw. für zukünftige Termine in die Vergangenheit). Das Umgekehrte gilt für die *Translation*, die zu einer einfachen Verschiebung der Betrachterperspektive nach G führt: Ein Ereignis F liegt dann „vor" einem Ereignis G, wenn es *jenseits* von G stattfindet, und „vorverlegen" bedeutet über G hinaus (also weiter in die Vergangenheit für Termine in der Vergangenheit und weiter in die Zukunft für zukünftige Termine).

Gibt es relative Referenzierung in der Zeit?

Die hier vorgestellte Taxonomie unterscheidet sich von den Taxonomien anderer Forscher vor allem darin, dass sie es erlaubt, auch solche Referenzierungen zu berücksichtigen, die auf Reflexion und Translation beruhen (Bender et al., 2010). Dies scheint auf den ersten Blick nicht nötig: Dass „vorverlegen" in der Zukunft eine andere Richtung nehmen sollte als in der Vergangenheit, erscheint zunächst ja seltsam. Und doch verwenden wir bei der Beschreibung räumlicher Konstellationen unentwegt genau diese Art der reflexiven Referenzierung. Warum also nicht auch für die Zeit?

Zeitliche Referenzrahmen in fünf Sprachen

Dass verschiedene Sprachen unterschiedliche Referenzrahmen für den Raum bevorzugen, haben wir in Kapitel 6.3 bereits gezeigt. Um auch die kulturelle Vielfalt bei der Verwendung *zeitlicher* Referenzrahmen zu erheben, sollten Deutsche, US-Amerikaner, Schweden, Chinesen und Tonganer die Frage nach vorverlegten Terminen beantworten, und zwar für jeweils zwei Ereignisse in der Zukunft und in der Vergangenheit (Bender et al., 2010; Rothe, 2008). Abbildung 23 zeigt die Ergebnisse. Demnach wird im Deutschen und Chinesischen der intrinsische Referenzrahmen bevorzugt, im Schwedischen dagegen der absolute. Im Amerikanischen wiederum werden, wie bereits gesehen, zwei verschiedene Referenzrahmen (absolut und intrinsisch) genutzt. Und im Tonganischen, wo für den Raum der translationale Subtyp bevorzugt wird

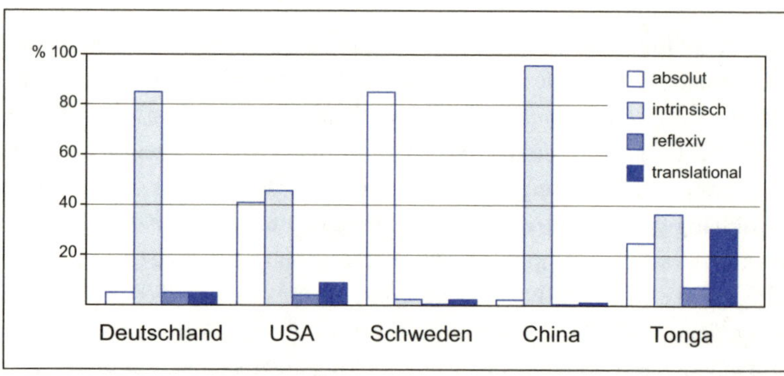

Abbildung 23: Zeitliche Referenzrahmen in fünf Sprachen (in %; schwedische Daten aus Rothe, 2008; die übrigen aus Bender et al., 2010, S. 300)

(Bennardo, 2000, 2009), spielt dieser auch für die Zeit eine Rolle. Dies gilt allerdings nur für ältere Personen; die Jüngeren, die Englisch als Unterrichtssprache haben, zeigen dagegen eher das amerikanische Muster. Bemerkenswert ist daran auch, dass selbst zwischen nah verwandten Sprachen wie Deutsch, Schwedisch und Englisch gravierende Unterschiede auftreten.

Varianz im Englischen: intra- oder inter-individuell?

Die scheinbare Ambiguität von *moving forward* („vorverlegen") im Englischen wirft Fragen auf: Rührt sie daher, dass jede Einzelperson solche Begriffe in unterschiedlichen Situationen unterschiedlich interpretiert *(intra-individuelle Varianz)*, oder daher, dass verschiedene Personen zwar jeweils feste Überzeugungen haben, sich in der Lesart aber nicht einig sind *(inter-individuelle Varianz)*? In einer Studie über zwei Messzeitpunkte nahmen die Versuchsteilnehmer während eines Zeitpunktes weitgehend konsistent *eine* Perspektive ein. Auch über die beiden Zeitpunkte hinweg behielt die Mehrheit (62 %) ihre ursprüngliche Lesart bei, während nur knapp ein Viertel (23 %) den Referenzrahmen wechselte (Rothe et al., subm.). Die Ambiguität solcher Begriffe geht also vor allem, aber nicht ausschließlich auf inter-individuell unterschiedliche Sichtweisen *zwischen* Personen zurück.

7.4 Kulturelle Perspektive: die Richtung der Zeit

Wie auf Seite 154 gesehen, fließt *unsere* Zeit typischerweise aus der Vergangenheit in die Zukunft, die deshalb für uns *vorne* liegt – und zwar so sehr, dass wir dies sogar in unbewussten Bewegungen zum Ausdruck bringen (Miles et al., 2010). Aber ist dies wirklich die einzig plausible Art der Betrachtung? In diesem Kapitel geben wir zunächst einen kurzen Überblick über andere Konzeptionen, ehe wir eine kulturspezifische alternative Sichtweise auf die Zeit genauer vorstellen: das zyklische Modell der Hopi und Maya.

Fließrichtung der Zeit

Zukunft „relativ" = vorne, hinten, oben, unten, rechts oder links

Selbst wenn wir das Konzept einer linearen Zeit und eines gerichteten Zeitpfeils beibehalten, ist die Richtung, in die dieser Pfeil zeigt, durchaus nicht selbstverständlich oder universell. In vielen Sprachen und Kulturen wird für die Beschreibung zeitlicher Relationen die *Sagittal-Achse* bevorzugt und meist liegt die Zukunft dann *vor* dem Betrachter.

Tabelle 12: Mögliche Richtungen für das Fließen der Zeit

<table>
<tr><th colspan="3">mit Ego als Referenzpunkt</th><th>unabhängig von Ego</th></tr>
<tr><th>sagittal</th><th>lateral</th><th>vertikal</th><th></th></tr>
<tr>
<td>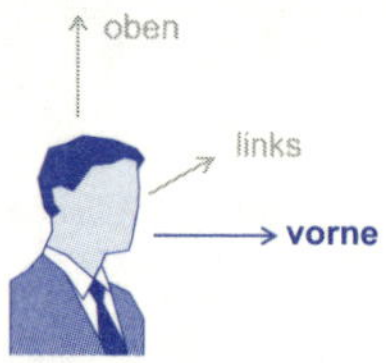
</td>
<td>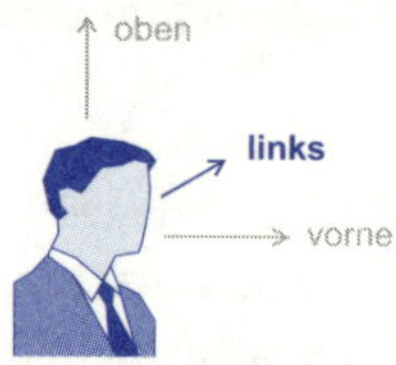
</td>
<td>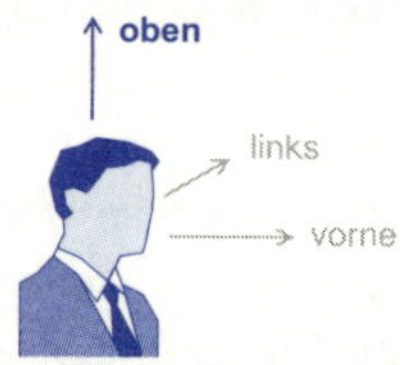
</td>
<td>
</td>
</tr>
<tr>
<td>Zukunft „vorne“ in …
• vielen westlichen Ländern
Zukunft „hinten“ im …
• Aymará, Toba
• Malagasy</td>
<td>Zukunft „rechts“ in …
• vielen westlichen Ländern
Zukunft „links“ im …
• Arabischen
• Hebräischen</td>
<td>Zukunft „unten“ im …
• Chinesischen

Zukunft „oben“ im …
• Yupno</td>
<td>Zukunft „westlich“ im …
• Pormpuraaw</td>
</tr>
</table>

Für manche Menschen fließt die Zeit dagegen umgekehrt, aus der Zukunft in die Vergangenheit, weshalb die Zukunft *hinten* liegt (z. B. Dahl, 1995; Klein, 1987). Welche konzeptuellen Ideen hinter einer solchen Orientierung stecken können, wird im Kasten auf Seite 159 am Beispiel des Aymará illustriert. In bestimmten Kontexten wird auch die *Lateral-Achse* für die Lokalisierung von Ereignissen verwendet. In diesem Fall tendieren Personen dazu, die Zukunft in Schreibrichtung zu verorten: im Englischen oder Deutschen also eher rechts, im Arabischen und Hebräischen dagegen links (Fuhrman & Boroditsky, 2010; Tversky et al., 1991). Und schließlich kann man zeitlichen Relationen auch eine *vertikale Achse* zugrunde legen, wie etwa im Chinesischen: Dort werden – wiederum in Schreibrichtung – zukünftige Ereignisse *unten* angeordnet (Boroditsky, 2001; Boroditsky et al., 2011; Chen, 2007), im Yupno dagegen oben (*uphill*; Núñez et al., 2012).

Zukunft „absolut“ = im Westen

Wie aber ist es in Sprachen, die gar keine Begriffe für „vorne/hinten“ und „rechts/links“ haben – wie die in Kapitel 6.4 auf Seite 131 beschriebenen Aborigines-Gruppen – und die deshalb im Raum weder den relativen noch den intrinsischen Referenzrahmen anwenden können? Wie wir gesehen haben, orientieren sich diese Gruppen im Raum an den Himmelsrichtungen, und dieses System übertragen sie offenbar auch auf die Zeit: Pormpuraaw von der Halbinsel Cape York beispielsweise ordnen Ereignisse auf einer Linie von Ost nach West an, und zwar unabhängig von ihrer eigenen Position (Boroditsky & Gaby, 2010).

„Zurück in die Zukunft" bei den Aymará

Die Aymará in Südamerika

Aymará ist neben dem Quechua eine der beiden großen Sprachgruppen im Hochland der Zentralanden, dem ehemaligen Gebiet des Inkareiches. Aymará war vermutlich die Sprache der Tiahuanaco-Kultur, die vor dem Aufstieg des Inkareiches den Altiplano dominierte und deren kulturelles und religiöses Zentrum sich am Titicacasee befand. Der Altiplano – eine kalte und trockene Hochebene an der Grenze zwischen Bolivien, Peru und Chile – ist noch heute das Hauptsiedlungsgebiet der Aymará; in Bolivien stellen sie rund ein Drittel der Bevölkerung (und seit Januar 2006 auch den Präsidenten). Aymará wird von insgesamt 2,2 Millionen Menschen gesprochen, aber viele Aymará sprechen inzwischen auch oder sogar nur Spanisch als Muttersprache.

Zeitliche Referenzierung im Aymará

Im Aymará werden zeitliche Relationen mit räumlichen Begriffen umschrieben: Vergangenes mit *nayra* („vorne") und Zukünftiges mit *qhipa* („hinten"). So heißt letztes Jahr *nayra mara*, also wörtlich „das Jahr da vorne", und nächstes Jahr *qhipa mara*, „das Jahr da hinten". Auch die Zukunft *(qhipa pacha* oder *qhipa timpu)* liegt für die Aymará demnach hinten.

Begriffe für die Zeit
nayra =
„Augen, Sicht, vorne"
qhipa =
„Rücken, hinten"

Diese Interpretation wird durch die sprachbegleitende Gestik unterstützt, wie eine Studie von Núñez und Sweetser (2006) belegt. Dafür wurden Interviews mit 30 chilenischen Aymará geführt (je nach ihrer sprachlichen Kompetenz in Spanisch oder Aymará), in denen es um Ereignisse und zeitliche Relationen ging. Die Mehrheit der Interviewten verwendete dabei nondeiktische Gesten von links nach rechts. Zehn Aymará produzierten nur sagittale (vorne/hinten) Gesten und bei Personen *ohne* gute Spanischkenntnisse spiegelten diese klar die rückwärtige Verortung der Zukunft wider (s. Abb. rechts).

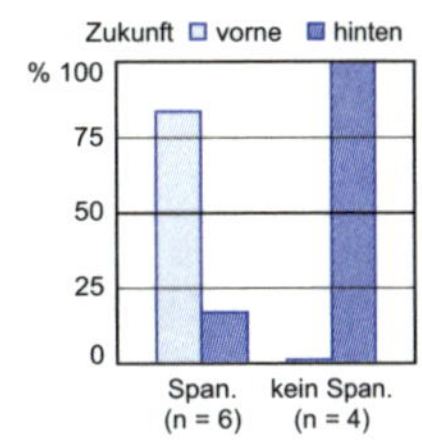

Häufigkeit (in %) der Personen mit Vorne/hinten-Gesten für Zukunft und Vergangenheit (Núñez & Sweetser, 2006, S. 425)

Die „Wissen-ist-Sehen"-Metapher

Zur Erklärung des Befundes ziehen Núñez und Sweetser die „Wissen-ist-Sehen"-Metapher heran, die es in zwei Varianten gibt: In beiden ist mir das bekannt, was ich bereits gesehen habe, also die Vergangenheit. Allerdings lasse ich diese in der einen Variante *hinter* mir, während ich mich wie auf einem Pfad durch die Zeit bewege; die unbekannte Zukunft liegt *voraus*. In der zweiten Variante ist das bekannt, was in meinem (statischen) Gesichtsfeld *vor* mir liegt, während *hinter* mir das liegt, was ich nicht sehen kann – darunter eben auch die Zukunft. Núñez und Sweetser zufolge nutzen die meisten Sprachen das Pfadmodell, die Aymará dagegen als eine der wenigen Ausnahmen das statische Modell mit umgekehrter Präferenz.

Ein Grund dafür könnte die zentrale Bedeutung sein, die der visuellen Wahrnehmung im Aymará zukommt. So wie im Deutschen jedes Verb eine Zeitform benötigt, ist im Aymará die *Quelle der Information* (z. B. ob sie aus einer eigenen Beobachtung stammt) obligatorisch und durch ein eigenes Suffix grammatisch markiert (Evidentialität). Zeit wird im Aymará deshalb unterschieden in die (ungesehene) Zukunft und die (sichtbare) Nichtzukunft.

„Das Rad der Zeit" – zyklische Modelle

Zyklische Zeit

Bisher haben wir uns auf den sequenziellen Charakter der Zeit konzentriert, wonach Vergangenheit, Gegenwart und Zukunft in einer unendlichen Abfolge linear geordnet sind. Diese Betrachtungsweise spiegelt wider, dass bestimmte Dinge sich ändern und vergehen. Ein substanzieller Teil unserer Erlebnisse und Erfahrungen sind allerdings zyklischer Natur, das heißt, sie kehren immer wieder. Dazu gehören die Biorhythmen oder Wochentage und Tageszeiten sowie die Struktur, die sie unserem Alltag geben. Selbst das philosophische Problem, ob Henne oder Ei zuerst da waren, bildet ein zyklisches Ereignis ab: Zwar beginnt das Leben einer Henne als Ei und endet mit dem Tod, aber ohne Henne kein Ei, aus dem einmal eine Henne werden kann … Vermutlich gibt es eine ganze Reihe von Kulturen, die diesem Aspekt mehr Gewicht beimessen als dem sequenziellen Verlauf der Zeit. Man denke nur an die Inuit, für die – nach einem halben Jahr Nacht – die zyklische Wiederkehr der Sonne von überlebenswichtiger Bedeutung ist (Carpenter, 1968; s. auch Pinxten et al., 1983). Im Folgenden konzentrieren wir uns auf das Beispiel der *Hopi*, das durch Whorf und sein Prinzip der Linguistischen Relativität berühmt wurde, und auf das der *Yukatekischen Maya*, das besonders detailliert dokumentiert ist.

Whorfs Prinzip der Linguistischen Relativität

Die Diskussion darüber, welchen Einfluss Kultur und Sprache auf das Denken über Zeit haben, begann mit Benjamin Lee Whorf (1897–1941). Nach einem Studium der Chemie hatte Whorf als Brandverhütungsingenieur gearbeitet, nebenbei aber auch Sprachwissenschaften in Yale studiert (Koepping, 1990; Lee, 1996). Aufbauend auf Ideen von Herder, Humboldt und Sapir und in Anlehnung an Einsteins Arbeiten formulierte er das Prinzip der Linguistischen Relativität (vgl. Kapitel 1 auf Seite 15), wonach die Grammatik einer Sprache beeinflusst, wie ihre Sprecher die Welt wahrnehmen und über sie denken (Whorf, 1991; original in Carroll, 1956). Eines der Beispiele, an denen Whorf dieses Zusammenspiel von grammatischen Strukturen und kulturellen Denkmustern zu erläutern versuchte, war die Konzeptualisierung von Zeit bei den Hopi – einer indianischen Kultur im Südwesten der USA, die eine schoschonische Sprache sprechen.

Das Zeitkonzept der Hopi

Whorf (1991, S. 15–18) beschreibt ein Zeitkonzept bei den Hopi, das sich deutlich von unserem unterscheidet: Während wir – im Einklang mit der klassischen Physik – die Zeit als ein gleichmäßiges Kontinuum verstünden, sei für die Hopi Zeit abhängig vom Betrachter und damit näher an Einsteins Weltbild (Kapitel 7.1). Dazu passt auch, wie für die Hopi Raum und Zeit *operational* verknüpft sind: Kenntnisse über Ereignisse, die sich räumlich entfernt zutragen, können nur zuverlässig sein, wenn diese Ereignisse auch zeitlich fern, nämlich in der Vergangenheit liegen – und je größer die Entfernung, desto weiter in der Vergangenheit (Whorf, 1991, S. 108; s. auch Hawking, 1992, S. 40–44).

Zyklisch wiederkehrende Ereignisse

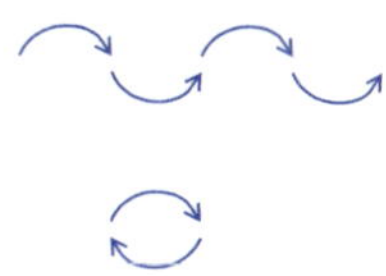

Phasenbegriffe wie Sonnenuntergänge oder Jahreszeiten werden als zyklisch wiederkehrende Ereignisse gesehen. Unsere kulturelle Gewohnheit, jeden Tag als ein distinktes Ereignis zu betrachten, legt nahe, dass man am nächsten Morgen einfach neu beginnen kann, nach dem Motto: „Morgen ist auch noch ein Tag." Für die Hopi dagegen gibt es nur *einen* Tag, der beständig wiederkehrt. Er ist morgen derselbe wie heute, wie ein Besucher, der weggeht und zurückkommt. Deshalb bemüht man sich auch in jetzigen Situationen, die zukünftigen positiv zu beeinflussen. Hopi legen großen Wert auf sorgfältige Vorbereitung, Durchhalten und Wiederholungen im Sinne von: „Wohl begonnen ist halb gewonnen." (Whorf, 1991, S. 90–93, 99 f.).

Sprachliche Strukturen als Grundlage des Zeitkonzeptes?

Die wichtigste Ursache für diese Unterschiede sah Whorf in den sprachlichen Strukturen: Um über Zeit zu sprechen, würden im Hopi keine räumlichen Metaphern gebraucht; Zeitspannen und erlebte Dauer würden weder als dinglich noch ausgedehnt betrachtet; und zyklische Ereignisse wie Tage würden nicht als Substantive, sondern adverbial ausgedrückt und könnten deshalb nicht wie Objekte angehäuft und abgezählt werden (Whorf, 1991, S. 15–17, 82–88). Außerdem enthalten Verben im Hopi keine Information über die Zeit (etwa in Form einer obligatorischen *Tempus*-Markierung), sondern darüber, ob ein Ereignis bereits eingetreten („manifestiert" und damit objektiv) ist oder nicht (1991, S. 84–86).

Whorfs Ideen in der Kritik

Viele der linguistischen Deutungen Whorfs wurden in der Folgezeit korrigiert. Insbesondere ließ sich zeigen, dass Zeiteinheiten im Hopi durchaus verdinglicht, mithilfe räumlicher Metaphern beschrieben und wie Objekte kardinal durchgezählt werden können (Malotki, 1983). Und auch wenn die Verben keine *Tempus*-Markierung aufweisen und deshalb nicht zwischen Vergangenheit und Gegenwart unterscheiden, liefert eine andere grammatische Kategorie, der *Aspekt*, zumindest

Informationen darüber, ob eine Handlung noch andauert oder bereits abgeschlossen ist (Gipper, 1972, S. 215–226; Malotki, 1983, S. 622–626; Stahlschmidt, 1972).

Ein anderes Konzept von Zeit?

Allerdings bescheinigen auch Whorfs Kritiker den Hopi ein zyklisches Konzept von Zeit, das sich von unserem deutlich unterscheide (Gipper, 1972, S. 211, 229 f.; Malotki, 1983, S. 632 f.). So beziehen sich die kontroversen Bewertungen der Whorf'schen Arbeiten auch weniger auf die kulturellen Unterschiede in den kognitiven Konzepten als vielmehr auf den potenziellen Einfluss der sprachlichen Strukturen darauf. Besonders kritisch diskutiert wird, welches Gewicht den Möglichkeiten gegenüber den Präferenzen eingeräumt wird: Kann es einen solchen Einfluss nur geben, wenn eine Sprache bestimmte Kategorisierungen *erzwingt* oder *verbietet* (bspw. dass Phasenbegriffe im Hopi nur adverbial ausgedrückt werden können, wie von Whorf behauptet), oder genügt es, wenn die Sprecher dieser Sprache solche Kategorisierungen *gewohnheitsmäßig* verwenden? Die Analyse der grammatischen Strukturen einer Sprache allein erlaubt es jedenfalls nicht zu entscheiden, ob oder welche Auswirkungen sie auf das Denken ihrer Sprecher haben. Um dies zu bestimmen, müssen die möglichen Einflussfaktoren und ihre Wirkungsweise wesentlich genauer bestimmt und untersucht werden. Vor allem aber sind empirische Studien erforderlich, um die vermuteten Einflüsse auch überprüfen zu können. Wenn sich Sprache auswirkt, *worauf* genau und *in welcher Weise* sollte sie sich auswirken?

Das Rad der Zeit

„While it is the paramount thrust of this monograph to attest to the fact that the Hopi Indians lack neither an elaborate consciousness of time nor its reflection in their speech ... we can also say that their sense of time, or the role that time plays in their lives and culture, does not correspond to ours." (Malotki, 1983, S. 632)

„Das Rad des Jahres dreht sich in ewiger Wiederholung, aber es rollt nicht vorwärts, und die Drehungen werden nicht gezählt, sondern es dreht sich gleichsam auf der Stelle." (Gipper, 1972, S. 231)

„Das Rad der Zeit" bei den Maya

Eine Sprache ohne grammatische Zeit

Ähnliche Behauptungen wie für die Hopi werden für die Yukatekischen Maya aufgestellt; allerdings sind sie hier wesentlich besser belegt. So wird auch im Yukatekischen Maya das Vergehen von Zeit nicht in räumlichen Metaphern ausgedrückt (Le Guen & Pool Balam, 2012). Die Sprache kommt ohne Tempussystem aus und verzichtet zudem auf die meisten temporalen Adverbien wie „früher" oder „später". Wie zwei Ereignisse zeitlich zueinander in Beziehung stehen, muss deshalb sprachpragmatisch erschlossen werden (Bohnemeyer, 1998, 2002, 2009).

Zyklische Zeit

Ob und wie sich eine solch „zeitlose" Sprache auf das kulturelle Konzept von Zeit auswirkt, haben der französische Ethnologe Olivier Le Guen und die Maya-Linguistin Lorena Pool Balam in zwei Maya-Dör-

Maya

Die Maya sind eine der größten indianischen Bevölkerungsgruppen weltweit. Sie leben in einem geschlossenen Gebiet, das von Südostmexiko über Belize und Guatemala bis in den Westen von El Salvador und Honduras reicht. Aufgrund ökologischer, kultureller und sprachlicher Gemeinsamkeiten lassen sich grob zwei Hauptgruppen unterscheiden: die Hochland-Maya im Süden und die Tiefland-Maya im Norden, zu deren Siedlungsgebiet vor allem die Halbinsel Yucatán gehört. Hier leben rund 1 Million Menschen, die yukatekisches Maya sprechen, darunter auch die Einwohner der von Le Guen und Pool Balam besuchten Dörfer Kopchen und Chemax.

Die heutigen Maya sind die direkten Nachfahren der *Klassischen Mayakultur*, deren Baudenkmäler in den alten Kulturzentren wie Tikal, Chichén Itzá und Palenque zu ihren bekanntesten Hinterlassenschaften gehören. Die klassische Mayakultur (etwa 250 bis 900 n. Chr.) war gekennzeichnet durch Schrift und Zahlennotation, durch genaue mathematische und astronomische Kenntnisse, durch eine ausgeprägte politische und religiöse Hierarchie und durch überregionale Zentren mit Tempeln und Märkten, in denen mitunter mehr als 10.000 Menschen lebten (Lindig & Münzel, 1985). Nach dem Zusammenbruch verschiedener Mayazentren im südlichen Tiefland – vermutlich aufgrund von Klimaveränderungen und anhaltenden Dürren (Haug et al., 2003) – setzte die Postklassik ein, die bis zur Eroberung durch die spanischen *Conquistadores* zu Beginn des 16. Jahrhunderts dauerte.

Der *Conquista* zum Opfer fielen nicht nur große Teile der Führungsschicht wie Priester, Wissenschaftler und Verwaltungsbeamte, sondern mit ihnen auch ihr Expertenwissen. Kulturelle Elemente, die auch in den übrigen Bevölkerungsschichten verbreitet waren, haben sich dagegen weitgehend erhalten. Das gilt ebenfalls, trotz nomineller Bekehrung der Maya zum Katholizismus, für viele der überlieferten religiösen Überzeugungen. Insbesondere im Regenwald Yucatáns, der für die europäischen Kolonisten weniger attraktiv war als das Hochland, konnten sich die Maya lange der Hispanisierung widersetzen und in vielen Gemeinden sprechen die Menschen noch heute vor allem oder ausschließlich Yukatekisch.

Auch die hoch entwickelte und an die Bedingungen des Regenwaldes optimal angepasste Landwirtschaft, die das Fundament der klassischen Hochkultur bildete, wird bis heute praktiziert (Atran et al., 1999, 2002; Atran & Medin, 2008). In Yucatán leben die Menschen im Wesentlichen von Mais, den sie im Brandrodungsfeldbau mit Feldwechsel nach einem ausgeklügelten System anpflanzen, ergänzt durch die (anderen) typischen Nahrungsmittel Zentralamerikas wie Bohnen und Kürbis sowie durch Knollenfrüchte wie Maniok und Süßkartoffeln. Hühner und Schweine werden gehalten, aber nur bei Festen und ähnlich wichtigen Gelegenheiten geschlachtet. Eine erfolgreiche Landwirtschaft setzt genaue Kenntnisse unter anderem des Beginns der Regen- und Trockenzeit voraus und dies war wohl einer der Gründe für die ausgefeilte Zeitrechnung der Maya und ihre detaillierten Kalender (s. Seite 164).

Zahlensystem

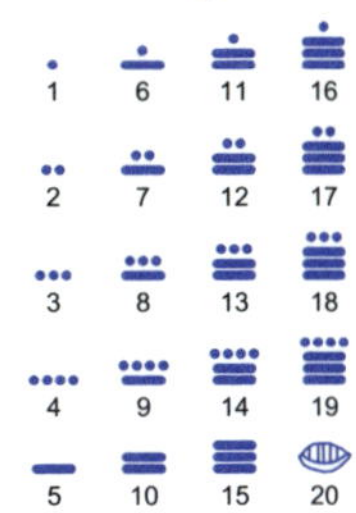

Beispiele für Schriftzeichen

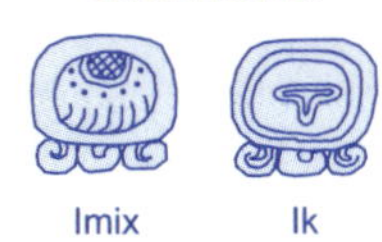

Die ersten beiden Tage eines Monats im Tzolkin-Kalender

fern in Yucatán untersucht. Dabei zeigte sich, dass auch die Yukateken den zyklischen Charakter der Zeit in den Vordergrund rücken. Besonders deutlich wird dies in der traditionellen Zeitrechnung, die mindestens bis zur klassischen Maya-Epoche zurückreicht (Edmonson, 1976; Lounsbury, 1978; Schove, 1984).

Kalenderzyklen

Haab
365 (= 18 · 20 + 5) Tage

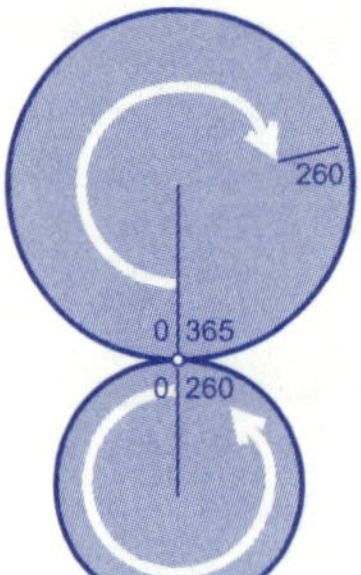

Tzolkin
260 (= 13 · 20) Tage

Die beiden wichtigsten Zyklen des Mayakalenders waren der Jahreskalender *Haab*, bestehend aus 365 Tagen, und der Wahrsagekalender *Tzolkin* aus 260 Tagen. Beide setzten sich aus Einheiten von jeweils 20 Tagen zusammen (was der Basis im Zahlensystem der Maya entspricht; vgl. Kapitel 5, Seite 100). Allerdings wurden dem *Haab* 18 solcher Einheiten zugrunde gelegt (ergänzt um 5 Resttage am Ende des Jahres), dem *Tzolkin* hingegen 13. Die 18 Abschnitte im *Haab* tragen eigene Namen (*Pop, Uo, ...*), die dann in Kombination mit den Tagen jeweils 20-mal durchgezählt werden (1 *Pop*, 2 *Pop, ...*; 1 *Uo*, 2 *Uo, ...*). Im *Tzolkin* ist es gerade umgekehrt: Hier tragen die 20 Tage einer Einheit eigene Namen (*Imix, Ik, ...*), die jeweils 13-mal mithilfe sogenannter „Koeffizienten" durchgezählt werden (Riese, 1990). Wenn man die beiden Zyklen von *Haab* und *Tzolkin* kombiniert, verschieben sie sich bei jedem Durchgang um 105 Tage gegeneinander. Erst nach 52 Jahren geben beide Zyklen wieder das gleiche Datum an. Diesen gemeinsamen Zyklus von 52 Jahren nennt man „Kalenderrunde". In den meisten Kulturen Mesoamerikas war sie die höchste kalendarische Einheit (für den verwandten Kalender der Azteken s. Prem, 1990). Die Maya des Klassikum verwendeten jedoch noch eine weitere Art der Zeitrechnung, die weit darüber hinausreichte, den *Long Count*.

Long Count

Name	Wert	Tage
Kin		1
Uinal	20 *Kin*	20
Tun	18 *Uinal*	360
Katun	20 *Tun*	7.200
Baktun	20 *Katun*	144.000
	13 *Baktun*	1.872.000

Der *Long Count* geht von einem fiktiven Nullpunkt in ferner Vergangenheit aus (vermutlich dem 11. August 3114 v. Chr.), von dem an jeder einzelne Tag quasi abgemessen wird, und zwar mithilfe der in nebenstehender Tabelle aufgelisteten Einheiten. Daten im *Long Count* werden, beginnend mit der größten Einheit, von links nach rechts notiert, wobei die Einheiten durch Punkte getrennt werden. Dies sei an einem Beispiel aus Riese (1990, S. 118 f.) illustriert: Das Datum 9.12.2.0.16 beinhaltet 9 *Baktun*, 12 *Katun*, 2 *Tun* und 16 *Kin* und beträgt damit 1.296.000 + 86.400 + 720 + 16 = 1.383.136 Tage ab Beginn der Maya-Zeitrechnung. Im Julianischen Kalender entspricht dies dem 4. Juli 674. Gemäß dem *Long Count* endete die aktuelle Zeitrechnung der Maya am 21.12.2012 – allerdings bedeutet auch dieses Datum nur den Beginn eines weiteren Zyklus.

Zeit als Kreis

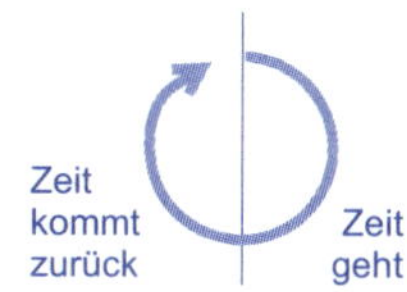

(aus Le Guen & Pool Balam, 2012)

Dass die Zeit im Verständnis der Yukateken nicht in eine bestimmte Richtung fließt, sondern zyklisch verläuft, zeigt sich auch in Beispielen aus dem Alltag. Gefragt, wie alt ihre Tochter sei, antworten die Eltern: „Sie ist drei Jahre alt, jetzt geht sie in ihr viertes, ihr viertes Jahr kommt zu ihr zurück, es bleibt bei ihr im Juni“ (Le Guen & Pool Balam, 2012, S. 8 f.). Dabei wird der Zeitfluss nicht nur als kreisförmig beschrieben, sondern durch die sprachbegleitenden Gesten auch als Kreisbewegung illustriert (wie nebenstehend dargestellt).

Nonverbale Sortieraufgabe für Stadien von Ereignissen

Le Guen und Pool Balam begnügten sich aber nicht mit solchen Sprachbeschreibungen, sondern testeten die kognitiven Auswirkungen ganz direkt, unter anderem mit einer nonverbalen Sortieraufgabe für Ereignisse (wie sie von Lera Boroditsky für die Untersuchung bei den Pormpuraaw entwickelt wurde; s. Boroditsky & Gaby, 2010; s. auch o. Seite 158). Als Material dienen Bilderfolgen zu jeweils vier charakteristischen Stadien unterschiedlicher Ereignisse (für ein Beispiel s. nebenstehende Abb.). Diese Bilder sollen so angeordnet werden, dass sie die Sequenz des Ereignisses wiedergeben. An der Studie von Le Guen und Pool Balam (2012) nahmen 15 Frauen und 11 Männer teil (im Alter zwischen 33 und 73 Jahren). Die Erhebung umfasste zwei Sitzungen, wobei die Sitzposition der Personen bei der zweiten Sitzung im Vergleich zur ersten um 180 Grad gedreht war.

Ergebnisse der Sortieraufgabe

Strategie	%
lateral (links/rechts)	47
sagittal (hin/weg)	16
kreisförmig	9
gestapelt	26
sonstige	4

Aggregiert über beide Sitzungen

Da die Yukateken in der Gestik und für nonverbale Aufgaben im Raum fast ausschließlich den absoluten Referenzrahmen verwenden (Le Guen, 2011), hätte man erwarten können, dass sie – ähnlich wie die Pormpuraaw – auch in der Zeit eine absolute Anordnung nach Himmelsrichtungen präferieren. Dies ist jedoch nicht der Fall. Wie die Tabelle zeigt, wurden insgesamt fünf Strategien genutzt. Bei lateralen Anordnungen überwog dabei die Links-Rechts-Ausrichtung, was der Schreibrichtung im Spanischen entspricht, das einige der Versuchsteilnehmer beherrschten. Bei sagittalen und kreisförmigen Anordnungen kamen dagegen jeweils beide Varianten (*hin zum* vs. *weg vom* eigenen Körper bzw. *im* vs. *entgegen* dem Uhrzeigersinn) gleich häufig vor. Bei stapelweiser Anordnung wurde nur eine Variante beobachtet, und zwar diejenige mit den früheren Stadien unten und den späteren Stadien oben im Stapel. Nur zwei Personen wandten eine Strategie an, die sich möglicherweise am Lauf der Sonne orientierte und damit einem absoluten Referenzrahmen entspricht (da selbst diese aber nicht eindeutig waren, wurden sie unter „sonstige“ einsortiert).

Kein konsistentes kulturelles Muster

Außerdem fiel auf, dass zwar in jeder der beiden Sitzungen jeweils knapp 70 % der Teilnehmer konsistent eine Strategie zur Anordnung der Ereignisse wählten, aber nur 40 % taten dies konsistent über beide Sitzungen hinweg. Das deutet darauf hin, dass es in dieser Kultur keine expliziten Konventionen zur Richtung des Zeitflusses gibt (Ähnliches gilt für die Tzeltal, eine Hochland-Maya-Gruppe, bei denen Penny Brown (2012) eine vergleichbare Studie durchgeführt hat).

Häufigkeit zeitlicher Gesten beim Sprechen über Zeit

Typen von Gesten	%
zeigend (deiktisch)	20
zählend	17
sprachbegleitend	
• unten (Hier & Jetzt)	9
• oben (Ferne)	9
• rollend	46

Anzahl der Gesten = *35*

Den zweiten Satz Daten bilden sprachbegleitende Gesten. Dazu werteten Le Guen und Pool Balam (2012) einen Korpus von vier auf Video aufgezeichneten Sitzungen im Umfang von mehr als einer Stunde aus, mit insgesamt 183 Erwähnungen von Zeit. Dabei ließen sich drei Arten von Gesten für zeitliche Referenzen beobachten: *deiktische* Gesten, also Zeigegesten, bei denen dorthin gewiesen wird, wo ein bestimmter Himmelskörper (meist die Sonne) zum betreffenden Zeitpunkt steht oder stehen würde; *zählende* Gesten, mit denen beispielsweise die Anzahl von Zeiteinheiten bestimmt wird; und schließlich *sprachbegleitende* Gesten für die zeitliche Referenzierung. Letztere kamen in dem Korpus insgesamt 22-mal vor, was – insbesondere wenn man es mit anderen Arten sprachbegleitender Gesten (etwa für die räumliche Referenzierung) vergleicht – erstaunlich selten ist. Bei den sprachbegleitenden Gesten ließen sich drei Typen unterscheiden: eine für das *Hier und Jetzt*, eine für *ferne Zeiten und/oder Orte* und eine *rollende* Bewegung für sich wiederholende Ereignisse oder die sich entfaltende Zeit.

Sprachbegleitende Zeitgesten: entlang der Vertikalachse

Bemerkenswert an diesen Gesten ist, dass keine die vertikale Körperachse verlässt: Die *Hier-und-Jetzt*-Geste zeigt nach unten, die *Ferne*-Geste (mit offener Hand) vage über den Kopf und die rollende Bewegung beschreibt ein Auf und Ab, meist in Form eines Vollkreises. Gesten entlang der Sagittal- oder Lateralachse werden dagegen nicht verwendet, weil sie eine räumliche Richtung andeuten, die im zeitlichen Kontext nicht angebracht ist (räumliche Gesten folgen im Yukatekischen stets dem absoluten, an den Himmelsrichtungen orientierten Referenzrahmen). Anders als bei den Pormpuraaw, die den absoluten Referenzrahmen vom Raum auf die Zeit übertragen, schließt die gleiche Präferenz im Raum seinen Gebrauch für die Zeit bei den Maya also gerade aus.

Die rollende Geste als Ausdruck eines kulturellen Konzepts

Stattdessen wird, insbesondere in der Gestik, eine rollende Bewegung bevorzugt, die nicht nur den zyklischen Charakter der Zeit betont, sondern auch fortschreitende Entwicklung, Abfolge und Kontinuität auszudrücken vermag. Sie ist damit ideal geeignet, sowohl die allgemeinere kulturelle Konzeption von Zeit als auch die spezifischere linguistische Repräsentation von Zeit als einen Zustandswechsel darzustellen (Le Guen & Pool Balam, 2012).

Fazit

Sowohl für die Hopi als auch für die Maya ist Zeit vor allem etwas, das zyklisch verläuft – ein Rad, das sich dreht, aber nicht rollt. Diese Auffassung spiegelt sich in einer ganzen Reihe sprachlicher und kultureller Bereiche wider, von der sprachbegleitenden Gestik bis hin zur Organisation des sozialen und religiösen Lebens. Allerdings unterscheiden sie sich darin nicht prinzipiell, sondern eher graduell von anderen Kulturen, unsere eigene eingeschlossen. Auch in unserem Leben spielen zyklische Ereignisse eine zentrale Rolle – denken Sie nur an den Wechsel von Werktagen und Wochenenden oder an die jährliche Wiederkehr von Geburtstagen, Weihnachten und Silvester. In allen Kulturen der Welt, darf man deshalb vermuten, nehmen Menschen beide Facetten der Zeit wahr: das Unwiederbringliche und Vergängliche auf der einen, das zyklisch Wiederkehrende auf der anderen Seite. Sie unterscheiden sich wohl vor allem darin, welcher von beiden Facetten sie mehr Aufmerksamkeit schenken und mehr Gewicht beimessen bei dem Versuch, ihren Alltag zu strukturieren und zu gestalten.

Aufgaben

Übung 1: Für einen Selbsttest, wie gut oder schlecht Sie das Vergehen von Zeit schätzen können, brauchen Sie eine (Stopp-)Uhr mit Sekundenzeiger. Versuchen Sie mit geschlossenen Augen, 54 × 27 im Kopf auszurechnen. Hören Sie auf, sobald Sie glauben, dass eine Minute vergangen ist. Nun dürfen Sie die Augen wieder öffnen und auf die Uhr schauen – wie viel Zeit ist tatsächlich verstrichen? Machen Sie das gleiche Experiment mit anderen Personen und vergleichen Sie die Ergebnisse: Wie groß ist die Spannweite der Abweichungen?

Übung 2: Unsere Sprache ist voller Redewendungen über die Zeit, etwa „Die Zeit vergeht wie im Flug“. Sammeln Sie weitere Redewendungen und versuchen Sie, diese nach ihrem Gegenstandsbereich zu kategorisieren: Womit wird die Zeit verglichen oder wozu wird sie in Bezug gesetzt? Welche Konzepte liegen dem jeweiligen Zeitbegriff zugrunde? Und wie gut lassen sich diese Konzepte vereinbaren?

Übung 3: Auf Seite 165 wird ein Experiment beschrieben, mit dem sich untersuchen lässt, wie Personen sich die Zeit vorstellen. Das dort beschriebene Beispiel legt eine zyklische Sequenz nahe, denn Hühner legen nicht nur Eier, sondern entstehen auch aus ihnen. Andere Ereignisse sind dagegen eindeutiger linear, wie eine Banane, die aufgegessen wird. Erstellen Sie für solch zyklische und lineare Sequenzen Abbildungen und bitten Sie Freunde und Bekannte, diese zu ordnen. Nach welchen Strategien gehen sie vor und zu welchem Ergebnis gelangen sie?

Übung 4: Zeitliche Konzepte werden immer dann angesprochen, wenn es um den Hergang von Ereignissen, historische Entwicklungen oder Biografien von Personen geht. Nutzen Sie das nächste Gespräch zu einem solchen Thema (gerne auch im Fernsehen), das Sie als Zuschauer verfolgen können, um auf die Gesten zu achten, mit denen Personen ihre Worte begleiten: Welche Arten von Gesten können Sie beobachten? Worin unterscheiden sie sich (z. B. wie konkret sind sie, welche Form haben sie, welche Richtung deuten sie gegebenenfalls an)? Und auf welches Konzept von Zeit deuten die Gesten hin?

Weiterführende Literatur

Anschauliche Einführungen zu physikalischer Zeit, Relativitätstheorie, Zeitpfeil und Chronobiologie geben Hawking (1992), Fritzsch (1990), Breuer (1987) und Spork (2004). Wie verschiedene Kulturen mit Zeit umgehen, ist bei Levine (2001) sehr schön beschrieben. Wer sich für sprachliche Relativität interessiert, sollte die Sammlung von Whorf (1991; original in Carroll, 1956) lesen, um sich selbst eine (durchaus kritische) Meinung bilden zu können. Den aktuellen Stand der Forschung zum Sprechen und Denken über Zeit findet man u. a. in den Arbeiten von Lera Boroditsky (z. B. Boroditsky & Ramscar, 2002; Boroditsky & Gaby, 2010), die auch durch ihre Kreativität bestechen, und in dem *Research topic „Time in terms of space"*, das in *Frontiers in Psychology: Cultural Psychology* publiziert ist. Die Kultur der Maya wird in Grube (2000) fundiert beschrieben, den Bezug zur Zeit stellen Gossen (1974), León-Portilla (1990) und Tedlock (1992) her. Eine Einführung in die Kalenderrechnung der Maya findet sich in Riese (1990), der auch Hinweise zu Hilfsmitteln, Umrechnungstabellen und Literatur gibt. Und schließlich seien auch zwei nicht wissenschaftliche Klassiker empfohlen: „Momo" von Michael Ende und „Hector und die Entdeckung der Zeit" von François Lelord (2008).

8 Mit den Sternen segeln

Wie Navigatoren auf See Raum und Zeit integrieren

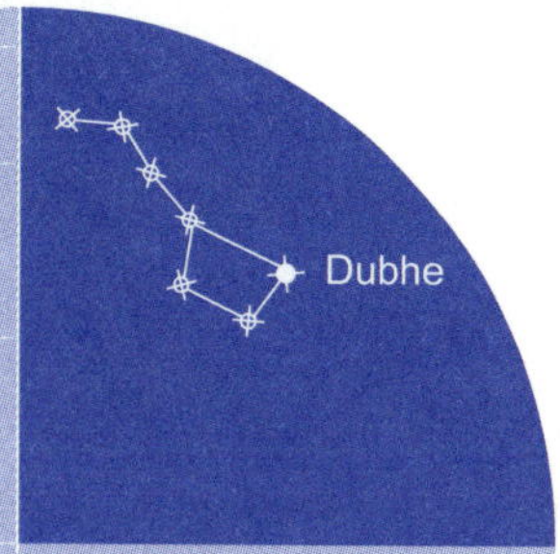

> Mangels einer brauchbaren Methode zur Bestimmung der Länge waren im Zeitalter der Entdeckungen selbst die größten Kapitäne auf hoher See orientierungslos … von Ferdinand Magellan bis Sir Francis Drake – sie alle gelangten mehr oder weniger zufällig zu den Orten, die sie erreichten …
> *Dava Sobel, Längengrad, 2011, S. 12.*

Orientierung auf See

In Kapitel 6 haben wir gesehen, wie schwierig die Orientierung an Land sein kann – um wie viel schwieriger muss sie erst auf See sein? Wenn man sich von der Küste entfernt, verschwinden hilfreiche Landmarken rasch am Horizont; einzig die endlose Wasserfläche bleibt. Die Fahrt selbst ist eintönig und mit wenig Veränderung verbunden, sodass auch der Zeitverlauf schwer einzuschätzen ist. Ohne Hilfsmittel zur Zeit- und Positionsbestimmung wie klassisch Kompass, Sextant, Uhr und Seekarte oder neuerdings das satellitengestützte *Global Positioning System* GPS wären wir hilflos. Allein nach der Sonne oder den Sternen zu navigieren wäre ein Abenteuer mit ungewissem Ausgang.

Frühe Navigationskünste

Von den austronesischen Seefahrern weiß man jedoch, dass sie diese Aufgabe ohne all die modernen Hilfsmittel gemeistert haben. Vor rund 6000 Jahren von der Südküste Chinas kommend, haben sie nahezu die gesamte pazifische Inselwelt besiedelt, und auch ihre Nachfahren in Polynesien und Mikronesien unternahmen weite Fahrten, um Handel zu treiben, Tribute einzufordern, religiöse Treffen abzuhalten oder Krieg zu führen (Bellwood, 1978; Bellwood et al., 1995; Finney, 1996; Lewis, 1994). Ihre Navigationskünste haben viele westliche Seefahrer tief beeindruckt: Selbst auf langen Fahrten behielten die Navigatoren eine ausgezeichnete Orientierung und ihre Schiffe erreichten meist ihr Ziel.

Leitfragen

Dies wirft zwei Fragen auf: Erstens, wie orientierten sich die Navigatoren auf hoher See, wo es doch viel weniger Orientierungshilfen gibt als auf dem Land? Hierzu gehört zum Beispiel, das räumliche Wissen über die Lage der Inseln flexibel nutzbar zu organisieren und die Kurse für eine Fahrt zu bestimmen. Zweitens, wie fanden sie in den Weiten des Ozeans ihre Ziele, wo doch die meisten pazifischen Inseln nur kleine, über wenige Quadratkilometer ausgedehnte Atolle sind? Hierfür ist essenziell, den zeitlichen Verlauf einer Fahrt abschätzen zu können und am Ende an der gesuchten Insel nicht vorbeizusegeln.

Aufbau des Kapitels

Die traditionellen Segelmethoden werden am Beispiel von Navigatoren der Karolineninseln in Mikronesien vorgestellt, die noch bis in die 1960er-Jahre nach dem überlieferten Wissen zur See fuhren. Als Hintergrund wird zunächst die Geografie der Karolinen beschrieben (Kapitel 8.1). Dann werden die Boote vorgestellt, mit denen sich die Navigatoren aufs Meer hinauswagten (Kapitel 8.2). Das zentrale Konzept der Karoliner für die räumliche und zeitliche Orientierung war ihr „Sternenpfadkompass" (Kapitel 8.3). Er wurde verwendet, um zu Beginn einer Fahrt den Kurs zu setzen und während der Fahrt das Vorankommen abzuschätzen (Kapitel 8.4). Das Beispiel zeigt, wie verschiedene kognitive Funktionen zusammenspielen, um sich dieses Knowhow anzueignen und es erfolgreich nutzen zu können (Kapitel 8.5).

8.1 Die Geografie der Karolineninseln

Geografische Lage

Die Karolinen umfassen rund 500 Inseln, die mehrere Gruppen bilden: Die *Palau*-Inseln, die heute eine eigene Republik sind, und die Inselgruppen *Yap*, *Chuuk*, *Pohnpei* und *Kosrae*, die sich zu den Föderierten Staaten von Mikronesien zusammengeschlossen haben. Geografisch liegen sie zwischen 10° 6′ (zu lesen als „10 Grad und 6 Minuten") und 1° 3′ nördlicher Breite und zwischen 131° 4′ und 163° 6′ östlicher Länge. Da 1 Grad 60 Seemeilen zu je 1,852 Kilometern entspricht, dehnen sich die Karolinen also in Nord-Süd-Richtung rund 1000 Kilometer und in Ost-West-Richtung rund 3500 Kilometer aus.

Breiten- und Längengrade als Raumreferenzsystem

Breitengrade sind definiert als Winkelabweichung vom Äquator zu den Polen: Der Äquator hat den Wert 0°, der Nordpol 90° nördliche Breite und der Südpol 90° südliche Breite. Breitengrade sind somit eindeutig bestimmt. Für die Längengrade, die von Pol zu Pol laufen, gilt dies nicht. In Ost-West-Richtung kann der Nullpunkt *(Nullmeridian)* beliebig gesetzt werden. Auf der internationalen Meridian-Konferenz von 1884, auf der auch das Weltzeitsystem festgelegt wurde, hat man sich auf den Längengrad der Sternwarte in Greenwich (England) als Null-

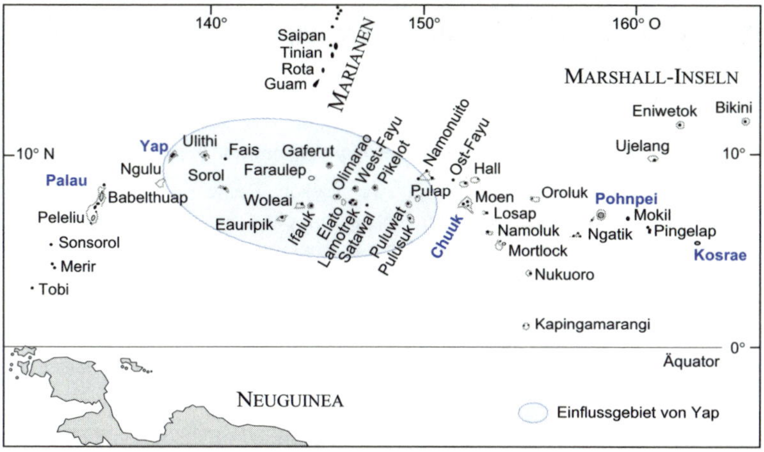

Abbildung 24: Die Karolineninseln zwischen Neuguinea, den Marianen und den Marshall-Inseln

meridian geeinigt. Längengrade werden seither als Winkelabweichung von diesem Meridian angegeben und jeweils bis 180° nach Westen und Osten gezählt. Breiten- und Längengrade bilden also ein absolutes, an der Erde orientiertes Referenzsystem (s. Kapitel 6). Seine Entwicklung war für die europäische Seefahrt von zentraler Bedeutung; die Bestimmung der Längengrade auf See blieb jedoch bis ins 18. Jahrhundert ein ernstes Problem für die Navigatoren.

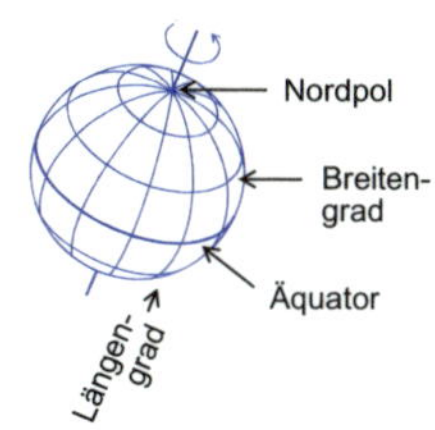

Passatwinde und Äquatorialströmungen

Die geografische Lage der Karolinen in der Nähe des Äquators hat verschiedene Konsequenzen für das Klima. Zum einen sind die Schwankungen der Tageslänge übers Jahr hinweg recht gering und Jahreszeiten nicht sehr ausgeprägt. Das Klima ist feucht-warm. Zum anderen liegen die Inseln im System der Passatwinde. Von November bis März weht der Nordostpassat, von April bis September der Südwestpassat. Damit verbunden sind starke Meeresströmungen: Die Nordäquatorial- und Südäquatorialströmung fließen mit den Passaten von Ost nach West, die etwas schwächere äquatoriale Gegenströmung fließt ungefähr am Äquator von West nach Ost. Wie die Passatwinde, so verschieben sich auch diese Strömungen über das Jahr hinweg: Im August verlaufen sie weiter nördlich, im Februar weiter südlich (Lewis, 1994, S. 142 f.). Für die Karolinen bedeutet dies, dass die Hauptströmung mit der Jahreszeit wechselt: Im August liegen die Inseln in der äquatorialen Gegenströmung von West nach Ost, im Februar dagegen in der Nordäquatorialströmung von Ost nach West.

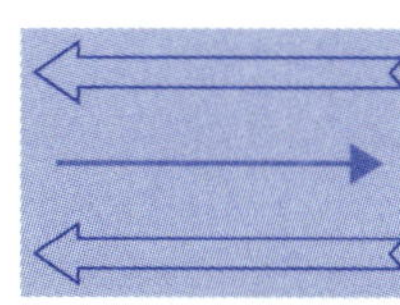

Nord- und Südäquatorialströmung (oben und unten), äquatoriale Gegenströmung (Mitte)

Die Karolinen

Die über 500 als Karolinen bekannten Inseln südöstlich der Philippinen und nördlich von Neuguinea gehören heute zwei Staaten Mikronesiens an, der Republik Palau und den Föderierten Staaten von Mikronesien FSM, zu denen sich Yap, Chuuk, Pohnpei und Kosrae zusammengeschlossen haben.

Besiedelt wurden die Karolinen in zwei Wellen: Palau und Yap ab 2000 v. Chr. aus dem Westen von den Philippinen, die Zentralkarolinen ab 1000 v. Chr. von Melanesien über die Marshall-Inseln aus dem Osten (Bellwood, 1978). Die Besiedlungsgeschichte spiegelt sich auch in den Sprachen wider: Palau und Yap sind verwandt, aber deutlich verschieden von der Dialektkette, die sich von Ulithi bis Chuuk zieht. Die Kulturen und Sprachen der südlich gelegenen Inseln Nukuoro und Kapingamarangi sind polynesischer Herkunft.

Die neuere Geschichte wurde geprägt von den Kolonialmächten Spanien (ab 1885), Deutschland (ab 1899) und Japan (ab 1914). 1947 wurden die Karolinen als UN-Treuhandgebiet den USA unterstellt; die FSM sind seit 1979 unabhängig, Palau seit 1994.

Die Inseln der Karolinen sind vulkanischen Ursprungs. Sie ragen teils noch als hohe Berge aus dem Meer, teils sind sie zu flachen Koralleninseln erodiert. Das Klima in der Passatzone ist tropisch und bringt gelegentlich schwere Taifune. Traditionell wurden Brotfrucht, Taro, Yams, Kokosnuss und Pandanus angebaut; die Proteinversorgung wurde durch Fischfang gesichert. Auf manchen Inseln ergänzten auch Schweine und Hühner die Ernährung. Die soziale Organisation basierte auf Rangsystemen, wobei sich der Rang einer Person unter anderem aus ihrem Wohlstand und der Klanzugehörigkeit ergab (Bellwood, 1978).

Unter den Karolineninseln spielte Yap eine besondere Rolle, denn es war Ausgangspunkt für ein ausgedehntes Tribut- und Geschenksystem (Bellwood, 1978). Dieses erstreckte sich entlang der Inselkette ostwärts über 1100 Kilometer bis Pulap, Pulusuk und Namonuito. In regelmäßigen Abständen wurden von dort Segel und Matten aus Pandanus, Seile oder Kokosöl als Tribut nach Yap geliefert; mit Geschenken aus Yap kehrte man wieder zurück. Auch für sein „Steingeld“ – Scheiben mit bis zu vier Meter Durchmesser – wurde Yap berühmt. Der Stein wurde auf Palau gebrochen und mit Booten nach Yap geschafft. Das Steingeld war vor allem Prestigesymbol, diente aber auch dem Handel mit Konkubinen für die Männerhäuser.

Die bedeutendsten steinernen Monumente der Karolinen finden sich indes auf Pohnpei: die Ruinen von Nan Madol (Bellwood, 1978). Vermutlich ab dem 13. Jahrhundert entstand hier ein religiöses und politisches Zentrum, das erst im frühen 19. Jahrhundert endgültig aufgegeben wurde. Die Anlage besteht aus 92 steinernen Plattformen, die bei Flut durch Wasser getrennt sind. Nadol Powe im Norden war das Wohngebiet der Priester und Begräbnisstätte, Madol Pah im Süden war königlicher Wohnsitz mit kultischer Funktion. Manche Plattformen hatten spezifische Funktionen: Sie dienten der Nahrungszubereitung, der Kokosölherstellung und dem Bootsbau.

Die Nähe zum Äquator hat noch eine weitere Konsequenz, die, wie wir später sehen werden, speziell die räumliche Orientierung erleichtert: einen besonderen Lauf der Gestirne über den Himmel. Bevor erläutert wird, wie geschickt die karolinischen Navigatoren die Sterne zu nutzen wussten, soll zunächst ihr typisches Boot vorgestellt werden.

8.2 Unterwegs in Auslegerbooten

Europäisches versus mikronesisches Bootsdesign

Erstmals erwähnt wurden die Segelkünste der Polynesier und Mikronesier in den Berichten europäischer Entdecker, die ab dem 16. Jahrhundert in den Pazifik vorstießen; die bekanntesten unter ihnen sind der portugiesische Weltumsegler Magellan (1480–1521) und der Brite James Cook (1728–1779). Die ersten wissenschaftlichen Aufzeichnungen stammen von deutschen Gelehrten (z. B. Schück, 1882; Sarfert, 1911; Hambruch, 1912). Bereits im Grunddesign unterschieden sich die Boote von denen der Europäer. Das europäische Boot ist symmetrisch zur Längsachse; Bug (vorne) und Heck (hinten) sind verschieden. Um die Stabilität zu erhöhen und ein Kentern zu verhindern, wird der Boden mit Ballast gefüllt oder eine Kielflosse als Ballast unten am Rumpf angebaut. Gesteuert wird mit einem Ruder am Heck (Abb. 25, A,). Anders das Boot der Mikronesier: Es ist nicht symmetrisch und Bug und Heck sind nicht festgelegt. Stabilisiert wird das Boot weder durch Ballast noch Kiel, sondern durch einen Ausleger auf der dem Wind zugewandten Seite. Ein Steuerruder ist nicht fest installiert (Abb. 25, B.).

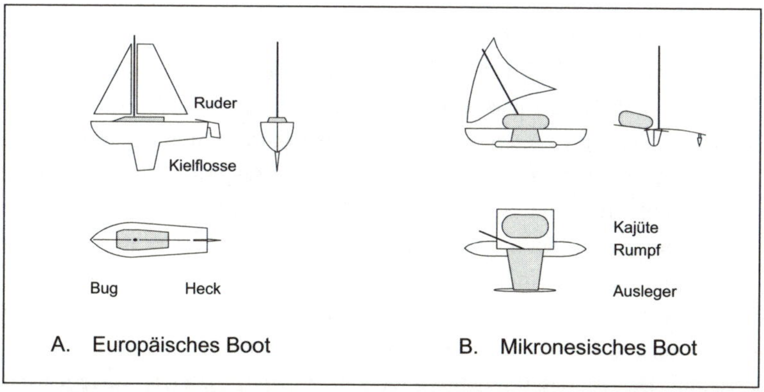

Abbildung 25: Schematische Darstellung eines europäischen und mikronesischen Bootes in Seitenansicht (jeweils oben links), Vorderansicht (oben rechts) und Draufsicht (unten)

Bauweise eines Auslegerbootes

Der Kiel des Rumpfes ist aus *einem* Stamm gehauen, die Seiten sind aus Planken gefertigt, die mit Schnüren verknotet und abgedichtet werden. Der Ausleger und die Plattform für die Kajüte werden mit Stangen am Rumpf vertäut; der Mast ist mit Seilen – der Takelage – fixiert (z. B. Alkire, 1970, S. 23–37; Gladwin, 1970, S. 65 ff.). Das dreieckige Segel bestand ursprünglich aus geflochtenen Matten, später wurde Stoff verwendet. Kein einziges Teil ist aus Metall, das im Pazifik auch praktisch nirgends vorkommt. Die Boote können verschieden groß sein. Die von Gladwin (1970, S. 76) vermessenen karolinischen Schiffe hatten eine Länge von 7 bis 9 Metern und einen Tiefgang von 0,75 Metern. Sie trugen fünf bis sechs Personen, dazu Proviant und Handelsgüter. Dieser Typ eines Hochseeboots war zwar nicht der einzige im Pazifik, aber er war der am weitesten verbreitete (Finney, 1994; Lewis, 1994).

Wind, Abdrift und Versatz beeinflussen den Kurs beim Segeln.

Mehrere Faktoren bestimmen, welchen Weg ein Segelboot zurücklegt. Der Wind soll einen natürlich in die gewünschte Richtung bringen. Gleichzeitig bewirkt er aber auch eine Abweichung vom gesteuerten Kurs *(Abdrift)*, was durch eine Kielflosse reduziert wird. Auch das Meer sorgt für Bewegung; seine Strömung trägt einen auch ohne Wind fort *(Versatz)*. Da man auf dem Boot Teil der See ist, kann man diese Bewegung ohne äußere Orientierungspunkte nicht wahrnehmen. Aufgrund von Abdrift und Versatz sind angesteuerter Kurs und tatsächlich zurückgelegter Kurs über Grund zwei verschiedene Dinge.

Die Wirkung des Auslegers

Auch der Ausleger spielt eine wichtige Rolle für den zu steuernden Kurs. Auslegerboote werden so gesegelt, dass sich der Ausleger immer auf der Windseite befindet und somit möglichst wenig ins Wasser reicht. Dennoch erzeugt er einen einseitigen Widerstand. Ohne Gegenmaßnahme würde sich das Boot quer in den Wind drehen und zum Stehen kommen. Dem muss also entgegengesteuert werden. Kommt der Wind seitlich von hinten, korrigiert man mit dem Segel. Um Kurs zu halten, ist dann nicht einmal ein Steuerruder notwendig. Gebraucht wird es nur, wenn der Wind direkt von hinten kommt; auf der anderen Längsseite hinten ins Wasser gelassen, gleicht es dann den Widerstand des Auslegers aus. Bei einer Fahrt gegen den Wind muss man in regelmäßigen Abständen *kreuzen*. Damit der Ausleger dabei auf der Windseite bleibt, wird das Segel von vorne nach hinten umgesetzt – ein Boot europäischer Bauart dagegen muss wenden (Abb. 26). Der Ausleger hat aber auch noch andere Eigenschaften: Ohne Schwert und Ballast sind Tiefgang und Strömungswiderstand geringer. Die Boote können somit

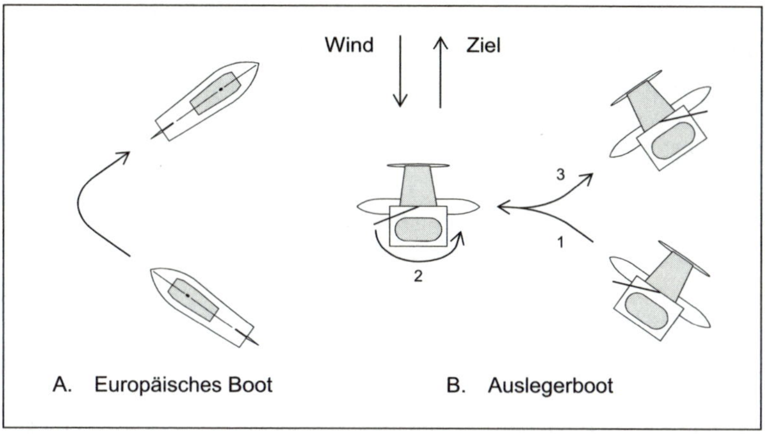

Abbildung 26: Kreuzungsmanöver bei einer Fahrt gegen den Wind

auch in flache Lagunen fahren und sind recht schnell; je nach Wind erreichen sie mehr als 6 Knoten, das sind 11 Kilometer pro Stunde (Gladwin, 1970).

Die Traditionen der Mikronesier und Polynesier unterschieden sich von denjenigen der Europäer aber nicht nur im Bootsbau, sondern auch in der Art des Navigierens. Wohl nutzten beide die Sterne zur Orientierung, aber auf ganz unterschiedliche Weise.

8.3 Orientierung an den Sternen

Navigation

Navigieren heißt, ein Boot, ein Flugzeug oder ein Auto von einem Punkt zu einem anderen zu steuern. Nach unserer westlichen Konzeption besteht ein zentrales Element darin, die aktuelle Position relativ zu einem räumlichen Referenzsystem zu bestimmen und dann den Kurs zum Ziel festzulegen (Hutchins, 1995). Navigationsgeräte, wie sie im Auto eingesetzt werden, berechnen aus der Position des Autos in Längen- und Breitengraden den Weg und zeigen ihn auf einer Karte an.

Astronomische Navigation

Beim Segeln wird ganz analog vorgegangen. Als es das GPS und die Funkpeilung für die Positionsbestimmung noch nicht gab, nutzte man Sternenpositionen und Sonnenstand, um Längen- und Breitengrade zu ermitteln. Wie die Sonne gehen auch die Sterne im Osten auf und im Westen unter. Ihre Bewegung über das Firmament wird verursacht durch die Drehung der Erde um ihre Achse von West nach Ost, ist also nur eine Scheinbewegung. Anders als die Planeten behalten die Sterne ihre relative Position zueinander bei, weshalb sie sich zu Sternbildern gruppieren lassen. Der Nachthimmel verändert sich allerdings mit den Jahreszeiten, da die Sterne jede Nacht etwa vier Minuten früher aufgehen. Dies hat Konsequenzen für die astronomische Navigation.

Während man den Breitengrad einer Position mithilfe eines Sextanten allein durch Peilung eines Fixsterns bestimmen kann, muss man zur Bestimmung des Längengrads zusätzlich Datum und Uhrzeit kennen. In der Geschichte der europäischen Seefahrt blieben Längengrade deshalb ein Problem, solange man noch keine genauen Uhren zur Verfügung hatte. Die eigene Position nützt einem aber nur dann etwas, wenn man sie zum Ziel in Beziehung setzen kann. Dabei helfen Seekarten und der magnetische Kompass, der in Europa etwa seit 1190 n. Chr. bekannt ist.

Eigenschaften der Sternbewegung

Obwohl die europäische Art der astronomischen Navigation die Sterne nutzt, baut sie letztlich auf einem räumlichen Referenzsystem auf, das an der Erde ausgerichtet ist. Im Gegensatz dazu basiert die astronomische Navigation der Karoliner auf zwei Eigenschaften der Sternbewegung: Zum einen bleiben die Auf- und Untergangspunkte der Sterne am Horizont dieselben, auch wenn sich ihre Aufgangszeiten übers Jahr hinweg verändern. Zum anderen gehen in Äquatornähe – und nur dort – die Sterne nahezu *senkrecht* auf und unter, mit nur geringen Abweichungen nach Norden oder Süden (vgl. Abb. 27). Diese Eigenschaften nutzend, konstruierten die Karoliner ein räumliches Referenzsystem, das an den Sternen selbst ausgerichtet ist: einen *Sternenpfadkompass*.

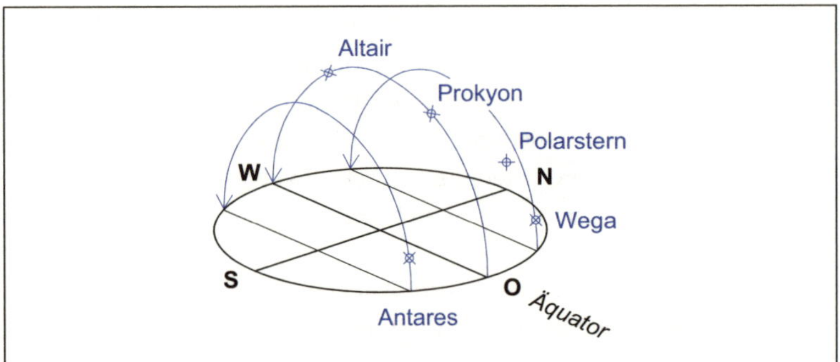

Abbildung 27: Die scheinbare Bewegung der Sterne in Äquatornähe

Der karolinische Sternenpfadkompass

14 Sterne und das Kreuz des Südens geben Orientierung.

Weil die Sterne immer an denselben Punkten auf- und untergehen, markieren sie feste Positionen am Horizont. Die Karoliner nutzten 14 Sterne und das Sternbild „Kreuz des Südens“, um 32 Richtungen zu definieren: Norden durch den Polarstern, der rund 8° über dem Horizont steht, 26 Richtungen durch die Auf- und Untergangsstellen von 13 Sternen und fünf weitere Richtungen durch das Kreuz des Südens. Abbildung 28 zeigt den Kompass nach Goodenough (1953). Die Sterne sind darin gemäß westlicher Nomenklatur nach dem Sternbild bezeichnet, zu dem sie gezählt werden: So steht β *Ursae minoris* für den zweithellsten Stern (β) im Sternbild der kleinen Bärin (Ursa minor), der auch Kochab genannt wird. Die Plejaden bezeichnen einen Sternhaufen mit der wissenschaftlichen Bezeichnung M45.

Die Grafik zeigt die wahren Winkel zwischen den Sternenpositionen. Da sie nicht punktsymmetrisch zum Mittelpunkt sind wie bei einem Magnetkompass, hat nicht jede Position eine Gegenposition exakt dem Mittelpunkt gegenüber. Sie sind allerdings spiegelsymmetrisch bezüg-

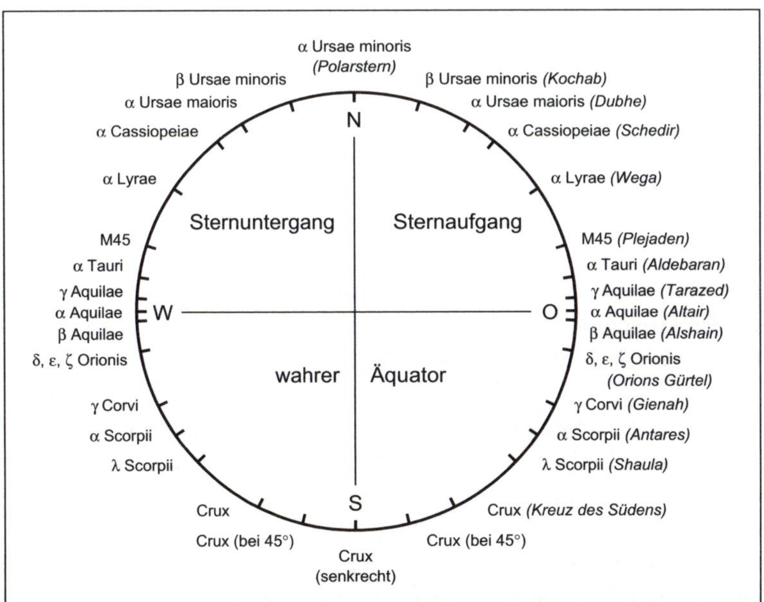

Abbildung 28: Die Sterne des karolinischen Sternenpfadkompasses (n. Goodenough, 1953, S. 6)

lich der Nord-Süd-Achse. Mit Ausnahme der Nord- und Südposition hat jede Sternaufgangsposition eine Gegenposition auf der Untergangsseite. Der Äquator verläuft unter der Bahn von Orions Gürtel. Da die Karolinen nördlich des Äquators liegen, zeigt dort ein anderer Stern die wahre Ost-West-Richtung an: Altair im Sternbild Adler. Er bewegt sich etwa 8° nördlich des Äquators über den Himmel und ist Zenitstern der Insel Puluwat, wo er „großer Vogel" genannt wird (Gladwin, 1970).

Sternenpfade

Den Navigatoren genügten wenige Anhaltspunkte, um den ganzen Kompass auszurichten. Dies reichte allerdings nicht, um die Sterne auch als Richtungsweiser beim Segeln verwenden zu können, denn je höher ein Stern am Himmel steigt, desto weniger erfüllt er seine Funktion. Optimal ist eine Höhe von 15° (Lewis, 1994, S. 97). Aus diesem Grund definierten die Mikronesier sogenannte Sternenpfade. Jeder Pfad ist nach einem Leitstern benannt und fasst sechs bis zehn Sterne zusammen, die alle an derselben Position aufgehen und dieselbe Bahn über den Himmel nehmen (Hutchins, 1995, S. 68). Auf dem Pfad des Altair etwa folgen unter anderem Prokyon aus dem Sternbild des Kleinen Hundes und Bellatrix aus dem Orion.

Ein absolutes Referenzsystem

Der Sternenpfadkompass definiert damit ein absolutes Raumreferenzsystem, in dem jeder Hauptstern und sein Sternenpfad über die Nacht verteilt eine eindeutige Richtung weisen.

Inseln unter den Sternen

Die Sternennamen und der Kompass waren mit die ersten Dinge, welche die Navigatoren in ihrer Ausbildung beherrschen lernen mussten. Die Mikronesier verwendeten zu diesem Zweck jedoch anstelle einer runden Darstellung wie der von Goodenough meist eine eckig-symmetrische, die sie mit Steinen in den Sand legten (s. Abb. 29).

Kompasstraining

Diese externe Repräsentation hat eine gedächtnistechnische Funktion: Insbesondere die Seitenmitten und die Ecken sind markante Punkte, die als Gedächtnisstütze dienen. Für das Einprägen gab es verschiedene Übungen (Akimichi, 1987; Alkire, 1970; Riesenberg, 1972). Nach Alkire (1970) wurden in der ersten die Sternennamen der Reihenfolge nach gelernt. Man rezitierte vier Sets von acht Sternen: vom Aufgang des Altair bis zum Polarstern (1–8), vom Polarstern bis zum Untergang des Altair (8–15) und so weiter, bis man wieder bei Position 1 angekom-

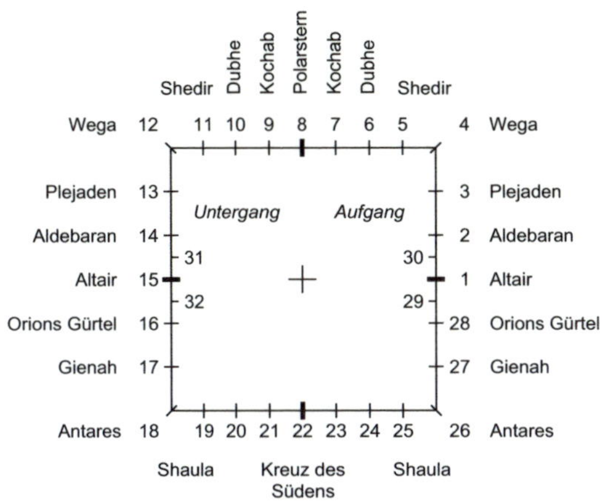

Abbildung 29: Darstellung der Sternenpositionen (n. Alkire, 1970, S. 42)

men war. Die Positionen 29 bis 32 wurden separat gelernt. In einer zweiten Übung wurden Auf- und Untergangspositionen paarweise rezitiert, und zwar zwei Sets mit je acht Paaren (1 & 15, 2 & 14, 3 & 13 usw.). In der dritten Übung wurden punktsymmetrische Paare rezitiert (1 & 15, 2 & 16, 3 & 17 usw.). Ziel dieser Übungen war es, das Referenzsystem schnell und flexibel aus dem Gedächtnis abrufen zu können.

Der Kompass als Richtungsweiser

Die vierte der bei Alkire (1970) beschriebenen Übungen schließlich verband den Kompass mit den Inseln. Für jede Ausgangsinsel musste gelernt werden, welcher Sternenkurs zu welcher benachbarten Insel führte. Lag in eine Richtung des Kompasses keine Insel, so wurde die Position dennoch nicht ausgelassen, sondern durch ein Riff oder ein anderes Merkmal besetzt. Abbildung 30 auf Seite 180 illustriert ein solches Schema für die Ausgangsinsel Woleai. Wollte man von dort beispielsweise nach Faraulep segeln, so musste man der Aufgangsposition von Dubhe (6) in nordöstlicher Richtung folgen.

Vernetztes Wissen in mentalen Karten

Das in solchen Schemata repräsentierte räumliche Wissen bildet die Grundlage der mentalen Karte eines Navigators. In Kombination mit dem Sternenkompass ist die Karte räumlich absolut orientiert und ihre Elemente sind stark vernetzt. Die Gesamtzahl an Schemata bestimmt die Ausdehnung des Segelgebiets eines Navigators. Durch verschiedene Übungen, Lieder und Spiele wurde dieses Wissen von Navigationsschülern immer wieder trainiert und weiter vertieft. Karten in Form

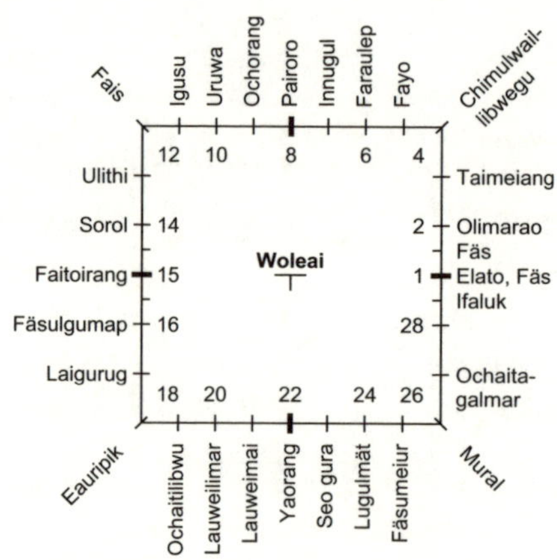

Abbildung 30: Inselschema von Woleai; die Namen bezeichnen Ziele, die Zahlen Sternenpositionen (n. Alkire, 1970, S. 45).

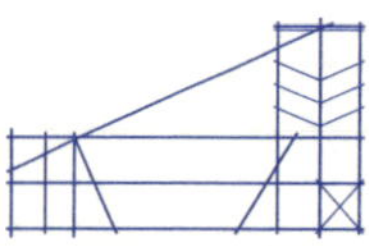

Beispiel für eine Stabkarte von den Marshall-Inseln

externer Repräsentationen kannte man zwar auch – zum Beispiel auf den Stabkarten der Marshall-Inseln, die mit Stäben und Muscheln Strömungen und Inseln repräsentierten (s. Finney, 1998; Lewis, 1994) –, diese wurden aber nicht mit auf die Boote genommen. Gesegelt wurde allein nach der mentalen Karte. Für erfolgreiche Fahrten musste man deshalb auch die Inseln und Riffe kennen, musste wissen, wie lange die Fahrt von einer Insel zur nächsten in etwa dauert, und musste aus der Beobachtung des Wetters und des Meeres die richtigen Schlüsse ziehen.

8.4 Von Insel zu Insel

Abschnitte einer Fahrt:
- Zielkurs wählen
- Kurs halten
- Zielinsel finden

Eine Fahrt kann in drei Abschnitte mit unterschiedlichen Aufgaben unterteilt werden (Gladwin, 1970, S. 147): Am Beginn muss man den Kurs für die Zielinsel wählen, im Verlauf der Fahrt das Kanu auf Kurs halten sowie den zurückgelegten Weg schätzen und am Ende schließlich darf man das Ziel nicht verpassen.

Der Beginn einer Fahrt

Vorbereitung einer Fahrt

Die Vorbereitungen für eine Fahrt wurden meist vormittags getroffen. Man ließ das Kanu aus dem Bootshaus zu Wasser, vertäute Kajüte, Mast und Segel, lud Proviant und als Wasservorrat Kokosnüsse. War alles bereit, konnte es losgehen. Inzwischen war es Mittag. Sterne sah man dann natürlich keine und auch die Sonne war keine Hilfe, denn mittags stand sie hoch am Himmel. Orientierung gab dafür die Insel, die man hinter sich ließ.

Rückwärtsorientierung an der Startinsel

Je nach Ziel hat man die Insel in eine bestimmte Richtung zu verlassen. Solange die Insel sichbar ist, kann man den Kurs direkt an ihr ausrichten. Dazu peilt man rückwärtig zwei möglichst hohe Landmarken an, die auf dem gewünschten Kurs liegen, und steuert das Boot so, dass es eine Gerade mit den Landmarken bildet *(Deckpeilung)*.

Hat man die schützende Lagune verlassen, ist man Teil des offenen Meeres und seiner Strömungen, die es zu beachten gilt. Die Hauptströmungen im Gebiet der Karolinen verlaufen in Ost-West-Richtung (s. Seite 171); zwischen den Inseln sind die Strömungsverhältnisse jedoch oft anders. Zur Rückwärtspeilung gehört es deshalb auch, Richtung und Stärke der aktuellen Strömung abzuschätzen und den Kurs daran anzupassen. Dies ist nur möglich, solange man die Insel oder einen anderen festen Punkt als Referenz hat.

Abfahrt von der Insel Puluwat nach Pulusuk und Satawal

Südlich von Puluwat, in nicht allzu großer Entfernung, liegt Pulusuk, Sternenkurs „Kreuz des Südens". Rückwärtig angepeilt wurde für diesen Kurs die Insel Elangelab am Nordrand des Atolls über die Südspitze von Puluwat. Je nach Strömung orientierte man sich dabei an Bäumen am westlichen oder am östlichen Rand von Elangelab (vgl. Abb. 31 auf Seite 182). Die Insel Satawal ist von Puluwat deutlich weiter entfernt: rund 130 Meilen in westliche Richtung, Sternenkurs „Untergang des Altair". Für diesen Kurs wurden einige große Brotfruchtbäume jenseits der Kanuhäuser über die Spitze der nach Norden weisenden Landzunge angepeilt. Galt es, eine Strömung nach Nordwesten auszugleichen, so steuerte man das Boot für einige Zeit eine Sternenposition weiter südwärts und erst später direkt in westliche Richtung.

Sicherheit hatte Priorität.

Um weite Fahrten über das offene Meer zu vermeiden, wurden häufig längere Wege in Kauf genommen, die dafür mehr Orientierung boten: Als „Seemarken" dienten Riffe, Sandbänke und Untiefen. Satawal etwa wurde oft nicht direkt angesteuert, sondern über Pikelot, das nur rund 100 Meilen von Puluwat entfernt ist. Der Sternenkurs dorthin liegt zwischen dem Untergang der Plejaden und der Wega in nordwestlicher Richtung. Die meisten Navigatoren steuerten jedoch zunächst eine Ster-

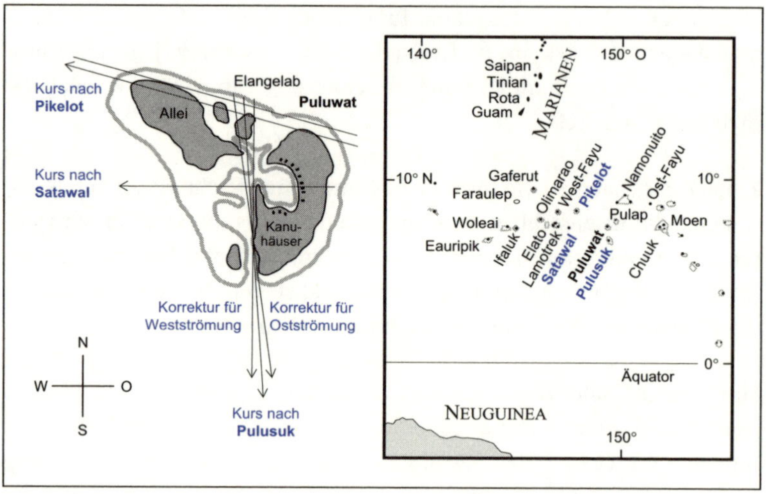

Abbildung 31: Rückwärtsorientierung an Puluwat für verschiedene Kurse mit Vergleichskarte (modifiziert n. Gladwin, 1970, S. 166)

nenposition nördlicher, Richtung Untergang der Kassiopeia, um bereits nach 30 Meilen die Sandbank „Graue Feder" zu erreichen, die so groß ist, dass man sie kaum verpassen kann (vgl. Abb. 33, Seite 186). Daran entlang ging es weiter zum Kondor-Riff, das Pikelot im Osten flankiert – ein Kurs von maximaler Orientierungsmöglichkeit und Sicherheit.

Was während einer Fahrt zu tun ist

Etaks: die Abschnitte einer Fahrt

Ist man endlich in See gestochen, heißt es für lange Zeit, den Kurs und den Verlauf der Fahrt im Auge zu behalten. Um das Vorankommen abschätzen zu können, ist jede Segelroute in eine feste Zahl von Abschnitten eingeteilt, in sogenannte *Etaks* (z. B. Alkire, 1970; Gladwin, 1970). Wie aber beurteilen die Navigatoren, wann ein Abschnitt zu Ende geht und der nächste beginnt?

Etak der Sicht und Etak der Vögel

Der erste Etak dauert gerade so lange, wie man die Startinsel noch sehen kann. Das sind meist etwa zehn Meilen. Man nennt ihn deshalb „Etak der Sicht". Der „Etak der Vögel" ist der letzte Abschnitt der Fahrt, in dem das Ziel lokalisiert und die Landung vorbereitet werden muss. Wie der Name bereits nahelegt, spielen Vögel dabei ein wichtige Rolle (darauf wird auf Seite 185 noch genauer eingegangen). Diese beiden Abschnitte werden also anhand von Merkmalen der Start- und der

Zielinsel bestimmt. Für die übrigen Abschnitte ist dies nicht möglich. Auf See benötigt man andere Merkmale für die Einteilung – und die Karoliner fanden sie im Sternenpfadkompass.

Etaks nach Sternenpositionen

Das Prinzip ist einfach. Stellen Sie sich vor, Sie fahren mit dem Boot an einer Insel vorüber. Von Punkt A aus sehen Sie die Insel in Richtung des Polarsterns. Hier beginnt der Abschnitt. Er endet, wenn Sie die Insel eine Sternenposition weiter unter „Kochab" sehen, das heißt, wenn Sie Punkt B erreichen. Jede Route hatte ihre eigene Etak-Insel. Die Abfolge der Sternenpositionen, unter denen diese Insel im Verlauf der Fahrt liegt, definiert ihre Abschnitte. In den meisten Fällen war es eine reale Insel; und sie war so gewählt, dass sie die Route in möglichst gleichmäßige Segmente von 10 bis 20 Meilen teilte (Lewis, 1994, S. 176). In manchen Fällen war es eine nur erdachte Insel, was jedoch keinen Unterschied machte, da die Referenzinseln sowieso immer jenseits des Horizonts lagen. Sie wurden also gar nicht auf Sicht angepeilt, sondern dienten nur als gedankliche Hilfe. Beim Kreuzen gegen den Wind war die Zielinsel zugleich Etak-Insel, auf die man in einem Zickzackkurs zufuhr (Gladwin, 1970, S. 191).

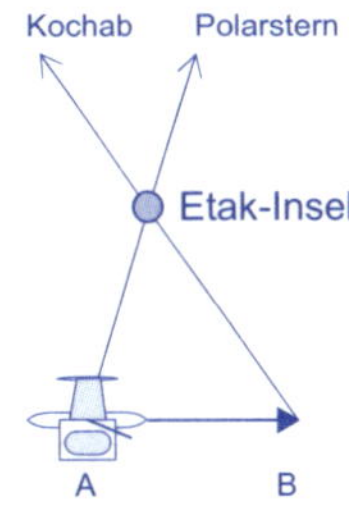

Sternenpositionen, angepeilt über eine Etak-Insel

Für eine Fahrt von Woleai nach Olimarao beispielsweise wurde die Insel Faraulep als Etak-Insel genommen (Alkire, 1970, S. 53), die von Woleai aus in Richtung Dubhe liegt (Position 6). Aus der Lage der drei Inseln zueinander ergeben sich sechs Abschnitte. Nach Olimarao ist Kurs Aldebaran einzuschlagen (Sternenposition 2 in Abb. 30, Seite 180). Am Ende des ersten Abschnitts liegt Faraulep Richtung Kochab (7), nach dem zweiten Abschnitt Richtung Polarstern (8), dann nacheinander Richtung Untergang des Kochab (9), des Dubhe (10) und des Schedir (11) und am Ende des letzten Abschnitts, in dem Olimarao erreicht wird, Richtung Untergang der Wega (12).

Eine andere Perspektive: Nicht das Boot, sondern die Etak-Insel bewegt sich.

Eigentlich war die mentale Konzeption der Karoliner jedoch ganz anders als oben dargestellt: Nicht das Boot bewegte sich für sie an der Referenzinsel vorbei, sondern umgekehrt die Referenzinsel am Boot, das als fix angenommen wurde. Der Horizont mit den festen Sternenpositionen ist dabei eine Gerade parallel zum eigenen Kurs (Sarfert, 1911; s. Hutchins, 1983, S. 211). Es ist wie bei einer Zugfahrt: Das Abteil bildet den Bezugsrahmen, sodass bei einem Blick nach draußen die Landschaft von vorne nach hinten vorbeizieht (Gladwin, 1970, S. 182 f.). Vom Boot aus stellt sich dies wie in Abbildung 32 (Seite 184) dar.

Sind Etaks ein Distanzmaß oder ein Zeitmaß?

In diesem Beispiel liegt die Etak-Insel zu Beginn der Fahrt unter der Position des Antares und am Ende unter den Plejaden. Die Strecke, die die Referenzinsel von einem Etak zum nächsten zurücklegt, ist proportional zur Entfernung, die das Boot in dieser Zeit fährt. Wenn man die Referenzinsel „lokalisieren" kann, weiß man folglich, welchen Anteil des Wegs man bereits geschafft hat und welcher noch vor einem liegt – man kann das Streckenverhältnis quasi direkt am Horizont ablesen. So interpretiert, liefern die Etaks Distanzschätzungen (Alkire, 1970; Gladwin, 1970). Man kann die Etaks aber auch als Schätzung des Zeitverlaufs sehen (Hutchins, 1983, 1995). Da die Navigatoren wussten, wie lange man für eine Route gewöhnlich brauchte, konnten sie der Abfolge der Sternenpositionen zeitliche Markierungen zuordnen: für eine eintägige Fahrt beginnend zur Mittagszeit beispielsweise waren dies Sonnenuntergang, Mitternacht, Sonnenaufgang und Ankunft am Mittag des nächsten Tages.

Entscheidend ist die Schätzung der Geschwindigkeit.

Da die Etak-Inseln nicht auf Sicht angepeilt wurden, ist für beide Interpretationen die Schätzung der Geschwindigkeit entscheidend. Nach den Beobachtungen von Lewis (1994, S. 158–160) waren mikronesische Navigatoren ausgesprochen erfahren darin, das Tempo ihres Bootes zu beurteilen. Sie nutzten dafür eine Fülle von Indikatoren wie die Stärke der Gischt, die Turbulenzen im Wasser, den Winddruck auf das Segel

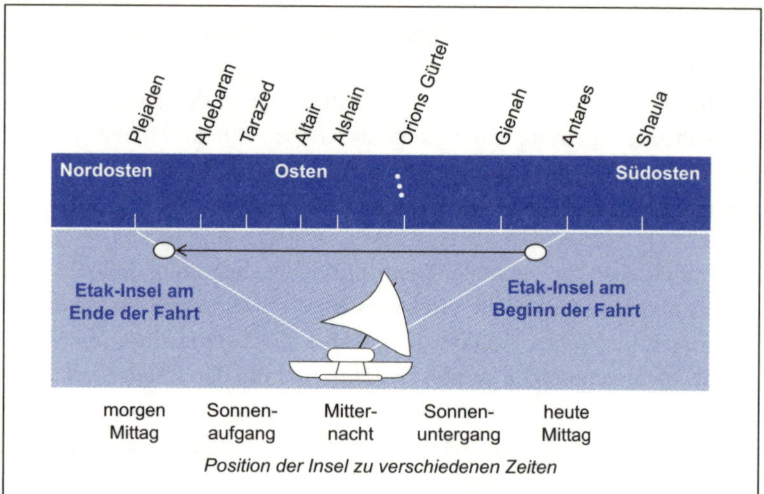

Abbildung 32: Scheinbare Bewegung der Etak-Insel zwischen Boot und Horizont (n. Hutchins, 1995, S. 86)

und die generelle Qualität des Bootes. Fuhr man schneller oder langsamer als gewöhnlich, so war die Bewegung der Etak-Insel am Horizont entsprechend anzupassen. Im Etak-System sind also Geschwindigkeit, Raum und Zeit integriert. Dies ermöglicht dem Navigator, sich den Verlauf der Fahrt zu veranschaulichen und die Ankunft am Ziel abzuschätzen.

Das Ende einer Fahrt

Wenn der letzte Etak einer Fahrt begann, galt es, nach dem Ziel Ausschau zu halten. Bergige Inseln wie Chuuk sind leicht zu finden; man sieht sie bei guter Sicht bereits aus mehr als 40 Meilen Entfernung (Lewis, 1994, S. 198). Flachere Inseln dagegen sieht man erst aus 10 oder sogar weniger Meilen Entfernung. Das Ziel zu finden gleicht in diesen Fällen eher der Suche nach einer Nadel im Heuhaufen. Und so muss man sich fragen: Wie groß war dabei die Gefahr, unbemerkt am Ziel vorbeizufahren und in den Weiten des Pazifiks verloren zu gehen?

Wolken, Wellen und Vögel leiten zum Land.

Zum Glück gibt es noch andere Hinweise, die einem Navigator helfen können, eine Insel zu lokalisieren, und zwar *bevor* er sie selbst sehen kann: Wolken, Wellen und Vögel (Lewis, 1994). *Über* den Inseln bilden sich charakteristische Wolkenformen, die weithin sichtbar sind. *Vor* einer Insel verändert sich die Strömung, was man an bestimmten Wellenmustern erkennen kann. Und Seevögel fliegen morgens *von* einer Insel weg aufs Meer hinaus, um Fische zu fangen, und abends wieder *zu ihr zurück*. Sie bewegen sich dabei in einem Umkreis von 20 bis 30 Meilen und leiten in dieser Zone sicher zum Land. Besonders hierauf haben sich die Karoliner gestützt (Lewis, 1994, S. 236). Ihre Chance, die gesuchte Insel zu finden, war deshalb gar nicht so gering.

Inselblöcke erhöhen die Treffsicherheit.

Die Gefahr, im offenen Ozean verloren zu gehen, wurde durch zwei weitere Faktoren zusätzlich reduziert. Zum einen gleichen sich bei längeren Fahrten zufällige Fehler und Richtungsabweichungen eher aus, was die Navigationsgenauigkeit erhöht. Zum anderen war es aufgrund der Vielzahl an Inseln sehr wahrscheinlich, wenn auch nicht die gesuchte Insel, so doch überhaupt Land zu finden. Dies erkennt man, wenn man die durch den Vogelflug definierten 30-Meilen-Zonen um die Inseln in eine Karte zeichnet (s. Abb. 33 auf Seite 186). Diese Zonen überlappen sich häufig und bilden sogenannte Inselblöcke, in denen man nie weiter als 30 Meilen von Land entfernt ist. Solche Blöcke kön-

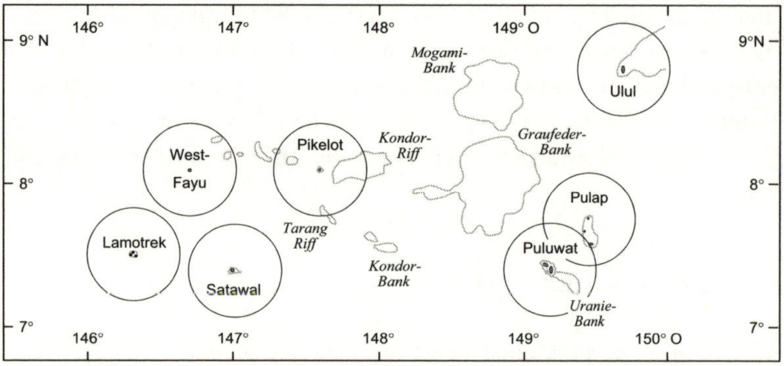

Abbildung 33: Erweiterte Landungszonen (mod. n. Lewis, 1994, S. 266)

Nord-Süd- und Ost-West-Ausdehnung einiger polynesischer Inselblöcke in Meilen (n. Lewis, 1994, S. 197)

	N–S	O–W
Tuvalu	250	200
Fiji	370	330
Tonga	260	140
Samoa	110	260
Tuamotu	550	500

nen leicht eine Ausdehnung von mehreren Hundert Meilen erreichen. Von Puluwat westwärts beispielsweise spannen diese Zonen einen insgesamt 100 Meilen breiten „Schirm" auf, innerhalb dessen man zumindest eine der Inseln Pikelot, West-Fayu, Lamotrek oder Satawal erreicht. Die Fülle von Inseln und Riffen in Mikronesien gab also auch für die Landung Orientierung und Sicherheit. Eine reale Gefahr bestand eigentlich nur, wenn man in einen Sturm geriet, der einen leicht viele Meilen weit abtreiben konnte.

8.5 Navigatoren brauchen vielfältige kognitive Kompetenzen

Die astronomische Navigation der Karoliner ist ein ausgezeichnetes Beispiel dafür, wie Menschen anhand von Beobachtungen und Erfahrungen im Laufe der Zeit ein komplexes konzeptuelles System entwickelt haben, das – angepasst an die natürlichen Gegebenheiten der Umwelt – räumliche und zeitliche Orientierung dynamisch verbindet und eine für das Überleben wichtige Aufgabe elegant zu bewältigen erlaubte. Da die Navigatoren auf See allein auf ihr Wissen angewiesen waren, verlangten die Ausbildung zum Navigator wie auch eigentliche Segeln vielfältige kognitive Kompetenzen.

Hochgradig vernetztes Wissen

Kernstück für die Navigation war der Aufbau von Wissensstrukturen über die astronomischen Phänomene am Himmel und über die räumliche Lage der zahllosen Inseln, Riffe und Sandbänke, also von umfangreichen mentalen Karten (s. Kapitel 6.2, ab Seite 121). Angesichts der Größe des Seegebietes bedeutete dies, eine Fülle einzelner Wissenselemente zu erlernen und miteinander zu verknüpfen. Durch ein variantenreiches Gedächtnistraining wurde sichergestellt, dass dieses Wissen hochgradig vernetzt, leicht abzurufen und flexibel anzuwenden war.

Sensible Wahrnehmung

Hinzu kam eine Schulung der Wahrnehmung. Vielfältige Meeres- und Wetterphänomene mussten sicher unterschieden, benannt und gedeutet werden können. Welcher Stern ist wo am Himmel zu finden? Welche Anzeichen deuten auf unsicheres Wetter hin? Wie unterscheiden sich Wolkenformationen, die Land anzeigen, von anderen Wolken? Wie differenziert man beim Seegang zwischen den Wellen, die der aktuelle Wind erzeugt *(Windsee)*, und den Wellen, die auch ohne diesen Wind vorhanden wären *(Dünung)*? Woran erkennt man die Stärke der Abdrift durch den Wind? Was ist ein normales Segeltempo und was ein schnelles? All dies lernt man am besten durch eigene Anschauung unter der Anleitung eines erfahrenen Navigators.

Praktisches Know-how

Und schließlich brauchten die Seefahrer handwerkliches Geschick und praktisches Know-how. Sie mussten wissen, wie man aus den auf einer Insel verfügbaren Materialien ein hochseetaugliches Boot baut, denn im Notfall war das Kanu ja auch zu reparieren. Sie mussten lernen, wie man ein Auslegerboot segelt: Wie setzt man Segel, wie verändert man mit Segel und Ruder den Kurs und wie legt man sicher an einer Insel an, die im Normalfall von einem zerklüfteten Korallenriff mit starker Brandung umgeben ist? Und schließlich mussten sie während der Fahrt räumliche und zeitliche Information integrieren, um den Verlauf einzuschätzen. Welch hohen Stellenwert all diese Kompetenzen hatten, sieht man daran, dass Navigatoren sehr angesehene Personen waren, die ihr Wissen als Geheimwissen hüteten und nur an ausgewählte Schüler weitergaben.

Aufgaben

Übung 1: Beobachten Sie in einer wolkenlosen Nacht den Sternenhimmel. Suchen Sie zunächst den Polarstern. Er weist Richtung Norden und kann als Fixstern Orientierung bieten. Welche Sternbilder sind am Nordhimmel zur aktuellen Jahreszeit zu sehen? Wählen Sie einen Stern aus, den Sie sicher identifizieren können, und dokumentieren Sie auf einem Blatt Papier, in welchem Winkel er zu einer senkrechten Linie zwischen Ihnen und dem Polarstern steht. Wiederholen Sie diese Beobachtung in stündlichem Abstand und tragen Sie das Ergebnis jeweils in Ihre Skizze ein. Welchen Lauf nimmt Ihr Stern über die Zeit hinweg?

Übung 2: Das Prinzip der Etaks basiert darauf, einen Referenzpunkt vor dem Hintergrund einer Reihe fixer Richtungsmarkierungen zu verschiedenen Zeitpunkten anzupeilen. Suchen Sie in Ihrer Umgebung (z. B. beim Spazieren in der Stadt, beim Radfahren oder beim Wandern) ein System von Orientierungspunkten, an denen Sie das Etak-Prinzip im kleinen Maßstab und „an Land“ selbst ausprobieren können.

Übung 3: Besuchen Sie ein Planetarium, wie es sie in vielen größeren Städten gibt. Dort werden Vorführungen zu bestimmten Themen angeboten, aber auch Wissenswertes zum monatlichen Sternenhimmel. Man kann Sternenbewegungen im Zeitraffer verfolgen und erhält Erklärungen zu vielen interessanten Himmelsphänomenen. Durch die dreidimensionale Projektion hat man den Eindruck, direkt die Himmelskuppe zu beobachten. Ein Besuch lohnt sich also.

Weiterführende Literatur

In *We, the navigators* beschreibt David Lewis (1994) die relevanten Konzepte des Segelns und Navigierens, berichtet von seinen Erfahrungen beim Segeln nach traditionellen Methoden und trägt Überlieferungen aus dem gesamten pazifischen Raum zusammen. Die klassische Arbeit zu den Segelkünsten der Karoliner stammt von dem amerikanischen Ethnologen Thomas Gladwin (1970): In *East is a Big Bird* beschreibt er das Leben auf Puluwat, den Bootsbau, die Ausbildung zum Navigator und seine Fahrten mit dem Meisternavigator Hipour. Der Amerikaner Stephen Thomas (1987) dokumentierte in *The last navigator*, wie er von Piailug, einem Navigator von Satawal, unterwiesen wurde. Eine prägnante Zusammenfassung des mikronesischen Navigationswissens findet sich auch bei Finney (1998); einen Überblick über die Kulturen Mikronesiens gibt Alkire (1977). Reichhaltiges ethnografisches Material bieten außerdem die von Georg Thilenius zwischen 1913 und 1938 herausgegebenen *Ergebnisse der Südsee-Expedition 1908–1910* in 12 Bänden zu den verschiedenen Inselgruppen (Teil II. Ethnografie, B. Mikronesien). Jeder Band enthält Aufzeichnungen zur Geschichte, Geografie, Demografie, materiellen Kultur und zu sozialen Verhältnissen der dargestellten Inselgruppen, dazu auch Fotos und Zeichnungen zum Bootsbau sowie Angaben zu den astronomischen und nautischen Kenntnissen. Hezel (2001) fokussiert vor allem auf die Veränderungen, die die mikronesischen Kulturen in der jüngeren Zeit geprägt haben. Orientierung am nächtlichen Himmel geben Sternatlanten, wie sie in der Enzyklopädie *Das Universum* von Martin Rees (2006) enthalten sind.

9 *Theory of Mind*

Wie die Welt aus Sicht der anderen aussieht

„Wir wissen, wo sich der Garou versteckt“, sagte Circe.
„Vielleicht“, sagte Kalliope.
„Zumindest wissen wir, wer vielleicht weiß, wo sich der Garou versteckt!“, korrigierte Amaltée.
Leonie Swann, Garou, 2010, S. 208.

Theory of Mind als Fähigkeit zum Perspektivenwechsel

Was Sie in diesem Augenblick über einen bestimmten Sachverhalt zu wissen glauben, ist nur *eine* mögliche Sicht auf die Welt. Dinge können anders sein, als sie scheinen; Ihr Wissen darüber kann sich verändern; und andere Personen können die Dinge aus deren Blickwinkel heraus anders wahrnehmen als Sie. Erkenntnisse wie diese lernen Kinder in der Regel zwischen dem vierten und fünften Lebensjahr (Astington, 2000). Sie hängen zusammen mit der Fähigkeit zum Perspektivenwechsel und dazu, anderen Personen mentale Zustände wie Wünsche, Überzeugungen oder Ziele zuzuschreiben, die sich von ihren eigenen substanziell unterscheiden können. Diese Fähigkeit wird als *Theory of Mind* bezeichnet (Premack & Woodruff, 1978).

Voraussetzung für soziales Verhalten

Perspektivenwechsel ist eine der zentralen Fähigkeiten des Menschen: Sie befähigt uns zur Empathie, also dazu, uns ein Stück weit in andere hineinzuversetzen und ihre Emotionen nachzuempfinden; sie erlaubt abzuschätzen, was unsere Gesprächspartner bereits wissen, um so Kommunikation und Lehren effizienter zu gestalten; und sie ist eine Vorbedingung für den Aufbau sozialer Beziehungen. Insofern kann sie Kooperation und rücksichtsvolles Verhalten befördern, strategisch zum eigenen Vorteil genutzt oder gar zum Schaden anderer missbraucht werden, denn auch erfolgreiches Lügen und Betrügen gelingt nur mit einer *Theory of Mind*.

Grundlage alltagspsychologischer Vorstellungen

Die *Theory of Mind* bildet aber nicht nur die Grundlage für Perspektivenwechsel und soziales Verhalten, sondern auch für unsere alltagspsychologischen Vorstellungen, die – weil sie meist kulturspezifisch sind –

auch „ethnopsychologische Modelle“ genannt werden (Lillard, 1998; White & Kirkpatrick, 1985). Aus diesen Modellen leiten wir Annahmen darüber ab, was Personen generell antreibt, wie sie auf bestimmte Ereignisse reagieren und warum sie dies so und nicht anders tun oder wie man ein harmonisches Zusammenleben am besten organisiert.

Leitfragen

Angesichts ihrer Bedeutung für die sozialen Kompetenzen des Menschen stellt sich die Frage, ob es sich bei der *Theory of Mind* um eine spezifisch menschliche Fähigkeit handelt und ob sie bei allen Menschen gleich ausgeprägt ist oder in kulturspezifischen Varianten auftritt.

Aufbau des Kapitels

Da das Interesse an diesem Thema mit der Frage begann, ob (auch) Schimpansen über eine *Theory of Mind* verfügen, werden wir zunächst herausarbeiten, welche Aspekte wir mit anderen Spezies teilen und welche möglicherweise spezifisch menschlich sind (Kapitel 9.1). Anschließend zeichnen wir nach, wie sich die *Theory of Mind* bei Kindern typischerweise entwickelt und welche Teilschritte dabei zu bewältigen sind (Kapitel 9.2). Dann gehen wir der Frage nach, ob und in welcher Weise sich soziale und kulturelle Faktoren darauf auswirken (Kapitel 9.3). Das Zusammenspiel der sich entwickelnden *Theory of Mind* des Kindes mit den ethnopsychologischen Modellen seiner sozialen Umwelt wird schließlich am Beispiel Samoa erläutert (Kapitel 9.4).

9.1 Perspektivenwechsel – eine spezifisch menschliche Kernkompetenz?

Das Konzept der *Theory of Mind* geht auf einen Artikel aus dem Jahr 1978 zurück, in dem der Psychologe David Premack und sein Kollege Guy Woodruff die Frage stellten, ob Schimpansen eine *Theory of Mind* hätten. Erst später wurde die Frage auch auf den Menschen ausgeweitet.

Theory of Mind

Zuschreiben mentaler Zustände

„In saying that an individual has a theory of mind, we mean that the individual imputes mental states to himself and to others.“ (Premack & Woodruff, 1978, S. 515)

Premack und Woodruff (1978) definierten die *Theory of Mind* als die Fähigkeit, sich selbst und anderen mentale Zustände zuzuschreiben. Als mentale Zustände gelten dabei Wahrnehmungen, Wissen und Überzeugungen, Wünsche und Absichten – also *mentale Repräsentationen* im weitesten Sinne (vgl. Kapitel 1, Seite 13). Diese mentalen Zustände bilden zugleich die Grundlage für zielgerichtetes Verhalten. Wer Zuschreibungen mentaler Zustände nutzt, um Verhalten vorherzusagen, so die Annahme, verfügt demnach über eine *Theory of Mind*. Die mentalen

Repräsentationen, die den Kern der *Theory of Mind* bilden, gehören allerdings einer besonderen Klasse an: Es müssen Repräsentationen mindestens zweiter Ordnung sein.

Repräsentationen zweiter Ordnung

Wie in Kapitel 1 skizziert, bilden Repräsentationen einen bestimmten Sachverhalt (S1) ab, beispielsweise dass sich auf dem Küchenschrank Schokolade befindet. Eine Person (A), die diesen Sachverhalt kennt, bildet eine primäre oder *Repräsentation erster Ordnung*. Wenn eine andere Person (B) denkt, „A weiß, dass die Schokolade auf dem Küchenschrank liegt“, schreibt sie A damit einen mentalen Zustand zu, der aus besagtem Sachverhalt und einer spezifischen Einstellung dazu besteht (z. B. dass A ihn sieht, weiß, glaubt oder will). In diesem Fall handelt es sich um die mentale Repräsentation einer mentalen Repräsentation (einer anderen Person) und deshalb um eine sekundäre oder *Repräsentation zweiter Ordnung*. Natürlich kann man Repräsentationen beliebig weiter schachteln, aber um das Prinzip zu verdeutlichen, genügen Repräsentationen zweiter Ordnung.

„Ich weiß, du denkst, ich verstünde, was du meinst …“

Der *False-belief*-Test

Um herauszufinden, ob jemand eine Zuschreibung im Sinne der *Theory of Mind* macht, reicht die bisher skizzierte Situation allerdings nicht aus. Wenn Person B sagt, A glaube, auf dem Küchenschrank sei Schokolade (S1), bleibt unklar, ob B dafür wirklich As mentale Repräsentation berücksichtigt oder nur ihr eigenes Wissen über S1. Um diese Uneindeutigkeit aufzulösen, ist ein Test der folgenden Art nötig: Man ändere den Sachverhalt (etwa durch Umräumen der Schokolade an eine andere Stelle, S2), ohne dass A dies mitbekommt (wohl aber B). Was denkt B nun, dass A glaubt, wo die Schokolade ist? Da A die Veränderung nicht bemerkt hat, ist sie (fälschlicherweise) überzeugt, die Schokolade sei noch an der alten Stelle (S1), während B weiß, dass sie an S2 ist. Dieser *False-belief*-Test, mit dem sich die mentalen Repräsentationen von A und B unterscheiden lassen, liegt einer Studie zugrunde, mit der die Entwicklungspsychologen Heinz Wimmer und Josef Perner (1983) festzustellen versuchten, ab welcher Altersstufe Kinder über eine *Theory of Mind* verfügen (s. auch Baron-Cohen et al., 1985). Seither wurde eine Flut von Experimenten mit solchen Tests durchgeführt – 178 Studien allein bis Anfang 1998 (Wellman et al., 2001). Der Test ist so ausgeklügelt, dass er als letztgültiger Nachweis für die Existenz einer *Theory of Mind* dienen kann, und zugleich so schlicht, dass er auch, mit geringen Modifikationen, als sprachfreie Version für Experimente mit Tieren eingesetzt werden kann.

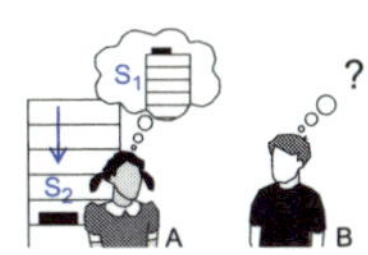

Was denkt B, dass A glaubt, wo die Schokolade ist?

Haben Schimpansen eine *Theory of Mind?*

Schreiben also auch Angehörige anderer Spezies ihren Artgenossen (oder anderen Tieren) mentale Zustände zu? Seit Premack und Woodruff diese Frage stellten, gab es eine Reihe von Versuchen dazu. Die ersten Studien von Premack selbst (Premack & Woodruff, 1978; Premack, 1988) schienen eher dafür zu sprechen, die von Povinelli dagegen (1996; Povinelli et al., 2000; Povinelli & Vonk, 2003). Der entscheidende Test geht auf das Team um Michael Tomasello und Josep Call vom *Max-Planck-Institut für Evolutionäre Anthropologie* in Leipzig zurück (Call & Tomasello, 1999; Tomasello et al., 2003).

Schimpansen *(Pan troglodytes)*

Sie alle haben – nicht ausschließlich, aber vorzugsweise – mit Schimpansen gearbeitet. Der Grund dafür liegt auf der Hand: Schimpansen *(Pan troglodytes)* sind, gemeinsam mit Bonobos *(Pan paniscus)*, die nächsten Verwandten des Menschen und verfügen über drei wichtige Voraussetzungen für eine *Theory of Mind*: ein relativ zum Gesamtkörper großes Gehirn, beträchtliche kognitive Fähigkeiten und ein komplexes Sozialleben. So sind sie beispielsweise in der Lage, ihr Verhalten bei der Jagd zu koordinieren oder durch Nachahmung zu lernen (Hare et al., 2000, 2001; Tomasello et al., 2003). Aber verstehen sie dabei tatsächlich auch, was ihre Artgenossen *denken*?

Der nonverbale *False-belief*-Test

Um diese Frage zweifelsfrei beantworten zu können, haben Call und Tomasello (1999) den *False-belief*-Test so modifiziert, dass er sprachfrei und damit auch für die Arbeit mit Tieren einsetzbar ist. Der Test besteht aus drei Trainingsphasen, einer Kontroll- und der eigentlichen Testphase. Die *Trainingsphasen* sind erforderlich, weil den Tieren verschiedene kognitiv anspruchsvolle Leistungen abverlangt werden. Scheitern sie im eigentlichen Test, bliebe sonst unklar, ob dies auf Verständnisprobleme mit dem Versuchsaufbau oder tatsächlich auf eine fehlende *Theory of Mind* zurückzuführen ist. Ihr Verständnis wird in der *Kontrollphase* getestet. Dann erst beginnt die eigentliche *Testphase*.

Testphase

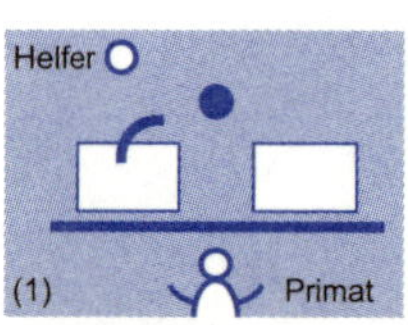

Für diesen Test wird eine Banane versteckt, die der Primat haben möchte. Am Experiment sind drei Akteure beteiligt: der Primat (in den nebenstehenden Abbildungen jeweils unten skizziert), ein menschlicher Verbündeter, der dem Primaten helfen will (hier als weißer Kreis), und ein zweiter Mensch, der die Banane versteckt (hier als blauer Kreis). Zunächst wird die Sicht des Primaten durch eine Trennwand eingeschränkt. So kann er zwar sehen, dass der Verstecker die Banane in einen Behälter legt und der Helfer dies beobachtet, der Primat sieht aber nicht, welcher Behälter die Banane enthält (1). Dann wird die Trennwand entfernt, der Helfer verlässt den Raum und der Verstecker vertauscht die Behälter (2). Schließlich kehrt der Helfer zurück und zeigt auf einen der beiden Behälter (3). Verfügt die Testperson *nicht* über eine *Theory of Mind*, wird sie dem Hinweis des Helfers folgen. Verfügt sie aber darüber, wird sie sich für den anderen Behälter entscheiden, weil sie dann versteht, dass der Helfer eine falsche Überzeugung hat.

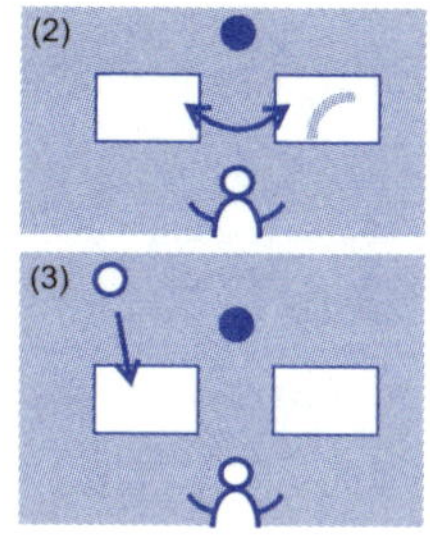

Primaten scheitern an der *False-belief*-Aufgabe.

Durchgeführt wurde der Test sowohl mit 28 Kindern im Alter von fünf Jahren – um sicherzustellen, dass er dem Standardtest vergleichbar ist – als auch mit sieben Primaten (fünf Schimpansen und zwei Orang-Utans). Während 80 % der Kinder den Test bestanden, fiel das Ergebnis für die Tiere ernüchternd aus (s. nebenstehende Abb.): In insgesamt vier Durchgängen entschieden sich fünf Tiere grundsätzlich für den leeren Behälter und selbst der beste schaffte es nicht über die Zufallswahrscheinlichkeit hinaus. Call und Tomasello (1999) zogen daraus den Schluss, dass Primaten nicht über eine *Theory of Mind* verfügten. In späteren Studien konnten sie allerdings zeigen, dass Schimpansen zumindest verstehen, was ihre Artgenossen *sehen* (Tomasello et al., 2003; Hare et al., 2000, 2001). Das gilt insbesondere dann, wenn es nicht um Kooperation, sondern Konkurrenz geht, was in ihrem natürlichen Lebensraum sehr viel wahrscheinlicher ist. Aber ist das wirklich das Ende der Geschichte? Ist *Theory of Mind* etwas, das man entweder besitzt oder nicht besitzt, oder könnte es auch ein Bündel von Fertigkeiten sein, von denen man einige besitzt und andere nicht? Und sind Schimpansen die einzigen Tiere, die zu untersuchen sich lohnt?

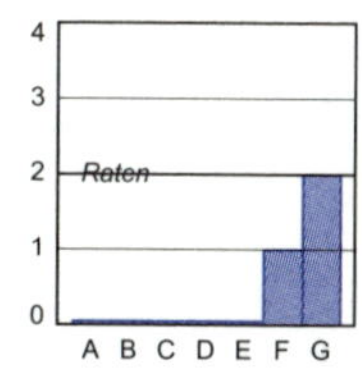

Häufigkeit, mit der die sieben Primaten (A bis G) in vier Durchgängen den korrekten Aufenthaltsort der Banane entdeckten (n. Call & Tomasello, 1999)

Indikatoren für eine *Theory of Mind*

Vielversprechende Kandidaten

Zur Frage, welche Teilfertigkeiten es bei anderen Spezies gibt, wurde in den letzten Jahren eine Reihe interessanter Studien veröffentlicht. Das Bemerkenswerte an diesen Studien ist nicht nur, welche Fertigkeiten sie nachweisen konnten, sondern auch, bei welchen Spezies dies jeweils gelang. In Aufgaben, in denen aus Zeigegesten abgelesen werden muss, wo sich Futter befindet, schneiden Hunde sehr gut ab – und zwar deutlich besser als Schimpansen (Hare et al., 2002; Hare & Tomasello, 2005). Die Fähigkeit, sich selbst im Spiegel zu erkennen – etwas, das auch Menschenkinder erst lernen müssen und das im Tierreich lange als Privileg der Menschenaffen galt –, konnte man inzwischen auch bei Elefanten (Plotnik et al., 2006), Delfinen (Marten & Psarakos, 1994; Reiss & Marino, 2001) und mit Vorbehalt sogar bei Hausschweinen (Broom et al., 2009) nachweisen. Raffinierte Täuschungsmanöver und Konterstrategien, ein wichtiger Indikator für das Verständnis falscher Repräsentationen, wurden auch für Rabenvögel nachgewiesen (Bugnyar, 2007; Dally et al., 2010). Und selbst für die Königsdisziplin – das Bestehen des *False-belief*-Testes – finden sich mittlerweile vielversprechende Kandidaten, und zwar unter den Meeressäugern.

Große Tümmler *(Tursiops truncatus)*

Delfine und insbesondere die Großen Tümmler *(Tursiops truncatus)* leben in komplexen sozialen Systemen. Sie zeigen differenzierte kognitive Fähigkeiten, gebrauchen – für Tiere ohne „Hände" interessant genug – Werkzeuge und verfügen über eine Reihe von Eigenschaften, die als Voraussetzungen für eine *Theory of Mind* gelten: die Fähigkeit zur geteilten Aufmerksamkeit, das Nachahmen von Verhalten, Selbsterkennung (Marten & Psarakos, 1994; Reiss & Marino, 2001), möglicherweise sogar Signaturlaute als Namen für Individuen (Janik et al., 2006) und die Fähigkeit zu Empathie und Täuschung (Morisaka, 2007).

Große Tümmler bewältigen die *False-belief*-Aufgabe.

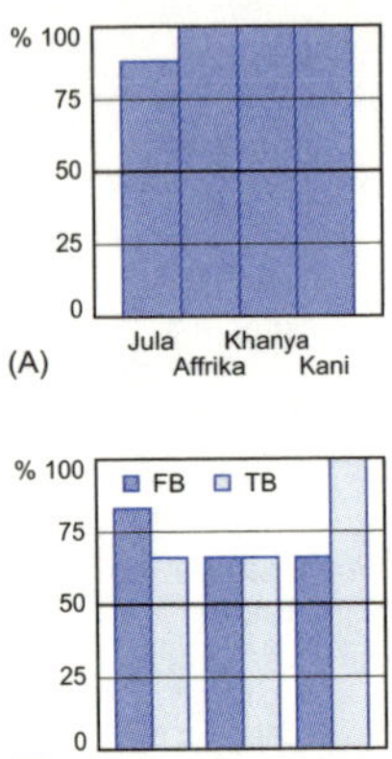

Häufigkeit (in %), mit der die Großen Tümmler den richtigen Aufenthaltsort des Futters entdeckten (A) in reinen *False-belief*-Tests (FB) und (B) im mit *True-belief*-Aufgaben (TB) gemischten Design (n. Tschudin, 2006)

Wie stark diese sozialen Kognitionen ausgebildet sind, hat Alain Tschudin zu ermitteln versucht (Tschudin, 2001, 2006). Er hat dazu den nonverbalen *False-belief*-Test von Call und Tomasello so modifiziert, dass er den Anforderungen genügt, die sich aus dem Umgang mit Meeresbewohnern ergeben. Ein erstes Experiment, das sich am Verfahren der Originalaufgabe orientierte, bestanden die getesteten Großen Tümmler Jula, Afrika, Khanya und Kani mit Bravour: Bis auf eine Ausnahme entschieden sich alle in jedem Durchgang für die richtige Lösung.

In einem zweiten Experiment modifizierte Tschudin die Bedingungen, um eine durchaus nicht unplausible Alternativerklärung ausschließen zu können: Die Tümmler könnten in der (notwendigen) Trainingsphase schlicht gelernt haben, sich immer dann für den nicht markierten Behälter zu entscheiden, wenn dieser zuvor mit dem anderen Behälter getauscht worden war. Deshalb wurden die *False-belief*-Aufgaben nun mit *True-belief*-Aufgaben gemischt, in denen ein solcher Tausch ebenfalls stattfindet, aber keine falsche Repräsentation nach sich zieht. Mit diesem komplexeren Design gingen die Leistungen der Tiere zwar zurück, waren aber immer noch besser, als es der Zufall erwarten ließ. Diese Befunde sprechen für sich. Dennoch interpretiert selbst der Autor der Studie sie durchaus zurückhaltend (Tschudin, 2006) – warum?

Theoretische Kontroversen

Die Frage, wie die Ergebnisse aus Tierstudien zu interpretieren sind, wird höchst kontrovers diskutiert. Damit beispielsweise Täuschungsstrategien als Indikator für eine *Theory of Mind* gelten können, müssen sie mit einem Verständnis falscher Repräsentation einhergehen und der Absicht, eine solche beim anderen zu erzeugen. Ob Tiere über ein solches Verständnis tatsächlich verfügen, ist aber heiß umstritten.

Der *„ToM-Bias“*

So argumentiert Daniel Povinelli, dass Tiere dieses Verständnis nicht hätten, sondern einfach subtile Hinweise nutzten, um das Verhalten ihrer Artgenossen vorherzusagen. Forscher, die diese Vorhersagen als Indiz für eine *Theory of Mind* (ToM) deuten, lägen generell falsch. Allerdings könnten sie kaum anders, als die Daten so zu interpretieren, weil sie selbst – als Menschen – ja über eine *Theory of Mind* verfügen und deshalb *jedes* Verhalten so interpretieren müssten, als würde es auf mentalen Repräsentationen anderer basieren (Povinelli & Vonk, 2003).

Zuschreibung mentaler Zustände an Tiere

„Our folk psychology interprets certain behaviors as prima facie evidence that other individuals possess a theory of mind.“ (Povinelli & Vonk, 2003, S. 158)

Was nützt es, das Mikroskop feiner zu justieren?

Povinelli ist unbestreitbar im Recht, wenn er darauf hinweist, dass solche „mentalistischen“ Interpretationen kritisch geprüft werden müssen. Die meisten Spezies, die für diese Art Studien in Betracht kommen, zeichnen sich ja gerade dadurch aus, dass sie leicht lernen und effizient neue Strategien entwickeln – zumal, wenn am Ende eine Belohnung lockt (wie das Beispiel des *Klugen Hans* lehrt). Er geht aber zu weit, wenn er daraus ableitet, dass es nichts nütze, „das Mikroskop feiner zu justieren“, um genauer hinsehen zu können (Povinelli & Vonk, 2003). Je sauberer eine Studie konzipiert und methodisch umgesetzt wird, umso eher lässt sich verhindern, dass subtile Verhaltenshinweisen genutzt werden können, und umso eher lässt sich prüfen, was Tiere tatsächlich über die mentalen Zustände ihrer Artgenossen wissen (z. B. Hare, 2001; Tomasello et al., 2003).

Der „Kluge Hans“

Der „Kluge Hans“ war ein Pferd, das scheinbar zählen und rechnen konnte. Tatsächlich hatte es nur gelernt, die (unwillkürliche) Körpersprache seines Herrn zu deuten, und wurde so zum prototypischen Beispiel für den Experimentatoreffekt (s. Gundlach, 2006; Prinz, 2006).

Das Spektrum sozialer Kognitionen ist breit.

Fakt ist: Je genauer vergleichende Psychologen in den letzten Jahren hingesehen haben und je besser durchdacht die dabei eingesetzten Verfahren waren, umso mehr soziale Kognitionen konnten tatsächlich auch außerhalb der menschlichen Spezies entdeckt werden – bis hin zu Ansätzen für die Fähigkeit, anderen mentale Zustände zuzuschreiben. Interessanterweise ist es dabei nicht die Verwandtschaft zum Menschen allein, die für komplexe kognitive Fertigkeiten qualifiziert. Was die hier genannten Spezies (Primaten, Hunde, Elefanten, Raben und Delfine) verbindet – bei allen vorhandenen Unterschieden bezüglich Stammbaum, Umwelt und Alltagsaufgaben –, ist die Tatsache, dass es sich bei ihnen um Lebewesen handelt, die ein komplexes Sozialleben pflegen, mit starken Banden und/oder strikten Dominanzhierarchien. Dies ist vermutlich der Kontext, in dem komplexe soziale Kognitionen gedeihen und in dem eine *Theory of Mind* von unschätzbarem Vorteil ist (Bugnyar, 2007; Seed et al., 2009). Es ist keine Frage, dass der Mensch in den letzten sechs Millionen Jahren hier einen großen Vorsprung erzielt hat, aber möglicherweise ist das, was ihn in dieser Hinsicht von anderen Tieren trennt, eher ein quantitativer Unterschied als ein qualitativer Sprung.

9.2 Entwicklung der *Theory of Mind*

Modul oder komplexe Fähigkeit aus verschiedenen Teilaspekten?

Wie im vorherigen Kapitel gezeigt, liefert der *False-belief*-Test den letztgültigen Nachweis darüber, ob ein Individuum imstande ist, mentale Repräsentationen zweiter Ordnung zu einem Sachverhalt aufzubauen, die von der eigenen Repräsentation desselben Sachverhaltes abweichen, und aus dieser Diskrepanz korrekte Schlüsse für das eigene Verhalten zu ziehen. Dies ist eine ziemlich komplexe Fähigkeit, die aus verschiedenen Teilaspekten besteht. Einige Forscher nehmen an, dass dieser Fähigkeit ein in sich abgeschlossenes Modul zugrunde liegt (z. B. Baron-Cohen, 1995; Fodor, 1992; Leslie, 1994). Andere hingegen sind überzeugt, dass die *Theory of Mind* sich aus verschiedenen sozialkognitiven Fertigkeiten zusammensetzt, die zumindest teilweise unabhängig voneinander verfügbar sein und sich asynchron entwickeln könnten (Bugnyar, 2007; Malle & Hodges, 2005; Stone & Gerrans, 2006; für einen Überblick über die theoretische Diskussion s. auch Träuble & Bender, im Druck). Dazu gehören die Fähigkeit, Intentionen zu verstehen, sich selbst im Spiegel zu erkennen und andere zu täuschen. Wann und wie entwickeln sich diese Fertigkeiten bei Kindern?

Phase 1: primäre Repräsentationen

Vermutlich von Geburt an können Babys zwischen belebten Personen und unbelebten Objekten unterschieden, etwa anhand ihrer Bewegungsmuster (Gelman et al., 1995; Pauen & Träuble, 2009). Noch im Säuglingsalter beginnen sie außerdem, dem Blick ihrer Bezugsperson zu folgen und über sogenannte triadische Interaktionen zwischen sich selbst, dieser Person und einem Objekt geteilte Aufmerksamkeit herzustellen. Aber noch repräsentieren sie vermutlich nur Sachverhalte direkt, bilden also *primäre Repräsentationen*.

Tabelle 13: Überblick über die Entwicklung zentraler Fertigkeiten für eine *Theory of Mind*

Säuglingsalter	ab 18 Monaten	im 4. Lebensjahr
• Blick folgen • triadische Interaktion • geteilte Aufmerksamkeit • Imitation von Bewegungen	• Symbol-/Zeichengebrauch • Selbsterkennen im Spiegel • Verstehen einfacher Wünsche & Intentionen • Perspektivenübernahme der Ebene 1	• Perspektivenübernahme der Ebene 2 • Verstehen falscher Überzeugungen *(false belief)* • Schein-Sein-Unterscheidung *(appearance reality distinction)* • repräsentationaler Wandel *(representational change)*
primäre Repräsentation	sekundäre Repräsentation	Metarepräsentation

Phase 2: sekundäre Repräsentationen

Mit etwa 18 Monaten setzt ein Entwicklungsschub ein, der Kinder dann auch zu *sekundären Repräsentationen* befähigt. Sie lernen zwischen realen und fiktiven Welten zu unterscheiden – erkennbar daran, dass sie Symbole und Zeichen zu gebrauchen beginnen oder Fantasiespiele spielen. Außerdem erkennen sie sich nun selbst im Spiegel und sie lernen, sich in andere hineinzuversetzen (Empathie) sowie zwischen eigenen und fremden Gefühlen und Wünschen zu unterscheiden. Bald danach entwickeln sie das Verständnis, dass Handlungen auf Basis von Wünschen geschehen (Bartsch & Wellman, 1995; Woodward, 2009). Die Erkenntnis, dass man nicht wissen kann, was man nicht sieht (und dass andere etwas nicht sehen könnten, das man selbst sehen kann), entspricht einer Perspektivenübernahme der ersten Ebene.

Phase 3: Metarepräsentationen

Die Erkenntnis, dass andere etwas anderes sehen oder wissen könnten als man selbst, entspricht einer Perspektivenübernahme der zweiten Ebene. Sie lässt sich etwa ab dem vierten Lebensjahr beobachten und befähigt Kinder zu *Metarepräsentation,* also zur Repräsentation, dass etwas eine Repräsentation ist, etwa ein Foto (Perner, 1991; Wichmann, 1995). Sie erkennen nun, dass Repräsentationen falsch sein und sich ändern können. Damit verknüpft ist auch die – aus Elternsicht weniger erfreuliche – Kompetenz, falsche Repräsentationen bei anderen willentlich zu erzeugen, also zu täuschen und zu lügen (Überblick in Tab. 13).

Drei Aspekte der *Theory of Mind:*
- *false belief*
- *appearance reality distinction*
- *representational change*

Eine Dimension dieser Fähigkeit zum Perspektivenwechsel ist die Unterscheidung zwischen eigenen Überzeugungen und den Überzeugungen anderer, die mit dem *False-belief*-Test geprüft wird. Zwei weitere Dimensionen betreffen die Unterscheidung zwischen dem, wie etwas aussieht, und dem, was es tatsächlich ist *(appearance reality dis-*

tinction), sowie die Unterscheidung zwischen dem, was man früher dachte, und dem, was man heute weiß *(representational change)*. Entsprechende Tests folgen einem ähnlichen Schema wie die auf Seite 191 beschriebene *False-belief*-Aufgabe: Für einen Test der *appearance reality distinction* wird Kindern ein Gegenstand gezeigt, der sich bei näherer Betrachtung als etwas anderes herausstellt (z. B. etwas, das wie ein Apfel aussieht, in Wirklichkeit aber eine Kerze ist). Die Frage lautet: „Wie sieht es aus und was ist es tatsächlich?" (Flavell et al., 1983). Für einen Test des *representational change* dagegen würde eine klassische Frage lauten: „Was hast du geglaubt, als du es zum ersten Mal gesehen hast, und was glaubst du jetzt?" (Gopnik & Astington, 1988).

Zentrale Befunde

Eine Metaanalyse, in die 178 Studien mit insgesamt 591 Experimentalbedingungen und rund 4000 Kindern eingingen, belegt, dass die Ergebnisse weitgehend robust, unabhängig von experimentellen Details und nahezu universell sind (Wellman et al., 2001): Demnach verschieben sich im Alter zwischen 41 und 48 Monaten die Antworten: Fast alle 3-Jährigen beantworten die Frage noch falsch, während die $4^1/_2$-Jährigen überwiegend korrekt antworten[1]. Zudem lässt sich die Leistung nur geringfügig und nur durch wenige Faktoren verbessern (auf die Frage, welche Faktoren das sind und wie stark sich kulturelle Aspekte auswirken, kommen wir in Kapitel 9.3 zurück).

Repräsentationen höherer Ordnung

Mit etwa sechs bis sieben Jahren kommen Kinder schließlich auch mit falschen Überzeugungen zweiter und dritter Ordnung zurecht: „Johann denkt, dass Maria denkt, dass …" (Perner & Wimmer, 1985). Hat man das Prinzip erst einmal verinnerlicht, lässt sich diese Ordnung beliebig ausdehnen, zumindest theoretisch. In der Praxis jedoch werden die Repräsentation und die Verarbeitung entsprechender Informationen umso schwieriger, je mehr Ebenen hinzukommen: Bei „Anton denkt, Berti glaube, dass Conni nicht weiß, dass Det entdeckt hat, warum Edi überzeugt ist, dass Fritzchen gesehen hat, wo die Schokolade versteckt wurde" wird es reichlich unübersichtlich. Das hat mehrere Gründe.

---

1. Inzwischen deuten Studien mit neueren Verfahren auf einen deutlich früheren Beginn der *Theory-of-Mind*-Entwicklung hin (Onishi & Baillargeon, 2005; Kovacs et al., 2010; Träuble et al., 2010), aber die Interpretation dieser Befunde ist noch umstritten (z. B. Perner, 2009; Perner & Ruffman, 2005; Ruffman et al., 2012; Southgate et al., 2007; Überblick in Baillargeon et al., 2010; Sodian, 2011).

Bedeutung von Sprache

Zum einen setzt es eine Sprache voraus, die derartige Schachtelsätze zulässt, und diese Sprache muss gut genug beherrscht werden, um korrekte Schlüsse ziehen zu können. Das erklärt auch, warum Tiere und Kleinkinder Repräsentationen höherer Ordnung nicht beherrschen *können*: Sie verfügen schlicht nicht (oder nicht hinreichend) über das dafür notwendige Werkzeug. Es ist deshalb auch kein Zufall, dass die meisten Belege für den Erwerb einer *Theory of Mind* in das Alter fallen, in dem Kinder beginnen, ihre Muttersprache fließend zu sprechen.

Arbeitsgedächtnis und Inhibition

Ein weiterer Grund liegt in den begrenzten Kapazitäten des Arbeitsgedächtnisses. Bei dem oben formulierten Beispiel handelt es sich um eine Repräsentation sechster Ordnung (nämlich bei Anton), die Informationen über die Welt einschließt (versteckte Schokolade), eine Negation enthält (Connis Nichtwissen) und in der sechs verschiedene Akteure mit ihren jeweils spezifischen Arten der Wissensrepräsentation (denken, glauben, wissen usw.) auseinanderzuhalten und zuzuordnen sind. Bei Kindern kommt erschwerend hinzu, dass sie erst lernen müssen, die eigene Repräsentation des tatsächlichen Sachverhalts zu unterdrücken, um eine andere ausdrücken zu können (dies nennt man „Inhibition"). Mit anderen Worten: Wenn ein Kind die *False-belief*-Aufgabe falsch löst, dann vielleicht einfach deshalb, weil das Wissen über den tatsächlichen Aufenthaltsort der Schokolade so stark aktiviert ist, dass es sein Wissen über die falsche Repräsentation nicht äußern kann. Wenn Aspekte wie diese und die ihnen zugrunde liegenden domänenübergreifenden Prozesse tatsächlich – wie einige Forscher annehmen – die Ausbildung der *Theory of Mind* unterstützen (Bischof-Köhler, 2000; Carlson & Moses, 2001), dann müsste man in Studien zur Sozialisation von Kindern entsprechende Auswirkungen beobachten können.

9.3 Soziale und kulturelle Einflüsse

Wie universell ist die *Theory of Mind?*

Dunkelblau: Länder, in denen kulturvergleichende Studien durchgeführt wurden

Die Metaanalyse von Wellman und Kollegen (2001) spricht dafür, dass sich die *Theory of Mind* universell, also überall nahezu gleich entwickelt und im Alter zwischen 41 und 48 Monaten zu einer Verschiebung von überwiegend falschen zu überwiegend richtigen Antworten führt. Zu den Studien, die diesbezüglich *keine* kulturellen Unterschiede gefunden haben, gehören die von Avis und Harris (1991) bei den Baka in Kamerun, die von Vinden (1999, 2002) bei den Tolai und Tainae in Papua-Neuguinea und bei den Mofu in Kamerun sowie jene von Tardif und Kollegen (2004) in China. Auch der Titel der Publikation von Callaghan und Kollegen (2005) legt nahe, dass sich die *Theory of Mind* über fünf Kulturen hinweg zum gleichen Zeitpunkt entwickelt. Liest man diesen Artikel genauer, relativiert sich das Bild allerdings.

Kulturelle Unterschiede

Spielraum für Unterschiede:
- Entwicklungsbeginn
- Entwicklungsverlauf
- Entwicklungsprozesse

Da es sich bei der *Theory of Mind* um eine zwar anspruchsvolle, aber wenig komplexe Fähigkeit handelt, ist der Spielraum für kulturelle Unterschiede begrenzt: (1) Ihre Entwicklung könnte zu unterschiedlichen Zeitpunkten einsetzen, (2) sie könnte für verschiedene Teilaspekte unterschiedlich schnell verlaufen und (3) sie könnte auf unterschiedlichen Prozessen beruhen. Im Prinzip wäre auch denkbar, dass sich die Fähigkeit nicht kontinuierlich verbessert, sondern dass ihre Ausprägung schwankt oder ihre Entwicklung sich sogar umkehrt. Das ist allerdings nicht sehr plausibel und dafür gibt es bislang auch keine Belege (Liu et al., 2008; Tardif et al., 2004).

(1) Unterschiede im Entwicklungsbeginn

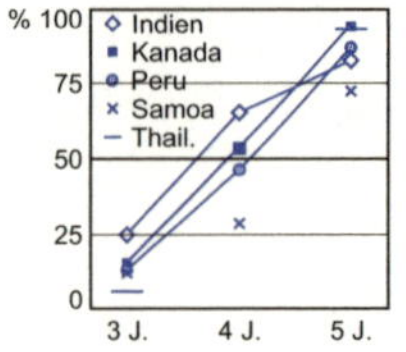

Anteil der Kinder (in %), die den *False-belief*-Test bestanden haben (Callaghan et al., 2005)

Die bereits erwähnte Studie von Callaghan und Kollegen (2005) berichtet Daten aus fünf Ländern: Kanada, Peru, Indien, Thailand und Samoa. Die ersten vier Länder unterscheiden sich nicht signifikant: Mit 3 Jahren scheitern die meisten Kinder am *False-belief*-Test, mit 5 Jahren bestehen sie ihn (s. nebenstehende Abb.). Für die samoanischen Kinder gilt dies nicht. Bei ihnen scheint die Verschiebung in den Antwortmustern später einzusetzen und mehr Zeit zu benötigen (in Kapitel 9.4 kommen wir darauf zurück). Ebenso belegt eine zweite Metaanalyse von Wellman und Kollegen (2001) zu Daten aus den USA, Kanada, Hongkong und der Volksrepublik China zwar parallele Entwicklungslinien, aber auch kulturelle Unterschiede bezüglich des Zeitpunkts, zu dem diese Entwicklung einsetzt, und zwar in einem Umfang von bis zu zwei Jahren (Liu et al., 2008; s. auch Naito & Koyama, 2006, für Japan).

(2) Unterschiede im Entwicklungsverlauf

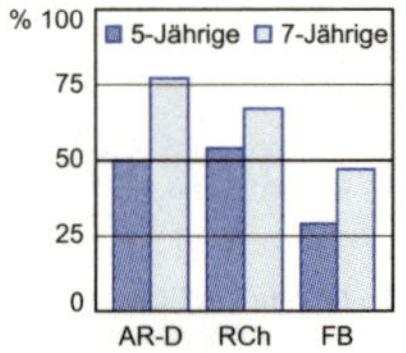

Anteil der Kinder (in %), die den jeweiligen Test bestanden haben (n. Vinden, 1996)

Eine zweite Annahme der Forschung zur *Theory of Mind* muss angesichts kulturvergleichender Befunde wohl ebenfalls relativiert werden, nämlich die, dass sich ihre Teilfertigkeiten gleichzeitig und gleichförmig entwickelten. Das zeigt eine Studie von Vinden (1996) bei den Junín-Quechua in Peru (s. nebenstehende Abb.; für ähnliche Befunde in China s. auch Tardif et al., 2004). Die Junín-Kinder bestehen demnach den Test zur *appearance reality distinction* (AR-D) in einem früheren Alter als die Tests mit den Überzeugungsaufgaben, *representational change* (RCh) und *false belief* (FB). Die Autorin erklärt dies damit, dass im Alltagsleben der Junín-Quechua Unterscheidungen zwischen Schein und Sein sehr wichtig seien, Gespräche über mentale Zustände aber nur selten stattfänden (Vinden, 1996, S. 1708).

(3) Unterschiede in den zugrunde liegenden Entwicklungsprozessen

Der dritte Aspekt, bezüglich dessen sich die *Theory of Mind* kulturell bedingt unterschiedlich entwickeln könnte, betrifft die zugrunde liegenden Prozesse. Wie bereits Avis und Harris (1991) anmerkten, kann eine gleichförmig erscheinende Entwicklung dennoch durch unterschiedliche Prozesse zustande kommen oder auf lange Sicht zu unterschiedlichen Ergebnissen führen (Lillard, 1998). Einen zumindest indirekten Beleg dafür liefern Sabbagh und Kollegen (2006), die chinesische und US-amerikanische Vorschulkinder bezüglich ihrer exekutiven Funktionen und ihres *Theory-of-Mind*-Verständnisses verglichen. *Exekutive Funktionen* sind allgemeine kognitive Fähigkeiten, die der Steuerung des eigenen Verhaltens dienen und die als zentral für die Entwicklung der *Theory of Mind* erachtet werden. Die Studie zeigte nun, dass in beiden Kulturen tatsächlich diejenigen Kinder in den Tests zur *Theory of Mind* besser abschnitten, die auch bessere Leistungen in den Tests zu exekutiven Funktionen gezeigt hatten. Dennoch waren die Leistungen der chinesischen Kinder *insgesamt* zwar bei den exekutiven Funktionen besser als die der amerikanischen, nicht aber bei den Aufgaben zur *Theory of Mind* (s. nebenstehende Abb.). Diese Befunde sprechen dafür, dass die domänenübergreifenden exekutiven Funktionen zwar helfen, eine *Theory of Mind* zu entwickeln, aber eben nur, wenn der kulturelle Kontext die dafür erforderlichen Erfahrungen ebenfalls bereitstellt.

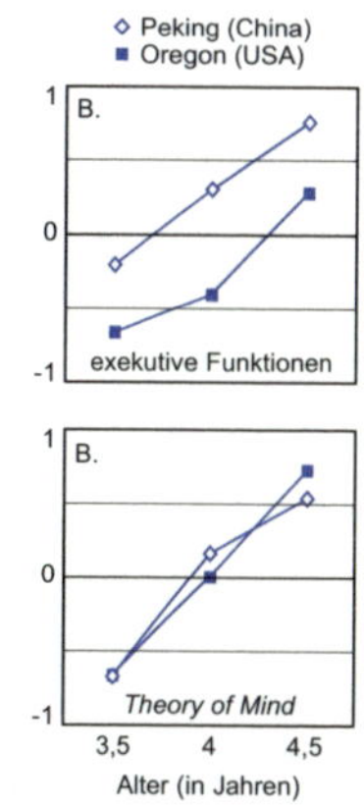

Standardisierte Leistungen in den Tests zu (A) exekutiven Funktionen und (B) *Theory of Mind* (n. Sabbagh et al., 2006, S. 78 und S. 79)

In der Vergangenheit wurde eine Reihe von Faktoren daraufhin geprüft, ob sie entsprechend hilfreiche Erfahrungen begünstigen oder nicht, darunter etwa die Anzahl der Geschwister (Jenkins & Astington, 1996; Perner et al., 1994) oder die Art des Spielverhaltens (Youngblade & Dunn, 1995; für einen Überblick s. Träuble & Bender, im Druck). Am einflussreichsten scheint der Umfang zu sein, in dem mit Kindern *gesprochen* wird, und zwar insbesondere über mentale Phänomene (Miller, 2006; Peterson & Slaughter, 2003; Ruffman et al., 2002).

Die Bedeutung von Sprache

Ist Sprache nur hilfreich oder ist sie notwendig?

Ob sprachliche Kompetenz eine Grundvoraussetzung für das Auftreten der *Theory of Mind* ist, wird schon seit Beginn der Forschung kontrovers diskutiert (Dennett, 1987; Premack & Woodruff, 1978). Nimmt man Befunde aus artvergleichenden Studien als Indiz für eine *Theory of Mind* auch bei anderen Spezies (Dally et al., 2010; Tschudin, 2001, 2006), dann kann die Antwort nur lauten, dass Sprache nicht unabdingbar ist. Das impliziert aber nicht, dass sie gar keinen Einfluss hätte – im Gegenteil: Vieles spricht dafür, dass sprachliche und soziale Fertigkeiten gemeinsam den Grundstein für die Entwicklung der kindlichen *Theory of Mind* legen (Garfield et al., 2001).

Sprachkompetenz spielt eine Rolle.

Einen überzeugenden Beleg dafür, dass Sprachkompetenz eine wichtige Rolle spielt, liefert eine Studie mit gehörlosen Kindern (Woolfe et al., 2002). Sind die Eltern eines gehörlosen Kindes ebenfalls gehörlos, erlernt das Kind ganz normal eine Muttersprache (in diesem Fall eine Gebärdensprache). Wird es aber in eine Familie hörender Personen hineingeboren, muss es sich die Gebärdensprache wie eine Fremdsprache mühsam erarbeiten. Die Studie von Woolfe und Kollegen zeigt nun, dass die gehörlosen Kinder gehörloser Eltern (mit Gebärdensprache als Muttersprache) die *Theory of Mind* früher erwerben als die gehörlosen Kinder hörender Eltern.

Allgemeiner Sprachgebrauch oder spezifische Eigenschaften?

Welche Eigenschaften der Sprache für diesen Einfluss verantwortlich sind, ist noch nicht restlos geklärt. Infrage kommen dafür der Sprachgebrauch ganz allgemein (Cheung et al., 2004), aber auch spezifische Begriffe, die ganz explizit eine falsche Überzeugung bezeichnen, wie im Kantonesischen (Tardif et al., 2004), oder die Komplementstruktur im Satzbau, die es erlaubt Repräsentationen auszudrücken, wie in „Er weiß, *dass* ...“ (de Villiers & Pyers, 2002).

Evidentialität und Mentalesisch

Ein weiteres Merkmal, das wir bereits im Kapitel über die Zeit – bei den Aymará (Seite 159) und Hopi (Seite 161) – kennengelernt haben, ist *Evidentialität*. Evidentialität bezeichnet eine grammatische Kategorie, mit deren Hilfe ein Sprecher angeben kann, woher seine Informationen stammen: ob er selbst die Quelle des Wissens ist, etwa weil er das Geschehen selbst beobachtet hat (direkte Evidenz), oder ob er es nur von anderen gehört hat (indirekte Evidenz). In etwa jeder vierten Sprache weltweit ist der Ausdruck von Evidentialität obligatorisch (Aikhenvald, 2004), so auch im Quechua (Nuckolls, 1993; Vinden, 1996). Vermutlich noch wichtiger aber ist die Verfügbarkeit *mentalesischer Begriffe* (wie „denken“, „glauben“, „wollen“ oder „verstehen“) und die Häufigkeit, mit der von ihnen Gebrauch gemacht wird (Lillard, 1998). So wird bei den Junín-Quechua nur wenig über Zustände spekuliert, die man nicht direkt beobachten kann, und tut man es doch, muss man das grammatisch markieren. Begriffe, die auf geistige Prozesse verweisen, kommen in Gesprächen so gut wie gar nicht vor. Entsprechend schwer tun sich Kinder deshalb auch mit Mutmaßungen darüber, was andere denken oder wissen könnten (Vinden, 1996). In gewissem Umfang gilt dies auch für einige Kulturen Ozeaniens, wie am Beispiel Samoas nun genauer erläutert werden soll.

9.4 Kulturspezifische *Theories of Mind*

Die kindliche *Theory of Mind* als Grundlage ethnopsychologischer „Theorien des Geistes"

Wie eingangs geschildert, ist die *Theory of Mind* definiert als Fähigkeit, sich selbst und anderen mentale Zustände zuzuschreiben und auf dieser Grundlage Verhalten vorherzusagen (Premack & Woodruff, 1978). Allerdings bildet diese Art der *Theory of Mind* nur die Keimzelle einer viel umfassenderen ethnopsychologischen „Theorie des Geistes", die Personen sich im Laufe ihres Lebens aneignen (Lillard, 1997). Letztere enthält auch Annahmen darüber, was Personen generell antreibt, warum sie auf bestimmte Ereignisse so und nicht anders reagieren oder wie man ein harmonisches Zusammenleben am besten organisiert. In diesen Annahmen unterscheiden sich Kulturen aber beträchtlich und das wirft zwei grundsätzliche Fragen auf: Falls die *Theory of Mind* bei allen Kindern gleich ist, wie entwickelt sich dann daraus die kulturelle Vielfalt in den Vorstellungen von mentalen Zuständen? Und welchen Einfluss nehmen umgekehrt diese kulturspezifischen Vorstellungen darauf, wie Kinder sich die *Theory of Mind* aneignen? Die erste dieser Fragen ist bislang nur wenig untersucht (Harris, 1992). Zu ihrer Klärung dringend erforderlich wären ethnologische Expertise und Längsschnittstudien.

Einfluss ethnopsychologischer „Theorien des Geistes" auf die Entwicklung der *Theory of Mind*

Auch die Forschung zur zweiten Frage steht erst am Anfang. Zwar wächst seit den 1980er-Jahren die Zahl der ethnopsychologischen Studien (z. B. Heelas & Lock, 1981; Shweder & LeVine, 1984; White & Kirkpatrick, 1985), wie diese sich aber konkret auf die Entwicklung der kindlichen *Theory of Mind* auswirken, rückt erst allmählich ins Zentrum des Interesses (Lillard, 1999).

Was ist *Mind?*

Dabei zeigt sich immer deutlicher, dass bereits das Konzept des *Mind*, das einer *Theory of Mind* ja zugrunde liegen sollte, sich kulturspezifisch sehr unterschiedlich gestalten kann. Es ist durchaus kein Zufall, dass selbst die deutschsprachige Literatur zur *Theory of Mind* sich scheut, diesen Fachbegriff zu übersetzen: Es gibt einfach keinen Begriff im

Deutschen – wie auch in vielen anderen Sprachen –, der das gleiche bedeutet wie *Mind* (D'Andrade, 1987; Wierzbicka, 1992). Aber die Unterschiede reichen tiefer (Lillard, 1998).

Wie wichtig sind mentale Zustände?

Für uns liegt es nahe, anzunehmen, dass mentale Zustände durch andere mentale Prozesse verursacht werden: Wissen beispielsweise durch Wahrnehmung von Sachverhalten. Außerdem sind wir überzeugt, dass mentale Zustände auch für das Verhalten von Personen ausschlaggebend sind. Beides ist nicht selbstverständlich. So wird in vielen Kulturen angenommen, dass ein mentaler Zustand auch durch übernatürliche Kräfte oder Rituale ausgelöst werden kann (z. B. Heelas & Lock, 1981; Mageo & Howard, 1996; Rosaldo, 1984). Umgekehrt lässt sich das Verhalten einer Person nicht allein anhand eines mentalen Zustandes erklären; soziale Beziehungen oder die Situation tragen ebenfalls wesentlich dazu bei (z. B. Evans-Pritchard, 1937; Lutz, 1988; Miller, 1984; Norenzayan et al., 1999). Unter diesen Umständen ist die Kenntnis mentaler Zustände nicht nur schwierig, sondern auch kaum relevant.

„Opacity of other minds"

In der westlichen Welt ist das Nachdenken über die mentalen Zustände anderer so üblich, dass der Mensch wie ein *Homo psychologicus* erscheinen mag (Humphrey, 1984). Im Gegensatz dazu steht jedoch die Einstellung in einer Vielzahl von Kulturen (Überblick in Lillard, 1998, S. 12 f.), die einen eher *behavioristischen* Standpunkt zu vertreten scheinen: Sie nutzen kaum mentalesische Begriffe (vgl. Seite 202) und mentale Zustände anderer sind für sie weitgehend deren Privatsache, unergründlich (Englisch: *opaque*) und mitunter unantastbar. Besonders charakteristisch scheint dieses Desinteresse an mentalen Zuschreibungen für viele Kulturen Ozeaniens zu sein (Ochs, 1988; Robbins & Rumsey, 2008), wo es so ausgeprägt ist, dass sogar von einer „Doktrin" der *opacity of other minds* die Rede ist.

Theory of Mind in Ozeanien

Ein interdisziplinäres Projekt

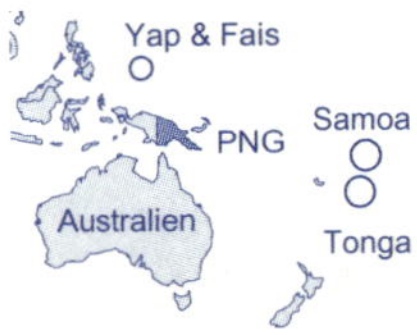

In den Jahren 2004 bis 2008 förderte die VolkswagenStiftung an der Universität Heidelberg ein Forschungsprojekt zu *Personen, Raum und Erinnerung im Pazifik*. In diesem Kontext angesiedelt war auch eine umfangreiche Studie zur *Theory of Mind* in fünf ozeanischen Kulturen. Betreut von einem Ethnologen (Jürg Wassmann), einem Kognitionspsychologen (Joachim Funke) und einer Entwicklungspsychologin (Birgit Träuble) untersuchten fünf Zweierteams aus Psychologie und

Tabelle 14: Ergebnisse der Studie in fünf ozeanischen Kulturen (Wassmann et al., im Druck; für Yap & Fais s. auch Oberle, 2009); die Prozentangaben beziehen sich auf den Anteil der Kinder pro Altersgruppe, die den Test bestanden haben

Yap & Fais (Oberle & Resch) *n* = 69 (3–6 J.)	Tonga (Tietz & Völkel) *n* = 101 (3–6 J.)	Samoa (Mayer & Riese) *n* = 43 (3–6 J.)	Yupno (PNG) (Hoelzel & Keck) *n* = 40 (3–6 J.)	Bosmun (PNG) (Ubl & von Poser) *n* = 26 (3 + 5 J.)
change of location task (CLT)				
	FB • 3–4 J.: 47 % • 5–6 J.: 75 %	FB • 3–4 J.: 38 % • 5–6 J.: 31 %	FB, nonverbal • 3–4 J.: 60 % • 5–6 J.: 65 %	
deceptive container task (DCT)				
FB • 3–4 J.: 12 % • 5–6 J.: 89 % RCh • 3–4 J.: 16 % • 5–6 J.: 96 %	FB • 3–4 J.: 31 % • 5–6 J.: 31 % RCh • 3–4 J.: 46 % • 5–6 J.: 39 %		FB • 3–4 J.: 16 % • 5–6 J.: 20 %	FB • 3 J.: 8 % • 5 J.: 69 %

Ethnologie, wie sich die Vorstellungen der Erwachsenen von den mentalen Zuständen anderer auf die Entwicklung des Verständnisses bei Kindern auswirkt (Wassmann et al., im Druck).

Zwei Aufgaben:
- *change of location task* (CLT)
- *deceptive container task* (DCT)

Um diese Frage zu beantworten, verwendeten die Teams zwei Arten von Aufgaben zum Wissen um Überzeugungen. Die *change of location task* (CLT) ist die klassische Aufgabe zum *false belief* (FB). In ihr wird ein Gegenstand heimlich umgeräumt; die korrekte Lösung setzt die Einsicht voraus, dass jemand, der den Ortswechsel nicht mitbekommen hat, am falschen Ort sucht (s. Seite 191). Die *deceptive container task* (DCT) ist eine Aufgabe, in der sich in einem Behälter etwas anderes befindet, als er typischerweise enthält (s. Seite 197f.). Sie wird unter anderem zum Testen der *appearance reality distinction* genutzt; aber auch das Wissen um eigene falsche Überzeugungen zu einem früheren Zeitpunkt (*representational change,* RCh) sowie falsche Überzeugungen anderer (*false belief,* FB) lassen sich damit erfassen.

Interpretation der Ergebnisse

Die Ergebnisse (s. Tab. 14) zeichnen ein heterogenes Bild: In Yap und Fais zeigt sich der bereits bekannte Entwicklungsschub zwischen 3 und 5 Jahren; in den übrigen Studien dagegen lässt er sich nur teilweise (wie in Tonga) oder gar nicht (wie in Samoa und bei den Yupno in Papua-Neuguinea) beobachten. Das könnte dafür sprechen, dass in diesen Kulturen die Entwicklung der *Theory of Mind* tatsächlich später einsetzt. Außerdem sind die Leistungen der Kinder mitunter testabhängig. In Tonga beispielsweise bescheinigt die *Change-of-location*-Aufgabe den Kindern bessere Fähigkeiten als die *Deceptive-container*-Aufgabe und das selbst für den in beiden Aufgaben gleichen Aspekt des *false belief*, und die Yupno-Kinder haben erkennbar weniger Schwierigkeiten mit der nonverbalen als mit der verbalen Version der Aufgabe.

Methodische Schwierigkeiten

Diese Befunde werfen die Frage auf, in welchem Ausmaß die klassischen Aufgaben zur Erfassung einer *Theory of Mind* kulturell geprägt und damit für einen Vergleich überhaupt geeignet sind. Zwar haben sich die Heidelberger Teams intensiv bemüht, die Tests auf den jeweiligen kulturellen Kontext zuzuschneiden, aber es bleibt manches, was sie als kritisch erachten – etwa die absichtliche Täuschung eines Interaktionspartners, wie sie für die Aufgaben eigentlich zentral, in einigen Kulturen aber nicht legitim ist (Tietz & Völkel, im Druck; Ubl & von Poser, im Druck). Ob die kulturellen Unterschiede sich dennoch (zumindest teilweise) auch durch kulturelle Besonderheiten erklären lassen, soll im Folgenden für das Beispiel Samoa beleuchtet werden.

Theory of Mind in Samoa

Wie gut lösen samoanische Kinder die *Change-of-location*-Aufgabe?

Die Daten der Studie von Callaghan und Kollegen (2005) deuten darauf hin, dass bei den samoanischen Kindern die Entwicklung der *Theory of Mind* später einsetzt und/oder langsamer voranschreitet als in den Vergleichsgruppen (vgl. Seite 200). Diesen Befund zu überprüfen und gegebenenfalls zu erklären war eines der Hauptziele der Heidelberger Studie (Mayer & Riese, im Druck; Mayer & Träuble, im Druck subm.). Sie modifizierten die *Change-of-location*-Aufgabe von Callaghan und Kollegen (2005), um Probleme mit dem Material auszuschließen, und arbeiteten zunächst mit 43 Kindern im Alter von 3 bis 6 Jahren.

Deutlich spätere Entwicklung der *Theory of Mind*

Wie in Abbildung 34 (Seite 208, links) zu sehen, begannen die Kinder in der Studie von Mayer und Kollegen zwar auf einem höheren Niveau als die aus der früheren Erhebung, dieses wurde aber bis zum Alter von 5 Jahren nicht besser. Auch die Ausdehnung der Stichprobe auf insgesamt 244 Kinder (zwischen 3 und knapp 14 Jahren) änderte daran wenig: In keinem Alter (in Jahren gemessen) war der Zuwachs aus dem vorherigen Jahr signifikant. Erst wenn man die 3- bis 8-Jährigen mit den 8- bis 14-Jährigen vergleicht, zeigt sich eine signifikante Verschiebung

Samoa

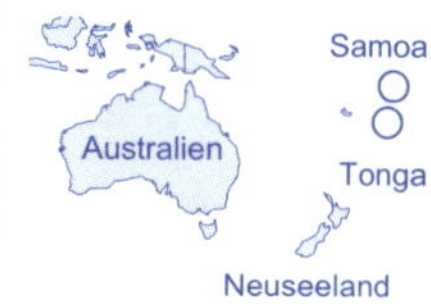

Die Samoa-Inseln bestehen aus Savai'i, 'Upolu und einer Handvoll kleinerer Inseln im Westen, die den unabhängigen Staat *Samoa* bilden (mit 200.000 Einwohnern), sowie aus Tutuila und der Manu'a-Gruppe im Osten, die zu den USA gehören (*Amerikanisch-Samoa*, rund 60.000 Einwohner). Als Überreste ehemaliger Vulkane sind die meisten Inseln Samoas bergig, verfügen über reichlich Frischwasser und fruchtbaren Boden und bieten eine gute Grundlage für den Bodenbau, der neben dem Fischfang lange Zeit die Ernährung und die lokale Wirtschaft bestimmte. Besiedelt wurde Samoa vor gut 3000 Jahren von einer Gruppe austronesischer Seefahrer (Kapitel 8), die sich vermutlich erst im benachbarten Tonga (Kapitel 10, Seite 219), dann in Samoa niederließen und von hier aus einige Jahrhunderte später auch die übrigen Inselgruppen Polynesiens erschlossen (Bellwood, 1987; Gray et al., 2009).

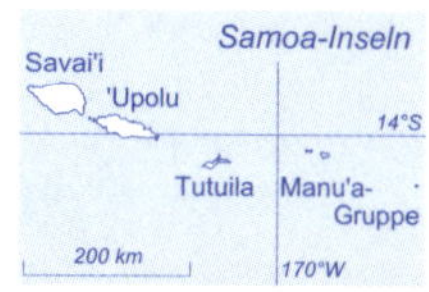

In den 1830er-Jahren begann die Christianisierung durch europäische Missionare und heute gehören fast alle Samoaner einer der zahlreichen christlichen Konfessionen oder den Mormonen an (Va'a, 2006). Mitte des 19. Jahrhunderts nahm auch der wirtschaftliche und politische Einfluss von außen zu, bis 1899 der östliche Teil von den USA und der westliche vom Deutschen Reich annektiert wurden. Nach dem Ersten Weltkrieg fiel Westsamoa an Neuseeland und erst 1962 erlangte es – als erster fremdbeherrschter Inselstaat im Pazifik – seine Unabhängigkeit zurück (Bruno & Schade, 1993). Trotz der anhaltenden Einflüsse von außen hat sich jedoch bis heute eine distinkt samoanische Kultur, der *fa'asāmoa*, erhalten (Va'a, 2006).

Wie viele polynesische Gesellschaften ist auch die samoanische hierarchisch strukturiert, wobei sich der Rang des Einzelnen aus seiner Abstammung ergibt. Im Zentrum steht die erweiterte Großfamilie *('āiga)* mit ihrem Vorstand, dem *matai*. Die *matai* konstituieren den Dorfrat *(fonu)*, der die Entscheidungsgewalt für alle familienübergreifenden Belange innehat, wobei die Ranghöheren unter ihnen, die *chiefs* oder *ali'i*, auch den größeren Einfluss haben (Duranti, 1994; Meleisea, 1987; Va'a, 2006).

Generell ist man Ranghöheren und der Gemeinschaft gegenüber zu Gehorsam, Respekt und Unterstützung verpflichtet (Gerber, 1985; Meleisea, 1987; für ähnliche Beobachtungen im kulturell verwandten Tonga s. Kapitel 10, Seite 219). Das gilt insbesondere auch für Kinder, die zusammen mit zahlreichen Geschwistern in Großfamilien aufwachsen und dabei quasi unter öffentlicher Aufsicht stehen. Die Bedingungen und Auswirkungen dieser Art der Sozialisation werden seit ihrer Beschreibung durch Margaret Mead (1928) äußerst kontrovers diskutiert (für einen Überblick s. Shankman, 2009); dass die weitgehend offene Wohnweise, die Dorfstruktur und eine Konzentration auf die Familien- und Dorfgemeinschaft aber Einsamkeit, Rückzug oder Isolation nahezu unmöglich machen, liegt auf der Hand. Soziale Interaktionen werden früh erlernt und das Sozialleben gilt als ausgesprochen lebhaft. Allerdings werden Kinder nicht explizit unterwiesen, sondern müssen vieles durch Beobachtung lernen, und insbesondere über das, was in einer Person vorgehen mag, wird kaum gesprochen (Duranti, 2006, 2008; Mageo, 1989, 1998; Mayer & Riese, im Druck; Ochs, 1988; Shore, 1982).

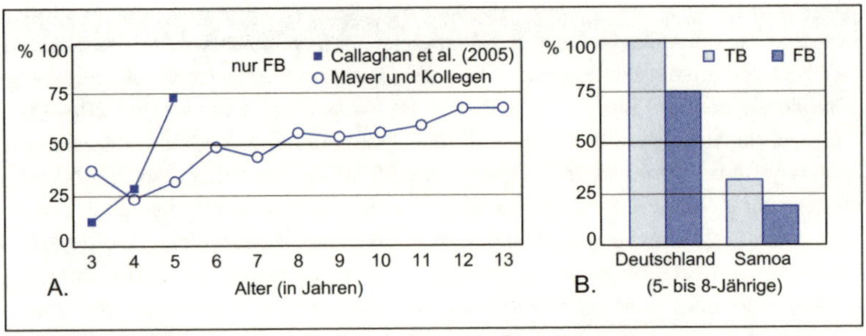

Abbildung 34: Ergebnisse in Samoa (A) mit einer reinen FB- *(False-belief)* Aufgabe und (B) mit FB- und TB- *(True-belief)*Aufgaben (Mayer & Riese, im Druck Mayer & Träuble, subm.)

von 40 % korrekten Lösungen bei den Jüngeren zu 57 % bei den Älteren (Mayer & Riese, im Druck; Mayer & Träuble, im Druck). Eine zweite Studie mit 5- bis 8-Jährigen, in der die *False-belief*-Aufgabe *(FB)* mit einer *True-belief*-Aufgabe *(TB)* abgeglichen wurde, bestätigte diesen Befund (s. Abb. 34, rechts). Die Daten sprechen dafür, dass eine sozial anregende Umwelt (in Form zahlreicher Geschwister, dem Leben in Großfamilien und unter der Aufmerksamkeit durch die Dorfgemeinschaft) offenbar einen geringeren Einfluss auf die Entwicklung der *Theory of Mind* ausübt, als es das Schweigen über mentale Zustände tut.

Wie aussagekräftig sind die Befunde?

Aus mehreren Gründen zögern die Autoren dennoch, diesen Befund als Beleg für einen kausalen Einfluss der *opacity of other minds* zu werten (s. auch Keane, 2008). Zum einen ist es generell schwierig, aus dem gemeinsamen Auftreten zweier Merkmale eine kausale Wirkung abzulesen. Zum anderen wirft das vergleichsweise schlechte Abschneiden in den *True-belief*-Aufgaben, die eigentlich sehr leicht sein sollten, die kritische Frage auf, ob die samoanischen Kinder das Experiment überhaupt so interpretierten wie von den Experimentatoren vorgesehen. Skepsis in dieser Hinsicht ist insofern immer begründet, als kulturvergleichende Befunde grundsätzlich mit Übersetzungsschwierigkeiten zu kämpfen haben – nicht nur in sprachlicher Hinsicht, sondern auch in Bezug auf die Materialien, Instruktionen oder sozialen Interaktionen zwischen Forscher und Beforschten (Kapitel 1.3, ab Seite 22). Wenn Kinder beispielsweise nicht gewohnt sind, dass Fragen gestellt werden, deren Antworten die Erwachsenen längst kennen (Duranti & Ochs, 1986), ist unklar, wie sie mit entsprechenden Situationen umgehen (Gauvain, 1998; Mayer & Riese, im Druck; Mayer & Träuble, subm.).

Fazit

Kulturelle Einflüsse auf die *Theory of Mind*

Auch wenn angesichts der offenen Fragen eindeutige Antworten nicht möglich sind, deuten die bisherigen Befunde aus kulturvergleichenden Studien daraufhin, dass die *Theory of Mind* im engeren Sinne sich nicht überall gleich entwickelt. Das Konzept von *Mind* ist dabei ebenso kulturspezifisch wie die Bedeutung und Aufmerksamkeit, die ihm zugestanden wird. Wird in einer Kultur nicht über mentale Zustände gesprochen, müssen Kinder selbst herausfinden, was in anderen Personen vorgeht oder dass dies von Bedeutung sein könnte. Es ist dann nicht verwunderlich, dass sie für diesen Lernprozess länger brauchen, als würden alle ringsum darüber sprechen (Lillard, 1998). Möglicherweise lernen sie sogar, ihre eventuell vorhandenen Intuitionen über die mentalen Zustände anderer zu ignorieren (Astuti, 2012; Keane, 2008). Werden mentale Zustände nicht berücksichtigt, ändern sich aber auch Verhaltenserklärungen und Rechtfertigungen: Eine Handlung ist dann gut oder schlecht, wenn ihre Folgen gut oder schlecht sind, nicht wenn die dahinterstehende Absicht es war (Ochs, 1988). Dies hat Konsequenzen dafür, mit welchen Emotionen auf Ereignisse reagiert wird (s. Kapitel 10), für das tägliche Miteinander, für Ideale der Kindererziehung oder für Rechtsgrundsätze und Vorstellungen von gerechter Strafe (Hamilton & Sanders, 1992; Lillard, 1998).

Theoretische Implikationen

Für Theorien, die von angeborenen Modulen oder Prozessen für eine *Theory of Mind* ausgehen, sind solche kulturellen Unterschiede generell problematisch. Insbesondere die samoanischen Befunde sind zudem kritisch für die Annahme, dass die *Theory of Mind* die zentrale Voraussetzung für Sozialkompetenz sei, denn während die samoanischen Kinder mit den Tests zur *Theory of Mind* nicht zurechtzukommen scheinen, sind sie sehr wohl in der Lage, komplexe soziale Interaktionen zu handhaben (z. B. Mageo, 1989; Ochs, 1988).

Theory of Mind und die Fähigkeit zum Perspektivenwechsel

Die gängigen Tests zur *Theory of Mind* bescheinigen Kindern in westlichen Ländern eine sich früh entwickelnde Fähigkeit zum Perspektivenwechsel. Als Erwachsenen hingegen fällt uns dies keineswegs immer leicht und im Vergleich mit anderen Kulturen schneiden wir dabei sogar relativ schlecht ab (z. B. Galinsky et al., 2006; Leung & Cohen, 2007; Unsworth, 2008; Wu & Keysar, 2007). Es genügt also keineswegs, über sozial-kognitive Kompetenzen nur *im Prinzip* zu verfügen, wenn wir uns nicht angewöhnen, sie auch zu nutzen.

Aufgaben

Übung 1: Zerlegen Sie eine Bildergeschichte, in der mentale Repräsentationen eine Rolle spielen (z. B. die *Weihnachtsbastler* von E. O. Plauen), in ihre Einzelbilder. Mischen Sie diese dann und legen Sie sie ein paar Freunden vor mit der Bitte, die Geschichte wieder in der richtigen Reihenfolge zusammenzusetzen. Fragen Sie ihre Teilnehmer anschließend, wie sie vorgegangen sind. Wie wichtig sind mentale Zuschreibungen für die Rekonstruktion gewesen?

Übung 2: Kulturen unterscheiden sich darin, wie häufig sie *mentalesische Begriffe* gebrauchen – also solche Begriffe, die mentale Zustände beschreiben (z. B. „wissen“, „denken“, „Täuschung“ etc.). Untersuchen Sie eine beliebige Geschichte, in der mehrere Personen miteinander zu tun haben (z. B. ein Märchen). Markieren Sie alle mentalesischen Begriffe. Versuchen Sie dann, die Geschichte *ohne* diese Begriffe zu erzählen. Wie leicht oder schwer fällt Ihnen das? Wie gut verständlich ist sie für Ihre Zuhörer? Und was passiert mit den mentalesischen Begriffen, wenn Ihre Zuhörer sie nun ihrerseits nacherzählen?

Übung 3: In Kapitel 9.4 (Seite 203 f.) behaupten wir, der für die Psychologie so zentrale Begriff *Mind* ließe sich nur schwer ins Deutsche übersetzen. Prüfen Sie das selbst nach – je dicker das Wörterbuch, das Sie zurate ziehen, umso mehr werden Sie staunen.

Weiterführende Literatur

Auch wenn einzelne seiner Forschungsergebnisse inzwischen angezweifelt wurden, ist das Sachbuch von Marc Hauser (2001) noch immer eines der spannendsten zum Thema Intelligenz der Tiere. Klassiker in der Forschung zur *Theory of Mind* sind die Arbeiten von Premack und Woodruff (1978) sowie von Wimmer und Perner (1983); den aktuellsten Stand der Forschung berichtet Sodian (2011). Allgemeine Übersichten über die Entwicklung des Denkens und der *Theory of Mind* bei Kindern findet man bei Perner (1991) und bei Astington (2000). Lillard (1998) liefert einen anspruchsvollen und sehr fundierten Überblick über die kulturelle Variabilität in ethnopsychologischen Konzepten und die Ergebnisse der interdisziplinären, kulturvergleichenden Studie in fünf ozeanischen Kulturen sind in Wassmann und Kollegen (im Druck) gebündelt. Wer sich näher für die Kultur Samoas interessiert, findet in dem Buch von Bruno und Schade (1993) einen kompetent geschriebenen und sehr gut lesbaren Überblick, der auch Tonga und Fiji einschließt.

10 Mensch ärgere dich nicht

Wie Kognitionen Emotionen bestimmen

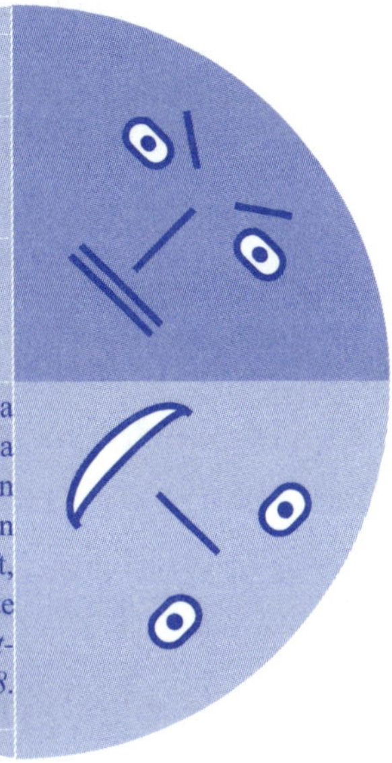

Hinten auf dem Roggenfeld mähten Michels Papa und Alfred mit ihren Sensen … Als Michel und Ida endlich mit dem Kaffeekorb auftauchten, wurden sie von ihrem Papa nicht als anmutige Boten begrüßt, im Gegenteil, sie wurden ausgeschimpft, weil sie so spät kamen. Wenn Kaffeezeit war, hatte der Kaffee auf die Minute pünktlich da zu sein. *Astrid Lindgren, Michel aus Lönneberga, 2007, S. 258.*

Mit seiner roten Spielfigur hat man die Runde übers Spielbrett fast geschafft, steht kurz vor dem eigenen „Häuschen", wo die Figur am Ziel und gerettet wäre, und dann passiert es: Der Spieler mit der Farbe Gelb würfelt eine Fünf und schlägt mit seiner Figur das rote Männchen aus dem Feld. „Musste das sein?", macht man seinem Gefühl Luft, „Na warte, beim nächsten Mal kenne ich ebenfalls kein Pardon". – Jeder kennt das Spiel *Mensch ärgere dich nicht*, bei dem es wie bei vielen Spielen sehr emotional zugehen kann. Um Emotionen im Allgemeinen und Ärger im Besonderen geht es in diesem Kapitel.

Leitfragen

Emotionen sind ein allgegenwärtiger Bestandteil des menschlichen Erlebens. Sie verleihen unserer Erfahrung unterschiedliche „Tönungen" und leiten unser Verhalten. Auch vielen Tieren schreiben wir Emotionen zu, Freude beispielsweise einem Hund, der schwanzwedelnd auf sein Herrchen zuläuft. Emotionen sind offenbar universell und nicht nur auf den Menschen als Spezies beschränkt – bleibt da überhaupt Platz für Kultur? Diese generelle Frage wird uns durch das ganze Kapitel begleiten. Auch das Fallbeispiel geht dieser Frage nach, und zwar anhand von Untersuchungen zur Emotion Ärger in Deutschland und Tonga. In Deutschland finden Personen häufig Gründe, sich zu ärgern; man spricht über Ärgerliches und kann seinen Ärger meist offen zeigen. Anders in Tonga: Wie vielerorts in Polynesien gelten die Menschen als „schwer zu verärgern … und rasch besänftigt" (Levy, 1978, S. 223). Gibt es dort womöglich weniger negative Erlebnisse und damit weniger Grund für Ärger? Wird seinem Ärger nur seltener Luft

James Cook, 1728–1779

Der britische Seefahrer James Cook unternahm drei Reisen in die Südsee. Auf der zweiten und dritten machte er Station auf Tonga (1773, 1774 und 1777). Schon bei seinem ersten Besuch wurde er freundschaftlich aufgenommen und so nannte er Tonga *„the friendly Islands"*. Die Ironie der Geschichte: Ein Anschlag auf ihn kam nur zufällig nicht zur Ausführung.

gemacht? Oder ärgern sich Tonganer tatsächlich weniger leicht als Deutsche? Selbst wenn wir diese Fragen letztlich nicht vollständig beantworten können, so finden wir trotz Gemeinsamkeiten auch Unterschiede im Emotionsgeschehen zwischen Deutschland und Tonga.

Aufbau des Kapitels

Als Einstieg wird zunächst geklärt, was man unter einer Emotion versteht. Dazu betrachten wir, wie Emotionen entstehen und welche Komponenten dabei beteiligt sind (Kapitel 10.1). Als Nächstes gehen wir der Frage nach, ob Emotionen universell zu erkennen sind, zum Beispiel am Gesichtsausdruck (Kapitel 10.2). Dann wenden wir uns den kognitiven Faktoren für die Entstehung von Emotionen zu. Dazu betrachten wir exemplarisch die Bedingungen für Ärger in Deutschland und für *'ita* in Tonga (Kapitel 10.3). Emotionsbegriffe in der Sprache sind Thema von Kapitel 10.4 und in Kapitel 10.5 ziehen wir ein Fazit.

10.1 Was ist eine Emotion?

Was eine Emotion ist, wird am deutlichsten, wenn man sich klarmacht, wie eine Emotion entsteht. Dabei lassen sich in der zeitlichen Abfolge verschiedene Komponenten unterscheiden (vgl. Abb. 35).

Emotionen entstehen in Bezug auf ein Ereignis.

Jede emotionale Episode beginnt mit einem Ereignis, das jemand erlebt. Emotionen entstehen als Reaktion darauf, sind also *objektbezogen*: Man freut sich *auf etwas* und man ärgert sich *über etwas* (Meyer et al., 2001, S. 30). Deshalb sind sie auch nur von begrenzter Dauer. Ist das Ereignis vorüber, bildet sich auch die Emotion zurück. Darin unterscheiden sich Emotionen von Stimmungen, die länger anhalten und ohne klaren Ereignisbezug sind (s. Russell, 2003).

Emotionen variieren mit der Einschätzung des Ereignisses.

Das Ereignis als solches sagt allerdings noch nichts darüber aus, welche Emotion tatsächlich entsteht und wie intensiv diese ist. Dies hängt von der subjektiven *Einschätzung* des Ereignisses ab, also von einer kognitiven Komponente (Scherer et al., 2001). Ein Hundehalter bewertet seinen bellend heranspringenden Hund anders als die Spaziergängerin, die gerade vorbeikommt: *Er* wird sich freuen und den Hund kraulen, wenn er an ihm hochspringt, *sie* wird sich vor dem Hund fürchten und über den Besitzer ärgern. Die Bewertung erfolgt sehr schnell und nicht bewusst. Dies ist auch gut so, denn in lebensbedrohlichen Situationen muss rasch reagiert werden. Die zugrunde liegenden Prozesse werden wir in Kapitel 10.3 noch genauer unter die Lupe nehmen.

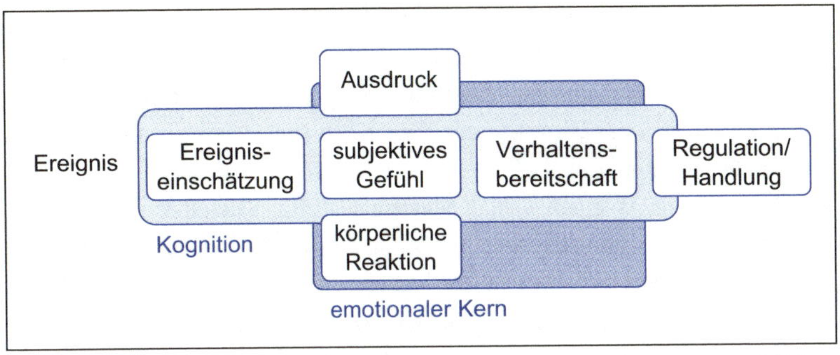

Abbildung 35: Komponenten einer emotionalen Reaktion im zeitlichen Verlauf (von links nach rechts)

Die Emotionstrias:
- Gefühl
- Ausdruck
- körperliche Reaktion

Die Einschätzung der Situation setzt verschiedene innere Prozesse in Gang, die den Kern einer emotionalen Episode ausmachen (Meyer et al., 2001, S. 31 ff.). Es entsteht ein *subjektives Gefühl* spezifischer Qualität für jede Emotion. Freude „fühlt" sich anders an als Angst oder Ärger. Das Gesicht nimmt einen bestimmten *Ausdruck* an: Bei Freude sind die Mundwinkel angehoben und in den Augenwinkeln bilden sich Fältchen; bei Ärger sind die Lippen zusammengepresst und die Augen zusammengekniffen (Ekman & Friesen, 1975; Ekman, 2003). Und unser *Körper reagiert* mit einer Reihe physiologischer Veränderungen, zum Beispiel in der Pulsfrequenz (Stemmler, 2004). Dabei sind manche Reaktionen über verschiedene Emotionen hinweg ähnlich, etwa die kardiovaskuläre Aktivierung bei Furcht und Ärger; einzelne sind aber auch spezifisch für eine bestimmte Emotion, etwa die Erhöhung der Stirntemperatur und die Aktivierung bestimmter Unterarmmuskeln bei Ärger (Stemmler et al., 2001; Stemmler, 2010).

Emotionen motivieren Verhalten.

Schlussendlich bewirkt all dies eine *Bereitschaft* zu handeln: bei Freude sich dem Objekt zuzuwenden, bei Angst sich abzuwenden und bei Ärger aggressiv zu reagieren. Ob man in der Situation dann aber wirklich so handelt oder die Emotion reguliert (z. B. durch eine Neubewertung der Situation), ist eine andere Sache.

Universelle Affektprogramme oder kulturelle Konstruktionen?

Dass Emotionen zur genetisch angelegten Ausstattung des Menschen gehören, stellt heutzutage kaum jemand infrage; wie diese genau ausgeformt ist, wird allerdings noch immer kontrovers diskutiert. Forscher wie Paul Ekman postulieren eine kleine Zahl universeller, genetisch angelegter Affektprogramme, sogenannte *Basisemotionen*, die das emotionale Geschehen von der Wahrnehmung über den Gesichtsausdruck und die körperliche Reaktion bis hin zur Handlung steuern (Ekman & Cordano, 2011). Ekman zählt hierzu *Freude, Traurigkeit, Furcht, Ärger, Verachtung, Ekel* und *Überraschung*. Andere Forscher argumentieren, dass Emotionen über Kulturen hinweg variieren und ihre Bedeutung grundsätzlich nur im kulturellen Kontext verstanden werden kann (z. B. Lutz, 1988; Mesquita, 2003; Shweder et al., 2008). Im Folgenden behandeln wir zunächst den emotionalen Gesichtsausdruck und die Frage, ob er in der Tat als universell angesehen werden kann, wie von der Theorie der Basisemotionen postuliert, oder in welchem Ausmaß es auch hier kulturelle Variation gibt.

10.2 Am Gesicht, da könnt ihr sie erkennen!

Den Gesichtsausdruck nutzen wir im Alltag als direkt wahrnehmbaren Indikator für die Emotion einer Person. Könnten wir daran nicht auch in Tonga Ärger und andere Emotionen leicht erkennen? Die These, dass der emotionale Ausdruck universell und spezifisch für einzelne Emotionen sei und damit ein rund um die Welt *zuverlässiger* Indikator, ist schon recht alt. Bereits Charles Darwin sah darin einen biologischen Zweck (z. B. Abschreckung bei Wut) und eine genetisch determinierte Kontinuität vom Tier zum Mensch. Auch neuere Emotionsforscher, allen voran Verfechter von Basisemotionen, postulieren eine solche Eins-zu-eins-Zuordnung zwischen Emotionen und Gesichtsausdrücken (z. B. Ekman, 1977; Izard, 1977; Plutchik, 1980). Demnach sollte also, wenn eine Person einen spontanen emotionalen Ausdruck zeigt, eine andere Person die zugrunde liegende Emotion erkennen können.

Charles Darwin, 1808–1882

„Ich habe mit ziemlich detaillierter Ausführlichkeit zu zeigen mich bemüht, dass alle die hauptsächlichsten Ausdrucksweisen, welche der Mensch darbietet, über die ganze Erde dieselben sind." (Darwin, 1872, S. 330)

Wie präzise sind Personen im Erkennen von Emotionen?

Um diese Hypothese zu untersuchen, werden typischerweise Fotos verwendet, auf denen Darsteller aus einer (oder mehreren) Kulturen Gesichtsausdrücke von Emotionen zeigen. Personen aus der Kultur der Darsteller sowie aus anderen Kulturen sollen die Emotionen dann identifizieren. Wie gut diese Aufgabe gelöst wird, haben Elfenbein und Ambady (2002a) in einer Metaanalyse untersucht. Sie fassten dafür 97 Studien mit 182 Stichproben und mehr als 22.000 Teilnehmern zusammen und erzielten drei Hauptergebnisse: Erstens wurden die Basisemotionen durchaus in allen untersuchten Kulturen gut erkannt. Insgesamt betrug die Genauigkeit 58,0 %. Dieser Wert liegt deutlich über der Ratewahrscheinlichkeit, zeigt aber auch, dass die Identifikation bei weitem nicht perfekt gelingt. Die Genauigkeit hängt stark von der Emotion ab (s. nebenstehende Tabelle): Freude wird am besten erkannt, Ärger

Prozentsatz korrekt erkannter Emotionen (Elfenbein & Ambady, 2002a, S. 224)

Emotion	% korrekt
Freude	79,1
Überraschung	67,6
Traurigkeit	67,5
Ärger	64,9
Ekel	60,6
Furcht	57,5
Verachtung	43,2
Mittelwert	**58,0**

mittelgut und Verachtung am schlechtesten (ihr Status als Basisemotion wird deshalb auch von manchen Forschern angezweifelt). Zweitens erkennen Menschen Emotionen besser, wenn sie von Personen *derselben* nationalen, ethnischen und/oder regionalen Gruppe gezeigt werden. Dieser *In-group*-Vorteil betrug bei Vergleichen zwischen Nationen 11,6 % und bei Vergleichen innerhalb von Nationen 4,6 % (im Mittel 9,3 %). Der Vorteil verringert sich also mit zunehmenden Kontakten zu Personen der *out group* (für eine Diskussion s. Elfenbein & Ambady, 2002b; Matsumoto, 2002). Drittens sind diese Gruppenunterschiede nicht symmetrisch: Ethnische Minoritäten erkennen Gesichtsausdrücke der Majorität besser als umgekehrt. Was bedeuten diese Ergebnisse?

Belege für universelle Aspekte

Das gute Erkennen von Basisemotionen spricht durchaus für die These universeller Affektprogramme. Dies korrespondiert mit dem Befund, dass diese Kompetenz von ökologischen und soziopolitischen Faktoren kaum beeinflusst wird (nur ca. 8 %) – anders als zum Beispiel Selbstberichte von Emotionen (ca. 28 %), wie van Hemert und Kollegen (2007) metaanalytisch nachwiesen. Auch sprachliche Etiketten sind für die Unterscheidung von Gesichtsausdrücken offenbar nicht notwendig. So ordnen yukatekische Maya Gesichtsausdrücke für Ärger und Ekel verschiedenen Kategorien zu, obwohl beide in ihrer Sprache mit denselben Begriffen bezeichnet werden (Sauter et al., 2011).

Belege für kulturelle Anpassungen:
- Darbietungsstile
- Darbietungsregeln
- Interpretationsregeln

Andererseits deckt die Analyse von Elfenbein und Ambady (2002a) auch systematische kulturelle Einflüsse auf. So legt der *In-group*-Vorteil nahe, dass Kulturen für die *Darbietung* von Gesichtsausdrücken spezifische *Stile* entwickeln. Angehörigen derselben Kultur sind diese vertraut, außenstehenden Personen jedoch nicht, was die Erkennensrate reduziert (Elfenbein & Ambady, 2003). Diese kulturspezifischen Stile sind klar zu unterscheiden von bewusst eingesetzten Darbietungs*regeln* – den *display rules* (Ekman & Friesen, 1969) –, mit denen Personen ihren emotionalen Ausdruck je nach Kontext gezielt verändern und manchmal sogar ganz maskieren. Diese bewussten Regeln variieren individuell und kulturell in viel stärkerem Maß als die unbewussten Stile; und sie sind abhängig von Werten wie Offenheit und Individualität (Koopmann-Holm & Matsumoto, 2011; Matsumoto et al., 2008). Die Minoritätsasymmetrie schließlich zeigt, dass auch das *Interpretieren* von Gesichtsausdrücken Lernprozessen unterliegt, die zu kulturellen Unterschieden führen (vgl. Jack et al., 2012), denn Minoritäten lernen es besser als die Majorität, die Gesichtsausdrücke der jeweils

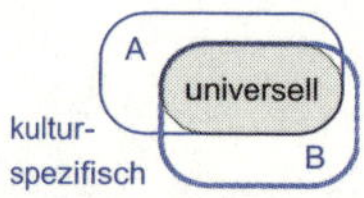

Beziehung zwischen universellem Affektprogramm und zwei kulturspezifischen Programmen A/B (n. Elfenbein & Ambady, 2003, S. 162)

anderen Gruppe zu lesen. Zusammengenommen legt dies nahe, dass die spontanen Gesichtsausdrücke zumindest einer Handvoll von Basisemotionen einen universellen Kern aufweisen, dass aber sowohl die Darbietung als auch die Interpretation durch Lernprozesse individuell und kulturell geformt werden. Wenn wir also in Tonga Ärger diagnostizieren möchten, wäre die Mimik durchaus ein brauchbarer Indikator, allerdings müssten wir damit rechnen, dass sie etwas anders aussieht, als wir es gewohnt sind, und vielleicht sogar maskiert wird.

10.3 Auf die Ereigniseinschätzung kommt es an

Wie in Kapitel 10.1 erläutert, determiniert die Bewertung des Ereignisses die Qualität der Emotion, also ob Freude oder Ärger oder eine andere Emotion empfunden wird. Genau an dieser Stelle setzen die Einschätzungstheorien *(appraisal theories)* der Emotionsentstehung an, indem sie spezifizieren, welche Bewertungen im Einzelnen für welche Emotion relevant sind (für Übersichten s. Reisenzein et al., 2003; Scherer et al., 2001). Die wichtigsten Bewertungsdimensionen werden im ersten Teil dieses Kapitels vorgestellt. Im zweiten Teil werden Vorhersagen für Ärger in Deutschland und Tonga geprüft und im dritten Teil wird die Rolle der Ereigniseinschätzung kritisch beleuchtet.

Der einschätzungstheoretische Ansatz

Grundannahme der Einschätzungstheorien

Die Idee der Einschätzungstheorien ist so schlicht wie überzeugend: Man bewertet Situationen anhand mehrerer Dimensionen; liegt eine spezifische Kombination von Bewertungen vor, folgt eine spezifische Emotion. Die Forschung fand bislang allerdings nicht zu einer einheitlichen Theorie. *Wie viele* Dimensionen benötigt werden und *worauf* sie sich beziehen, variiert zwischen den einzelnen Ansätzen (z. B. Lazarus, 1991; Ortony et al., 1988; Roseman, 2001; Scherer, 2001; Weiner, 1986). Diese unterscheiden sich aber nicht grundsätzlich und enthalten im Kern vergleichbare Faktoren (s. Ellsworth & Scherer, 2003).

Zentrale Dimensionen:
- Wichtigkeit
- Neuheit
- Valenz
- Erwartung
- Verursachung
- Kontrollpotenzial

Damit eine Person eine Emotion ausbilden kann, muss das aktuelle Ereignis für sie von Bedeutung sein. Der erste Faktor ist also die *Wichtigkeit* des Ereignisses. Der nächste betrifft seine *Neuheit*: ob es plötzlich kam, unerwartet war oder unbekannt ist. Plötzliche Ereignisse lösen eine Orientierungs- oder Furcht-/Schreckreaktion aus, unerwartete

Ereignisse Überraschung. Die Wertigkeit des Ereignisses *(Valenz)* – also ob es für die Person angenehm oder unangenehm, kongruent oder inkongruent zu ihren Zielen ist – entscheidet darüber, ob die Emotion positiv oder negativ ausfällt. Auch *Erwartungen* im Hinblick auf das Ereignis oder seine Folgen gehen in den Bewertungsprozess ein. Ist ein unsicheres Ereignis positiv, löst es Hoffnung aus, ist es negativ, sind wir in Sorge. Bleibt ein sicher erwartetes, negatives Ereignis aus, sind wir erleichtert; bleibt ein positives Ereignis aus, sind wir enttäuscht. Wichtig sind außerdem Informationen darüber, wer oder was das Ereignis *verursacht* hat. Ist man selbst verantwortlich, so wird man je nachdem stolz auf seine Leistung sein, sich schämen für eine Unschicklichkeit oder sich schuldig fühlen für eine Untat. Ist eine andere Person für das Ereignis verantwortlich, so ist man ihr dankbar, wenn sie einem etwas Gutes tut, und man ärgert sich über sie, wenn sie einem mit Absicht schadet. Ist das Ereignis durch äußere Umstände verursacht, so freut man sich über Positives und ist traurig oder frustriert über Negatives. Für Ärger und Trauer ist schließlich noch das *Kontrollpotenzial* relevant, also ob man glaubt, in der Situation aktiv etwas bewirken zu können: Ist es hoch, trägt dies zu Ärger bei, ist es niedrig, eher zu Trauer.

Es zählt das Muster der Einschätzungen.

Wie man an diesen Beispielen erkennen kann, ist niemals nur ein einziger Faktor für die Entstehung einer Emotion ausschlaggebend, sondern ein bestimmtes *Muster* (vgl. Tabelle 15). Wir ärgern uns zum Beispiel in einer Situation, die neu ist, die bei einer positiven Erwartungshaltung negativ ausfällt (z. B. weil ein Ziel behindert wird), wenn wir eine andere Person verantwortlich machen können (Absicht) und ein hohes Kontrollpotenzial annehmen. Zu den bisher genannten Faktoren können

Tabelle 15: Ausschnitt aus den Einschätzungsmustern für vier Emotionen (n. Roseman, 2001; Scherer, 2001)

Dimension	Freude	Erleichterung	Trauer	Ärger
Neuheit	*niedrig/mittel*	*hoch*	*niedrig*	*hoch*
Valenz	*positiv*	*positiv*	*negativ*	*negativ*
Erwartung	*(offen)*	*negativ, unerfüllt*	*(offen)*	*positiv, unerfüllt*
Verursachung	*(offen)*	*(offen)*	*(offen)*	*andere Person Absicht*
Kontrollpotenzial	*(offen)*	*(offen)*	*niedrig*	*hoch*

aber noch weitere hinzutreten – etwa Normen darüber, was in der Situation erwünscht ist, oder die Dringlichkeit einer Reaktion – und so das emotionale Erleben weiter ausdifferenzieren.

Universalität versus individuelle und kulturelle Variabilität

Nach den Einschätzungstheorien ist nicht universell, welche Emotion in einer Situation entsteht, denn zum einen hängt die alles entscheidende Bewertung der Situation von persönlichen Erfahrungen und kulturellen Rahmenbedingungen ab und zum anderen ist der Prozess insofern flexibel, als durchaus unterschiedliche Faktoren in die Bewertung eingehen können. Für universell gehalten wird allerdings die Verbindung zwischen Einschätzungsmuster und Emotion (Mesquita & Ellsworth, 2001; Scherer, 1997b): Werden zwei Situationen *gleich* bewertet, dann resultiert *dieselbe* Emotion; wird eine Situation *unterschiedlich* bewertet, so resultieren *unterschiedliche* Emotionen.

Ärger in Deutschland und *'ita* in Tonga

Ärgerentstehung im Kulturvergleich

Den emotionalen Konsequenzen von Einschätzungsprozessen gingen wir in einem Forschungsprojekt an der Universität Freiburg nach, das sich mit der Ärgerentstehung in Deutschland und Tonga befasste. In diesem Projekt arbeiteten Psychologen und Ethnologen zusammen; es umfasste drei Feldaufenthalte in Tonga von insgesamt 15 Monaten und verschiedene Studien. Finanziell gefördert wurde das Projekt von 2003 bis 2007 von der Deutschen Forschungsgemeinschaft.

Fallstudie 1: Wird Ärger als Reaktion in Betracht gezogen?

Eine erste Studie (Beller et al., 2009a) ging unter anderem der Frage nach, ob Personen Ärger als Reaktion auf ein Ereignis überhaupt in Betracht ziehen. Als Gegenstand wählten wir Situationen, die sich aus konditionalen Versprechen und Drohungen ergeben. Diese sind für die beteiligten Akteure insofern von Bedeutung – und damit emotional relevant –, als sie deren Ziele betreffen und systematisch mit positiven und negativen Anreizen verbunden sind. Zudem versicherten wir uns vorab, dass Versprechen und Drohungen als Konzepte bekannt sind.

Konditionale Versprechen und Drohungen

Ein konditionales Versprechen ist ein Sprechakt, mit dem der Sprecher einen Adressaten dazu bringen möchte, ein Zielverhalten zu zeigen, das dieser nicht von sich aus an den Tag legt. Der Sprecher motiviert dies dadurch, dass er eine Belohnung in Aussicht stellt: „Wenn du mir dein Fahrrad leihst, dann leihe ich dir mein Radio." Eine konditionale Drohung ist ganz ähnlich aufgebaut (Beller et al., 2005), nur wird diesmal

Tonga

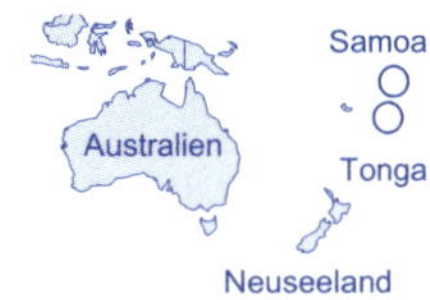

Das Königreich Tonga, 2000 Kilometer nordöstlich von Neuseeland gelegen, besteht aus rund 170 meist flachen Inseln vulkanischen Ursprungs, von denen 36 bewohnt sind. Vor etwa 3500 Jahren von austronesischen Seefahrern von Südostasien her besiedelt (s. Kapitel 8, Seite 169), gilt es als Mutterland Polynesiens, da von hier aus das gesamte polynesische Dreieck erschlossen wurde, mit Hawaii im Nordosten, Neuseeland im Südwesten und der Osterinsel (Rapa Nui) im Südosten (Bellwood, 1987; Finney, 1996). Heute leben rund 100.000 Tonganer in Tonga selbst und etwa dieselbe Zahl als Arbeitsmigranten in Australien, Neuseeland und den USA.

Traditionell basierte die Wirtschaft auf Fischfang und dem Anbau beispielsweise von Kokosnüssen, Bananen und Knollenfrüchten wie Yams, Taro oder Süßkartoffeln. Außerdem wurden Schweine und Hühner gehalten. Während sich die Männer um Fischfang und Landwirtschaft kümmerten, waren die Frauen für die Haushaltsführung, die Kindererziehung und die Herstellung geflochtener Matten zuständig. Auch wenn sich mit kleineren Industriezweigen, dem Tourismus und der Verwaltung heute neue Betätigungsfelder auftun, sind insbesondere auf abgelegeneren Inseln Fischfang, Landwirtschaft und Handwerk noch immer Grundlage der Subsistenz und Haupteinnahmequelle (Bruno & Schade, 1993; Campbell, 2001; Evans, 2001).

Als einziger Teil Polynesiens war Tonga nie offiziell Kolonie. Zu Beginn des 19. Jahrhunderts geriet es dennoch unter westlichen Einfluss, und zwar durch methodistische Missionare aus England, die innerhalb weniger Jahrzehnte die gesamte Bevölkerung christianisierten. Um 1875 trat schließlich eine Verfassung in Kraft, die in vielem dem englischen Vorbild folgte. Das Königtum, das bis dahin bereits eine tausendjährige Tradition hatte, war nach einem blutigen Bürgerkrieg und durch die englische Einflussnahme eher gestärkt worden, zumal es König Tupou I. mit der Verfassung gelungen war, einen Teil der Adelsschicht zu entmachten (Campbell, 2001). Ab 1900 war Tonga für 70 Jahre englisches Protektorat und noch immer ist es Mitglied im *Commonwealth*. Staatsoberhaupt der konstitutionellen Monarchie ist seit 2012 König Tupou VI. Als Antwort auf die Demokratiebewegung gab sein Vorgänger 2010 einen Teil der Macht an das Parlament ab, das nun nicht mehr wie zuvor mehrheitlich vom Adel beherrscht wird.

Die soziale Schichtung ist auch heute noch ausgeprägt und durchzieht, ausgehend von der Kernfamilie, die ganze Gesellschaft (Bott, 1982). Nach dem ihr zugrunde liegenden *Fahu*-Prinzip stehen ältere Geschwister ranghöher als jüngere und Schwestern ranghöher als ihre Brüder; zudem sind Eltern ranghöher als ihre Kinder. So kommt es, dass die älteste Schwester des Vaters (die *mehekitanga*) in einer Familie besonderen Einfluss hat, der bis hinein in die Erziehung der Kinder reicht. Auch die Interaktionen zwischen Eltern und Kindern sind durch diese Rangunterschiede und die Normen von Respekt und Gehorsam geprägt (ähnlich wie in Samoa; s. Kapitel 9, Seite 207): So wird Kindern von klein auf beigebracht, ihren Eltern mit Respekt zu begegnen und deren Anweisungen ohne Widerworte Folge zu leisten (Morton, 1996).

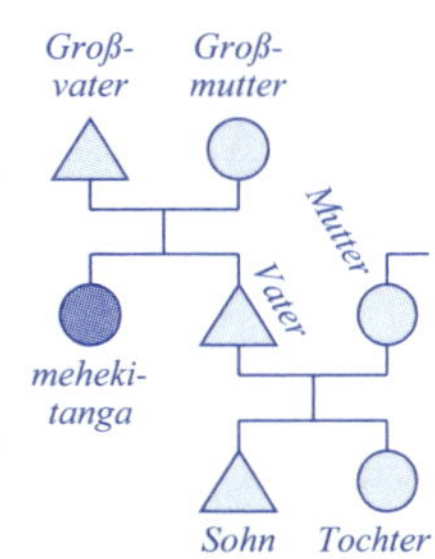

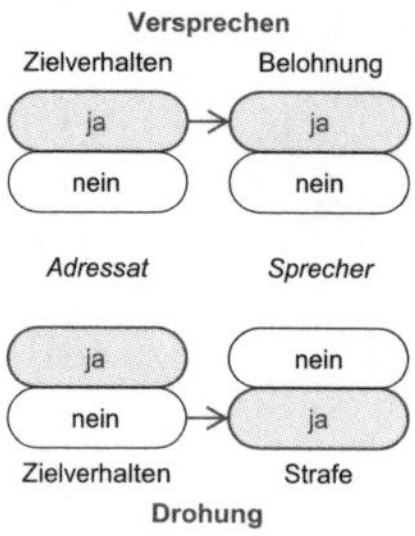

das unerwünschte Verhalten des Adressaten mit einer Strafe belegt: „Wenn du nicht aufräumst, dann bekommst du kein Eis." Versprechen eröffnen dem Adressaten eine neue, positive Option, Drohungen erzwingen eine Wahl zwischen zwei negativen Optionen. Der Adressat entscheidet frei, wie er sich verhält (z. B. ob er sein Rad verleiht bzw. aufräumt), der Sprecher reagiert darauf: Zeigt der Adressat das Zielverhalten, ist der Sprecher verpflichtet zu kooperieren, also zu belohnen beziehungsweise nicht zu strafen (wechselseitige Kooperation). Er kann aber auch unkooperativ sein und seine Pflicht verletzen (unerwartete Täuschung). Zeigt der Adressat das gewünschte Zielverhalten nicht, braucht der Sprecher nicht zu kooperieren; er kann die Belohnung zurückhalten und die Strafe erteilen (wechselseitige Nichtkooperation). Er kann aber auch freiwillig kooperativ sein (unerwartete Kooperation).

Teilnehmer und Durchführung der Studie

Wir haben Jugendlichen und jungen Erwachsenen im Alter zwischen 14 und 26 Jahren in Deutschland, China und Tonga kurze Beschreibungen von Situationen vorgelegt, in denen eine Person etwas von einer anderen Person leihen möchte und dafür ein Versprechen oder eine Drohung einsetzt. Die Teilnehmer sollten diese Sprechakte nach verschiedenen generellen Aspekten beurteilen und für die möglichen Handlungsverläufe angeben, welche Emotionen sie dem Sprecher oder Adressaten zuschreiben. Hierfür gab es zehn Emotionen zur Auswahl, darunter auch Ärger (tonganisch *'ita*, chinesisch *sheng qi*); bei Bedarf konnten zudem weitere genannt werden.

Generelles Verständnis der Versprechen und Drohungen

Zunächst haben wir untersucht, ob konditionale Versprechen und Drohungen in den drei Kulturen überhaupt ähnlich verstanden werden. Dies scheint tatsächlich der Fall zu sein, wie die generellen Beurteilungen zeigten: Überall wurden Versprechen für angemesser gehalten als Drohungen; sie erzeugten weniger Druck auf den Adressaten und erhöhten seine Bereitschaft, auch freiwillig zu kooperieren. Auch die Handlungsreihenfolge wurde gleich beurteilt (der Adressat agiert, der Sprecher reagiert) und der Sprecher wurde in der Pflicht gesehen zu kooperieren, sofern der Adressat kooperiert hatte. Es fanden sich aber auch interessante Unterschiede: So bevorzugten einige chinesische Teilnehmer eine weniger direkte Formulierung; sie *erfragten* eher Kooperation vom Adressaten als sie zu fordern. Manche tonganischen Teilnehmer wiederum gaben an, dass bereits die bloße Äußerung eines Versprechens oder einer Drohung eine Verpflichtung des Adressaten zur Kooperation impliziere und er somit gar nicht frei entscheiden könne.

Zuschreibung von Emotionen

Die zugeschriebenen Emotionen variierten mit den Eigenschaften der Situationen und folgten weitgehend den einschätzungstheoretischen Vorhersagen: Die Situationen wurden generell als *bedeutsam* für beide Akteure angesehen und entsprechend häufig wurden ihnen Emotionen zugeschrieben: in Situationen mit positiver Valenz überwiegend positive und in Situationen mit negativer Valenz überwiegend negative. Wenn der Sprecher *unerwartet* reagierte, wurde Überraschung häufiger angegeben, als bei erwartungskonformem Verhalten. Bei unerwarteter Täuschung des Adressaten wurde in allen drei Kulturen Ärger als mögliche Reaktion angegeben. Das Auftreten von Ärger korrelierte, wie vorhergesagt, mit der dem Sprecher zugeschriebenen *Verantwortung* für den Regelbruch: In Deutschland waren die Werte für Verantwortung und Ärger am höchsten, in Tonga am niedrigsten und in China lagen sie dazwischen. Traurigkeit, für deren Entstehung personale Verantwortung nach der Einschätzungstheorie keine Rolle spielt, verhielt sich komplementär; sie war in Tonga am höchsten. Darüber hinaus zeigten sich weitere Unterschiede zwischen den Kulturen: So waren die chinesischen Teilnehmer am ehesten geneigt, den zwei Akteuren explizit *keine* Emotion zuzuschreiben, was auf eine gewisse emotionale Gelassenheit hindeutet. In Tonga wiederum spielte Scham eine prominente Rolle; es war die häufigste Emotion des Adressaten, wenn der Sprecher unerwartet kooperierte und damit deutlich machte, dass es der Adressat versäumt hatte, seinen Teil zu der sozialen Interaktion beizutragen.

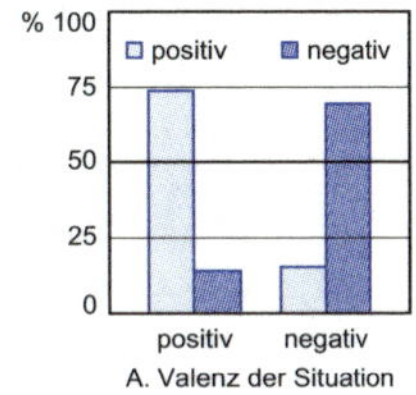

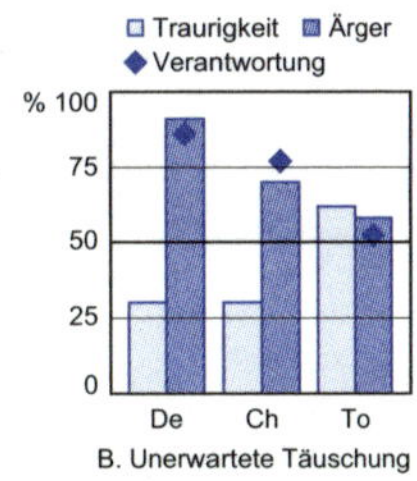

(A) Anteil (%) positiver und negativer Emotionen abhängig von der Valenz der Situation; (B) Emotionen des getäuschten Adressaten und Grad der Verantwortung des Sprechers für den Regelbruch (Beller et al., 2009a)

Fazit

Die Ergebnisse der ersten Studie stützen den *Appraisal*-Ansatz. Emotionszuschreibungen variieren, wie vorhergesagt, mit situativen Veränderungen, die bestimmte Einschätzungsdimensionen betreffen. Dabei ziehen auch Tonganer Ärger als emotionale Reaktion in Betracht, allerdings in geringerem Ausmaß als Deutsche und verbunden mit einer niedriger eingeschätzten personalen Verursachung.

Fallstudie 2: Der Einfluss kulturspezifischer Werte

Eine zweite Studie (Bender et al., 2007a) ging der Frage nach, in welchem Umfang kulturelle Werte, vermittelt über die Einschätzung der Situation, Einfluss auf die Zuschreibung von Emotionen nehmen. Um Situationen zu finden, die kulturspezifische Werte ansprechen, baten wir zunächst 28 Tonganer und 63 Deutsche, in einem Emotionstagebuch Ereignisse zu sammeln, bei denen sie negative Emotionen erlebten. In Deutschland wurde Ärger vor allem in Situationen berichtet, in denen eine andere Person unzuverlässig war, inkompetent handelte oder gegen Normen der Fairness verstieß. In Tonga wurde Ärger in Situationen berichtet, in denen eine Person den nötigen Respekt vermissen ließ

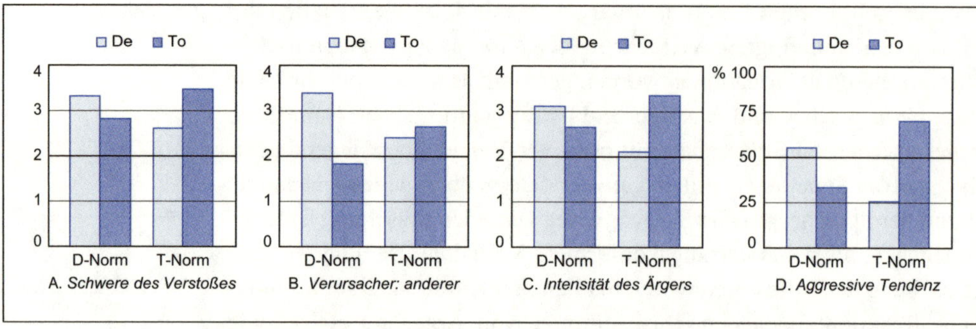

Abbildung 36: Einschätzungen (A) der Schwere des Verstoßes, (B) der Verursachung durch den anderen, (C) der Intensität des Ärgers und (D) der angegebenen Tendenz zu aggressivem Verhalten in Deutschland und Tonga (De, To), jeweils für die deutsche und die tonganische Norm (n. Bender et al., 2007a)

oder Regeln der Gerechtigkeit und Fairness missachtete; häufig spielten dabei Rangunterschiede eine Rolle. Auf dieser Grundlage wurden typische Szenarien konstruiert, in denen Normen und Rangunterschiede variiert wurden. Zwei davon werden im Folgenden betrachtet:

Pünktlichkeit! Respekt!

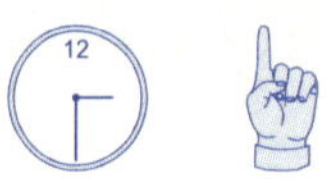

1. Ein Junge kommt viel zu spät zu einem verabredeten und wichtigen Termin (deutsche Norm: Pünktlichkeit).
2. Ein Junge verweigert seiner Tante (der *mehekitanga*) die Bitte, für ein Fest einkaufen zu gehen (tonganische Norm: Respekt).

Teilnehmer und Durchführung der Studie

An der weiteren Untersuchung nahmen Schüler und Schülerinnen teil, 39 in Deutschland und 21 in Tonga. Jede Person bekam einen Fragebogen mit beiden Szenarien, jeweils gefolgt von mehreren Aufgaben. Zunächst mussten sie für die geschädigte Person die Intensität von 12 Emotionen einschätzen (auf einer Skala von 0 „liegt nicht vor“ bis 4 „sehr stark“), darunter auch Ärger/ *'ita*. Darüber hinaus wurde nach der Typikalität des Ereignisses gefragt, nach der Schwere des Regelverstoßes, nach der Verursachung und nach Handlungstendenzen.

Ereigniseinschätzung und Ärger: Die kulturspezifische Norm zählt.

Beide Szenarien wurden in den zwei Kulturen gleichermaßen für recht typisch gehalten und können damit als vergleichbar gelten. Wie aufgrund der unterschiedlichen Normen zu erwarten, wurde der Verstoß gegen die deutsche Norm in Deutschland für gewichtiger erachtet als der Verstoß gegen die tonganische Norm und genau umgekehrt in Tonga. Die Intensität des Ärgers der betroffenen Person und die Einstellung, den Schädiger (die andere Person) als ursächlich anzusehen, variierten analog; beides war bei Verletzung der landesspezifischen Norm höher als bei der jeweils anderen Norm. Und für die spontane Verhaltenstendenz galt: je höher der Ärger, desto häufiger eine Tendenz zur Aggression (s. Abb. 36). Gefragt nach dem vermutlich *gezeigten* Verhalten, hielten die meisten Teilnehmer, im Einklang mit den kulturellen Werten (vgl. Seite 219), allerdings eine offene Aussprache oder die Maskierung des Gefühls für wahrscheinlich, offene Aggression dagegen nicht.

Fazit

Wie nach der Einschätzungstheorie erwartet, bewirken kulturspezifische Werte tatsächlich kulturelle Unterschiede, angefangen bei der Bewertung eines Ereignisses über die Emotion bis hin zu Verhaltenstendenzen. Die Intensität des Ärgers bei Verletzung der kulturspezifischen Norm und entsprechende Verhaltenstendenzen werden dabei in Tonga vergleichbar eingeschätzt wie in Deutschland.

Der Einschätzungsprozess unter der Lupe

Einschätzungsprozesse im Kulturvergleich

Die im vorigen Abschnitt berichteten Studien legen nahe, dass Personen je nach kulturellem Hintergrund dieselben Situationen unterschiedlich interpretieren und ihre Emotionen entsprechend variieren. Dies steht im Einklang mit der Annahme der Einschätzungstheorie, dass allein die Koppelung zwischen Einschätzungsmustern und Emotionen universell ist. Welche weiteren Belege gibt es für diese These? Eine breite Untersuchung von sieben Emotionen, die in 37 Ländern mit insgesamt rund 3000 Teilnehmern durchgeführt wurde, gibt darüber Auskunft (Scherer 1997a, b). Die Teilnehmer mussten dabei für jede Emotion eine selbst erlebte Episode erinnern und diese unter anderem nach neun Einschätzungsdimensionen beurteilen. Scherer fand dabei durchaus Hinweise für kulturübergreifende Einschätzungsmuster: Über alle Emotionen gerechnet, korrelierten die Muster der verschiedenen Kulturen hoch positiv ($r = 0{,}80$), wobei das Profil für Freude am einheitlichsten war und das für Ekel am wenigsten einheitlich. Die größten Unterschiede zwischen Kulturen gab es in der Einschätzung, ob die emotionsauslösende Situation ein unmoralisches bzw. unfaires Element hatte. Dies war bei den Teilnehmern aus Afrika häufig der Fall, bei den Teilnehmern aus Südamerika eher selten. In einer Kreuzvalidierung, bei der ein Teil der Daten genutzt wird, um die übrigen Daten vorherzusagen, konnten auf Basis der sieben wichtigsten Einschätzungsdimensionen allerdings nur 39,2 % der Emotionen korrekt vorhergesagt werden:

Korrelationen r (max = 1,00) der Einschätzungsprofile aus 37 Ländern für sieben Emotionen (aus Scherer, 1997a, S. 137)

Emotion	r
Freude	0,99
Ärger	0,87
Furcht	0,80
Traurigkeit	0,80
Schuld	0,80
Scham	0,71
Ekel	0,61
Mittelwert	**0,80**

Freude am besten (86,0 %), Ärger mittelgut (46,9 %) und Furcht am schlechtesten (14,3 %; Scherer, 1997a, S. 134). Dies zeigt, dass die in dieser Studie erfassten Einschätzungsdimensionen nicht ausreichen, um die Variabilität zwischen den Emotionen und den Kulturen zu erklären.

Zwei Kritikpunkte:
- keine echte Emotion
- Konfundierungen im Material

An vielen Studien, die zu Einschätzungstheorien durchgeführt wurden, kann man zweierlei kritisieren (Siemer et al., 2007; vgl. Roseman & Evdokas, 2004): Erstens werden statt echter nur imaginäre Emotionen untersucht. Die Ergebnisse spiegeln deshalb eher „Laientheorien" über Emotionen wider; dass diese den *Appraisal*-Vorhersagen folgen, ist trotzdem ein gutes Zeichen. Zweitens konfundieren die meisten Studien Situationsunterschiede mit Einschätzungsunterschieden. Das Material der ersten Fallstudie war auf diese Weise konstruiert; mit veränderten Einschätzungen gingen immer auch Änderungen der Situation einher. Dies macht es aber unmöglich zu entscheiden, ob wirklich Unterschiede in der *Einschätzung* der Situation für die unterschiedlichen Emotionen maßgeblich sind oder Unterschiede in der *Situation selbst*.

Eine Studie mit echten Emotionen

Siemer und Kollegen begegneten diesen Kritikpunkten, indem sie nach einem Verfahren von Stemmler (1997) echte Emotionen induzierten: Sie ließen ihre Teilnehmer eine schwierige Aufgabe bearbeiten und gaben immer wieder negative Rückmeldung, wobei den Personen keine Möglichkeit gegeben wurde, ihre Leistung objektiv zu bewerten. Die Emotionsinduktion war für alle Personen gleich, ließ aber Spielraum dafür, wie die Situation einzuschätzen ist. Dann erfragten Siemer und Kollegen die Intensität einer Reihe von Emotionen sowie Einschätzungen der Situation nach Wichtigkeit, Unverhofftheit, Kontrolle und Verantwortung. Wie erhofft fanden sie verschiedene Reaktionen: Manche Teilnehmer gaben an, überhaupt keine Emotion zu erleben, andere Scham/Schuld, positive Emotionen, eine Mischung negativer Emotionen oder Ärger. Entscheidend aber war, dass jede dieser Reaktionen mit einem eigenen *Appraisal*-Muster einherging: Ärger beispielsweise mit der Unverhofftheit der Situation und der Zuschreibung der Verantwortung an andere, Scham/Schuld mit der Unverhofftheit der Situation, subjektiver Wichtigkeit und einem Mangel an Kontrolle und positive Emotionen mit einem starken Gefühl der Kontrolle und niedriger eigener Verantwortung. Die Ergebnisse zeigen, dass ein und dieselbe Situation individuell ganz verschieden verarbeitet werden kann und dass die erlebten Emotionen sehr gut mit wichtigen Einschätzungsdimensionen korrespondieren (für ähnliche Befunde s. Roseman & Evdokas, 2004).

Sind alle Aspekte des *Appraisal*-Musters für Ärger notwendig?

Als zentrale Bedingungen für die Entstehung von Ärger haben wir in Tabelle 15 auf Seite 217 sechs Faktoren genannt: Wichtigkeit, Neuheit, negative Valenz, unerfüllte positive Erwartungen, Verursachung durch eine andere Person (Absicht) und hohes Kontrollpotenzial. Sind alle diese Faktoren gleichermaßen notwendig dafür, dass jemand Ärger empfindet? Diese Frage haben sich Kuppens und Mitarbeiter gestellt (2003, 2007). Sie analysierten eine Fülle negativer Ereignisse, die ihre Teilnehmer selbst berichtet hatten, und setzten diese zu relevanten Einschätzungsdimensionen in Beziehung. Im Vergleich zu Angst, Scham und Traurigkeit erwiesen sich Verursachung durch eine andere Person und ein Moment der Anmaßung oder Unfairness als durchaus spezifisch für Ärger; jede einzelne Einschätzungskomponente für sich genommen war aber weder in allen Fällen notwendig noch hinreichend (vgl. Berkowitz, 2010). Es gibt also Situationen, in denen Personen sich ärgern, *ohne* frustriert worden zu sein oder Dritte in die Verantwortung zu nehmen; umgekehrt gibt es Situationen, in denen Personen sich *nicht* ärgern, obwohl alle sechs Merkmale erfüllt sind. Damit korrespondiert, dass Personen sich offenbar darin unterscheiden, welche Merkmale bei ihnen für die Entstehung von Ärger ausschlaggebend sind. Ein gewisses Maß an Frustration (also ein Schaden oder eine unerfüllte positive Erwartung) scheint aber für die meisten Personen wichtig zu sein. Für manche reicht allein dies aus, damit Ärger entsteht; für andere muss Unfairness im Spiel sein, für die jemand verantwortlich ist. Die Einschätzungsmuster variieren also nicht nur interkulturell wie in der Studie von Scherer (1997a, b), sondern auch intrakulturell.

Konsequenzen für Einschätzungstheorien

Für den einschätzungstheoretischen Ansatz bedeutet dies zweierlei: Erstens gibt es individuelle Unterschiede in den Einschätzungsmustern und damit kein universelles Muster für eine Emotion. Zweitens sind nicht immer alle Einschätzungskomponenten für die Entstehung einer Emotion notwendig. Dies lässt sich am besten mit *Kohärenzmodellen* fassen (Nerb & Spada, 2001; Sander et al., 2005; Thagard & Nerb, 2002), bei denen jede Komponente Teil eines Netzwerkes ist. Wird eine Komponente in einer Situation wahrgenommen, erhöht sie die Wahrscheinlichkeit der zugehörigen Emotion, ohne aber notwendig zu sein. Auf diese Weise kann man sich über eine unpünktliche Person ärgern, auch wenn man nicht weiß, ob sie persönlich verantwortlich ist. Nach diesen Modellen ist es sogar so, dass man – liegt der Ärger einmal vor – fehlende Komponenten *ergänzt*: Wir unterstellen dann persönliche Schuld, auch wenn wir nicht wissen, was die Verspätung verursacht hat.

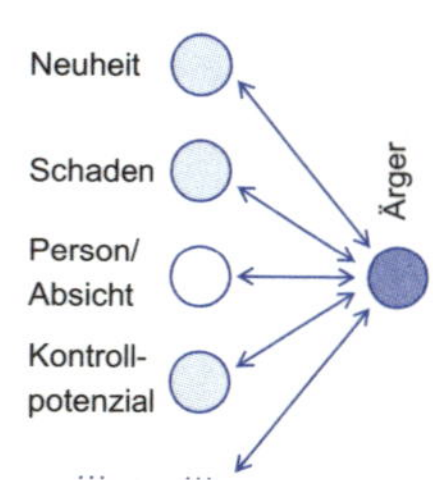

Einschätzungsdimensionen als Teil eines Kohärenznetzwerkes

Einschätzung und Emotion im zeitlichen Verlauf: ein Paradox?

Im zeitlichen Verlauf kommt die Einschätzung der Situation logischerweise *vor* der Emotion. Einen interessanten und scheinbar paradoxen Befund hierzu haben Siemer und Reisenzein (2007a) vorgelegt. Sie formulierten 56 kurze Beschreibungen von Situationen, die zu einer von vier Emotionen (Mitleid, Ärger, Schuld oder Dankbarkeit) führen sollten, zum Beispiel: „Sie haben eine Verabredung mit einem Freund, aber er versetzt Sie." Jede Situation wurde am Computer präsentiert. Anschließend mussten die Personen jeweils 23 Ja/Nein-Fragen beantworten. Gefragt wurde nach den vier Emotionen (z. B. „Ich fühle die folgende Emotion: Ärger") sowie nach verschiedenen Einschätzungsdimensionen. Gemessen wurde die Antwortzeit.

Antwortzeiten in Sekunden für verschiedene Einschätzungen (Siemer & Reisenzein, 2007a, S. 4)

Einschätzung	Zeit
Ärger	**1,010**
Valenz	1,228
Wichtigkeit	1,476
Unverhofftheit	1,533
Betroffener	1,547
Unfairness	1,725
Verursacher	1,940
Ereigniskontrolle	2,021

Wie fielen die Ergebnisse aus? Die Zielemotion wurde in über 90 % der Fälle korrekt identifiziert; die Situationen waren also gut gewählt. Jede Emotion war mit ihrem typischen *Appraisal*-Muster assoziiert, wobei die einzelnen Einschätzungen meist nur zwischen 60 und 80 % Zustimmung erhielten; sie waren folglich weder notwendig noch hinreichend. Für die Beurteilung der Zielemotion benötigten die Personen rund eine Sekunde Zeit, für die Beurteilung der Einschätzungsdimensionen aber deutlich länger. Am schnellsten war noch die Valenz bestimmbar mit rund 1,25 Sekunden. Wie aber können Emotionsurteile gefällt werden, wenn sie nicht durch Situationseinschätzungen initiiert wurden?

Siemer und Reisenzein erklären dies so: Der Abruf von Emotionen erfolgt automatisiert und schnell, weil Personen auf *Situationsschemata* zurückgreifen können, die sie anhand vieler Situationseinschätzungen erworben haben. Die Beurteilung einzelner Aspekte der Situation erfolgt hingegen langsam, weil hierzu *bewusste*, zeitintensive Prozesse notwendig sind, wie der Zugriff auf deklaratives Wissen (für eine Diskussion s. Parkinson, 2007; Siemer & Reisenzein, 2007b). Dass das zeitliche Paradox vor allem durch bewusste Urteilsprozesse entsteht und nicht durch die spontan ablaufende Situationseinschätzung während der Emotionsentstehung, legen auch Befunde von Aue und Kollegen (2007) nahe. Sie fanden nämlich, dass sich die Einschätzung der Wichtigkeit einer Situation bereits nach 500 Millisekunden in der Aktivierung emotionsrelevanter Gesichtsmuskeln niederschlägt, die Einschätzung der Zieldienlichkeit der Situation aber erst nach etwa 1000 Millisekunden. Der Verlauf der physiologischen Reaktionen legt also nahe, dass spontane Einschätzungsprozesse ebenfalls schnell ablaufen und zudem zeitlich gereiht sind (Wichtigkeit vor Zieldienlichkeit).

Fazit

Abschließend kann man festhalten: Der einschätzungstheoretische Ansatz ist intuitiv einleuchtend und in vielen Aspekten empirisch gut belegt. Er bietet einen allgemeinen Rahmen für die Frage, wie Kognition und Emotion interagieren; er erlaubt eine feine Differenzierung emotionaler Befindlichkeiten durch Variabilität in den Einschätzungsmustern; er ist offen für individuelle und kulturelle Unterschiede und kann damit eine Brücke bilden zwischen evolutionär motivierten Theorien wie jener der Basisemotionen und sozial-konstruktiven Theorien. Dennoch sind noch längst nicht alle Fragen beantwortet, insbesondere nicht zum zeitlichen Verlauf der Prozesse.

10.4 Das Emotionslexikon und seine Ordnung

Emotionslexika variieren stark im Umfang.

Nur eine sehr kleine Zahl von Emotionen – meist sechs bis acht, jedenfalls nicht mehr als ein Dutzend – wird als Basisemotionen angesehen (vgl. Kapitel 10.1, Seite 213 f.). In einem interessanten Gegensatz dazu steht die Beobachtung, dass manche Sprachen eine beträchtliche Zahl von Begriffen bereitstellen, um emotionale Befindlichkeiten facettenreich ausdrücken zu können: Englisch über 2000 (Wallace & Carson, 1973), Niederländisch rund 1500 (Hoekstra, 1986) und Taiwanesisch rund 750 (Boucher, 1979). Das andere Extrem sind Sprachen wie Chewong, das in Malaysia gesprochen wird und nur sieben Emotionsbegriffe umfasst (Howell, 1981). Der Umfang des Emotionslexikons variiert demnach stark von Sprache zu Sprache.

Ist *'ita* gleich *Ärger?* – Das Äquivalenzproblem

Kulturvergleichende Studien mit sprachlichem Material sind deshalb auch kein leichtes Unterfangen und Übersetzungen der Emotionslexika schwierig. So haben manche Begriffe keine direkte Entsprechung in anderen Sprachen. Für „Schadenfreude" etwa gibt es kein Wort im Englischen (und auch nicht im Tonganischen). Aber gibt es deshalb die Emotion nicht? Für andere Begriffe findet man zwar Übersetzungen, doch die Bedeutungsfelder sind nicht deckungsgleich. So kann man „Empörung" zwar als *disgust* ins Englische übersetzen, aber dies bedeutet auch „Ekel". Man kann also nicht sicher sein, dass das deutsche Wort „Ärger" bedeutungsgleich ist mit dem tonganischen *'ita*. Die im letzten Kapitel berichteten Befunde zu den kognitiven Determinanten deuten dies zwar an, doch schon das nah verwandte Samoanisch (s. Kapitel 9, Seite 207) unterscheidet lexikalisch zwischen *ita* (Ärger) und *'o'ono* (unterdrückter Ärger; Gerber, 1985, S. 140); und das Wort *song* in der Sprache auf Ifaluk, einer Insel in Mikronesien (s. Karte auf

Seite 171), ist ambig und steht abhängig von der Situation für *Ärger* oder *Traurigkeit* (Lutz, 1982). Russell (1991) listet eine Fülle solcher Beispiele auf – sie alle demonstrieren, dass die Emotionslexika von Sprachen nur partiell aufeinander abbildbar sind.

Die Suche nach Ordnung in der Vielfalt:
- Clusterverfahren
- Skalierungsverfahren

Um etwas über die Struktur des Emotionslexikons zu lernen und damit über die Struktur von Emotionen, werden zwei Verfahren eingesetzt: Cluster- und Skalierungsverfahren. Beide basieren auf subjektiven Ähnlichkeiten zwischen Emotionen, die man zum Beispiel mittels Sortieraufgaben erheben kann, wie auf Seite 58 für die Bildung von Taxonomien beschrieben. Clusterverfahren suchen Kategorien ähnlicher Emotionen, wobei man aus der Kategoriestruktur etwas über die Kategorisierungskriterien zu erfahren hofft. Skalierungsverfahren wiederum suchen Dimensionen, die den „Raum" emotionaler Zustände aufspannen, so wie die Dimensionen *Farbton, Sättigung* und *Helligkeit* den „Raum" der Farben definieren (s. Kapitel 2.1, Seite 33).

Cluster ähnlicher Emotionen

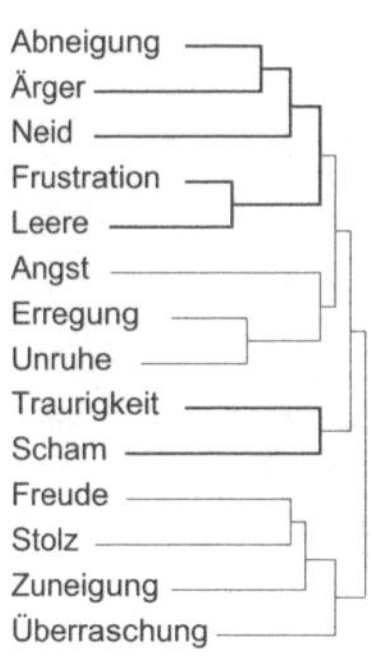

Clusterverfahren decken die *Verwandtschaftsstruktur* von Emotionen auf. Schmidt-Atzert und Ströhm (1983) ordneten 56 deutsche Emotionsbegriffe anhand von Ähnlichkeitsdaten in 14 hierarchische Cluster (Ausschnitt in Abb. links). Storm und Storm (1987) analysierten 525 englische Emotionsbegriffe und ordneten sie in 61 spezifische Kategorien, die wiederum 20 größere Gruppen bilden. Diese Gruppen umfassen die meisten der links genannten Kategorien, dazu noch Liebe, Schmerz, Zufriedenheit, Schläfrigkeit, Interesse und Verstehen. Auch in ethnologischen Studien wurden Clusterverfahren verwendet, um die Struktur von Emotionssystemen zu identifizieren, zum Beispiel in Samoa (Gerber, 1985), auf Ifaluk (Lutz, 1982) und in Indonesien (Röttger-Rössler, 1997; Shaver et al., 2001). Wie viele Cluster man dabei findet, hängt auch davon ab, bei welchem Grad von Unähnlichkeit man Gruppen trennt. Auch wie man die Cluster schließlich benennt, ist keineswegs einfach. Schmidt-Atzert und Ströhm wählten für jede Gruppe einen zentralen Begriff. Meist werden hierzu auch Gemeinsamkeiten innerhalb von Clustern und Unterschiede zwischen Clustern betrachtet. Was man zuverlässig findet, ist eine Aufteilung nach *Valenz* in positive und negative Emotionen. Darüber hinaus können verschiedene Faktoren eine Rolle spielen, etwa der Grad an Erregung (aktiv vs. passiv), die Unterscheidung zwischen interpersonalen und personalen Emotionen (z. B. Liebe vs. Glück) oder spezifische Aspekte der auslösenden Situationen (z. B. sicher vs. unsicher, gefährlich vs. ungefährlich).

Fallstudie 3: das tonganische Emotionslexikon

Das tonganische Emotionslexikon haben wir in unserem Freiburger Forschungsprojekt ebenfalls untersucht. Dazu haben wir aus einer Sammlung von 239 potenziellen Emotionsbegriffen 56 gebräuchliche Begriffe nach sprachlichen Kriterien (wie Ausschluss abgeleiteter Ausdrücke) und nach Beratung mit Informanten ausgewählt. Für den Vergleich mit Deutschland wurden diese bestmöglich übersetzt und durch weitere im Deutschen geläufige Begriffe auf insgesamt 63 Begriffe ergänzt. Je 26 Personen verschiedenen Alters in Tonga und Deutschland haben damit drei Aufgaben bearbeitet. Zunächst sollten sie die Begriffe in Gruppen ähnlicher Emotionen sortieren, dann in zwei neuen Runden nach Valenz und sozialer Angemessenheit aufteilen.

Emotionscluster im Tonganischen im Vergleich zum Deutschen

Die Clusteranalyse der Ähnlichkeitsdaten erbrachte für Tonga fünf und für Deutschland sieben Cluster (s. Abb. 37, Seite 230). Man erkennt klar die Kategorisierung nach Valenz, wobei in Deutschland die positive Seite nicht nur aus einer, sondern aus drei Gruppen besteht. Insgesamt weisen die Cluster viele Gemeinsamkeiten auf; Ärger etwa findet sich mit Neid, Missgunst, Ungehorsam, Trotz, Ekel, Verachtung und Hass bei den Emotionen der Disharmonie oder Ablehnung. Es gibt aber auch interessante Unterschiede: Mut, Stolz, Überraschung und Sehnsucht liegen in Deutschland auf der positiven Seite, in Tonga auf der negativen; umgekehrt liegen in Tonga Reue und Mitleid auf der positiven Seite und in Deutschland auf der negativen. In beiden Ländern schließlich wurden die angenehmen Emotionen (Harmonie und Freude) auch für sozial am stärksten angemessen gehalten und die unangenehmen (Disharmonie und Abneigung) für am wenigsten angemessen.

Warum Mut nicht gut ist – aber Reue sehr wohl.

Die meisten dieser Unterschiede – etwa für Mitleid, Reue oder Stolz – lassen sich aus der Sozialstruktur, den Werten und den Normen im Umgang miteinander (s. Seite 219) erklären, die in Tonga wie in den meisten polynesischen Kulturen vor allem auf Konfliktvermeidung angelegt sind (Morton, 1996). Warum aber ist Mut *(loto-lahi)* nicht gut? In vielen Kontexten wird Mut (wörtlich: „ein großes/starkes Inneres“) durchaus positiv angesehen. Im Kontext von Eltern-Kind-Interaktionen aber, die durch Respekt und Gehorsam definiert sind, rückt Mut in die Nähe negativer Emotionen wie Trotz, Ungehorsam und Ärger. Kinder, die *loto-lahi* sind, neigen dazu, gegen diese Normen zu verstoßen und gegen ältere Geschwister oder die Eltern zu rebellieren. Und Ärger ist einer der Faktoren, der Kinder dazu bringen kann, *loto-lahi* zu sein. Aus diesem Grund wird großer Wert auf Selbstbeherrschung und die Kontrolle von Ärger gelegt – und deshalb ist auch Mut nicht (immer) gut.

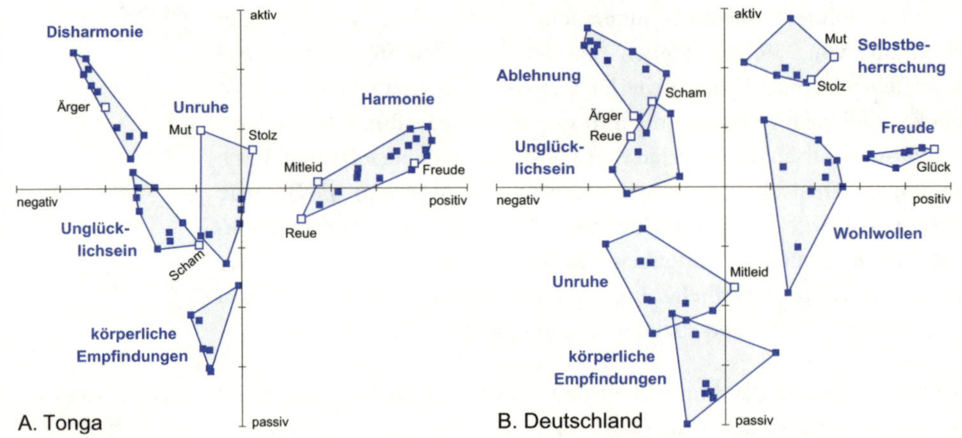

Disharmonie: Hass, Missgunst, Neid, Ungehorsam, Trotz, Verachtung, Ekel, Ärger, Aufgebrachtsein

Unruhe: Stolz, Mut, Unruhe, Verlangen, Sehnsucht, Heimweh, Überraschung, Schuld

Unglücklichsein: Traurigkeit, Unruhe, Unzufriedenheit, Angeödetsein, Langeweile, Hilflosigkeit, Angst, Unglücklichsein, Bedrücktsein, Scham

Körperliche Empfindungen: satt, schläfrig, müde, krank, hungrig, durstig

Harmonie: Freude, Zufriedenheit, Liebe, Zuneigung, Wohlwollen, Dankbarkeit, Respekt, Ehrfurcht, Gehorsam, Enthusiasmus, Selbstbeherrschung, Freiheit, Geduld, Hoffnung, Ruhe, Reue, Mitleid

Ablehnung: Ungehorsam, Trotz, Eifersucht, Neid, Missgunst, Hass, Misstrauen, Verachtung, Schadenfreude, Ekel, Ärger, Aufgebrachtsein

Unglücklichsein: Scham, Verlegenheit, Reue, Schuld, Gekränktheit, Enttäuschung, Ungeduld

Unruhe: Unzufriedenheit, Angst, Sorge, Verzweiflung, Mitleid, Bedauern, Traurigkeit, Heimweh, Unruhe, Hilflosigkeit

Körperliche Empfindungen: satt, schläfrig, hungrig, durstig, müde, gelangweilt, angeödet, krank

Selbstbeherrschung: Tatendrang, Mut, Stolz, Respekt, Rücksicht, Gehorsam, Ehrfurcht, Selbstbeherrschung

Freude: Glück, Freude, Liebe, Zuneigung, Geborgenheit, Zufriedenheit, Freiheit

Wohlwollen: Erleichterung, Hoffnung, Dankbarkeit, Rührung, Wohlwollen, Genugtuung, Geduld, Überraschung, Sehnsucht, Ruhe

Abbildung 37: Emotionscluster in Tonga und in Deutschland (unten) sowie ihre Lage nach einer zweidimensionalen Skalierung (oben)

Dimensionen des emotionalen „Raumes"

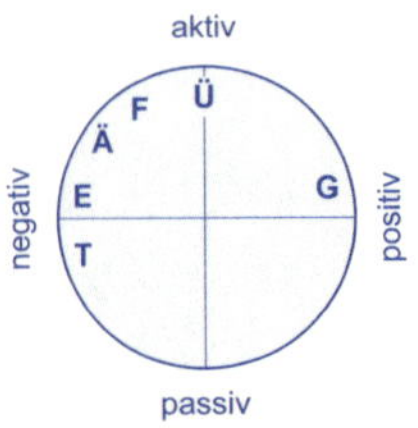

Typische Lokalisierung von Traurigkeit, Ekel, Ärger, Furcht, Überraschung und Glück im zweidimensionalen Raum (n. Russell & Feldman Barrett, 1999, S. 808)

Skalierungsverfahren basieren zwar ebenfalls auf Ähnlichkeitsinformation, suchen aber nach den *Dimensionen* des Emotionsraumes. Ziel ist es, eine sparsame Beschreibung mit möglichst wenigen Dimensionen zu erreichen. In vielen, auch kulturvergleichenden Studien hat man gefunden, dass meist zwei Dimensionen genügen, um die Vielfalt an Emotionen gut zu ordnen: Valenz und Erregung (z. B. Herrmann & Raybeck, 1981; Moore et al., 1999; Russell et al., 1989). Jede Emotion wird dabei durch einen Punkt in einem zweidimensionalen Raum repräsentiert, Ärger etwa als negativ und aktiv. Je dichter zwei Emotionen beieinanderliegen, desto ähnlicher sind sie sich. Über Kulturen hinweg findet man qualitativ ähnliche Anordnungen der Emotionen. Moore und Kollegen (1999) haben versucht, deren intra- und interkulturelle Variabilität abzuschätzen. Sie verglichen dazu die Anordnungen von 15 in Englisch, Japanisch und Chinesisch „geteilten", zentralen Emotionsbegriffen und identifizierten 54 % geteilte Varianz, 15 % kulturspezifische Varianz und 31 % Varianz, die auf individuelle Unterschiede und sonstige Effekte zurückging. Zumindest für dieses kleine Set von Emotionen waren die Ähnlichkeiten zwischen Kulturen also beträchtlich; Ärger und Glück beispielsweise lagen an vergleichbaren Stellen. Und dennoch zeigten sich auch kulturelle Eigenheiten. Im Englischen lag Scham nahe bei Ärger auf der negativen Seite, im Japanischen näher bei Glück auf der positiven Seite. Einen ähnlichen Unterschied berichten Menon und Shweder (1994) für die USA und Indien.

Der Raum tonganischer Emotionen

Wie sich die tonganischen und die deutschen Emotionsbegriffe in zwei Dimensionen verteilen, die annähernd Valenz und Erregung widerspiegeln, ist ebenfalls in Abbildung 37 zu sehen. Qualitativ betrachtet, zeigen sich auch hier deutliche Übereinstimmungen. So sind Emotionen der Disharmonie und Ablehnung (wie Ärger) stark negativ und aktiv, Emotionen der Harmonie und Freude stark positiv und ambivalent in der Erregung und die berücksichtigten körperlichen Empfindungen sind ambivalent in der Valenz und passiv. Ärger und Glück (bzw. Freude) liegen an ähnlichen Stellen, doch auch in Deutschland und Tonga unterscheidet sich die Verortung von Scham: Sie ist in Deutschland wie in den USA nahe bei Ärger auf der aktiven Seite und in Tonga entfernt von Ärger eher auf der passiven Seite.

Sind zwei Dimensionen wirklich genug?

Valenz und Erregung gehören zu den wichtigsten Faktoren im Emotionsgeschehen; sie finden sich in den *Appraisal*-Mustern genauso wie in den Emotionsclustern und Ordnungsdimensionen. Doch auch wenn man Emotionen danach ordnen kann, reichen sie bei Weitem nicht aus, um die Vielfalt der Emotionsbegriffe adäquat zu definieren, wie Russell, selbst ein Vertreter zweidimensionaler Ansätze, bereits 1991 anmerkte (S. 440). Weitere wichtige Dimensionen finden sich zum Beispiel in den *Appraisal*-Theorien. Fontaine und Kollegen haben 2007 eine Analyse vorgestellt, in der sie belegen, dass zwei Dimensionen selbst zur bloßen Ordnung von Emotionen nicht genügen. Sie ließen drei Gruppen von Personen – 198 Niederländisch sprechende Belgier, 188 Engländer und 145 frankophone Schweizer – 24 Emotionen nach 144 Merkmalen bewerten (pro Person alle Merkmale für vier zufällig gewählte Emotionen). Die Merkmale waren nach theoretischen Überlegungen aus sechs Bereichen zusammengestellt: *Appraisal*, körperliche Reaktion, Ausdruck, Handlungstendenz, subjektives Gefühl und Emotionsregulation. Zur Erklärung der Bewertungen trugen insgesamt vier Dimensionen substanziell bei: Valenz leistete den größten Beitrag

(35,3 %), gefolgt von Kontrolle (22,8 %), Erregung (11,4 %) und Unberechenbarkeit (6,0 %). Zusammen erklären sie 75,4 % der Bewertungsmuster – ein durchaus hoher Wert – und dennoch bleibt auch hier Spielraum für weitere Dimensionen. Unterschiede zwischen den drei Sprachgruppen fanden sich in diesem Fall nicht. Anhand von Merkmalen, wie sie Fontaine und Kollegen verwendeten, differenzieren Personen emotionale Zustände selbst dann, wenn sie in der Sprache keinen Unterschied machen. Dies haben auch Breugelmans und Poortinga (2006) für die Tarahumara gezeigt (vgl. Kapitel 2, Seite 45), die für Schuld und Scham zwar dasselbe Wort verwenden, aber Situationen, in denen Niederländer und Indonesier Schuld beziehungsweise Scham empfinden, analog differenzieren.

„Kerngefühl" versus Emotion

Um den emotionalen Raum hinreichend gut zu beschreiben, sind also mehr als die zwei Dimensionen Valenz und Erregung notwendig. Dennoch bilden diese zwei Dimensionen für Russell den Kern aller Gefühle (Russell, 2003; Russell & Feldman Barrett, 1999). Nach seiner Auffassung bewerten Menschen unentwegt, was in ihrer Umwelt passiert, und reagieren darauf mit dem, was er *Kerngefühl (core affect)* nennt, nämlich mit einer Kombination aus Valenzeinschätzung und Erregungsbildung. Er versteht dieses Kerngefühl als einen universellen, psychischen Grundbaustein, als einen mentalen Zustand, den man immer hat, der einem aber nicht zu jeder Zeit bewusst ist und der verschiedene äußere und innere Ursachen haben kann (Russell, 2003, S. 148). Veränderungen im Kerngefühl bringen wir mit Objekten der aktuellen Situation in Verbindung. Die Kombination aus Kerngefühl und den im Einschätzungsprozess wahrgenommenen Merkmalen verschmilzt schließlich zu einer spezifischen Emotion. Dies lässt interindividuelle und interkulturelle Gemeinsamkeiten zu – sowohl im emotionalen Geschehen als auch in der Bedeutung entsprechender Emotionsbegriffe –, wenn Kerngefühl und Einschätzungsprozess für Situationen identisch ausfallen, aber auch Vielfalt und Unterschiedlichkeit, wenn entweder das Kerngefühl oder der Einschätzungsprozess unterschiedlich ausfallen.

10.5 Kulturelle Einflüsse auf mehreren Ebenen

Emotionen sind ein universelles und psychologisch sehr grundlegendes Phänomen, das verschiedene Facetten von der Wahrnehmung und Einschätzung von Ereignissen über das subjektive Gefühl bis hin zu verschiedenen Aspekten des Verhaltens umfasst. „Ist da überhaupt Platz für Kultur?“, haben wir eingangs gefragt. Mesquita und Walker (2003) nennen mehrere Ebenen, auf denen kulturelle Unterschiede das emotionale Geschehen durchaus zu beeinflussen vermögen. Einige davon haben wir im Laufe des Kapitels bereits im Detail besprochen.

Fazit:
Kultur beeinflusst emotionsrelevante Aspekte auf verschiedenen Ebenen.

Zunächst einmal schaffen Kulturen unterschiedliche Lebenskontexte, die als auslösende Ereignisse bestimmte Emotionen stärker fördern als andere. Schafft man eher Gelegenheiten, bei denen Personen gemeinsam Spaß erleben können, oder versucht man, die Kontexte zu reduzieren, in denen Ärger auftreten kann, wie dies in Kulturen der Fall ist, die Ärger als sozial unangemessen abwerten (Mesquita & Walker, 2003)? Allerdings sind, wie wir gesehen haben, nicht die „objektiven“ Eigenschaften eines Ereignisses für die Entstehung einer Emotion relevant, sondern die subjektive Bewertung. Auch hier nimmt Kultur Einfluss, und zwar darauf, welche Bedeutung Ereignissen beigemessen wird und auf welche Aspekte fokussiert wird. Ist eine Beleidigung nur eine ärgerliche Episode oder eine essenzielle Frage der Ehre? Welche Ziele und Werte werden als wichtig erachtet? Einige Kulturen fokussieren eher auf das Erreichen positiver Ereignisse, andere auf die Vermeidung negativer (Lee et al., 2000). Unterschiede in den Wertesystemen von Kulturen erklären generell einen größeren Teil der Emotionsunterschiede als ökologische und soziopolitische Faktoren (van Hemert et al., 2007). Zudem führen Lernprozesse zu kulturellen Unterschieden im *Appraisal* und damit zu Dispositionen für bestimmte Emotionen (Scherer & Brosch, 2009). So fördert ein kultureller Fokus auf Independenz, gepaart mit starker Zielorientierung und externaler Attribution, eine Disposition für Ärger; ein Fokus auf Interdependenz, gepaart mit einem Bedürfnis nach sozialer Anerkennung und interner Attribution, fördert eine Disposition für Scham oder Schuld; und ein Fokus auf Independenz, gepaart mit Hedonismus und einem starken Eindruck von Handlungskontrolle, fördert eine Disposition für positive Gefühle und Optimismus. Dies führt dazu, dass bestimmte Emotionen individuell und kulturell leichter und häufiger erlebt werden als andere. Und schließlich sind natürlich auch der emotionale Ausdruck und das individuelle Verhalten kulturell überformt, etwa ob Ärger und aggressives Verhalten offen gezeigt werden dürfen oder ob sie abgewertet werden wie in polynesischen Kulturen. Als Fazit lässt sich festhalten, dass zum emotionalen Geschehen universelle ebenso wie kulturspezifisch variierende Aspekte zu wechselnden Anteilen beitragen (Matsumoto & Hwang, 2012; Röttger-Rössler & Markowitsch, 2009).

Aufgaben

Übung 1: Rufen Sie sich eine Situation in Erinnerung, in der Sie Bewunderung, Selbstzufriedenheit, Schadenfreude, Mitleid, Reue oder Neid empfunden haben. Versuchen Sie dann, diejenigen Details der Situationseinschätzung zu identifizieren, die Sie diese und keine andere Emotion erleben ließen. Fragen Sie eine andere Person nach entsprechenden Emotionen und auslösenden Situationen. Stimmen deren Situationseinschätzungen mit den Ihren überein?

Übung 2: Als wichtigen Auslöser von Ärger nehmen *Appraisal*-Theorien absichtsvolles, negatives Handeln einer *anderen* Person an (vgl. Tab. 15, Seite 217). Wie entsteht dann aber Ärger über *sich selbst*? Erarbeiten sie hierzu Gemeinsamkeiten und Unterschiede in den kognitiven Einschätzungen von Situationen für (Fremd-)Ärger und Selbstärger sowie für Scham oder Schuld (vgl. Ellsworth & Tong, 2006).

Übung 3: Jemand sagt zu Ihnen „Emotionen in der japanischen Kultur können wir Europäer nicht verstehen" und nennt als Beispiel die für Japan spezifische Emotion *amae*. Was antworten Sie? Finden Sie dazu heraus, welche Befindlichkeit diese Emotion charakterisiert und in welchen Situationen sie auftritt (z. B. Behrens, 2004; Niiya et al., 2006).

Weiterführende Literatur

Emotionen sind ein altes und breit untersuchtes Thema; entsprechend vielfältig und differenziert ist die Literatur. Prägnante Einführungen findet man in vielen Lehrbüchern der Allgemeinen Psychologie (z. B. Reisenzein & Horstmann, 2006), einen umfassenden Überblick im *Handbook of Emotions* (Lewis et al., 2008). Eine detaillierte Analyse verschiedener theoretischer Ansätze geben die drei Bände von Meyer, Reisenzein und Schützwohl (Meyer et al., 2001, 2003; Reisenzein et al., 2003); Band III daraus befasst sich ausschließlich mit Einschätzungstheorien. Zur Emotion Ärger ist ein ganzes Handbuch erschienen, das alle Facetten abdeckt (Potegal et al., 2010). Einen ethnologischen Zugang zur Emotionsforschung mit Fallstudien aus Indonesien bietet Röttger-Rössler (2004). Weitere Aspekte des hier präsentierten Fallbeispiels Deutschland/Tonga, auch zu anderen Emotionen als Ärger, sind in weiteren Artikeln publiziert (Bender et al. 2006, 2007b, subm.). Ethnografien Tongas werden seit fast einem Jahrhundert verfasst, zum Beispiel von Gifford (1929), Rutherford (1977), Bott (1982), Morton (1996), Campbell (2001) und Evans (2001). Bruno und Schade (1993) geben eine deutschsprache Einführung zu Tonga, Fiji und Samoa.

11 Zurück zum Ausgangspunkt

Was uns die Vielfalt lehrt

Erst als sie später darüber nachdachte, fand sie, dass sie allen Grund zum Staunen gehabt hätte, aber zunächst erschien ihr alles ganz natürlich.
Lewis Carroll, Alice im Wunderland, 1992, S. 7.

Dieses Buch begann damit, dass wir eine umstrittene Annahme auf den Prüfstand stellten, nämlich ob andere Menschen die Welt ganz anders sähen als wir. Im Zentrum stand dabei die Frage, ob das, was Menschen wahrnehmen, denken und fühlen – womöglich sogar *wie* sie es tun –, grundsätzlich davon abhängt, in welcher Kultur sie aufgewachsen sind, oder ob es doch mehr Gemeinsamkeiten als Trennendes gibt.

Die Welt des Denkens

Um Antworten auf diese Frage zu finden, haben wir uns auf eine weite Reise begeben: von den Tarahumara, Maya und Jívaro in Mittel- und Südamerika über die Kpelle Liberias und die australischen Aborigines bis zu den Einwohnern der Karolinen und einiger polynesischer Inseln. Diese Reise hat notgedrungen manches ausgelassen, was berichtenswert gewesen wäre (einiges davon wird in Kapitel 11.1 kurz gestreift), aber doch den Blick für die Vielfalt menschlicher Kognitionen geschärft. Dies erlaubt nun auch – über die Fülle von Fallstudien und Einzelerkenntnissen hinweg – allgemeine Muster zu identifizieren und dabei zu beurteilen, wie groß die kulturellen Unterschiede tatsächlich ausfallen und auf welcher Ebene sie angesiedelt sind (Kapitel 11.2). Daraus lässt sich schließlich ableiten, welche Bedeutung für die menschliche Kognition im weiteren Sinne der Kultur zukommt (Kapitel 11.3).

11.1 Kaleidoskop der Kognitionen

Basale Kognitionen

Zu den Kognitionen gehören all diejenigen Prozesse, mit denen Informationen aufgenommen und verarbeitet, gespeichert, wieder abgerufen und kommuniziert werden. Das beginnt bei basalen Prozessen, wie der Wahrnehmung, die weitgehend automatisiert ablaufen und so fundamental sind, dass bis vor Kurzem nicht einmal in Erwägung gezogen wurde, sie könnten kulturellen Einflüssen unterliegen. Dabei ist bereits seit einem halben Jahrhundert bekannt, dass selbst optische Täuschungen nicht überall auf der Welt in gleichem Ausmaß als solche wahrgenommen werden (s. Kapitel 1, Seite 17). In jüngerer Zeit wird nun zu klären versucht, welche Faktoren dafür verantwortlich sein könnten (z. B. Masuda & Nisbett, 2001, 2006). Und ein groß angelegtes Projekt am Max-Planck-Institut für Psycholinguistik in Nijmegen will systematisch erforschen, welche Sinnesmodalitäten – über das Sehen hinaus – in verschiedenen Kulturen bevorzugt genutzt werden und wie fein damit jeweils differenziert wird (s. Majid & Levinson, 2011).

Höhere Kognitionen

Dass Wahrnehmung nicht einfach nur objektiv zur Kenntnis nimmt, was sich den Sinnen bietet, liegt auch daran, dass sie *top-down-* oder *konzeptgesteuert* erfolgt, dass also Gedächtnisinhalte und weitere kognitive Prozesse auf sie Einfluss nehmen (vgl. Kapitel 3, Seite 69 f.). Bei den Prozessen handelt es sich meist um nicht automatisierte, höhere Kognitionen. Zu ihnen gehören diejenigen, die in unserem Buch im Mittelpunkt standen. Ihre Aufgabe ist es, Objekte in der eigenen Umwelt zu erkennen, zu unterscheiden und gedanklich einzuordnen *(Kategorisierung)*, Mengen zu bestimmen und zu vergleichen *(Quantifizierung)*, sich in der physischen Welt, in Raum und Zeit, zurechtzufinden *(Orientierung)* oder sich diese Welt – einschließlich ihrer Bewohner und der Dinge, die sie tun – begreiflich zu machen *(Erklärung)*. Ihre Beeinflussbarkeit hängt unter anderem davon ab, ob sie die physikalisch-biologische oder die soziale Welt betreffen.

Die physikalisch-biologische Welt

Kategorisierung

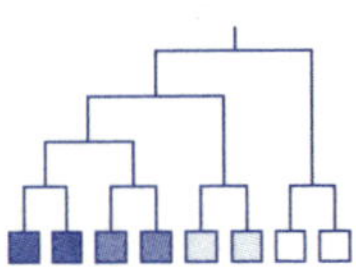

Als Beispiele für Prozesse der *Kategorisierung* haben wir die Unterteilung des Farbenspektrums und die der Tier- und Pflanzenwelt herausgegriffen. Die empirischen Befunde zeigen, dass sich in beiden Domänen kulturelle Unterschiede in Grenzen halten. Zwar finden sich bezüglich des Farblexikons deutliche Unterschiede über Sprachen hinweg, aber nur wenn Personen über Farben in sprachlicher Form nachdenken, wird die Verarbeitung visueller Farbinformation in einem gewissen Umfang von den sprachlichen Kategoriengrenzen beeinflusst (Kapitel 2). Im Bereich biologischer Kategorien sind die Unterschiede ebenfalls geringer, als man vielleicht vermuten würde, und zudem stärker von der Expertise mit dem Gegenstandsbereich als vom kulturellen

Hintergrund beeinflusst (Kapitel 3). Ähnliche Studien zur semantischen Kategorisierung wurden auch für eine Reihe weiterer Domänen durchgeführt, etwa für die Klassifizierung von Körperteilen (Enfield et al., 2006; Majid, 2006), Bewegungen (Gennari et al., 2002; Malt et al., 2008; Papafragou et al., 2002) oder Ereignissen (Majid et al., 2007a,b), und auch in diesen Fällen sind die Gemeinsamkeiten meist größer als die Unterschiede.

Quantifizierung

Für die *Quantifizierung* haben wir als Beispiele das Schlussfolgern mit Mengenrelationen und die kognitiven Implikationen von Zahlensystemen herausgegriffen. Ähnlich wie bei den Taxonomien zeigte sich auch für die Mengenrelationen ein vergleichsweise geringer Einfluss des kulturellen Hintergrundes; Schulbildung spielte hierfür eine wesentlich wichtigere Rolle (Kapitel 4). Anders sieht es aus bei den Zahlensystemen. Zwar sind die Quantitäten, auf die sie sich beziehen, überall gleich (die Menge der positiven natürlichen Zahlen); was die Struktur und Ausgestaltung von Zahlensystemen in Sprache und Schrift anbelangt, scheinen der kulturellen Fantasie aber kaum Grenzen gesetzt (Kapitel 5). Dies gilt sogar für das Zählen mit Fingern – eine Aktivität, die lange Zeit als angeboren und universell galt, die aber gelernt wird (Crollen et al., 2011) und in substanziellem Ausmaß kulturell variabel ist (Bender & Beller, 2012). Dass dabei selbst geringfügige Variationen beachtliche Unterschiede in den kognitiven Prozessen erzeugen können, zeigen unter anderem Studien zur Gebärdensprache (Domahs et al., 2010; Iversen et al., 2006).

Orientierung

Prozesse zur *Orientierung* haben wir zunächst für Raum (Kapitel 6) und Zeit (Kapitel 7) getrennt betrachtet und dann beleuchtet, wie räumliche und zeitliche Aspekte bei der Navigation integriert werden (Kapitel 8). Die empirischen Befunde in diesen Domänen werden besonders kontrovers diskutiert und eine Einigung scheint nicht in Sicht. Es spricht aber vieles dafür, dass kulturelle (und sprachliche) Präferenzen für eine be-stimmte Art der Referenzierung auf räumliche Situationen und zeitliche Ereignisse auch zu Unterschieden in der Aufmerksamkeit und damit indirekt zu Unterschieden in der Orientierung führen. Das Beispiel der Navigation auf den Karolinen belegt zudem in eindrücklicher Weise, dass erfolgreiche Fahrten über offenes Meer auf der Grundlage ganz verschiedener Konzeptualisierungen – in diesem Fall der Bewegung durch Raum und Zeit – möglich sind.

Erklärung

Das Kapitel zur Navigation beschäftigte sich nicht nur mit Orientierung, sondern, allgemeiner formuliert, mit der integrierten Nutzung komplexer Wissensbestände in der Welt, darunter auch solcher über kausale Zusammenhänge. Diese kausalen Aspekte werden in zwei weiteren Kapiteln vertieft, die davon handeln, wie wir uns die Welt erklären, und weil die meisten Menschen dies bevorzugt für solche Ereignisse tun, die *soziale* Akteure – also andere Menschen – einbeziehen, stellen auch die von uns herausgegriffenen Beispiele die soziale Interaktionen in den Mittelpunkt (s. nächster Abschnitt).

Kausalität in der physikalischen und biologischen Welt

Aber auch in der physikalisch-biologischen Umwelt sind kausale Konzepte und Schlussfolgerungen von zentraler Bedeutung. Mitunter dienen sie lediglich dazu, in einer Situation, in der zwei oder mehr Elemente interagieren, kausale Rollen zuzuweisen – also zu bestimmen, welches Element ein Ereignis zu *verursachen* scheint und welches davon *beeinflusst* wird (Beller et al., 2009b; Bender & Beller, 2011d; White, 2006). Auch die Frage, ob „natürliche“ und „übernatürliche“ Erklärungen koexistieren können und unter welchen Umständen welche Art der Erklärung bevorzugt wird, ist inzwischen kulturvergleichend untersucht worden (Astuti & Harris, 2008; Cohen et al., 2011; Evans et al., 2011; Legare & Gelman, 2008). Entsprechende Forschung widmete sich bevorzugt den Domänen der (Ethno-)Medizin (Froerer, 2007; Moerman, 2000; Nguyen & Rosengren, 2004) und der Ökologie (Atran & Medin, 2008; Güss et al., 2010). In vieler Hinsicht vorbildlich sind hier die Studien aus dem Team um Douglas Medin und Scott Atran. Sie zeigen, dass sich nicht nur Expertise über den Gegenstandsbereich, sondern auch der kulturelle Hintergrund darauf auswirken, welche ökologischen Wechselwirkungen Personen wahrnehmen, welche kausalen Schlüsse sie aus ihnen ziehen und zu welchem Verhalten diese sie motivieren (Atran et al., 2002; Bang et al., 2007; Medin & Atran, 2004; Medin et al., 2002; Waxman & Medin, 2007).

Die soziale Welt

Theory of Mind und Emotionen

Wie bereits erwähnt, gibt insbesondere das soziale Miteinander Anlass, nach Erklärungen zu suchen. Unser erstes Beispiel hierfür hatte zum Thema, wie das Verhalten anderer anhand von Annahmen zu ihren mentalen Zuständen erklärt wird *(Theory of Mind)*. So ist offenbar die kulturelle Varianz bei den Theorien der Erwachsenen wesentlich größer als die der kindlichen Kompetenzen. Es zeigte sich aber auch, dass die

Art und Weise, wie in einer Kultur über mentale Zustände gesprochen wird, Einfluss darauf nimmt, welche Performanz die Kinder zeigen (Kapitel 9). Das zweite Beispiel beleuchtete Emotionen, die unter anderem auf der Grundlage mentaler Annahmen – etwa durch die Zuschreibung von Absicht und Verantwortung – entstehen. Hierbei zeigten sich Gemeinsamkeiten in den grundlegenden Faktoren, die in die Situationsbewertung eingehen, und gleichzeitig Unterschiede in der Interpretation konkreter Situationen (Kapitel 10).

Moral und deontische Regeln

Eng verknüpft mit diesen Themen ist die Frage, welche moralischen Standards in einer Kultur gelten, als wie verbindlich soziale Normen angesehen werden oder welche Schlüsse Personen aus deontischen Regeln ziehen, die festlegen, was jemand tun *darf* oder *nicht darf* beziehungsweise tun *muss* oder *nicht muss* (s. Beller, 2008b, 2010). Es ist unschwer einzusehen, dass dafür kulturspezifische Werte eine Rolle spielen, in einigen Fällen auch sogenannte „geschützte“ Werte, die nicht verhandelbar sind (z. B. Baron & Spranca, 1997; Dehghani et al., 2010). Universelle Prinzipien für moralische Urteile, wie sie seit Jahrzehnten immer wieder gesucht werden (Mikhail, 2007; Snarey, 1985), können deshalb bestenfalls auf einer sehr abstrakten Ebene angesiedelt sein (Dupoux & Jacob, 2008; Henrich et al., 2005, 2006, 2010; Sachdeva et al., 2011).

Soziale Kategorisierung: Verwandtschaft

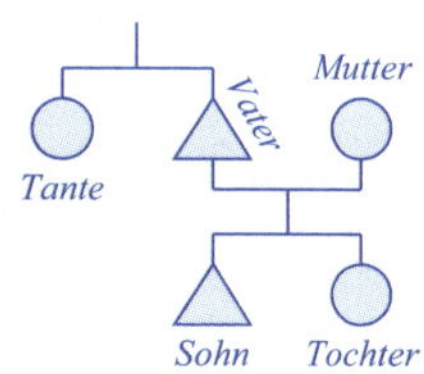

Und schließlich spielen auch in der sozialen Welt Kategorisierungen eine zentrale Rolle – etwa wenn es darum geht, Beziehungen zwischen Menschen zu bestimmen. Anders als für die physikalisch-biologische Welt gelangen verschiedene Kulturen dabei allerdings zu durchaus unterschiedlichen Resultaten. Besonders eindrucksvoll sind diese im Bereich der Verwandtschaftsklassifikation, für die man es wohl am wenigsten erwarten würde, weil hier die Beziehungen doch eigentlich durch die Abstammung klar definiert zu sein scheinen. Und doch bleiben überraschend viele Freiheitsgrade: Auf welchen Dimensionen, etwa Geschlecht oder Generationenabstand, basiert die Verwandtschaftsrechnung? Welche Klassen von Verwandten werden gebildet, etwa die der „Tanten“ aus den Schwestern der Mutter *und* des Vaters? Welche Personen gelten überhaupt als Verwandte, etwa auch die Schwiegerleute? Interessanterweise ist dieses Feld, das die Ethnologie seit jeher beschäftigt – und das wesentlich zur Entstehung der Kognitionsethnologie beigetragen hat (Lounsbury, 1956; Romney & D'Andrade, 1964; s. auch Bennardo & Read, 2007; Jones, 2004, 2010;

Kronenfeld, 2006) –, in den übrigen Kognitionswissenschaften kaum je thematisiert worden. Eine Ausnahme ist die jüngst erschienene Arbeit von Kemp und Regier (2012b; s. auch den Kommentar von Levinson, 2012b). Sie erklären die Bildung von Verwandtschaftskategorien aus kommunikativen Prinzipien heraus, ganz ähnlich wie dies auch für die Bildung von Farbkategorien diskutiert wird (s. Kapitel 2, Seite 49), und nach ähnlichen Kriterien der Informativität, wie sie für die Bildung von Basiskategorien entscheidend sind (vgl. Kapitel 3, Seite 64).

Der Blick in die Kapitel dieses Buches zeigt, dass die kulturelle Variabilität in den Kognitionen größer ist, als es anfangs den Anschein hatte: Menschen denken und fühlen nicht überall auf der Welt gleich; ja, sie scheinen nicht einmal überall das Gleiche wahrzunehmen. Umgekehrt gilt aber auch, dass diese kulturelle Variabilität nicht unbegrenzt ist. Welche allgemeinen Schlussfolgerungen kann man daraus für das Verhältnis von Kognition und Kultur ziehen?

11.2 Wie tief reichen die kulturellen Einflüsse?

Ein uneindeutiges Bild

Vergleicht man die Ergebnisse der Fallstudien, zeichnet sich kein eindeutiges Bild ab. Dafür gibt es zumindest zwei Gründe. Zum einen steht die Forschung zu den kulturellen Einflüssen auf Kognitionen in den meisten der hier angesprochenen Domänen noch ganz am Anfang. Um ein Phänomen wirklich zu verstehen, muss es aus verschiedenen Perspektiven beleuchtet und unter verschiedenen Rahmenbedingungen untersucht werden. Selbst auf einem Gebiet wie der Farbwahrnehmung, das seit einem halben Jahrhundert beforscht und lebhaft diskutiert wird, fällt es schwer, ein abschließendes Fazit zu ziehen, das unter Wissenschaftlern auf ungeteilte Zustimmung stößt (Regier et al., 2010). Diese Uneinigkeit liegt nicht nur an teilweise unterschiedlichen Herangehensweisen, methodischen Verfahren und theoretischen Interpretationen, sondern auch an dem grundsätzlichen Zweifel, die Welt bereits vollständig verstanden zu haben, der die Wissenschaft generell antreibt, und an gelegentlich festgefügten Überzeugungen derjenigen Menschen, die in der Wissenschaft tätig sind. Erschwert wird dies noch durch die in Kapitel 1.3 ab Seite 22 beschriebenen methodischen Herausforderungen, mit denen sich kulturvergleichende Untersuchungen grundsätzlich konfrontiert sehen.

Der zweite Grund für die wenig eindeutigen Ergebnisse in den Fallstudien liegt darin, das die Frage nach dem Verhältnis von Kognition und Kultur zu unspezifisch ist, um sie auf eine einfache Weise beantworten zu können. Welche *Ebene* von Kognition steht zur Debatte: nur die inhaltliche oder auch die der Verarbeitungsprozesse; nur die höheren kognitiven Prozesse wie Kategorisieren und Schlussfolgern oder auch basale Prozesse wie Aufmerksamkeitssteuerung und exekutive Funktionen? Ab welcher *Größenordnung* hält man Einflüsse von Kultur auf Kognitionen für bedeutsam? Genügen uns schon subtile Unterschiede in Reaktionszeiten auf Entscheidungsaufgaben oder lassen wir nur fundamentale Unterschiede im Weltbild gelten? Und welche kulturellen (oder anderen) *Faktoren* lassen sich als mögliche Ursachen für diese Unterschiede identifizieren?

Einfluss von Kultur auf Kognition:
- auf welcher Ebene?
- in welchem Umfang?
- durch welche Faktoren?

Eine Frage der Betrachtungsebene

Wie in Kapitel 1 beschrieben (siehe Seite 13 f. und Bender & Beller, 2011a), stützte sich der kognitionswissenschaftliche Ansatz zur Beschreibung kognitiver Funktionen lange Zeit auf die sogenannte Computermetapher: Der Prozessor Gehirn entspricht demnach der *Hardware*, die kognitiven Prozesse den Programmen oder der *Software* und die verarbeiteten Inhalte den Daten. Diese Analogie motivierte drei zentrale Annahmen, nämlich (1) dass Kognitionen sich in Inhalt und Verarbeitungsprozess trennen ließen, (2) dass Kognitionen ein mentales Phänomen und damit weitgehend unabhängig vom Kontext seien und (3) dass nur der Inhalt variiere, die Verarbeitungsprozesse dagegen kulturunabhängig seien. Die für dieses Buch zusammengetragenen Beispiele zeigen, dass keine dieser Annahmen allgemeingültig ist.

Wie weit trägt die Computermetapher?

Gegen die Trennung von Inhalt und Prozess sprechen zwei Arten von Befunden. In mehreren Kapiteln (darunter Kapitel 3, Seite 69, und Kapitel 8) haben wir gesehen, dass der Inhalt selbst – und zwar relativ direkt – die Prozesse zu beeinflussen vermag, mit denen er verarbeitet wird: Personen mit *Expertise* zu einem Gegenstandsbereich haben nicht einfach nur breiteres Wissen, sondern ziehen auch andere Schlüsse daraus und sind dabei weniger anfällig für bestimmte Verzerrungen.

(1) Verarbeitung ist nicht vom Inhalt zu trennen.

(1a) Expertise formt das Denken.

Aber auch die Art, wie eine Information *repräsentiert* ist, wirkt sich darauf aus, wie diese Information verarbeitet wird. Ein eindrückliches Beispiel dafür lieferte die Domäne der numerischen Kognition

(1b) Das Repräsentationsformat beeinflusst die Verarbeitung.

dreiundzwanzig mal vierundfünfzig ist gleich?

23 × 54 = ?

XXIII × LIV = ?

(s. Kapitel 5). Die meisten Menschen hierzulande nutzen drei oder gar vier verschiedene Arten der Zahlenrepräsentation: Zahlwörter, arabische Ziffern (manchmal noch die römischen) und – wenn auch im Erwachsenenalter nur noch selten – ihre Finger. Jede dieser Repräsentationsarten bildet ein eigenständiges System mit spezifischen Eigenschaften und ist damit für unterschiedliche Operationen mehr oder weniger gut geeignet (Bender & Beller, 2012; Butterworth, 1999; Dehaene, 1992; Di Luca & Pesenti, 2011). Diesen Einfluss des Repräsentationsformats auf die Verarbeitung nennt man „repräsentationalen Effekt“ (Zhang & Norman, 1995). Auch der von Levinson und Kollegen (Haun et al., 2006, 2011; Levinson, 2003; Majid et al., 2004) nachgewiesene Einfluss räumlicher Referenzierungspräferenzen auf kognitive Prozesse (Kapitel 6) gehört in diese Kategorie.

(2) Kognition findet nicht nur im Kopf statt.

(2a) Der Kontext beeinflusst das Denken.

Die Kritik an der zweiten Annahme speist sich aus mindestens drei Forschungsrichtungen. Die erste wurde in Kapitel 1 bereits angesprochen. Demnach macht es für das Verhalten – auch das kognitive Verhalten – von Menschen einen Unterschied, ob und welche anderen Personen anwesend sind. Ein Beispiel dafür ist das Phänomen der „sozialen Erleichterung“ (s. Seite 14 f.), bei der sich die Anwesenheit anderer *graduell* auf die eigene Leistung auswirkt. Sie kann sich allerdings auch *kategorial* auswirken – etwa darauf, ob man eine Emotion zeigt oder maskiert (Kapitel 10). Ähnliches gilt auch für räumliche Referenzierungen (Kapitel 6): Beschreiben Personen eine Anordnung für sich selbst, neigen sie nämlich dazu, einen anderen Referenzrahmen zu verwenden, als wenn sie dies für jemand anderen tun (Schober, 1993, 1998).

(2b) Artefakte erleichtern das Denken *(distributed cognition)*.

Die zweite Forschungsrichtung betont die Bedeutung der „verteilten Kognition“ *(distributed cognition)*, die in Kapitel 1 (Seite 14 f.) ebenfalls bereits angesprochen wurde. Sie geht davon aus, dass in vielen Fällen kulturelle Artefakte einbezogen werden, um kognitive Aufgaben zu erleichtern, womit sie essenzieller Bestandteil der Kognition sind. In diese Kategorie fallen beispielsweise externe Repräsentationen wie Schrift, Zahlwörter und Ziffern, die eine zentrale Grundlage für komplexere Rechenaufgaben oder abstrakte Mathematik bilden (Zhang & Norman, 1995; s. Kapitel 5), oder Landkarten und technische Geräte für die Navigation (Hutchins, 1995; s. Kapitel 8).

(2c) Der Körper formt das Denken *(embodied cognition)*.

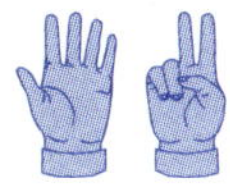

Und auch eine dritte Komponente trägt wesentlich zu unseren kognitiven Repräsentationen und deren Verarbeitung bei: unser Körper. So versucht die Forschungsrichtung der *embodied cognition* zu ergründen, warum sich bestimmte Formen der Kognition gerade so und nicht anders entwickelt haben (Barsalou, 2008; Lakoff & Johnson, 1999). Auch dafür liefert die Domäne der Zahlen (Kapitel 5) ein gutes Beispiel. Dass nämlich die meisten Zahlensysteme die Basis 10 haben, ist ja durchaus kein Zufall, sondern liegt daran, dass die zehn Finger ein perfektes Werkzeug zum Zählen bieten. Auch die Art und Weise, *wie* wir mit den Fingern zählen – ob wir etwa mit der linken oder rechten Hand beginnen oder bei einer vollen Hand eine Subbasis einführen (Bender & Beller, 2012) –, beeinflusst nachhaltig die kognitiven Prozesse der Zahlenrepräsentation und -verarbeitung (Domahs et al., 2010; Iversen et al., 2006).

(3) Auch die Prozesse sind nicht unabhängig von Kultur.

Aus den bisher berichteten Belegen gegen die ersten beiden Annahmen der Computermetapher lässt sich bereits schließen, dass auch die dritte Annahme nicht haltbar ist: Wenn der kognitive Inhalt und seine Verarbeitung sich nicht trennen lassen und wenn die Verarbeitungsprozesse je nach Kontext unterschiedlich ablaufen, können sie auch nicht universell und überall gleich sein. In jüngerer Zeit wird dies auch zunehmend durch empirische Studien belegt: Unsere Kultur nimmt Einfluss darauf, wie wir Informationen kognitiv verarbeiten – von basalen Prozessen der Wahrnehmung über räumliche Repräsentation und Orientierung, numerische Kognition, die Zuweisung kausaler Rollen und das Denken über komplexe ökologische Zusammenhänge bis hin zu Entscheidungsprozessen in sozialen und ökonomischen Kontexten. Sogar auf den Prozessor selbst – das Gehirn – wirkt Kultur sich aus, wie die neurowissenschaftliche Forschung zur Neuroplastizität zeigt (Kitayama & Uskul, 2011). Aber sind die kulturellen Unterschiede auch *bedeutsam*?

Eine Frage der Skalierung

Qualitativer Sprung oder quantitative Abstufung?

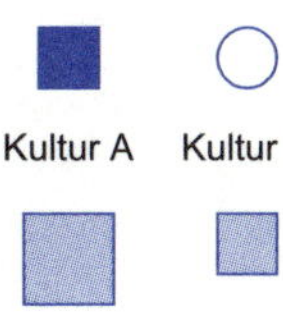

Zentral für die Frage nach der Bedeutsamkeit von Kulturunterschieden in Kognitionen ist die Skalierung: Wie groß muss ein Unterschied sein, um ernst genommen zu werden? Wenn etwa die San-Buschleute – anders als US-Amerikaner – sich nicht von der Müller-Lyer'schen Täuschung irreführen lassen (s. Kapitel 1, Seite 17), steht die Bedeutsamkeit des Effekts sicher außer Frage. Anders sieht es aus, wenn Unterschiede in der Sache eher subtil sind, wie bei den Auswirkungen der Farbkategorisierung auf andere Kognitionen (Kapitel 2) oder bei einer schlichten Verschiebung des Alters, in dem eine kognitive Leistung erstmals beobachtet wird, beispielsweise die *Theory of Mind* (Kapitel 9). Auch in anderen Domänen sind es mitunter nur Unterschiede in Reaktionszeiten, die auf einen kulturellen Einfluss hindeuten. Aber auch wenn derart subtile Unterschiede besondere Sorgfalt bei der experimentellen Umsetzung erfordern, liefern sie durchaus wertvolle Hinweise auf die zugrunde liegenden Kognitionen (Luce, 1986).

Kompetenz- oder Präferenzunterschied?

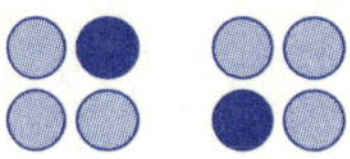

In anderen Fällen geht es weniger um grundsätzlich verschiedene *Kompetenzen* als vielmehr um unterschiedliche *Präferenzen*. Wir westeuropäischen Stadtbewohner könnten räumliche Konstellationen sehr wohl auch absolut referenzieren, aber wir tun es eben lieber anhand des relativen Referenzrahmens. Ob dieser Präferenzenunterschied ausreicht, um von einem kulturellen Einfluss auf Kognitionen sprechen zu können, ist der Streitpunkt, der der Levinson-Gleitman-Debatte zugrunde liegt (Li & Gleitman, 2002, vs. Levinson et al., 2002; s. auch Haun et al., 2011; Li et al., 2011). Gleitman und ihre Mitarbeiter streiten dies ab, während die Levinson-Gruppe argumentiert, dass die kulturspezifische Verarbeitung räumlicher Informationen auf der Grundlage kulturspezifischer Präferenzen durchaus den Anspruch auf die Universalität von Kognitionen in Frage stellt (Kapitel 6, Seite 129 f. und Seite 137 ff.).

Betonung von Übereinstimmungen oder Besonderheiten?

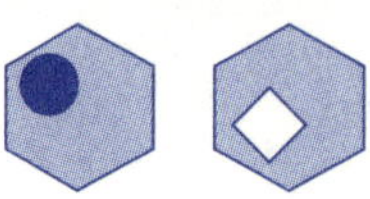

In wieder anderen Fällen sind die Effekte an sich gemischt, etwa bei den Taxonomien für Tier- und Pflanzenarten aus Kapitel 3. In den meisten Aspekten sind diese Taxonomien einander kulturübergreifend relativ ähnlich, weichen aber bezüglich einzelner Elemente voneinander ab. Was zählt nun mehr: die Übereinstimmung in der Struktur oder die Besonderheiten im Einzelfall? Auch bei den Emotionen (Kapitel 10) lassen sich vom Gesichtsausdruck über die Situationseinschätzung und die Kategorisierung von Emotionen bis hin zu den Verhaltenstendenzen umfangreiche Übereinstimmungen beobachten; daneben finden sich aber auch „Lücken" im Emotionsvokabular, kulturspezifische Emotionen oder Unterschiede in den emotionsauslösenden kognitiven Determinanten.

Ursachen für Unterschiede in den Unterschieden

Auch wenn noch die subtilsten Indikatoren für kulturelle Unterschiede in kognitiven Prozessen durchaus ernst genommen werden – und zwar gerade von den Kognitionswissenschaftlern –, deuten die Abstufungen in diesen Unterschieden doch darauf hin, dass der Einfluss der Kultur nicht immer gleich stark ausgeprägt ist. Nehmen Sie als Beispiel noch einmal die Kategorisierungen der Farben (Kapitel 2) und der biologischen Arten (Kapitel 3), die kulturübergreifend nur in bestimmten, überraschend engen Grenzen variieren. Der Grund liegt darin, dass die Welt, auf die sich diese Kategorisierung bezieht, entweder selbst bereits vorstrukturiert ist – etwa die Tier- und Pflanzenwelt durch biologische Stammbäume (vgl. Kapitel 3, Seite 60) – oder durch unseren Wahrnehmungsapparat in spezifischer Weise vorstrukturiert wird, wie die Welt der Farben (Ähnliches gilt für Bewegungen oder Ereignisse; vgl. Seite 236 f.). Domänen, die nicht in dieser Weise vorstrukturiert sind, lassen der menschlichen Kreativität – und damit der Kultur – mehr Freiheitsgrade. Zahlensysteme sind dafür ein Beispiel (auch wenn sie in vielen Fällen von körperlichen Merkmalen inspiriert sind); die Differenziertheit des Farblexikons oder das Spektrum religiöser Vorstellungen sind weitere Beispiele.

11.3 Die Bedeutung von Kultur

Ursachen für Unterschiede

Das Ausmaß kultureller Variabilität in Kognitionen zu bestimmen ist unabdingbar für ein besseres Verständnis von Kognitionen. Unterschiede zu identifizieren ist dafür aber nur ein erster Schritt. Die Ursachen für diese Unterschiede und ihre Wirkungsweise zu ergründen ist ebenso notwendig. Allerdings sind die Ursachen vielfältig: Sie reichen von Umweltfaktoren über soziale Aspekte bis hin zu repräsentationalen Systemen und sprachlichen Kategorien – und nicht immer lässt sich erkennen, warum eine kulturelle Eigenheit gerade so entstanden ist.

Umweltfaktoren

Wenn die physische Umwelt einen prägenden Einfluss ausübt, dann vor allem in Bezug auf jene Kognitionen, die sich ganz unmittelbar auf diese Umwelt beziehen: etwa die Strategien zur räumlichen Referenzierung (Polian & Bohnemeyer, 2011) und Orientierung (Istomin & Dwyer, 2009) oder die durch Erfahrungen mit rechten Winkeln und geraden Linien hervorgerufene Müller-Lyer'sche Täuschung (Segall et al., 1966).

Soziale Werte und Strukturen

Klassische kulturelle Faktoren wie soziale Werte und Strukturen spielen die wichtigste Rolle für soziale Kognitionen – in unserer Sammlung also insbesondere für die *Theory of Mind* und die Entstehung von Emotionen. Dass diese kulturellen Orientierungen selbst auf basale kognitive Prozesse wie Aufmerksamkeitssteuerung und Wahrnehmung einwirken können, legen Studien von Richard Nisbett und Kollegen nahe (Masuda & Nisbett, 2006; Nisbett & Miyamoto, 2005; Varnum et al., 2010). Sie bleiben bislang aber meist eine überzeugende Erklärung dafür schuldig, warum und wie genau diese Wirkung zustande kommt.

Repräsentationale Systeme

Für repräsentationale Systeme ist dies weit besser geklärt. Prototypische Beispiele dafür liefern Raum, Zeit, Navigation und Zahlensysteme. Für diese Domänen sind verschiedenartige Repräsentationsformate möglich und diese geben Anlass zu jeweils spezifischen *repräsentationalen Effekten* (Hutchins, 1995; Zhang & Norman, 1995; Zhang & Wang, 2005). Warum etwa bestimmte Rechenoperationen mit einigen Notationssystemen einfacher gelingen als mit anderen, mit wieder anderen praktisch gar nicht, lässt sich mit entsprechenden Analysen sehr leicht zeigen (Nickerson, 1988; Schlimm & Neth, 2008).

Sprachliche Kategorisierungen

Ein in seiner Bedeutung einzigartiges Werkzeug für die Repräsentation von Information und ihre kognitive Verarbeitung bildet die Sprache. Sprache lässt Kategorien entstehen, etwa bei den Farb- und Emotionsbegriffen, aber auch anhand ihrer grammatischen Strukturen, im Deutschen beispielsweise für Genus und Numerus. Sprache hilft Domänen zu strukturieren, etwa mithilfe taxonomischer Ordnungen für die Tier- und Pflanzenwelt oder bei der Zuweisung kausaler Rollen über *Agens* und *Patiens*. Und schließlich definiert sie Repräsentationsformate für verschiedene Domänen, etwa das verbale Zahlensystem oder die Referenzrahmen für räumliche und zeitliche Beschreibungen. Entscheidend ist, dass jede Einzelsprache dies in einer ihr eigenen Weise tut. Das erklärt auch, warum ihr in diesem Forschungsfeld eine derart zentrale Rolle zugewiesen und warum diese Rolle immer wieder so kontrovers diskutiert wird (vgl. Kapitel 1, Seite 15 f.).

Sprache als Schnittstelle zwischen Kognition und Kultur

Dass dabei in vielen Fällen Sprache und Kultur gleichgesetzt werden, ist aus praktischen Gründen mitunter sinnvoll, aber inhaltlich ungenau. Vielmehr fungiert Sprache als eine Schnittstelle zwischen Kognition und Kultur: Die *Sprachbefähigung* des Menschen gehört zu seinen wahrlich universellen kognitiven Kompetenzen, die *Sprachenvielfalt* ist Ausdruck kultureller Diversität. Sprache ist aber nicht nur eines der wichtigsten kulturellen Werkzeuge für kognitive Aufgaben, sie ist auch das wichtigste kognitive Werkzeug, um kulturellen Konsens herzustellen, und damit zentral für das Schaffen, Bewahren, Modifizieren und Tradieren von Kultur. Auch wenn wir vieles im Leben implizit erlernen, durch Nachahmen und wiederholtes Einüben, ist Wissensvermittlung durch Sprache in vieler Hinsicht unverzichtbar – etwa weil das Wissen selbst sprachlich kodiert ist, wie in der Ethnobiologie, oder weil das Sprechen über bestimmte Dinge den Erwerb von Kompetenzen unterstützt, selbst bei so grundlegenden sozial-kognitiven Fähigkeiten wie der Übernahme fremder Perspektiven im Sinne der *Theory of Mind.*

Kultur als Werkzeug

Welches Wissen als relevant erachtet wird, wie es strukturiert und repräsentiert ist und wie es vermittelt wird, sind nicht nur kognitive, sondern auch kulturelle Fragen. Dass kleine Informationsschnipsel zu größeren Einheiten gebündelt werden und ihnen dabei Bedeutung verliehen wird, dass der von unseren Vorfahren (und sogar den Vorfahren anderer Personen) angehäufte Schatz an Wissen und Strategien für Problemlösungen extern gespeichert ist, dass Kenntnisse über Teilfragen sozial verteilt sind, Personen sich also auf einen Gegenstandsbereich spezialisieren und dafür Expertise erwerben können – all dies verdanken wir unserer Kultur. Wir müssen das Rad nicht immer wieder neu erfinden, sondern können auf dem aufbauen, was Generationen vor uns bereits geleistet haben. Klugheit wird eben zu einem großen Teil *gelehrt*, nämlich durch Vermittlung angemessener Modelle für die Lösung von Problemen (D'Andrade, 1995, S. 208). Diese Art der Tradierung von Wissen ist es, was uns als Menschen einzigartig macht und selbst von unseren nächsten Verwandten unter den Primaten unterscheidet (Dean et al., 2012; Kurzban & Barrett, 2012; Tomasello, 1999; Tomasello & Herrmann, 2010).

Cultural knowledge

„Most of what any human ever thinks has been thought before, and most of what any human ever thinks has been learned from other humans. Or, to put it another way, most of what anyone knows is *cultural* knowledge." (D'Andrade, 1995, S. xiv, kursiv im Original)

Kognitive Einheit – kulturelle Vielfalt

Angesichts dieser fundamentalen Bedeutung von Kultur für Kognition mag es vielleicht erstaunen, dass sich kulturspezifische Faktoren nicht noch viel stärker auf kognitive Prozesse auswirken, als sie es tatsächlich tun. Der Grund liegt darin, dass uns Menschen weit mehr verbindet, als uns trennt (Antweiler, 2009). Unser stammesgeschichtliches Erbe, die Welt, in der wir leben, die Herausforderungen des täglichen Miteinanders und die für uns alle gleichermaßen existenziellen Fragen des Daseins schränken den Raum der Möglichkeiten ein. Im Lauf der Evolution haben wir als Spezies eine Reihe von Kompetenzen entwickelt, die uns helfen, diese Herausforderungen zu meistern – die wichtigsten darunter sind unsere kognitiven Fähigkeiten, unsere Sprachbegabung und unser kulturelles Wesen. Sie versetzen uns in die Lage, Probleme kreativ zu lösen und diese Lösungen dann zu bewahren. Insofern sind wir alle gleich und umso spannender und aufschlussreicher ist die Vielfalt überall dort, wo sie sich entfalten konnte. Wie Levinson (2012a) in einem programmatischen Artikel schreibt, ist gerade diese Vielfalt unser Markenzeichen – der spezifisch menschliche Adaptionstrick.

Literatur

Abramov, I. & Gordon, J. (1994). Color appearance: On seeing red—or yellow, or green, or blue. *Annual Review of Psychology, 45,* 451–485.

Adams, M. J. (1984). Aristotle's logic. In G. H. Bower (Ed.), *The psychology of learning and motivation, volume 18* (pp. 255–311). New York: Academic Press.

Adams, R. (1992). *Unten am Fluß.* Frankfurt am Main: Ullstein.

Aikhenvald, A. Y. (2004). *Evidentiality.* Oxford: Oxford University Press.

Akimichi, T. (1987). Triggerfish and the Southern Cross: Cultural associations of fish with stars in micronesian navigational knowledge. *Man and Culture in Oceania, 3,* 279–298.

Alkire, W. H. (1970). Systems of measurement on Woleai Atoll, Caroline Islands. *Anthropos, 65,* 1–73.

Alkire, W. H. (1977). *An introduction to the peoples and cultures of Micronesia.* Menlo Park, CA: Cummins Publishing Company.

Anderson, J. R. (2005). *Cognitive psychology and its implications.* New York: Worth Publishers.

Anglin, J. M. (1977). *Word, object, and conceptual development.* New York: W. W. Norton.

Antweiler, C. (2009). *Was ist den Menschen gemeinsam?.* Hamburg: Murmann Verlag.

Arnett, J. J. (2008). The neglected 95 %: Why American psychology needs to become less American. *American Psychologist, 63,* 602–614.

Ascher, M. (1991). *Ethnomathematics.* Pacific Grove, CA: Brooks/Cole Publ.

Ascher, M. (2003). Die Kolam-Figuren Süd-Indiens. *Spektrum der Wissenschaft, 06/03,* 74–80.

Ascher, M. (2005). *Mathematics elsewhere.* Princeton, Oxford: Princeton University Press.

Ascher, M. & Ascher, R. (1981). *Code of the Quipu: A study of media, mathematics, and culture.* Ann Arbor: University of Michigan Press.

Astington, J. W. (2000). *Wie Kinder das Denken entdecken.* München: Ernst Reinhardt.

Astuti, R. (2012). Some after dinner thoughts on Theory of Mind. *Anthropology of this Century, 3, 2.* [online: http://aotcpress.com/articles/dinner-thoughts-theory-mind/, download am 16.1.2011]

Astuti, R. & Harris, P. L. (2008). Understanding mortality and the life of the ancestors in rural Madagascar. *Cognitive Science, 32,* 713–740.

Atran, S. & Medin, D. L. (2008). *The native mind and the cultural construction of nature.* Cambridge, MA: The MIT Press.

Atran, S., Medin, D. L., Ross, N. O., Lynch, E., Coley, J., Ucan Ek', E. & Vapnarsky, V. (1999). Folkecology and commons management in the Maya lowlands. *Proceedings of the National Academy of Sciences, 96,* 7598–7603.

Atran, S., Medin, D. L., Ross, N. O., Lynch, E., Vapnarsky, V., Ucan Ek', E., Coley, J. D., Timura, C. & Baran, M. (2002). Folkecology, cultural epidemiology, and the spirit of the commons: A garden experiment in the Maya lowlands, 1991–2001. *Current Anthropology, 43,* 421–450.

Aue, T., Flykt, A. & Scherer, K. R. (2007). First evidence for differential and sequential efferent effects of stimulus relevance and goal conduciveness appraisal. *Biological Psychology, 74,* 347–357.

Avis, J. & Harris, P. L. (1991). Belief-desire reasoning among Baka children: Evidence for a universal conception of mind. *Child Development, 62,* 460–467.

Bacon, A. M., Handley, S. J. & Newstead, S. E. (2003). Individual differences in strategies for syllogistic reasoning. *Thinking and Reasoning, 9,* 133–168.

Baddeley, A., Eysenck, M. W. & Anderson, M. C. (2009). *Memory.* Hove, UK: Psychology Press.

Bailenson, J. N., Shum, M. S., Atran, S., Medin, D. L. & Coley, J. D. (2002). A bird's eye view: Biological categorization and reasoning within and across cultures. *Cognition, 84,* 1–53.

Baillargeon, R., Scott, R. M. & He, Z. (2010). False-belief understanding in infants. *Trends in Cognitive Sciences, 14,* 110–118.

Baker, R. R. (1989). *Human navigation and magnetoreception.* Manchester: University of Manchester Press.

Bang, M., Medin, D. L. & Atran, S. (2007). Cultural mosaics and mental models of nature. *Proceedings of the National Academy of Sciences, 104,* 13868–13874.

Baron, J. & Spranca, M. (1997). Protected values. *Organizational Behavior and Human Decision Processes, 70,* 1–16.

Baron-Cohen, S. (1995). *Mindblindness.* Cambridge, MA: The MIT Press.

Baron-Cohen, S., Leslie, A. M. & Frith, U. (1985). Does the autistic child have a "theory of mind"? *Cognition, 21,* 37–46.

Barsalou, L. W. (1985). Ideals, central tendency, and frequency of instanciation as determinants of graded structure in categories. *Journal of Experimental Psychology: Learning, Memory, and Cognition, 11,* 629–654.

Barsalou, L. W. (2008). Grounded cognition. *Annual Review of Psychology, 59,* 617–645.

Bartsch, K. & Wellman, H. M. (1995). *Children talk about the mind.* Oxford, UK: Oxford University Press.

Beer, B. & Fischer, H. (Hrsg.) (2012). *Ethnologie: Einführung und Überblick.* Berlin: Reimer.

Behrens, K. Y. (2004). A multifaceted view of the concept of *amae:* Reconsidering the indigenous Japanese concept of relatedness. *Human Development, 47,* 1–27.

Beller, S. (2008a). *Empirisch forschen lernen.* Bern: Huber.

Beller, S. (2008b). Deontic norms, deontic reasoning, and deontic conditionals. *Thinking and Reasoning, 14,* 305–341.

Beller, S. (2010). Deontic reasoning reviewed: Psychological questions, empirical findings, and current theories. *Cognitive Processing, 11,* 123–132.

Beller, S. (2012). Concrete problems in the abstract deontic selection task—and how to solve them. *Quarterly Journal of Experimental Psychology.*

Beller, S. & Bender, A. (2008). The limits of counting: Numerical cognition between evolution and culture. *Science, 319,* 213–215.

Beller, S. & Bender, A. (2010a). Kognitionsethnologie und Kognitionspsychologie: Synergien nutzen. *Zeitschrift für Ethnologie, 135,* 233–248.

Beller, S. & Bender, A. (2010b). *Allgemeine Psychologie – Denken und Sprache.* Göttingen: Hogrefe.

Beller, S., Bender, A. & Kuhnmünch, G. (2005). Understanding conditional promises and threats. *Thinking and Reasoning, 11,* 209–238.

Beller, S., Bender, A. & Song, J. (2009a). Conditional promises and threats in Germany, China, and Tonga: Cognition and Emotion. *Journal of Cognition and Culture, 9,* 115–139.

Beller, S., Bender, A. & Song, J. (2009b). Weighing up physical causes: Effects of culture, linguistic cues and content. *Journal of Cognition and Culture, 9,* 347–365.

Beller, S. & Kuhnmünch, G. (2007). What causal conditional reasoning tells us about people's understanding of causality. *Thinking and Reasoning, 13,* 426–460.

Beller, S. & Spada, H. (2003). The logic of content effects in propositional reasoning: The case of *conditional reasoning with a point of view. Thinking and Reasoning, 9,* 335–378.

Bellwood, P. (1978). *Man's conquest of the Pacific.* Auckland: Collins.

Bellwood, P. (1987). *The Polynesians.* London: Thames and Hudson.

Bellwood, P., Fox, J. J. & Tryon, D. (1995) (Eds.). *The Austronesians*. The Australian National University: Canberra.

Bender, A. & Beller, S. (2006a). „Fanciful" or genuine? Bases and high numerals in Polynesian number systems. *Journal of the Polynesian Society, 115,* 7–46.

Bender, A. & Beller, S. (2006b). Numeral classifiers and counting systems in Polynesian and Micronesian languages: Common roots and cultural adaptations. *Oceanic Linguistics, 45,* 380–403.

Bender, A. & Beller, S. (2007). Counting in Tongan: The traditional number systems and their cognitive implications. *Journal of Cognition and Culture, 7,* 213–239.

Bender, A. & Beller, S. (2010). Die Ethnologie – eine tragende Säule im Gebäude der Kognitionswissenschaften? *Zeitschrift für Ethnologie, 135,* 185–198.

Bender, A. & Beller, S. (2011a). The cultural constitution of cognition: Taking the anthropological perspective. *Frontiers in Psychology: Cognitive Science, 2:67,* 1–6.

Bender, A. & Beller, S. (2011b). Numerical cognition and ethnomathematics. In D. Kronenfeld, G. Bennardo, V. C. de Munck & M. Fischer (Eds.), *The Blackwell companion to cognitive anthropology* (pp. 270–289). Chichester, UK: Wiley-Blackwell.

Bender, A. & Beller, S. (2011c). Cultural variation in numeration systems and their mapping onto the mental number line. *Journal of Cross-Cultural Psychology, 42,* 579–597.

Bender, A. & Beller, S. (2011d). Causal asymmetry across cultures: Assigning causal roles in symmetric physical settings. *Frontiers in Psychology: Cultural Psychology, 2:231,* 1–10.

Bender, A. & Beller, S. (2012). Nature and culture of finger counting: Diversity and representational effects of an embodied cognitive tool. *Cognition, 124,* 156–182.

Bender, A., Beller, S. & Bennardo, G. (2010). Temporal frames of reference: Conceptual analysis and empirical evidence from German, English, Mandarin Chinese, and Tongan. *Journal of Cognition and Culture, 10,* 283–307.

Bender, A., Beller, S. & Medin, D. L. (Eds.) (2012). Does cognitive science need anthropology? Special issue of *Topics in Cognitive Science, 4,* 342–466.

Bender, A., Bennardo, G. & Beller, S. (2005). Spatial frames of reference for temporal relations: A conceptual analysis in English, German, and Tongan. In B. G. Bara, L. Barsalou & M. Bucciarelli (Eds.), *Proceedings of the 27th Annual Conference of the Cognitive Science Society* (pp. 220–225). Mahwah, NJ: Lawrence Erlbaum.

Bender, A., Hutchins, E. & Medin, D. L. (2010). Anthropology in cognitive science. *Topics in Cognitive Science, 2,* 374–385.

Bender, A., Hüther, L. & Beller, S. (subm.). How relative is the relative frame of reference? Spatial referencing in frontal and dorsal arrays across four languages.

Bender, A. & Röttger-Rössler, B. (Eds.) (2010). Ethnologie und Kognitionswissenschaften im Dialog. Sonderheft der *Zeitschrift für Ethnologie, 135,* 177–183.

Bender, A., Spada, H., Rauss, K., Rothe, A. & Traber, S. (subm.). Anger elicitation in Tonga and Germany: The impact of culture on cognitive determinants of emotions.

Bender, A., Spada, H., Seitz, S., Swoboda, H. & Traber, S. (2007a). Anger and rank in Tonga and Germany: Cognition, emotion, and context. *Ethos, 35,* 196–234.

Bender, A., Spada, H., Swoboda, H. & Traber, S. (2006). Responsibility for bad deeds—and for good? The impact of cultural attribution tendencies on cognition and emotion. In R. Sun & N. Miyake (Eds.), *Proceedings of the 28th Annual Conference of the Cognitive Science Society* (pp. 65–70). Mahwah, NJ: Lawrence Erlbaum.

Bender, A., Spada, H., Swoboda, H., Traber, S. & Rauss, K. (2007b). Anger in a just world? The impact of cultural concepts on cognition and emotion. In D. S. McNamara & J. G. Trafton (Eds.), *Proceedings of the 29th Annual Conference of the Cognitive Science Society* (pp. 101–106). New York: Lawrence Erlbaum.

Bennardo, G. (2000). Language and space in Tonga: „The front of the house is where the chief sits". *Anthropological Linguistics, 42,* 499–544.

Bennardo, G. (Ed.) (2002). *Representing space in Oceania.* Canberra: Pacific Linguistics.

Bennardo, G. (2009). *Language, space, and social relationships.* Cambridge: Cambridge University Press.

Bennardo, G. & Read, D. W. (2007). Cognition, algebra, and culture in the Tongan kinship terminology. *Journal of Cognition and Culture, 7,* 49–88.

Berkowitz, L. (2010). Appraisals and anger: How complete are the usual appraisal accounts of anger? In M. Potegal, G. Stemmler & C. D. Spielberger (Eds.), *International handbook of anger* (pp. 267–286). New York, NY: Springer.

Berlin, B. (1976). The concept of rank in ethnobiological classification: Some evidence from Aguaruna folk botany. *American Ethnologist, 3,* 381–399.

Berlin, B. (1992). *Ethnobiological classification.* Princeton, NJ: Princeton University Press.

Berlin, B., Boster, J. S. & O'Neill, J. (1981). The perceptual basis of ethnobiological classification: Evidence from Aguaruna folk ornithology. *Journal of Ethnobiology, 1,* 95–108.

Berlin, B., Breedlove, D. E. & Raven, P. H. (1968). Covert categories and folk taxonomies. *American Anthropologist, 70,* 290–299.

Berlin, B., Breedlove, D. E. & Raven, P. H. (1973). General principles of classification and nomenclature in folk biology. *American Anthropologist, 75,* 214–242.

Berlin, B. & Kay, P. (1969). *Basic color terms.* Berkeley, CA: University of California Press.

Berndt, R. M. (Ed.) (1970). *Australian Aboriginal anthropology.* Nedlands, Western Australia: University of Western Australia Press.

Berry, J. W., Poortinga, Y. H., Breugelmans, S. M., Chasiotis, A. & Sam, D. L. (2011). *Cross-cultural psychology: Research and applications.* Cambridge: Cambridge University Press.

Berthold, P. (1998). Spatiotemporal aspects of avian long-distance migration. In S. Healy (Ed.), *Spatial representation in animals* (pp. 103–118). Oxford: Oxford Unversity Press.

Bischof-Köhler, D. (2000). *Kinder auf Zeitreise.* Bern: Huber.

Bloom, P., Peterson, M., Nadel, L. & Garrett, M. (Eds.) (1996). *Language and space.* Cambridge, MA: MIT Press.

Boas, F. (1930). Anthropology. In E. R. A. Seligman et al. (Eds.), *Encyclopedia of the social sciences* (vol. 2, pp. 73–110). New York: Macmillan Company.

Bochenski, I. M. (1970). A history of formal logic. New York: Chelsea Publishing Co.

Boden, M. A. (2006). *Mind as machine: A history of cognitive science* (2 vols.). Oxford: Clarendon Press.

Bohnemeyer, J. (1998). Temporal reference from a radical pragmatics perspective: Why Yucatec does not need to express „after" and „before". *Cognitive Linguistics, 9,* 239–282.

Bohnemeyer, J. (2002). *The grammar of time reference in Yukatek Maya.* München: LINCOM.

Bohnemeyer, J. (2009). Temporal anaphora in a tenseless language. In W. Klein & P. Li (Eds.), *The expression of time in language* (pp. 83–128). Berlin: Mouton de Gruyter.

Bond, C. F. & Titus, L. J. (1983). Social facilitation: A meta-analysis of 241 studies. *Psychological Bulletin, 94,* 265–292.

Boroditsky, L. (2000). Metaphoric structuring: Understanding time through spatial metaphors. *Cognition, 75,* 1–28.

Boroditsky, L. (2001). Does language shape thought? English and Mandarin speakers' conceptions of time. *Cognitive Psychology, 43,* 1–22.
Boroditsky, L. (2003). Linguistic relativity. In L. Nadel (Ed.), *Encyclopedia of cognitive science* (pp. 917–921). London: Nature Publishing Group, MacMillan Press.
Boroditsky, L., Fuhrman, O. & McCormick, K. (2011). Do English and Mandarin speakers think about time differently? *Cognition, 118,* 123–129.
Boroditsky, L. & Gaby, A. (2010). Remembrances of times East: Absolute spatial representations of time in an Australian Aboriginal community. *Psychological Science, 21,* 1635–1639.
Boroditsky, L. & Ramscar, M. (2002). The roles of mind and body in abstract thought. *Psychological Science, 13,* 185–188.
Borofsky, R. (1994). *Assessing cultural anthropology*. New York: McGraw-Hill.
Boster, J. S. (1985). Requiem for the omniscient informant: There's life in the old girl yet. In J. W. D. Dougherty (Ed.), *Directions in cognitive anthropology* (pp. 177–197). Urbana: University of Illinois Press.
Boster, J. S. (1986). Can individuals recapitulate the evolutionary development of color lexicons? *Ethnology, 26,* 61–74.
Boster, J. S. (Ed.) (1987a). Intracultural variation. Special Issue of the *American Behavioral Scientist, 31,* 150–279.
Boster, J. S. (1987b). Agreement between biological classification systems is not dependent on cultural transmission. *American Anthropologist, 89,* 914–920.
Boster, J. S. (1988). Natural sources of internal category structure: Typicality, familiarity, and similarity of birds. *Memory & Cognition, 16,* 258–270.
Boster, J. S. (2011). Data, method, and interpretation in cognitive anthropology. In D. B. Kronenfeld, G. Bennardo, V. C. de Munck & M. D. Fischer (Eds.), *A companion to cognitive anthropology* (pp. 131–152). Chichester, UK: Wiley-Blackwell.
Boster, J. S., Berlin, B. & O'Neill, J. (1986). The correspondence of Jivaroan to scientific ornitology. *American Anthropologist, 88,* 569–583.
Boster, J. S. & D'Andrade, R. (1989). Natural and human sources of cross-cultural agreement in ornithological classification. *American Anthropologist, 91,* 132–142.
Bott, E. (with assistance of Tavi) (1982). *Tongan society at the time of Captain Cook's visits: Discussions with Her Majesty Queen Salote Tupou*. Wellington: The Polynesian Society.
Boucher, J. D. (1979). Culture and emotion. In A. J. Marsella, R. G. Tharp & T. V. Ciborowski (Eds.), *Perspectives on cross-cultural psychology* (pp. 159–178). San Diego, CA: Academic Press.
Breuer, R. (1987). *Die Pfeile der Zeit: Über das Fundamentale in der Natur.* Frankfurt a. M.: Ullstein.
Breugelmans, S. M. & Poortinga, Y. H. (2006). Emotion without a word: Shame and guilt among Rarámuri indians and rural Javanese. *Journal of Personality and Social Psychology, 91,* 1111–1122.
Broom, D. M., Sena, H. & Moynihan, K. L. (2009). Pigs learn what a mirror image represents and use it to obtain information. *Animal Behaviour, 78,* 1037–1041.
Brown, C. H., Kilar, J., Torrey, B. J., Truong-Quang, T. & Volkman, P. (1976). Some general principles of biologcal and non-biological classification. *American Ethnologist, 3,* 73–85.
Brown, P. (2012). Time and space in Tzeltal: Is the future uphill? *Frontiers in Psychology: Cultural Psychology, 3:212,* 1–11.
Brown, R. (1958). How shall a thing be called? *Psychological Review, 65,* 14–21.
Bruno, S. & Schade, A. (1993). *Fiji, Samoa, Tonga.* München: Beck'sche Reihe.

Bucciarelli, M. & Johnson-Laird, P. N. (1999). Strategies in syllogistic reasoning. *Cognitive Science, 23,* 247–303.

Buck, P. [= Te Rangi Hiroa] (1938). *Ethnology of Mangareva.* Honolulu: Bernice P. Bishop Museum Bulletin, vol. 157.

Buck, P. [= Te Rangi Hiroa] (1954). *Vikings of the sunrise.* Christchurch: Whitcombe & Tombs.

Bugnyar, T. (2007). An integrative approach to the study of ‚theory-of-mind'-like abilities in ravens. *Japanese Journal of Animal Psychology, 57,* 15–27.

Burgess, D., Kempton, W. & MacLaury, R. E. (1983). Tarahumara color modifiers: Category structure presaging evolutionary change. *American Ethologist, 10,* 133–149.

Butterworth, B. (1999). *The mathematical brain.* Basingstoke and Oxford: Macmillan.

Cablitz G. H. (2006). *Marquesan: A grammar of space*. Berlin: Walter de Gruyter.

Call, J. & Tomasello, M. (1999). A nonverbal false belief task: The performance of children and great apes. *Child Development, 70,* 381–395.

Callaghan, T., Rochat, P., Lillard, A., Claux, M. L., Odden, H., Itakura, S., Tapanya, S. & Singh, S. (2005). Synchrony in the onset of mental-state reasoning: Evidence from five cultures. *Psychological Science, 16,* 378–384.

Campbell, I. C. (2001). *Island Kingdom: Tonga ancient and modern.* Christchurch: Canterbury University Press.

Campbell, J. I. D. (1994). Architectures for numerical cognition. *Cognition, 53,* 1–44.

Carlson, S. M. & Moses, L. (2001). Individual differences in inhibitory control and children's theory of mind. *Child Development, 72,* 1032–1053.

Carpenter, E. S. (1968). The timeless present in the mythology of the Aivilik Eskimos. In V. F. Valentine & F. G. Vallee (Eds.), *Eskimo of the Canadian Arctic* (pp. 39–42). Toronto: McClelland and Stewart Ltd.

Carroll, J. B. (Ed.) (1956). *Language, thought and reality: Selected writings of Benjamin Lee Whorf.* Cambridge, MA: The MIT Press.

Carroll, L. (1992). *Alice im Wunderland.* Berlin: Insel Verlag.

Casasanto, D. & Boroditsky, L. (2008). Time in the mind: Using space to think about time. *Cognition, 106,* 579–593.

Casasanto, D., Fotakopoulou, O. & Boroditsky, L. (2010). Space and time in the child's mind: Evidence for a cross-dimensional asymmetry. *Cognitive Science, 34,* 387–405.

Chang, T. (1986). Semantic memory: Facts and models. *Psychological Bulletin, 99,* 199–220.

Chapman, L. J. & Chapman, J. P. (1959). Atmosphere effect re-examined. *Journal of Experimental Psychology, 58,* 220–226.

Chater, N. & Oaksford, M. (1999). The probability heuristics model of syllogistic reasoning. *Cognitive Psychology, 38,* 191–258.

Chatwin, B. (1990). *Traumpfade.* München: Hanser.

Chen, J.-Y. (2007). Do Chinese and English speakers think about time differently? Failure of replicating Boroditsky (2001). *Cognition, 104,* 427–436.

Cheung, H., Hsuan-Chih, C., Creed, N., Ng, L., Wang, S. P. & Mo, L. (2004). Relative roles of general and complementation language in theory-of-mind development: Evidence from Cantonese and English. *Child Development, 75,* 1155–1170.

Chrisomalis, S. (2004). A cognitive typology for numerical notation. *Cambridge Archaeological Journal, 14,* 37–52.

Chrisomalis, S. (2010). *Numerical notation: A comparative history.* New York: Cambridge University Press.

Clark, H. H. (1973). Space, time, semantics, and the child. In T. E. Moore (Ed.), *Cognitive development and the acquisition of language* (pp. 27–63). New York: Academic Press.
Clark, R. (1999). Proto-Polynesian numerals. In E. Zeitoun & P. J.-K. Li (Eds.), *Selected papers from the Eighth International Conference on Austronesian Linguistics* (195–204). Taipei: Academia Sinica.
Cohen, E., Burdett, E., Knight, N. & Barrett, J. (2011). Cross-cultural similarities and differences in person-body reasoning: Experimental evidence from the United Kingdom and Brazilian Amazon. *Cognitive Science, 35,* 1282–1304.
Cole, M. (1996). *Cultural psychology: A once and future discipline.* Cambridge, MA: Harvard University Press.
Cole, M., Gay, J., Glick, J. A. & Sharp, D. W. (1971). *The cultural context of learning and thinking: An exploration in experimental anthropology*. New York: Basic Books.
Cole, M. & Scribner, S. (1974). *Culture and thought: A psychological introduction.* New York: Wiley.
Collerson, K. D. & Weisler, M. I. (2007). Stone adze compositions and the extent of ancient Polynesian voyaging and trade. *Science, 317,* 1907–1911.
Collins, A. & Quillian, M. (1969). Retrieval time from semantic memory. *Journal of Verbal Learning and Verbal Behavior, 8,* 240–247.
Comrie, B. (2011). Numeral bases. In M. S. Dryer & M. Haspelmath (Eds.), *The world atlas of language structures online* (chapter 131). München: Max Planck Digital Library. [available online: http://wals.info/chapter/131; accessed: 2011-05-11]
Conrad, C. (1972). Cognitive economy in semantic memory. *Journal of Experimental Psychology, 92,* 149–154.
Corbett, G. G. & Davis, I. R. L. (1997). Establishing basic color terms: Measures and techniques. In C. L. Hardin & L. Maffi (Eds.), *Color categories in thought and language* (pp. 197–223). Cambridge, UK: Cambridge University Press.
Crollen, V., Mahe, R., Collignon, O. & Seron, X. (2011). The role of vision in the development of finger-number interactions: Finger-counting and finger-montring in blind children. *Journal of Experimental Child Psychology, 109,* 525–539.
Crump, T. (1990). *The anthropology of numbers.* Cambridge: Cambridge University Press.
Czeisler, C. A., et al. (1999). Stability, precision, and near-24-hour period of the human circadian pacemaker. *Science, 284,* 2177–2181.
Dahl, Ø. (1995). When the future comes from behind: Malagasy and other time concepts and some consequences for communication. *International Journal for Intercultural Relations, 19,* 197–209.
Dally, J. M., Emery, N. J. & Clayton, N. S. (2010). Avian Theory of Mind and counter espionage by food-caching western scrub-jays *(Aphelocoma californica). European Journal of Developmental Psychology, 7,* 17–37.
D'Andrade, R. G. (1981). The cultural part of cognition. *Cognitive Science, 5,* 179–195.
D'Andrade, R. G. (1987). A folk model of the mind. In D. Holland & N. Quinn (Eds.), *Cultural models in language and thought* (pp. 112–148). Cambridge: Cambridge University Press.
D'Andrade, R. G. (1995). *The development of cognitive anthropology*. Cambridge, UK: Cambridge University Press.
Dartnall, H. J. A., Bowmaker, J. K. & Mollon, J. D. (1983). Human visual pigments: Microspectrophometric results from the eyes of seven persons. *Proceedings of the Royal Socienty of London, 220B,* 115–130.

Darwin, C. (1872). *Der Ausdruck der Gemüthsbewegungen bei dem Menschen und den Thieren.* Stuttgart: Schweizerbart'sche Verlagshandlung.

Day, R. H. (1990). The Bourdon illusion in haptic space. *Perception and Psychophysics, 47,* 400–404.

Dean, L. G., Kendal, R. L., Schapiro, S. J., Thierry, B. & Laland, K. N. (2012). Identification of the social and cognitive processes underlying human cumulative culture. *Science, 335,* 1114–1118.

Dehaene, S. (1992). Varieties of numerical abilities. *Cognition, 44,* 1–42.

Dehaene, S. (1997). *The number sense: How the mind creates mathematics.* Oxford: Oxford University Press.

Dehaene, S. (2003). The neural basis of the Weber-Fechner law: A logarithmic mental number line. *Trends in Cognitive Sciences, 7,* 145–147.

Dehaene, S., Izard, V., Pica, P. & Spelke, E. (2006). Core knowledge of geometry in an Amazonian indigene group. *Science, 311,* 381–384.

Dehaene, S., Izard, V., Spelke, E. & Pica, P. (2008). Log or linear? Distinct intuitions of the number scale in Western and Amazonian indigene cultures. *Science, 320,* 1217–1220.

Dehghani, M., Atran, S., Iliev, R., Sachdeva, S., Medin, D. L. & Ginges, J. (2010). Sacred values and conflicts over Iran's nuclear program. *Judgment and Decision Making, 5,* 540–546.

Deimel, C. (1980). *Tarahumara: Indianer im Norden Mexikos.* Frankfurt: Syndikat.

Deimel, C. (1997). *Die rituellen Heilungen der Tarahumara.* Berlin: Reimer.

DeLucia, P. & Hochberg, J. (1991). Geometrical illusions in solid objects under ordinary viewing conditions. *Perception and Psychophysics, 50,* 547–554.

Dennett, D. C. (1987). *The intentional stance.* Cambridge: MIT Press.

Descola, P. (1996). *Leben und Sterben in Amazonien: Bei den Jívaro-Indianern.* Stuttgart: Klett-Cotta.

de Villiers, J. G. & Pyers, J. E. (2002). Complements to cognition: A longitudinal study of the relationship between complex syntax and false-belief-understanding. *Cognitive Development, 17,* 1037–1060.

Di Luca, S. & Pesenti, M. (2011). Finger numeral representations: More than just another symbolic code. *Frontiers in Psychology: Cognition, 2:272,* 1–3.

Domahs, F., Moeller, K., Huber, S., Willmes, K. & Nuerk, H.-C. (2010). Embodied numerosity: Implicit hand-based representations influence symbolic number processing across cultures. *Cognition, 116,* 251–266.

Dougherty, J. W. D. (1978). Salience and relativity in classification. *American Ethnologist, 5,* 66–80.

Dougherty, J. W. D. (1979). Learning names for plants and plants for names. *Anthropological Linguistics, 21,* 298–315.

Dougherty, J. W. D. (Ed.) (1985). *Directions in cognitive anthropology.* Urbana: University of Illinois Press.

Dowman, M. (2007). Explaining color term typology with an evolutionary model. *Cognitive Science, 31,* 99–132.

Downs, R. M. & Stea, D. (1982). *Kognitive Karten: Die Welt in unseren Köpfen.* New York: Harper & Row.

Drivonikou, G. V., Kay, P., Regier, T., Ivry, R. B., Gilbert, A. L., Franklin, A. & Davies, I. R. L. (2007). Further evidence that Whorfian effects are stronger in the right visual field than the left. *Proceedings of the National Academy of Sciences of the USA, 104,* 1097–1102.

Droit-Volet, S. & Meck, W. H. (2007). How emotions colour our perception of time. *Trends in Cognitive Sciences, 11,* 504–513.

Dupoux, E. & Jacob, P. (2007). Universal moral grammar: A critical appraisal. *Trends in Cognitive Sciences, 11,* 373–378.

Duranti, A. (1994). *From grammar to politics: Linguistic Anthropology in a Western Samoan village.* Berkeley, CA: University of California Press.

Duranti, A. (2006). The social ontology of intentions. *Discourse Studies, 8,* 31–40.

Duranti, A. (2008). Further reflections on reading other minds. *Anthropological Quarterly, 81,* 483–494.

Duranti, A. & Ochs, E. (1986). Literacy instruction in a Samoan village. In B. B. Schieffelin & P. Galimore (Eds.), *The acquisition of literacy: Ethnographic perspectives* (pp. 213–232). Norwood, NJ: Ablex.

Eco, U. (1989). *Das Foucaultsche Pendel.* München: Carl Hanser Verlag.

Edmonson, M. S. (1976). The Mayan calendar reform of 11.16.0.0.0. *Current Anthropology, 17,* 713–717.

Ekman, P. (1977). Biological and cultural contributions to body and facial movements. In J. Blacking (Ed.), *Anthropology of the body* (pp. 34–84). London: Academic Press.

Ekman, P. (2003). *Emotions revealed: Recognizing faces and feelings to improve communication and emotional life.* New York: Henry Holt.

Ekman, P. & Cordano, D. (2011). What is meant by calling emotions basic? *Emotion Review, 3,* 64–70.

Ekman, P. & Friesen, W. V. (1969). The repertoire of non-verbal behavior: Categories, origins, usage, and coding. *Semiotica, 1,* 49–98.

Ekman, P. & Friesen, W. V. (1975). *Unmasking the face: A guide to recognizing emotions from facial clues.* Oxford, UK: Prentice Hall.

Elbert, S. H. (1988). *Echo of a culture: A grammar of Rennell and Bellona.* Honolulu: University of Hawai'i Press.

Elfenbein, H. A. & Ambady, N. (2002a). On the universality and cultural specificity of emotion recognition: A meta-analysis. *Psychological Bulletin, 128,* 203–235.

Elfenbein, H. A. & Ambady, N. (2002b). Is there an in-group advantage in emotion recognition? *Psychological Bulletin, 128,* 243–249.

Elfenbein, H. A. & Ambady, N. (2003). Universals and cultural differences in recognizing emotions. *Current Directions in Psychological Science, 12,* 159–164.

Elkin, A. P. (1979). *The Australian Aborigines.* Sydney: Angus & Robertson.

Ellsworth, P. C. & Scherer, K. R. (2003). Appraisal processes in emotion. In R. J. Davidson, K. R. Scherer & H. H. Goldsmith (Eds.), *Handbook of affective sciences* (pp. 572–595). New York: Oxford University Press.

Ellsworth, P. C. & Tong, E. M. W. (2006). What does it mean to be angry at yourself? Categories, appraisals, and the problem of language. *Emotion, 6,* 572–586.

Ende, M. (1973). *Momo, oder die seltsame Geschichte von den Zeit-Dieben und von dem Kind, das den Menschen die gestohlene Zeit zurückbrachte.* Stuttgart: K. Thienemanns Verlag.

Enfield, N. J., Majid, A. & van Staden, M. (2006). Cross-linguistic categorisation of the body: Introduction. *Language Sciences, 28,* 137–147.

Ericsson, K. A., Charness, N., Feltovich, P. J. & Hoffmann, R. R. (Eds.) (2006). *The Cambridge handbook of expertise performance.* New York: Cambridge University Press.

Eriksen, T. H. (2001). *Small places, large issues: An introduction to social and cultural anthropology.* London: Pluto Press.

Etienne, A., Berlie, J., Georgakopoulos, J. & Maurer, R. (1998). Role of dead reckoning in navigation. In S. Healy (Ed.), *Spatial representation in animals* (pp. 54–68). Oxford: Oxford Unversity Press.

Evans, E., Legare, C. & Rosengren, K. (2011). Engaging multiple epistemologies: Implications for science education. In R. Taylor & M. Ferrari (Eds.), *Epistemology and science education* (pp. 111–140). New York: Routledge.

Evans, J. St. B. T. (2003). In two minds: Dual-process accounts of reasoning. *Trends in Cognitive Science, 7,* 454–459.

Evans, J. St. B. T. (2008). Dual-processing accounts of reasoning, judgment, and social cognition. *Annual Review of Psychology, 59,* 255–278.

Evans, J. St. B. T., Barston, J. L. & Pollard, P. (1983). On the conflict between logic and belief in syllogistic reasoning. *Memory & Cognition, 11,* 295–306.

Evans, J. St. B. T., Newstead, S. E. & Byrne, R. M. J. (1993). *Human reasoning: The psychology of deduction*. Hove, UK: Erlbaum.

Evans, M. (2001). *Persistence of the gift: Tongan tradition in transnational context.* Waterloo, Canada: Wilfrid Laurier University Press.

Evans, N. & Levinson, S. L. (2009). The myth of language universals: Language diversity and its importance for cognitive science. *Behavioral and Brain Sciences, 32,* 429–492.

Evans, V. (2003). *The structure of time: Language, meaning and temporal cognition.* Amsterdam: John Benjamins Publishing Company.

Evans-Pritchard, E. E. (1937). *Witchcraft, oracles and magic among the Azande.* Oxford: Clarendon.

Everett, D. L. (2005). Cultural constraints on grammar and cognition in Pirahã. *Current Anthropology, 46,* 621–646.

Feigenson, L., Dehaene, S. & Spelke, E. (2004). Core systems of number. *Trends in Cognitive Sciences, 8,* 307–314.

Fias, W. & Verguts, T. (2004). The mental number line: Exact and approximate. *Trends in Cognitive Sciences, 8,* 447–448.

Finney, B. (1994). *Voyage of rediscovery: A cultural odyssey through Polynesia.* Berkeley: University of California Press.

Finney, B. (1996). Colonizing an island world. In W. H. Goodenough (Ed.), *Prehistoric settlement of the Pacific* (pp. 71–116). Philadelphia: American Philosophical Society.

Finney, B. (1998). Nautical cartography and traditional navigation in Oceania. In D. Woodward & G. M. Lewis (Eds.), *The history of cartography. Volume 2, book 3: Cartography in the traditional African, American, Artic, Australian, and Pacific Societies* (pp. 443–492). Chigago: The University of Chicago Press.

Fischer, S. R. (2001). Mangarevan doublets: Preliminary evidence for Proto-Southeastern Polynesian. *Oceanic Linguistics, 40,* 112–124.

Flavell, J. H., Flavell, E. R. & Green, F. L. (1983). Development of the appearance-reality distinction. *Cognitive Psychology, 15,* 95–120.

Fodor, J. A. (1983). *The modularity of mind.* Cambridge, MA: MIT Press.

Fodor, J. A. (1992). A theory of the child's theory of mind. *Cognition, 44,* 283–296.

Fontaine, J. R. J., Scherer, K. R., Roesch, E. B. & Ellsworth, P. C. (2007). The world of emotions is not two-dimensional. *Psychological Science, 18,* 1050–1057.

Ford, M. (1994). Two modes of mental representation and problem solution in syllogistic reasoning. *Cognition, 54,* 1–71.

Fraisse, P. (1984). Perception and estimation of time. *Annual Review of Psychology, 35,* 1–36.

Frake, C. O. (1964). Notes on queries in ethnography. *American Anthropologist, 89,* 132–145.
Frank, M. C., Everett, D. L., Fedorenko, E. & Gibson, E. (2008). Number as a cognitive technology: Evidence from Pirahã language and cognition. *Cognition, 108,* 819–824.
Franklin, N. & Tversky, B. (1990). Searching imagined environments. *Journal of Experimental Psychology: General, 119,* 63–76.
Fritzsch, H. (1990). *Eine Formel verändert die Welt: Newton, Einstein und die Relativitätstheorie.* München: Piper.
Froerer, P. (2007). Wrongdoing and retribution: Children's conceptions of illness causality in a central Indian village. *Anthropology & Medicine, 14,* 321–333.
Fuhrman, O. & Boroditsky, L. (2010). Cross-cultural differences in mental representations of time: Evidence from an implicit nonlinguistic task. *Cognitive Science, 34,* 1430–1451.
Fuson, K. C. (1988). *Children's counting and concepts of number.* New York: Springer.
Fuson, K. C. & Kwon, Y. (1991). Chinese-based regular and European irregular systems of number words: The disadvantages for English-speaking children. In K. Durkin & B. Shire (Eds.), *Language in mathematical education: Research and practice* (pp. 211–226). Milton Keynes, PA: Open University Press.
Gaarder, J. (1993). *Sofies Welt.* München: Carl Hanser Verlag.
Galinsky, A., Magee, J., Ena Inesi, M. & Gruenfeld, D. (2006). Power and perspectives not taken. *Psychological Science, 17,* 1068–1074.
Gardner, H. (1992). *Dem Denken auf der Spur: Der Weg der Kognitionswissenschaft.* Stuttgart: Klett-Cotta.
Garfield, J. L., Peterson, C. C. & Perry, T. (2001). Social cognition, language acquisition and the development of the theory of mind. *Mind & Language, 16,* 494–541.
Gauvain, M. (1998). Culture, development, and theory of mind: Comment on Lillard (1998). *Psychological Bulletin, 123,* 37–42.
Geary, D. C., Bow-Thomas, C. C., Liu, F. & Siegler, R. S. (1996). Development of arithmetical competencies in Chinese and American children: Influence of age, language, and schooling. *Child Development, 67,* 2022–2044.
Geertz, C. (1973). Thick description: Toward an interpretive theory of culture. In C. Geertz, *The interpretation of cultures: Selected essays* (pp. 3–30). New York: Basic Books.
Geertz, C. (2003). *Dichte Beschreibung: Beiträge zum Verstehen kultureller Systeme.* Frankfurt a. M.: Suhrkamp.
Gell, A. (1992). *The anthropology of time: Cultural constructions of temporal maps and images.* Oxford: Berg.
Gelman, R., Durgin, F. & Kaufman, L. (1995). Distinguishing between animates and inanimates: Not by motion alone. In D. Sperber, D. Premack & A. J. Premack, (Eds.), *Causal cognition* (pp. 150–184). Oxford: Clarendon Press.
Gelman, R. & Gallistel, C. R. (1978). *The child's understanding of number.* Cambridge, MA: Harvard University Press.
Gennari, S. P., Sloman, S. A., Malt, B. C. & Fitch, W. T. (2002). Motion events in language and cognition. *Cognition, 83,* 49–79.
Gentner, D. (2001). Spatial metaphors in temporal reasoning. In M. Gattis (Ed.), *Spatial schemas and abstract thought* (pp. 203–222). Cambridge: MIT Press.
Gentner, D. & Goldin-Meadow, S. (Eds.) (2003). *Language in mind: Advances in the investigation of language and thought.* Cambridge, MA: MIT Press.
Gentner, D., Imai, M. & Boroditsky, L. (2002). As time goes by: Evidence for two systems in processing space time metaphors. *Language and Cognitive Processes, 17,* 537–565.

Gentner, D. & Stevens, A. L. (Eds.) (1988). *Mental models*. Hillsdale: Lawrence Earlbaum.

Gerber, E. R. (1985). Rage and obligation: Samoan emotion in conflict. In G. M. White & J. Kirkpatrick (Eds.), *Person, self, and experience: Exploring Pacific ethnopsychologies* (pp. 121–167). Berkeley: University of California Press.

Gerdes, P. (1997). *Ethnomathematik, dargestellt am Beispiel der Sona-Geometrie.* Heidelberg: Spektrum Akademischer Verlag.

Gerritzen, L. (Hrsg.) (2008). *Zwanzigeins: Für die unverdrehte Zahlensprechweise. Fakten, Argumente und Meinungen.* Bochum: Universitätsverlag Brockmeyer.

Gerstner, G. E. & Fazio, V. A. (1995). Evidence of a universal perceptual unit in mammals. *Ethology, 101,* 89–100.

Geurts, B. (2003). Reasoning with quantifiers. *Cognition, 86,* 223–251.

Gibbon, J. (1977). Scalar expectancy theory and Weber's law in animal timing. *Psychological Review, 84,* 279–325.

Gibbs, J. L. (1965). The Kpelle of Liberia. In J. L. Gibbs (Ed.), *Peoples of Africa* (pp. 197–240). New York: Holt, Rinehart & Winston.

Gifford, E. W. (1929). *Tongan society*. Honolulu: Bernice P. Bishop Museum.

Gilbert, A. L., Regier, T., Kay, P. & Ivry, R. B. (2006). Whorf hypothesis is supported in the right visual field but not the left. *Proceedings of the National Academy of Sciences of the USA, 103,* 489–494.

Gippelhauser, R. & Mader, E. (1990). *Die Achuara-Jivaro: Wirtschaftliche und soziale Organisationsformen am peruanischen Amazonas*. Wien: Verlag der Österreichischen Akademie der Wissenschaften.

Gipper, H. (1972). *Gibt es ein sprachliches Relativitätsprinzip? Untersuchungen zur Sapir-Whorf-Hypothese.* Frankfurt a.M.: Fischer.

Gladwin, T. (1970). *East is a Big Bird: Navigation and logic on Puluwat Atoll.* Cambridge, MA: Harvard University Press.

Goldman, I. (1970). *Ancient Polynesian society.* Chicago: University of Chicago Press.

Goldstein, E. B. (2007). *Wahrnehmungspsychologie*. Heidelberg: Spektrum Akademischer Verlag.

Golledge, R. G., Ruggles, A. J., Pellegrino, J. W. & Gale, N. D. (1993). Integrating route knowledge in an unfamiliar neighborhood: Along and across route experiments. *Journal of Environmental Psychology, 13,* 293–307.

Goodenough, W. H. (1953). *Native astronomy in the Central Carolines*. Museum Monographs. Philadelphia: The University Museum, University of Pennsylvania.

Goodenough, W. H. (1957). Cultural anthropology and linguistics. In P. L. Garvin (Ed.), *Report of the Seventh Annual Round Table Meeting on Linguistics and Language Study* (pp. 167–173). Monograph Series on Languages and Linguistics, no. 9. Washington, DC: Georgetown University Press.

Gopnik, A. & Astington, J. W. (1988). Children's understanding of representational change and its relation to the understanding of false belief and the appearance-reality distinction. *Child Development, 59,* 26–37.

Gorden, R. L. (1953). The effect of attitude toward Russia on logical reasoning. *Journal of Social Psychology, 37,* 103–111.

Gordon, P. (2004). Numerical cognition without words: Evidence from Amazonia. *Science, 306,* 496–499.

Gossen, G. (1974). *Chamulas in the world of the sun: Time and space in Maya oral tradition.* Cambridge, MA: Harvard University Press.

Gouras P. (1991). Color vision. In E. R. Kandel, J. H. Schwartz & T. M. Jessell (Eds.), *Principles of neural science* (pp. 467–480). New York: Elsevier.
Gray, R. D., Drummond, A. J. & Greenhill, S. J. (2009). Language phylogenies reveal expansion pulses and pauses in Pacific settlement. *Science, 323,* 479–483.
Green, R. C. & Weisler, M. I. (2002). The Mangareva sequence and dating of the geographic expansion into Southeast Polynesia. *Asian Perspectives, 41,* 213–241.
Greenberg, J. H. (1978). Generalizations about numeral systems. In J. H. Greenberg (Ed.), *Universals of human language. Vol. 3: Word structure* (pp. 249–295). Stanford, CA: Stanford University Press.
Gregory, R. L. (1966). *Eye and brain.* New York: McGraw-Hill.
Gronfier, C., Wright, K. P. (Jr.), Kronauer, R. E. & Czeisler, C. A. (2007). Entrainment of the human circadian pacemaker to longer-than-24-h days. *Proceedings of the National Academy of Sciences, 104,* 9081–9086.
Grube, N. (Hrsg.) (2000). *Maya, Gottkönige im Regenwald.* Köln: Könemann.
Guerin, B. (1993). *Social facilitation.* Cambridge: Cambridge University Press.
Gumperz, J. J. & Levinson, S. C. (Eds.) (1996). *Rethinking linguistic relativity.* Cambridge: Cambridge University Press.
Gundlach, H. (2006). Carl Stumpf, Oskar Pfungst, der Kluge Hans und eine geglückte Vernebelungsaktion. *Psychologische Rundschau, 57,* 96–105.
Güss, C. D., Tuason, M. T. & Gerhard, C. (2010). Cross-national comparisons of complex problem-solving strategies in two microworlds. *Cognitive Science, 34,* 489–520.
Hall, E. T. (1959). *The silent language.* Garden City, NY: Doubleday.
Hambruch, P. (1912). Die Schiffahrt auf den Karolinen- und Marshallinseln. *Meereskunde, 6,* 1–40.
Hamill, J. F. (1990). *Ethno-logic: The anthropology of human reasoning.* Chicago: University of Illinois Press.
Hamilton, V. L. & Sanders, J. (1992). *Everyday justice.* New Haven, CT: Yale University Press.
Hammarström, H. (2010). Rarities in numeral systems. In J. Wohlgemuth & M. Cysouw (Eds.), *Rethinking universals: How rarities affect linguistic theory* (pp. 11–60). Berlin: Mouton de Gruyter.
Hare, B. (2001). Can competitive paradigms increase the validity of experiments on primate social cognition? *Animal Cognition, 4,* 269–280.
Hare, B., Brown, M., Williamson, C. & Tomasello, M. (2002). The domestication of social cognition in dogs. *Science, 298,* 1634–1636.
Hare, B., Call, J., Agnetta, B. & Tomasello, M. (2000). Chimpanzees know what conspecifics do and do not see. *Animal Behaviour, 59,* 771–785.
Hare, B., Call, J. & Tomasello, M. (2001). Do chimpanzees know what conspecifics know? *Animal Behaviour, 61,* 139–151.
Hare, B. & Tomasello, M. (2005). Human-like social skills in dogs? *Trends in Cognitive Sciences, 9,* 439–444.
Harner, M. (1972). *The Jivaro: People of the sacred waterfalls.* Garden City, NY: Hale.
Harris, P. L. (1992). From simulation to folk psychology: The case for development. *Mind and Language, 7,* 120–144.
Harrison, S. & Jackson, F. H. (1984). Higher numerals in several Micronesian languages. In B. W. Bender (Ed.), *Studies in Micronesian Linguistics* (59–78). Pacific Linguistics C–80. Canberra: Australian National University.
Haug, G. H., Günther, D., Peterson, L. C., Sigman, D. M., Hughen, K. A. & Aeschlimann, B. (2003). Climate and the collapse of Maya civilization. *Science, 299,* 1731–1735.

Haun, D. B. M., Rapold, C. J., Call, J., Janzen, G. & Levinson, S. C. (2006). Cognitive cladistics and cultural override in Hominid spatial cognition. *Proceedings of the National Academy of Sciences, 103,* 17568–17573.
Haun, D. B. M., Rapold, C. J., Janzen, G. & Levinson, S. C. (2011). Plasticity of human spatial cognition: Spatial language and cognition covary across cultures. *Cognition, 119,* 70–80.
Hauser, M. D. (2001). *Wilde Intelligenz: Was Tiere wirklich denken.* München: C. H. Beck.
Haviland, J. B. (1985). The life history of a speech community: Guugu Yimidhirr at Hopevale. *Aboriginal History, 9,* 170–204.
Haviland, J. B. (1993). Anchoring, iconicity, and orientation in Guugu Yimithirr pointing gestures. *Journal of Linguistic Anthropology, 3,* 3–45.
Haviland, J. B. (1998). Guugu Yimithirr cardinal directions. *Ethos, 26,* 25–47.
Haviland, J. B. (2000). Pointing, gesture spaces, and mental maps. In D. McNeill (Ed.), *Language and gesture: Window into thought and action* (pp. 13–46). Cambridge: Cambridge University Press.
Haviland, J. & Haviland, L. (1980). „How much food will there be in heaven?" Lutherans and Aborigines around Cooktown to 1900. *Aboriginal History, 4,* 118–149.
Hawking, S. W. (1992). *Eine kurze Geschichte der Zeit: Die Suche nach der Urkraft des Universums.* Reinbek: Rowohlt.
Healy, S. (Ed.) (1998). *Spatial representation in animals*. Oxford: Oxford Unversity Press.
Heelas, P. & Lock, A. (Eds.) (1981). *Indigenous psychologies.* London: Academic Press.
Heit, E. (2000). Properties of inductive reasoning. *Psychological Bulletin & Review, 7,* 569–592.
Henrich, J., Boyd, R., Bowles, S., Camerer, C., Fehr, E., Gintis, H., McElreath, R., Alvard, M., Barr, A., Ensminger, J., Henrich, N. S., Hill, K., Gil-White, F., Gurven, M., Marlowe, F. M., Patton, J. Q. & Tracer, D. (2005). „Economic man" in cross-cultural perspective: Behavioral experiments in 15 small-scale societies. *Behavioral and Brain Sciences, 28,* 795–855.
Henrich, J., Ensminger, J., McElreath, R., Barr, A., Barrett, C., Bolyanatz, A., Cardenas, J. C., Gurven, M., Gwako, E., Henrich, N., Lesorogol, C., Marlowe, F., Tracer, D. & Ziker, J. (2010). Markets, religion, community size, and the evolution of fairness and punishment. *Science, 327,* 1480–1484.
Henrich, J., Heine, S. J. & Norenzayan, A. (2010). The weirdest people in the world? *Behavioral and Brain Sciences, 33,* 61–135.
Henrich, J., McElreath, R., Barr, A., Ensminger, J., Barrett, C., Bolyanatz, A., Cardenas, J. C., Gurven, M., Gwako, E., Henrich, N., Lesorogol, C., Marlowe, F., Tracer, D. & Ziker, J. (2006). Costly punishment across human societies. *Science, 312,* 1767–1770.
Henry, P. J. (2008). College sophomores in the laboratory redux: Influences of a narrow data base on social psychology's view of the nature of prejudice. *Psychological Inquiry, 19,* 49–71.
Herrmann, D. J. & Raybeck, D. (1981). Similarities and differences in meaning in six cultures. *Journal of Cross-Cultural Psychology, 12,* 194–206.
Hezel, F. X. (2001). *New shape of old island cultures: A half century of social change in Micronesia.* Honolulu: University of Hawaii Press.
Hill, C. (1982). Up/down, front/back, left/right: A contrastive study of Hausa and English. In J. Weissenborn & W. Klein (Eds.), *Here and there: Cross-linguistic studies on deixis and demonstration* (pp. 13–42). Amsterdam: John Benjamins.
Hirtle, S. C. & Jonides, J. (1985). Evidence of hierarchies in cognitive maps. *Memory and Cognition, 13,* 208–217.
Hoekstra, H. A. (1986). *Cognition and affect in the appraisal of events*. Groningen, NL: Rijksuniversteit te Groningen.

Holyoak, K. J. & Mah, W. A. (1982). Cognitive reference points in judgments of symbolic magnitude. *Cognitive Psychology, 14,* 328–352.

Holzknecht, S. (1986). A morphology and grammar of Adzera (Amari dialect), Morobe Province, Papua New Guinea. *Pacific Linguistics, Series A, Vol. 70,* 77–166.

Horton, M. S. & Markman, E. M. (1980). Developmental differences in the acquisition of basic and superordinate categories. *Child Development, 51,* 708–719.

Howell, S. (1981). Rules not words. In P. Heelas & A. Lock (Eds.), *Indigenous psychologies: The anthropology of the self* (pp. 133–143). San Diego, CA: Academic Press.

Huber, O. (2005). *Das psychologische Experiment.* Bern: Huber.

Hughes, B. (1982). Hawaiian number systems. *Mathematics Teacher, 75,* 253–256.

Humphrey, N. (1984). *Consciousness regained.* Oxford, UK: Oxford University Press.

Hurford, J. R. (1987). *Language and number: The emergence of a cognitive system.* Oxford: Blackwell.

Hutchins, E. (1980). *Culture and inference: A Trobriand case study.* Cambridge, MA: Harvard University Press.

Hutchins, E. (1983). Understanding Micronesian navigation. In D. Gentner & A. L. Stevens (Eds.), *Mental models* (pp. 191–225). Hillsdale, NJ: Lawrence Erlbaum.

Hutchins, E. (1991). The social organization of distributed cognition. In L. B. Resnick, J. M. Levine & S. D. Teasley (Eds.), *Perspective on socially shared cognition* (pp. 283–307). Washington, DC: American Psychological Association.

Hutchins, E. (1995). *Cognition in the wild.* Cambridge, MA: MIT Press.

Hutchins, E. (2006). The distributed cognition perspective on human interaction. In N. Enfield & S. Levinson (Eds.), *Roots of human sociality* (pp. 375–398). New York: Berg.

Hutchins, E. (2010). Cognitive ecology. *Topics in Cognitive Science, 2,* 705–715.

Ifrah, G. (1986). *Universalgeschichte der Zahlen.* Frankfurt: Campus.

Istomin, K. V. & Dwyer, M. J. (2009). Finding the way: A critical discussion of anthropological theories of human spatial orientation with reference to reindeer herders of Northeastern Europe and Western Siberia. *Current Anthropology, 50,* 29–49.

Iversen, W., Nuerk, H.-C., Jäger, L. & Willmes, K. (2006). The influence of an external symbol system on number parity representation, or What's odd about 6? *Psychonomic Bulletin & Research, 13,* 730–736.

Izard, C. E. (1977). *Human emotions.* New York: Plenum.

Jack, R. E., Garrod, O. G. B., Yu, H., Caldara, R. & Schyns, P. G. (2012). Facial expressions of emotion are not culturally universal. *Proceedings of the National Academy of Sciences, 109.*

Janeau, V.-F. (1908). *Essai de grammaire de la langue des Isles Gambier ou Mangaréva par les missionaires catholiques de cet archipel, membres de la Congrégation des Sacrés-Coeurs de Picpus.* Braine-le-Comte, Belgium: Imprimerie Zech et Fils.

Janik, V. M., Sayigh, L. S. & Wells, R. S. (2006). Signature whistle shape conveys identity information to bottlenose dolphins. *Proceedings of the National Academy of Sciences, 103,* 8293–8297.

Janis, I. L. & Frick, F. (1943). The relationship between attitudes towards conclusions and errors in judging logical validity of syllogisms. *Journal of Experimental Psychology, 33,* 73–77.

Jenkins, J. M. & Astington, J. W. (1996). Cognitive factors and family structure associated with Theory of Mind development in young children. *Developmental Psychology, 32,* 70–78.

Johnson-Laird, P. N. (1983). *Mental models.* Cambridge: Cambridge University Press.

Johnson-Laird, P. N. (2006). *How we reason.* Oxford, UK: Oxford University Press.

Johnson-Laird, P. N. & Bara, B. G. (1984). Syllogistic inference. *Cognition, 16,* 1–61.

Johnson-Laird, P. N. & Byrne, R. (1991). *Deduction*. Hove, UK: Lawrence Erlbaum Associates.

Jones, D. (2004). The universal psychology of kinship: Evidence from language. *Trends in Cognitive Science, 8,* 211–215.

Jones, D. (2010). Human kinship, from conceptual structure to grammar. *Behavioral and Brain Sciences, 33,* 367–416.

Kay, P., Berlin, B., Maffi, L. & Merrifield, W. (1997). Color naming across languages. In C. L. Hardin & L. Maffi (Eds.), *Color categories in thought and language* (pp. 21–56). Cambridge, UK: Cambridge University Press.

Kay, P., Berlin, B. & Merrifield, W. (1991). Biocultural implications of systems of color naming. *Journal of Linguistic Anthropology, 1,* 12–25.

Kay, P. & Kempton, W. (1984). What is the Sapir-Whorf hypothesis? *American Psychologist, 86,* 65–79.

Kay, P. & Maffi, L. (2000). Color appearance and the emergence and evolution of basic color lexicons. *American Anthropologist, 101,* 743–760.

Kay, P. & Regier, T. (2003). Resolving the question of color naming universals. *Proceedings of the National Academy of Sciences, 100,* 9085–9089.

Keane, W. (2008). Others, other minds, and others' theories of other minds: An afterword on the psychology and politics of opacity claims. *Anthropological Quarterly, 81,* 473–482.

Kearins, J. M. (1981). Visual spatial memory in Australian Aboriginal children of desert regions. *Cognitive Psychology, 13,* 434–460.

Kemp, C. & Regier, T. (2012). Kinship categories across languages reflect general communicative principles. *Science, 336,* 1049–1054.

Khemlani, S. & Johnson-Laird. P. N. (2012). Theories of the syllogism: A meta-analysis. *Psychological Bulletin, 138,* 427–457.

Kirch, P. V. (1984). *The evolution of the Polynesian chiefdoms*. Cambridge: Cambridge University Press.

Kirch, P. V. (2000). *On the road of the winds: An archaeological history of the Pacific Islands before European contact*. Berkeley: University of California Press.

Kitayama, S. (2012). Integrating two epistemological goals: Why shouldn't we give it another chance? *Topics in Cognitive Science, 4,* 420–428.

Kitayama, S. & Uskul, A. K. (2011). Culture, mind, and the brain: Current evidence and future directions. *Annual Review in Psychology, 62,* 419–449.

Klauer, K. C., Beller, S. & Hütter, M. (2010). Conditional reasoning in context: A dual-source model of probabilistic inference. *Journal of Experimental Psychology: Learning, Memory, and Cognition, 36,* 298–323.

Klauer, K. C., Musch, J. & Naumer, B. (2000). On belief bias in syllogistic reasoning. *Psychological Review, 107,* 852–884.

Klein, H. E. M. (1987). The future precedes the past: Time in Toba. *Word, 38,* 173–185.

Klix, F. (1993). *Erwachendes Denken.* Heidelberg: Spektrum Akademischer Verlag.

Koepping, K.-P. (1990). Edward Sapir (1884–1939) und Benjamin Lee Whorf (1897–1941). In W. Marschall (Hrsg.), *Klassiker der Kulturanthropologie* (S. 198–225). München: Beck.

Kohl, K.-H. (2000). *Ethnologie – die Wissenschaft vom kulturell Fremden*. München: Beck.

Koopmann-Holm, B. & Matsumoto, D. (2011). Values and display rules for specific emotions. *Journal of Cross-Cultural Psychology, 42,* 355–371.

Kosslyn, S. M., Ball, T. M. & Reiser, B. J. (1978). Visual images preserve metric spatial information: Evidence from studies of image scanning. *Journal of Experimental Psychology: Human Perception and Performance, 4,* 47–60.

Kottak, C. P. (2012). *Anthropology: The exploration of human diversity*. New York: McGraw-Hill.

Kovacs, A. M., Teglas, E. & Endress, A. D. (2010). The social sense: Susceptibility to others' beliefs in human infants and adults. *Science, 330,* 1830–1834.

Kranjec, A. (2006). Extending spatial frames of reference to temporal concepts. *Proceedings of the 28th Annual Conference of the Cognitive Science Society* (pp. 447–452). Mahwah, NJ: Lawrence Erlbaum.

Kranjec, A. & Chatterjee, A. (2010). Are temporal concepts embodied? A challenge for cognitive neuroscience. *Frontiers in Psychology: Cognition, 1:240,* 1–9.

Kronenfeld, D. B. (2006). Issues in the classification of kinship terminologies. *Anthropos, 101,* 203–219.

Kronenfeld, D. B., Bennardo, G., de Munck, V. C. & Fischer, M. D. (Eds.) (2011). *A companion to cognitive anthropology*. Chichester, UK: Wiley-Blackwell.

Kunda, Z. (1999). *Social cognition: Making sense of people*. Cambridge, MA: The MIT Press.

Kunesch, E., Binkowski, F. & Freund, H.-J. (1989). Invariant temporal characteristics of manipulative hand movements. *Experimental Brain Research, 78,* 539–546.

Kuppens, P., Van Mechelen, I., Smits, D. J. M. & De Boeck, P. (2003). The appraisal basis of anger: Specificity, necessity, and sufficiency of components. *Emotion, 3,* 254–269.

Kuppens, P., Van Mechelen, I., Smits, D. J. M., De Boeck, P. & Ceulemans, E. (2007). Individual differences in patterns of appraisal and anger experience. *Cognition and Emotion, 21,* 689–713.

Kurzban, R. & Barrett, H. C. (2012). Origins of cumulative culture. *Science, 335,* 1056–1057.

Lakoff, G. (1987). *Women, fire, and dangerous things: What categories reveal about the mind.* Chicago: University of Chicago Press.

Lakoff, G. & Johnson, M. (1999). *Philosophy in the flesh: The embodied mind and its challenge to Western thought.* New York: Basic Books.

Lakoff, G. & Johnson, M. (2003). *Leben in Metaphern: Konstruktion und Gebrauch von Sprachbildern.* Heidelberg: Carl-Auer-Systeme Verlag.

Lang, H. (1981). Systemanalyse und Systemtheorie in der Ethnologie. *Zeitschrift für Ethnologie, 106,* 3–22.

Lang, H. (1994). Funktionalismus und Erklärung. In H. Lang (Hrsg.), *Wissenschaftstheorie für die ethnologische Praxis* (S. 85–102). Berlin: Reimer.

Lave, J. (1988). *Cognition in practice. Mind, mathematics and culture in everyday life.* Cambridge: Cambridge University Press.

Lazar-Meyn, H. A. (1991). The colour systems of the modern celtic languages: Effects of language contact. In P. S. Ureland & G. Broderick (Eds.), *Language contact in the British Isles: Proceedings of the 8th International Symposium on Language Contact in Europe, Douglas, Isle of Man, 1988* (pp. 227–241). Tübingen, Germany: Max Niemeyer Verlag.

Lazar-Meyn, H. A. (2004). „Grue" in the Celtic languages of the British Isles. *Psychological Science, 15,* 288.

Lazarus, R. S. (1991). *Emotion and adaptation*. New York: Oxford University Press.

Lee, A. Y., Aaker, J. L. & Gardner, W. L. (2000). The pleasures and pains of distinct self-construals: The role of interdependence in regulatory focus. *Journal of Personality and Social Psychology, 78,* 1122–1134.

Lee, P. (1996). *The Whorf theory complex: A critical reconstruction.* Amsterdam: Benjamins.

Legare, C. H. & Gelman, S. A. (2008). Bewitchment, biology, or both: The co-existence of natural and supernatural explanatory frameworks across development. *Cognitive Science, 32,* 607–642.

Le Guen, O. (2011). Speech and gesture in spatial language and cognition among the Yucatec Mayas. *Cognitive Science, 35,* 905–938.

Le Guen, O. & Pool Balam, L. (2012). No metaphorical timeline in gesture and cognition among Yucatec Mayas. *Frontiers in Psychology: Cultural Psychology, 3:271.*

Lelord, F. (2008). *Hector und die Entdeckung der Zeit.* München: Piper.

Lemaître, Y. (1985). Les systèmes de numération en Polynésie orientale. *Journal de la Société des Océanistes, 80,* 3–13.

León-Portilla, M. (1990). *Time and reality in the thought of the Maya.* Albuquerque: University of Oklahoma Press.

Leslie, A. M. (1994). ToMM, ToBy, and agency: Core architecture and domain specificity in cognition and culture. In L. A. Hirschfeld & S. A. Gelman (Eds.), *Mapping the mind: Domain specificity in cognition and culture* (pp. 119–148). New York: Cambridge University Press.

Leung, A. K.-Y. & Cohen, D. (2007). The soft embodiment of culture: Camera angles and motion through time and space. *Psychological Science, 18,* 824–830.

Levelt, W. J. M. (1996). Pespective taking and ellipsis in spatial descriptions. In P. Bloom, M. Peterson, L. Nadel & M. Garrett (Eds.), *Language and space* (pp. 77–108). Cambridge, MA: MIT Press.

Levine, R. (2001). *Eine Landkarte der Zeit. Wie Kulturen mit Zeit umgehen.* München: Piper.

Levinson, S. C. (1997). Language and cognition: The cognitive consequences of spatial description in Guugu Yimithirr. *Journal of Linguistic Anthropology, 7,* 98–131.

Levinson, S. C. (2003). *Space in language and cognition: Explorations in cognitive diversity.* Cambridge: Cambridge University Press.

Levinson, S. C. (2012a). The original sin of cognitive science. *Topics in Cognitive Science, 4,* 396–403.

Levinson, S. C. (2012b). Kinship and human thought. *Science, 336,* 988–989.

Levinson, S. C., Kita, S., Haun, D. B. M. & Rasch, B. H. (2002). Returning the tables: Language affects spatial reasoning. *Cognition, 84,* 155–188.

Levinson, S. C. & Wilkins, D. P. (2006). *Grammars of space: Explorations in Cognitive Diversity.* Cambridge, MA: Cambridge University Press.

Levy, R. I. (1978). Tahitian gentleness and redundant controls. In A. Montagu (Ed.), *Learning non-aggression: The experience of non-literate societies* (pp. 222–235). New York: Oxford University Press.

Lévy-Bruhl, L. (1910). *Les fonctions mentales dans les sociétés inférieurs.* Paris: Felix Alcan.

Lévy-Bruhl, L. (1922). *La mentalité primitive.* Paris: Felix Alcan.

Lewis, D. (1976). Observations on route finding and spatial orientation among the Aboriginal peoples of the Western Desert region of Central Australia. *Oceania, XLVI (4),* 249–282.

Lewis, D. (1994). *We, the navigators: The ancient art of landfinding in the pacific.* Honolulu: University of Hawaii Press.

Lewis, M., Haviland-Jones, J. M. & Barrett, L. F. (2008). *Handbook of emotions.* New York: The Guilford Press.

Lewis, P. A. & Miall, R. C. (2006). Remembering the time: A continuous clock. *Trends in Cognitive Sciences, 10,* 401–406.

Li, P., Abarbanell, L., Papafragou, A. & Gleitman, L. (2011). Spatial reasoning in Tenejapan Mayans. *Cognition, 120,* 33–53.

Li, P. & Gleitman, L. (2002). Turning the tables: Language and spatial reasoning. *Cognition, 83,* 265–294.

Lillard, A. (1997). Other folks' theories of mind and behavior. *Psychological Science, 8,* 268–274.

Lillard, A. (1998). Ethnopsychologies: Cultural variations in theories of mind. *Psychological Bulletin, 123,* 3–46.

Lillard, A. (1999). Developing a cultural theory of mind: The CIAO approach. *Current Directions in Psychological Science, 8,* 57–61.

Lindgren, A. (2007). *Michel aus Lönneberga.* Hamburg: Friedrich Oetinger.

Lindig, W. & Münzel, M. (1985). *Die Indianer. Band 2: Mittel- und Südamerika.* München: dtv.

Liu, D., Wellman, H. M., Tardif, T. & Sabbagh, M. A. (2008). Theory of mind development in Chinese children: A meta-analysis of false-belief understanding across cultures and languages. *Developmental Psychology, 44,* 523–531.

López, A., Atran, S., Coley, J. D., Medin, D. L. & Smith, E. E. (1997). The tree of life: Universal and cultural features of folkbiological taxonomies and inductions. *Cognitive Psychology, 32,* 251–295.

Loreto, V., Mukherjee, A. & Tria, F. (2012). On the origin of the hierarchy of color names. *Proceedings of the National Academy of Sciences, 109,* 6819–6824.

Lounsbury, F. G. (1956). A semantic analysis of the Pawnee kinship usage. *Language, 32,* 158–194.

Lounsbury, F. G. (1978). Maya numeration, computation, and calendrical astronomy. In C. C. Gillispie (Ed.), *Dictionary of scientific biography, vol. 15, suppl. 1* (pp. 759–818). New York: Scribner.

Luce, R. D. (1986). *Response times: Their role in inferring elementary mental organization.* New York, NY: Oxford University Press.

Lucy, J. A. (1992a). *Grammatical categories and cognition: A case study of the linguistic relativity hypothesis.* Cambridge: Cambridge University Press.

Lucy, J. A. (1992b). *Language diversity and thought: A reformulation of the linguistic relativity hypothesis.* Cambridge: Cambridge University Press.

Lucy, J. A. (1997). Linguistic relativity. *Annual Review of Anthropology, 26,* 291–312.

Luria, A. R. (1971). Towards the problem of the historical nature of psychological processes. *International Journal of Psychology, 6,* 259–272.

Lutz, C. A. (1982). The domain of emotion words on Ifaluk. *American Ethnologist, 9,* 113–128.

Lutz, C. A. (1988). *Unnatural emotions: Everyday sentiments on a Micronesian atoll and their challenge to Western theory.* Chicago: University of Chicago Press.

Lynch, E. B., Coley, J. B. & Medin, D. L. (2000). Tall is typical: Central tendency, ideal dimensions, and graded category structure among tree experts and novices. *Memory and Cognition, 28,* 41–50.

Lynch, J., Ross, M. & Crowley, T. (2002). *The Oceanic languages.* Richmond: Curzon.

Mackey, M. C. (2003). *Time's arrow: The origins of thermodynamic behavior.* Mineola, NY: Dover.

MacLaury, R. E. (1992). From brightness to hue: An explanatory model of color category evolution. *Current Anthropology, 33,* 137–186.

Mageo, J. M. (1989). Aga, amio and loto: Perspectives on the structure of the self in Samoa. *Oceania, 59,* 181–199.

Mageo, J. M. (1998). *Theorizing self in Samoa.* Ann Arbor: University of Michigan Press.

Mageo, J. M. & Howard, A. (Eds.) (1996). *Spirits in culture, history, and mind.* New York: Routledge.

Magnon, A. (1997). *Arrow of time and reality.* Singapore: World Scientific.

Majid, A. (2006). Body part categorisation in Punjabi. *Language Sciences, 28,* 241–261.

Majid, A., Bowerman, M., Kita, S., Haun, D. B. M. & Levinson, S. C. (2004). Can language restructure cognition? The case for space. *Trends in Cognitive Sciences, 8,* 108–114.

Majid, A., Bowerman, M., van Staden, M. & Boster, J. S. (2007a). The semantic categories of cutting and breaking events: A crosslinguistic perspective. *Cognitive Linguistics, 18,* 133–152.

Majid, A., Gullberg, M., van Staden, M. & Bowerman, M. (2007b). How similar are semantic categories in closely related languages? A comparison of cutting and breaking in four Germanic languages. *Cognitive Linguistics, 18,* 179–194.

Majid, A. & Levinson, S. C. (2011). The senses in language and culture. *The Senses & Society, 6,* 5–18.

Malinowski, B. (1922). *Argonauts of the Western Pacific.* London: Routledge and Kegan Paul.

Malle, B. F. & Hodges, S. D. (Eds.) (2005). *Other minds: How humans bridge the divide between self and others* (pp. 56–72). New York: Guilford Press.

Malotki, E. (1983). *Hopi time: A linguistic analysis of the temporal concepts in the Hopi language.* Berlin: Mouton.

Malt, B. C., Gennari, S. P., Imai, M., Ameel, E., Tsuda, N. & Majid, A. (2008). Talking about walking: Biomechanics and the language of locomotion. *Psychological Science, 19,* 232–240.

Mandler, G. & Shebo, B. J. (1982). Subitizing: An analysis of its component processes. *Journal of Experimental Psychology: General, 111,* 1–21.

Marten, K. & Psarakos, S. (1994). Evidence of self-awareness in the bottlenose dolphin (*Tursiops truncatus*). In S. T. Parker, R. W. Mitchell & M. L. Boccia (Eds.), *Self-awareness in animals and humans: Developmental perspectives* (pp. 361–379). New York: Cambridge University Press.

Masuda, T. & Nisbett, R. E. (2001). Attending holistically versus analytically: Comparing the context sensitivity of Japanese and Americans. *Journal of Personality and Social Psychology, 81,* 922–934.

Masuda, T. & Nisbett, R. E. (2006). Culture and change blindness. *Cognitive Science, 30,* 381–399.

Matlock, T., Ramscar, M. & Boroditsky, L. (2005). On the experiential link between spatial and temporal language. *Cognitive Science, 29,* 655–664.

Matsumoto, D. (2002). Methodological requirements to test a possible in-group advantage in judging emotions across cultures: Comments on Elfenbein and Ambady (2002) and evidence. *Psychological Bulletin, 128,* 236–242.

Matsumoto, D. et al. (2008). Mapping expressive differences around the world: The relationship between emotional display rules and individualism and collectivism. *Journal of Cross-Cultural Psychology, 39,* 55–74.

Matsumoto, D. & Hwang, H. S. (2012). Culture and emotion: The integration of biological and cultural contributions. *Journal of Cross-Cultural Psychology, 43,* 91–118.

Mayer, A. & Riese, J. (im Druck). Synchrony in the onset of false belief-understanding across cultures? A study among children in Samoa. In J. Wassmann, B. Träuble & J. Funke (Eds.), *Theory of mind: Reasoning across cultures.* New York: Berghahn.

Mayer, A. & Träuble, B. (subm.). Incorporating culture-fair interactions into a false belief paradigm: Ambiguous referential communication in an alleged non-mindreading environment.

Mayer, A. & Träuble, B. (im Druck). Synchrony in the onset of mental state understanding across cultures? A study among children in Samoa. *International Journal of Behavioral Development.*

McGlone, M. S. & Harding, J. L. (1998). Back (or forward?) to the future: The role of perspective in temporal language comprehension. *Journal of Experimental Psychology: Learning, Memory, and Cognition, 24,* 1211–1223.

McTaggart, J. M. E. (1908). The unreality of time. *Mind, 17,* 457–474.

Mead, M. (1928). *Coming of age in Samoa.* New York: William Morrow.

Medin, D. L. & Atran, S. (Eds.) (1999). *Folkbiology.* Cambridge, MA: The MIT Press.

Medin, D. L. & Atran, S. (2004). The native mind: Biological categorization, reasoning and decision making in development across cultures. *Psychological Review, 111,* 960–983.

Medin, D. L., Bennis, W. M. & Chandler, M. (2010). Culture and the home-field disadvantage. *Perspectives on Psychological Science, 5,* 708–713.

Medin, D. L., Ross, N. O., Atran, S., Burnett, R. C. & Blok, S. (2002). Categorization and reasoning in relation to culture and expertise. *Psychology of Learning and Motivation, 41,* 1–41.

Medin, D. L., Ross, B. & Markman, A. (2004). *Cognitive Psychology.* New York: John Wiley & Sons.

Meleisea, M. (1987). *The making of modern Samoa.* Suva: University of the South Pacific, Institute of Pacific Studies.

Menninger, K. (1957/58). *Zahlwort und Ziffer: Eine Kulturgeschichte der Zahl*; 2 Bände. Göttingen: Vandenhoeck & Ruprecht.

Menon, U. & Shweder, R. A. (1994). Kali's tongue: Cultural psychology and the power of „shame" in Orissa, India. In S. Kitayama & H. R. Markus (Eds.), *Emotion and culture* (pp. 241–284). Washington, DC: American Psychological Association.

Merrill, W. L. (1983). Tarahumara social organization, political organization, and religion. In A. Ortiz (Ed.), *Handbook of North American Indians, Volume 10, Southwest* (pp. 290–305). Washington: Smithonian Institution.

Mervis, C. B., Catlin, J. & Rosch, E. (1976). Relationships among goodness-of-example, category norms, and word frequency. *Bulletin of the Psychonomic Society, 7,* 283–284.

Mervis, C. B. & Rosch, E. (1981). Categorization of natural objects. *Annual Review of Psychology, 32,* 89–115.

Meschede, D. & Vogel, H. (Hrsg.) (2006). *Gerthsen Physik.* Berlin: Springer.

Mesquita, B. (2003). Emotions as dynamic cultural phenomena. In R. J. Davidson, K. Scherer & H. H. Goldsmith (Eds.), *Handbook of affective sciences* (pp. 871–890). New York: Oxford University Press.

Mesquita, B. & Ellsworth P. C. (2001). The role of culture in appraisal. In K. R. Scherer, A. Schorr & T. Johnstone (Eds.), *Appraisal processes in emotion: Theory, methods, research* (pp. 233–248). Oxford, UK: Oxford University Press.

Mesquita, B. & Walker, R. (2003). Cultural differences in emotions: A context for interpreting emotional experiences. *Behavioral Research and Therapy, 41,* 777–793.

Meyer, W.-U., Reisenzein, R. & Schützwohl, A. (2001). *Einführung in die Emotionspsychologie (Band I).* Bern: Huber.

Meyer, W.-U., Schützwohl, A. & Reisenzein, R. (2003). *Einführung in die Emotionspsychologie (Band II).* Bern: Huber.

Mikhail, J. (2007). Universal moral grammar: Theory, evidence and the future. *Trends in Cognitive Sciences, 11,* 143–152.

Miles, L. K., Nind, L. K. & Macrae, C. N. (2010). Moving through time. *Psychological Science, 21,* 222–223.

Miller, C. A. (2006). Developmental relationships between language and theory of mind. *American Journal of Speech-Language Pathology, 15,* 142–154.

Miller, D. L. (1997). Beyond the elements: Investigations of hue. In C. L. Hardin & L. Maffi (Eds.), *Color categories in thought and language* (pp. 151–162). Cambridge, UK: Cambridge University Press.

Miller, G. A. (2003). The cognitive revolution: A historical perspective. *Trends in Cognitive Sciences, 7,* 141–144.

Miller, G. A. & Johnson-Laird, P. N. (1976). *Language and perception.* Cambridge, MA: Harvard University Press.

Miller, J. G. (1984). Culture and the development of everyday social explanation. *Journal of Personality and Social Psychology, 46,* 961–978.

Miller, K., Smith, C. M., Zhu, J. & Zhang, H. (1995). Preschool origins of cross-national differences in mathematical competence: The role of number-naming systems. *Psychological Science, 6,* 56–60.

Milne, A. A. (1989). *Pu der Bär. Gesamtausgabe.* Hamburg: Cecilie Dressler Verlag.

Mimica, J. (1988). *Intimations of infinity: The mythopoeia of the Iqwaye counting system and number.* Oxford: Berg.

Miura, I. T., Okamoto, Y., Kim, C. C., Steere, M. & Fayol, M. (1993). First graders' cognitive representation of number and understanding of place value: Cross-national comparisons—France, Japan, Korea, Sweden, and the United States. *Journal of Educational Psychology, 85,* 24–30.

Moerman, D. E. (2000). Cultural variation in the placebo effect: Ulcers, anxiety, and blood pressure. *Medical Anthropology Quarterly, 14,* 51–72.

Moers, W. (2002). *Ensel und Krete.* München: Goldmann.

Moore, C. C., Romney, A. K., Hsia, T.-L. & Rusch, C. D. (1999). The universality of the semantic structure of emotion terms: Methods for the study of inter- and intra-cultural variability. *American Anthropologist, 101,* 529–546.

Moore, K. E. (2006). Space to time mappings and temporal concepts. *Cognitive Linguistics, 17,* 199–244.

Morisaka, T. (2007). Current cognitive studies on cetaceans. *The Japanese Journal of Animal Psychology, 57,* 41–51.

Morton, H. (1996). *Becoming Tongan.* Honolulu: University of Hawai'i Press.

Müller, M. & Wehner R. (1994). The hidden spiral: Systematic search and path integration in desert ants, Cataglyphis fortis. *Journal of Comparative Physiology A, 175,* 525–530.

Murphy, G. L. (2002). *The big book of concepts.* Cambridge, MA: The MIT Press.

Müsseler, J. (Hrsg.) (2008). *Allgemeine Psychologie.* Berlin: Springer-Verlag.

Myers, D. G. (2008). *Psychologie.* Heidelberg: Springer Medizin Verlag.

Naito, M. & Koyama, K. (2006). The development of false-belief understanding in Japanese children: Delay and difference? *International Journal of Behavioral Development, 30,* 290–304.

Neisser, U. (1967). *Cognitive psychology.* New York: Appleton-Century-Crofts.

Nerb, J. & Spada, H. (2001). Evaluation of environmental problems: A coherence model of cognition and emotion. *Cognition and Emotion, 15,* 521–551.

Newstead, S. E. (2003). Can natural language semantics explain syllogistic reasoning? *Cognition, 90,* 193–199.

Nguyen, S. P. & Rosengren, K. S. (2004). Causal reasoning about illness: A comparison between European- and Vietnamese-American children. *Journal of Cognition and Culture, 4,* 51–78.

Nickerson, R. S. (1988). Counting, computing, and the representation of numbers. *Human Factors, 30,* 181–199.

Niiya, Y., Ellsworth, P. C. & Yamaguchi, S. (2006). Amae in Japan and the United States: An exploration of a „culturally unique" emotion. *Emotion, 6,* 279–295.

Nisbett, R. E. & Miyamoto, Y. (2005). The influence of culture: Holistic versus analytic perception. *Trends in Cognitive Science, 9,* 467–473.

Norenzayan, A., Choi, I. & Nisbett, R. E. (1999). Eastern and Western perceptions of causality for social behavior: Lay theories about personalities and situations. In D. A. Prentice & D. T. Miller (Eds.), *Cultural divides* (pp. 239–272). New York: Russell Sage.

Norenzayan, A. & Heine, S. J. (2005). Psychological universals: What are they and how can we know? *Psychological Bulletin, 131,* 763–784.

Norenzayan, A., Smith, E. E., Kim B. J. & Nisbett, R. E. (2002). Cultural preferences for formal versus intuitive reasoning. *Cognitive Science, 26,* 653–684.

Norman, D. A. (1993). *Things that make us smart.* Reading, MA: Addison-Wesley.

Nuckolls, J. (1993). The semantics of certainty in Quechua and its implications for a cultural epistemology. *Language in Society, 22,* 235–255.

Núñez, R. E. (2011). No innate number line in the human brain. *Journal of Cross-Cultural Psychology, 42,* 651–668.

Núñez, R. E., Cooperrider, K., Doan, D. & Wassmann, J. (2012). Contours of time: Topographic construals of past, present, and future in the Yupno Valley of Papua New Guinea. *Cognition, 124,* 25–35.

Núñez, R. E., Motz, B. A. & Teuscher, U. (2006). Time after time: The psychological reality of the Ego- and Time-Reference-Point distinction in metaphorical construals of time. *Metaphor and Symbol, 21,* 133–146.

Núñez, R. E. & Sweetser, E. (2006). With the future behind them: Convergent evidence from Aymara language and gesture in the crosslinguistic comparison of spatial construals of time. *Cognitive Science, 30,* 401–450.

Oberle, E. (2009). The development of theory of mind reasoning in Micronesian children. *Journal of Cognition and Culture, 9,* 39–56.

Ochs, E. (1988). *Culture and language development.* Cambridge: Cambridge University Press.

Onishi, K. H. & Baillargeon, R. (2005). Do 15-months-old infants understand false beliefs? *Science, 308,* 255–258.

Ortony, A., Clore, G. L. & Collins, A. (1988). *The cognitive structure of emotions.* New York: Cambridge University Press.

Osherson, D. N., Wilkie, O., Smith, E. E., López, A. & Shafir, E. (1990). Category-based induction. *Psychological Review, 97,* 185–200.

Oyserman, D., Coon, H. M. & Kemmelmeier, M. (2002). Rethinking individualism and collectivism: Evaluation of theoretical assumptions and meta-analysis. *Psychological Bulletin, 128,* 3–72.

Papafragou, A., Massey, C. & Gleitman, L. (2002). Shake, rattle, 'n' roll: The representation of motion in language and cognition. *Cognition, 84,* 189–219.

Parkinson, B. (2007). Getting from situations to emotions: Appraisal and other routes. *Emotion, 7,* 21–25.

Pauen, S. & Träuble, B. (2009). How 7-month-olds interpret ambiguous motion events: Category-specific reasoning in infancy. *Cognitive Psychology, 59,* 275–295.

Pennington, C. W. (1983). Tarahumara. In A. Ortiz (Ed.), *Handbook of North American Indians, Volume 10, Southwest* (pp. 276–289). Washington: Smithonian Institution.

Perner, J. (1991). *Understanding the representational mind.* Cambridge, MA: MIT Press.

Perner, J. (2009). Who took the cog out of cognitive science? Mentalism in an era of anti-cognitivism. In P. A. Frensch & R. Schwarzer et al. (Eds.), *Cognition and neuropsychology: International perspectives on psychological science* (Vol. 1, pp. 241–261). Hove, UK: Psychology Press.

Perner, J. & Ruffman, T. (2005). Infant's insight into the mind: How deep? *Science, 308,* 214–216.

Perner, J., Ruffman, T. & Leekam, S. R. (1994). Theory of mind is contagious: You catch it from your sibs. *Child Development, 65,* 1228–1238.

Perner, J. & Wimmer, H. (1985). „John thinks that Mary thinks that …“: Attribution of second-order beliefs by 5- to 10-year-old children. *Journal of Experimental Child Psychology, 39,* 437–471.

Peterson, C. C. & Slaughter, V. (2003). Opening windows into the mind: Mothers' preferences for mental states explanations and children's theory of mind. *Cognitive Development, 18,* 399–429.

Piaget, J. & Inhelder, B. (1975). *Die Entwicklung des räumlichen Denkens beim Kinde.* Stuttgart: Klett.

Pica, P., Lemer, C., Izard, V. & Dehaene, S. (2004). Exact and approximate arithmetic in an Amazonian indigene group. *Science, 306,* 499–503.

Pike, K. L. (1967). *Language in relation to a unified theory of the structure of human behavior.* The Hague: Mouton.

Pinker, S. (1995). *The language instinct: How the mind creates language.* New York: Perennial.

Pinxten, R., van Dooren, I. & Harvey, F. (1983). *The anthropology of space.* Philadelphia: University of Pennsylvania Press.

Plotnik, J. M., de Waal, F. B. M. & Reiss, D. (2006). Self-recognition in an Asian elephant. *Proceedings of the National Academy of Sciences, 103,* 17053–17057.

Plutchik, R. (1980). *Emotion. A psychoevolutionary synthesis.* New York: Harper & Row.

Polian, G. & Bohnemeyer, J. (2011). Uniformity and variation in Tseltal reference use. *Language Sciences, 33,* 868–891.

Politzer, G. (1990). Immediate deduction between quantified sentences. In K. J. Gilhooly, M. T. G. Keane, R. H. Logie & G. Erdos (Eds.), *Lines of thinking (Volume 1).* Chichester: Wiley.

Politzer, G., Van der Henst, J.-B., Delle Luche, C. & Noveck, I. A. (2006). The interpretation of classical quantified sentences: A set-theoretic approach. *Cognitive Science, 30,* 691–723.

Pöppel, E. (1997). A hierarchical model of temporal perception. *Trends in Cognitive Sciences, 1,* 56–61.

Pöppel, E. & Wittmann, M. (1999). Time in the mind. In R. A. Wilson & F. C. Keil (Eds.), *The MIT Encyclopedia of the cognitive sciences* (pp. 841–843). Cambridge, MA: MIT Press.

Potegal, M., Stemmler, G. & Spielberger, C. D. (Eds.) (2010). *International handbook of anger.* New York, NY: Springer.

Povinelli, D. J. (1996). Chimpanzee theory of mind? The long road to strong inference. In P. Carruthers & P. K. Smith (Eds.), *Theories of theories of mind* (pp. 293–329). Cambridge: Cambridge University Press.

Povinelli, D. J., Bering, J. M. & Giambrone, S. (2000). Toward a science of other minds: Escaping the argument by analogy. *Cognitive Science, 24,* 509–541.

Povinelli, D. J. & Vonk, J. (2003). Chimpanzee minds: Suspiciously human? *Trends in Cognitive Sciences, 7,* 157–160.

Prem, H. J. (1990). Kalender und Schrift. In U. Köhler (Hrsg.), *Altamerikanistik: Eine Einführung in die Hochkulturen Mittel- und Südamerikas* (S. 241–253). Berlin: Reimer.

Premack, D. (1988). „Does the chimpanzee have a theory of mind?“ revisited. In A. Whiten & R. W. Byrne (Eds.), *Machiavellian intelligence: Social expertise and the evolution of the intellect in monkeys, apes and humans* (pp. 160–179). Oxford: Oxford University Press.

Premack, D. & Woodruff, G. (1978). Does the chimpanzee have a theory of mind? *Behavioral and Brain Sciences, 4,* 515–526.

Preußler, O. (1979). *Krabat.* Würzburg: Arena-Verlag.

Prinz, W. (2006). Messung kontra Augenschein: Oskar Pfungst untersucht den Klugen Hans. *Psychologische Rundschau, 57,* 106–111.

Proffitt, J. B., Coley, J. D. & Medin, D. L. (2000). Expertise and category-based induction. *Journal of Experimental Psychology: Learning, Memory, and Cognition, 26,* 811–828.

Quilter, J. & Urton, G. (Eds.) (2002). *Narrative threads: Accounting and recounting in Andean Khipu.* Austin: University of Texas Press.

Radden, G. (2004). The metaphor TIME AS SPACE across languages. In N. Baumgarten et al. (Eds.), *Übersetzen, Interkulturelle Kommunikation, Spracherwerb und Sprachvermittlung – das Leben mit mehreren Sprachen: Festschrift für Juliane House zum 60. Geburtstag* (pp. 225–238). Bochum: AKS-Verlag.

Randall, R. (1976). How tall is a taxonomic tree? Some evidence for dwarfism. *American Ethnologist, 3,* 543–553.

Rees, M. (Hrsg.) (2006). *Das Universum.* Starnberg: Dorling Kindersley Verlag.

Regier, T., Kay, P. & Cook, R. S. (2005). Focal colors are universal after all. *Proceedings of the National Academy of Sciences, 102,* 8386–8391.

Regier, T., Kay, K., Gilbert, A. & Ivry, R. (2010). Language and thought: Which side are you on, anyway? In B. Malt & P. Wolff (Eds.), *Words and the mind: How words capture human experience* (pp. 165–182). New York: Oxford University Press.

Reisenzein, R. & Horstmann, G. (2006). Emotion. In H. Spada (Hrsg.), *Lehrbuch Allgemeine Psychologie* (S. 435–500). Bern: Huber.

Reisenzein, R., Meyer, W.-U. & Schützwohl, A. (2003). *Einführung in die Emotionspsychologie (Band III).* Bern: Huber.

Reiss, D. & Marino, L. (2001). Mirror self-recognition in the bottlenose dolphin: A case of cognitive convergence. *Proceedings of the National Academy of Sciences, 98,* 5937–5942.

Riese, B. (1990). Schrift, Kalender und Astronomie der Maya. In U. Köhler (Hrsg.), *Altamerikanistik: Eine Einführung in die Hochkulturen Mittel- und Südamerikas* (S. 101–132). Berlin: Reimer.

Riesenberg, S. H. (1972). The organization of navigational knowledge on Puluwat. *The Journal of the Polynesian Society, 81,* 19–55.

Rips, L. J. (1975). Inductive judgements about natural categories. *Journal of Verbal Learning & Verbal Behavior, 14,* 665–681.

Robbins, J. & Rumsey, A. (2008). Introduction: Cultural and linguistic anthropology and the opacity of other minds. *Anthropological Quarterly, 81,* 407–420.

Roberson, D., Davies, I. & Davidoff, J. (2000). Colour categories are not universal: Replications and new evidence from a stone age culture. *Journal of Experimental Psychology: General, 129,* 369–398.

Roberts, J. (1964). The self-management of cultures. In W. H. Goodenough (Ed.), *Explorations in cultural anthropology* (pp. 433–454). New York: McGraw Hill.

Roberts, M. J. & Sykes, E. D. A. (2003). Belief bias and relational reasoning. *The Quarterly Journal of Experimental Psychology, 56A,* 131–154.

Romney, A. K., Batchelder, W. H. & Weller, S. C. (1987). Recent applications of cultural consensus theory. *American Behavioral Scientist, 31,* 163–177.

Romney, K. A. & D'Andrade, R. G. (1964). Cognitive aspects of English kin terms. *American Anthropologist, 66,* 146–170.

Romney, A. K. & Moore, C. C. (1998). Toward a theory of culture as shared cognitive structures. *Ethos, 26,* 314–337.

Romney, A. K., Weller, S. C. & Batchelder, W. H. (1986). Culture as consensus: A theory of culture and informant accuracy. *American Anthropologist, 88,* 313–338.

Rosaldo, R. I. (1984). Grief and a headhunter's rage: On the cultural force of emotions. In S. Plattner & E. M. Bruner (Eds.), *Text, play, and story* (pp. 178–195). Washington, DC: American Ethnological Society.

Rosch, E. (1975). Cognitive representations of semantic categories. *Journal of Experimental Psychology: General, 104,* 192–233.

Rosch, E. & Mervis, C. B. (1975). Family resemblance: Studies in the internal structure of categories. *Cognitive Psychology, 7,* 573–605.

Rosch, E., Mervis, C. B., Gray, W. D., Johnson, D. M. & Boyes-Braem, P. (1976). Basic objects in natural categories. *Cognitive Psychology, 8,* 382–439.

Rosch Heider, E. (1972). Universals in color naming and memory. *Journal of Experimental Psychology, 93,* 10–20.

Rosch Heider, E. & Olivier, D. C. (1972). The structure of the color space in naming and memory for two languages. *Cognitive Psychology, 3,* 337–354.

Roseman, I. J. (2001). A model of appraisal in the emotion system: Integrating theory, research, and applications. In K. R. Scherer, A. Schorr & T. Johnstone (Eds.), *Appraisal processes in emotion: Theory, methods, research* (pp. 68–91). Oxford, UK: Oxford University Press.

Roseman, I. J. & Evdokas, A. (2004). Appraisals cause experienced emotions: Experimental evidence. *Cognition and Emotion, 18,* 1–28.

Rothe, A. (2008). *Allting har sin tid: Temporale Referenzrahmen in Deutschland und Schweden.* Diplomarbeit, Institut für Psychologie der Universität Freiburg.

Rothe, A., Beller, S. & Bender, A. (subm.). Temporal frames of reference in three Germanic languages: Individual consistency, cultural consensus, and cross-linguistic variability.

Röttger-Rössler, B. (1997). Die Wortlosigkeit des Ethnologen: Zum Problem der Übersetzung zwischen den Kulturen am Beispiel indonesischer Gefühlstermini. In D. Bachmann-Medick (Hg.), *Übersetzung als Repräsentation fremder Kulturen* (S. 199–213). Berlin: Schmidt.

Röttger-Rössler, B. (2004). *Die kulturelle Modellierung des Gefühls*. Münster: Lit Verlag.

Röttger-Rössler, B. & Markowitsch, H. J. (Eds.) (2009). *Emotions as bio-cultural processes*. New York: Springer Verlag.

Rozin, P. (2009). What kind of empirical research should we publish, fund, and reward? A different perspective. *Perspectives on Psychological Science, 4,* 435–439.

Ruffman, T., Slade, L. & Crowe, E. (2002). The relation between children's and mothers' mental state language and theory-of-mind understanding. *Child Development 73,* 734–751.

Ruffman, T., Taumoepeau, M. & Perkins, C. (2012). Statistical learning as a basis for social understanding in children. *British Journal of Developmental Psychology, 30,* 87–104.

Russell, J. A. (1991). Culture and the categorization of emotions. *Psychological Bulletin, 110,* 426–450.

Russell, J. A. (2003). Core affect and the psychological construction of emotion. *Psychological Review, 110,* 145–172.

Russell, J. A. & Feldman Barrett, L. (1999). Core affect, prototypical emotional episodes, and other things called *emotion:* Dissecting the elephant. *Journal of Personality and Social Psychology, 76,* 805–819.

Russell, J. A., Lewicka, M. & Niit, T. (1989). A cross-cultural study of a circumplex model of affect. *Journal of Personality and Social Psychology, 57,* 848–856.

Rutherford, N. (Ed.) (1977). *Friendly Islands: A history of Tonga.* Melbourne: Oxford University Press.

Sabbagh, M. A., Xu, F., Carlson, S. M., Moses, L. J. & Lee, K. (2006). The development of executive functioning and theory of mind. *Psychological Science, 17,* 74–81.

Sachdeva, S., Singh, P. & Medin, D. L. (2011). Culture and the quest for universal principles in moral reasoning. *International Journal of Psychology, 46,* 161–176.

Sacks, O. (1997). *Die Insel der Farbenblinden*. Reinbek: Rowohlt.

Sadalla, E. K., Burroughs, W. J. & Staplin, L. J. (1980). Reference points in spatial cognition. *Journal of Experimental Psychology: Human Learning and Memory, 6,* 516–528.

Sander, D., Grandjean, D. & Scherer, K. R. (2005). A systems approach to appraisal mechanisms in emotion. *Neural Networks, 18,* 317–352.

Sapir, E. (1921). *Language*. New York.

Sapir, E. (1929). The status of linguistics as a science. *Language, 5,* 207–214.

Sarfert, E. (1911). Zur Kenntnis der Schiffahrtskunde der Karoliner. *Korrespondenz-Blatt der Deutschen Gesellschaft für Anthropologie, Ethnologie und Urgeschichte, 42,* 131–136.

Saunders, B. A. C. & van Brakel, J. (1997). Are there nontrivial constraints on colour categorization? *Beharioral and Brain Sciences, 20,* 167–228.

Sauter, D., Le Guen, O. & Haun, D. B. M. (2011). Categorical perception of emotional facial expressions does not require lexical categories. *Emotion, 11,* 1479–1483.

Saxe, G. B. (1981). Body parts as numerals: A developmental analysis of numeration among the Oksapmin in Papua New Guinea. *Child Development, 52,* 306–316.

Scherer, K. R. (1997a). Profiles of emotion-antecedent appraisal: Testing theoretical predictions across cultures. *Cognition and Emotion, 11,* 113–150.

Scherer, K. R. (1997b). The role of culture in emotion-antecedent appraisal. *Journal of Personality and Social Psychology, 73,* 902–922.

Scherer, K. R. (2001). Appraisal considered as a process of multilevel sequential checking. In K. R. Scherer, A. Schorr & T. Johnstone (Eds.), *Appraisal processes in emotion: Theory, methods, research* (pp. 92–120). Oxford, UK: Oxford University Press.

Scherer, K. R. & Brosch, T. (2009). Culture-specific appraisal biases contribute to emotion dispositions. *European Journal of Personality, 23,* 265–288.

Scherer, K. R., Schorr, A. & Johnstone, T. (Eds.) (2001). *Appraisal processes in emotion: Theory, methods, research.* New York: Oxford University Press.

Schleidt, M., Eibl-Eibesfeldt, I. & Pöppel, E. (1987). A universal constant in temporal segmentation of human short-term behaviour. *Naturwissenschaften, 74,* 289–290.

Schlimm, D. & Neth, H. (2008). Modeling ancient and modern arithmetic practices: Addition and multiplication with Arabic and Roman numerals. In B. C. Love, K. McRae & V. M. Sloutsky (Eds.), *Proceedings of the 30th Annual Conference of the Cognitive Science Society* (pp. 2097–2102). Austin, TX: Cognitive Science Society.

Schmidt, R. F. & Schaible, H.-G. (2005). *Neuro- und Sinnesphysiologie*. Berlin: Springer.

Schmidt-Atzert, L. & Ströhm, W. (1983). Ein Beitrag zur Taxonomie der Emotionswörter. *Psychologische Beiträge, 25,* 126–141.

Schober, M. F. (1993). Spatial perspective-taking in conversation. *Cognition, 47,* 1–24.

Schober, M. F. (1998). How addressees affect spatial perspective choice in dialogue. In P. Olivier & K.-P. Gapp (Eds.), *Representation and processing of spatial expressions* (pp. 231–245). Mahwah, NJ: Lawrence Erlbaum Associates.

Schove, D. J. (1984). Maya correlations, moon ages and astronomical cycles. *Journal for the History of Astronomy, 15,* 18–29.

Schück, A. (1882). Die astronomischen, geographischen und nautischen Kenntnisse der Bewohner der Karolinen- und Marshallinseln im westlichen Großen Ozean. *Aus Allen Welttheilen, 13,* 51–57 und 242–243.

Scribner, S. (1974). Developmental aspects of categorized recall in a West African society. *Cognitive Psychology, 6,* 475–494.

Scribner, S. (1975). Recall of classical syllogisms: A cross-cultural investigation of error on logical problems. In R. J. Falmagne (Ed.), *Reasoning: Representation and process in children and adults* (pp. 153–173). New York: Wiley.

Scribner, S. (1977). Modes of thinking and ways of speaking: Culture and logic reconsidered. In P. N. Johnson-Laird & P. C. Wason (Eds.), *Thinking: Readings in cognitive science* (pp. 483–500). Cambridge, UK: Cambridge University Press.

Scribner, S. & Cole, M. (1974). Research program on Vai literacy and its cognitive consequences. *Cross-cultural Psychology Newsletter, 8,* 2–4.

Scribner, S. & Cole, M. (1981). *The psychology of literacy.* Cambridge, MA: Harvard University Press.

Sears, D. O. (1986). College sophomores in the laboratory: Influences of a narrow database on social psychology's view of human nature. *Journal of Personality and Social Psychology, 51,* 515–530.

Seed, A., Emery, N. J. & Clayton, N. S. (2009). Intelligence in corvids and apes: A case of convergent evolution? *Ethology, 115,* 401–420.

Segall, M. H., Campbell, D. T. & Herskovits, M. J. (1966). *The influence of culture on visual perception.* Oxford, UK: Bobbs-Merrill.

Senft, G. (Ed.) (1997). *Referring to space: Studies in Austronesian and Papuan languages.* Oxford: Clarendon.

Shankman, P. (2009). *The trashing of Margaret Mead: Anatomy of an anthropological controversy.* Madison: University of Wisconsin Press.

Shaver, P. R., Murdaya, U. & Fraley, R. C. (2001). Structure of the Indonesian emotion lexicon. *Asian Journal of Social Psychology, 4,* 201–224.

Shore, B. (1982). *Sala'ilua: A Samoan mystery.* New York: Columbia University Press.

Shweder, R. A. (1991). *Thinking through cultures: Expeditions in cultural psychology.* Cambridge, MA: Harvard University Press.

Shweder, R. A. (2007). An anthropological perspective: The revival of cultural psychology—some premonitions and reflections. In S. Kitayama & D. Cohen (Eds.), *Handbook of cultural psychology* (pp. 821–836). New York: Guilford Press.

Shweder, R. A., Haidt, J., Horton, R. & Joseph, C. (2008). The cultural psychology of the emotions: Ancient and renewed. In M. Lewis, J. M. Haviland-Lones & L. Feldman Barrett (Eds.), *Handbook of emotions* (pp. 409–427). New York: The Guilford Press.

Shweder, R. A. & LeVine, R. A. (Eds.) (1984). *Culture theory: Essays on mind, self, and emotion.* Cambridge: Cambridge University Press.

Siemer, M., Mauss, I. & Gross, J. J. (2007). Same situation—different emotions: How appraisals shape our emotions. *Emotion, 7,* 592–600.

Siemer, M. & Reisenzein, R. (2007a). The process of emotion inference. *Emotion, 7,* 1–20.

Siemer, M. & Reisenzein, R. (2007b). Emotions and appraisals: Can you one without the other? *Emotion, 7,* 26–29.

Siffre, M. (1964). *Beyond time.* New York: McGraw-Hill.

Siok, W. T., Kay, P., Wang, W. S. Y., Chan, A. H. D., Chen, L. & Luke, K.-K. (2009). Language regions of brain are operative in color perception. *Proceedings of the National Academy of Sciences of the USA, 106,* 8140–8145.

Sloman, S. A. (1998). Categorical inference is not a tree: The myth of inheritance hierarchies. *Cognitive Psychology, 35,* 1–33.

Snarey, J. R. (1985). The cross-cultural universality of social-moral development: A critical review of Kohlbergian research. *Psychological Bulletin, 97,* 202–232.

Sobel, D. (2011). *Längengrad.* Hamburg: Zeitverlag Gerd Bucerius.

Sodian, B. (2011). Theory of mind in infancy. *Child Development Perspectives, 5,* 39–43.

Solso, R. L. (2005). *Kognitive Psychologie.* Heidelberg: Springer.

Southgate, V., Senju, A. & Csibra, G. (2007). Action anticipation through attribution of false belief by two-year-olds. *Psychological Science, 18,* 578–592.
Spada, H. (Hrsg.) (2006). *Lehrbuch Allgemeine Psychologie*. Bern: Huber.
Spork, P. (2004). *Das Uhrwerk der Natur: Chronobiologie – Leben mit der Zeit.* Reinbek: Rowohlt.
Staddon, J. E. & Higa, J. J. (1999). Time and memory: Towards a pacemaker-free theory of interval timing. *Journal of the Experimental Analysis of Behavior, 71,* 215–251.
Stahlschmidt, A. (1972). Die Zeit im Hopi-Verbum. In H. Gipper (Hrsg.), *Gibt es ein sprachliches Relativitätsprinzip? Untersuchungen zur Sapir-Whorf-Hypothese* (S. 297–304). Frankfurt a.M.: Fischer.
Stemmler, G. (1997). Selective activation of traits: Boundary conditions for the activation of anger. *Personality and Individual Differences, 22,* 213–233.
Stemmler, G. (2004). Physiological processes during emotion. In P. Philippot & R. S. Feldman (Eds.), *The regulation of emotion* (pp. 33–70). Mahwah, NJ: Erlbaum.
Stemmler, G. (2010). Somatovisceral activation during anger. In M. Potegal, G. Stemmler & C. D. Spielberger (Eds.), *International handbook of anger* (pp. 103–121). New York, NY: Springer.
Stemmler, G., Heldmann, M., Pauls, C. A. & Scherer, T. (2001). Constraints for emotion specificity in fear and anger: The context counts. *Psychophysiology, 38,* 275–291.
Stenning, K. (2002). *Seeing reason: Image and language in learning to think.* Oxford, UK: Oxford University Press.
Stevens, A. & Coupe, P. (1978). Distortions in judged spatial relations. *Cognitive Psychology, 10,* 422–437.
Stigler, J. W., Lee, S.-Y. & Stevenson, H. W. (1986). Digit memory in Chinese and English: Evidence for a temporally limited store. *Cognition, 23,* 1–20.
Stone, V. E. & Gerrans, P. (2006). Does the normal brain have a theory of mind? *Trends in Cognitive Sciences, 10,* 3–4.
Storm, C. & Storm, T. (1987). A taxonomic study of the vocabulary of emotions. *Journal of Personality and Social Psychology, 53,* 805–816.
Strauss, C. & Quinn, N. (1997). *A cognitive theory of cultural meaning.* Cambridge: Cambridge University Press.
Supp, E. (1985). *Australiens Aborigines: Ende der Traumzeit?* Bonn: Bouvier.
Sutton, P. (1998). Aboriginal maps and plans. In D. Woodward & G. M. Lewis (Eds.), *The history of cartography, vol. 2, book 3: Cartography in the traditional African, American, Arctic, Australian, and Pacific societies* (pp. 387–416). Chicago: The University of Chicago Press.
Swann, L. (2010). *Garou.* München: Wilhelm Goldmann Verlag.
Tan, L. H., Chan, A. H. D., Kay, P., Khong, P.-L., Yip, L. K. C., Luke, K.-K. (2008). Language affects patterns of brain activation associated with perceptual decision. *Proceedings of the National Academy of Sciences of the USA, 105,* 4004–4009.
Tanaka, J. W. & Taylor, M. E. (1991). Object categories and expertise: Is the basic level in the eye of the beholder? *Cognitive Psychology, 23,* 457–482.
Tardif, T., Wellman, H. M. & Cheung K. M. (2004). False belief understanding in Cantonese-speaking children. *Journal of Child Language, 31,* 779–800.
Taylor, H. A. & Tversky, B. (1992). Spatial mental models derived from survey and route descriptions. *Journal of Memory and Language, 31,* 261–292.
Tedlock, B. (1992). *Time and the Highland Maya.* Albuquerque, NM: University of New Mexico Press.
Tenbrink, T. (2011). Reference frames of space and time in language. *Journal of Pragmatics, 43,* 704–722.

Thagard, P. & Nerb, J. (2002). Emotional gestalts: Appraisal, change, and the dynamics of affect. *Personality and Social Psychology Review, 6,* 274–282.

Thilenius, G. (Hrsg.) (1913–1938). *Ergebnisse der Südsee-Expedition 1908–1910.* Hamburg: de Gruyter.

Thomas, A. (2003). *Kulturvergleichende Psychologie.* Göttingen: Hogrefe.

Thomas, S. D. (1987). *The last navigator.* New York: Henry Holt and Company.

Tietz, A. & Völkel, S. (im Druck). Theory of mind in Tonga: The onset of representational change and false belief understanding in Tongan Children. In J. Wassmann, B. Träuble & J. Funke (Eds.), *Theory of mind: Reasoning across cultures.* New York: Berghahn.

Tolman, E. C. (1948). Cognitive maps in rats and men. *Psychological Review, 55,* 189–208.

Tolman, E. C. & Honzik, C. H. (1930). „Insight" in rats. *University of California Publications in Psychology, 4,* 215–232.

Tomasello, M. (1999). *The cultural origins of human cognition.* Cambridge, MA: Harvard University Press.

Tomasello, M. & Call, J. (1997). *Primate cognition.* New York: Oxford Unversity Press.

Tomasello, M., Call, J. & Hare, B. (2003). Chimpanzees understand psychological states—the question is which ones and to what extent. *Trends in Cognitive Sciences, 7,* 153–156.

Tomasello, M. & Herrmann, E. (2010). Ape and human cognition: What's the difference? *Current Directions in Psychological Science, 19,* 3–8.

Träuble, B. & Bender, A. (im Druck). Human social cognition—the theory of mind research. In J. Wassmann, B. Träuble & J. Funke (Eds.), *Theory of mind: Reasoning across cultures.* New York: Berghahn.

Träuble, B., Marinovic, V. & Pauen, S. (2010). Early theory of mind competencies. Do infants understand false belief? *Infancy, 15,* 434–444.

Traugott, E. C. (1975). Spatial expressions of tense and temporal sequencing: A contribution to the study of semantic fields. *Semiotica, 15,* 207–230.

Traugott, E. C. (1978). On the expression of spatio-temporal relations in language. In J. H. Greenberg (Ed.), *Universals of human language, vol. 3: Word structure* (pp. 369–400). Stanford, CA: Stanford University Press.

Trope, Y. & Liberman, N. (2003). Temporal construal. *Psychological Review, 110,* 403–421.

Tschudin, A. J.-P. C. (2001). ‚Mind-reading' mammals? Attribution of belief tasks with dolphins. *Animal Welfare, 10,* S119–S127.

Tschudin, A. J.-P. C. (2006). Belief attribution tasks with dolphins: What social minds can reveal about animal rationality. In S. Hurley & M. Nudds (Eds.), *Rational animals?* (pp. 413–436). New York: Oxford University Press.

Tversky, B. (1981). Distortions in memory for maps. *Cognitive Psychology, 13,* 407–433.

Tversky, B. (1993). Cognitive maps, cognitive collages, and spatial mental models. In A. Frank & W. Kuhn (Eds.), *Spatial information theory: A theoretical basis for GIS* (pp. 14–24). Berlin: Springer.

Tversky, B., Kugelmass, S. & Winter, A. (1991). Crosscultural and developmental-trends in graphic productions. *Cognitive Psychology, 23,* 515–557.

Tyler, S. (Ed.) (1969). *Cognitive anthropology.* New York: Holt, Rinehart and Winston.

Tylor, E. B. (1871). *Primitive culture.* London: Murray.

Ubl, B. & von Poser, A. (im Druck). Investigating the understanding of false belief among the Bosmun of Northeast Papua New Guinea. In J. Wassmann, B. Träuble & J. Funke (Eds.), *Theory of mind: Reasoning across cultures.* New York: Berghahn.

Unsworth, S. J. (2008). *The influence of culturally varying discourse practices on cognitive orientations toward nature.* Dissertation. Northwestern University, Evanston, IL.

Unsworth, S. J. & Medin, D. L. (2005). Cultural differences in belief bias associated with deductive reasoning? *Cognitive Science, 29,* 525–529.

Urton, G. with the collaboration of Primitivo Nina Llanos (1997). *The social life of numbers: A Quechua ontology of numbers and philosophy of arithmetic.* Austin: University of Texas Press.

Va'a, L. F. (2006). The Fa'asāmoa. In A. So'o, U. F. Va'a & T. Lafotanoa (Eds.), *Sāmoa national human development report* (pp. 113–135). Apia: National University of Sāmoa, Centre for Sāmoan Studies.

van der Elst, D. & Bohannan, P. (1999). *Culture as given, culture as choice.* Prospect Heights: Waveland Press.

Van Hemert, D. A., Poortinga, Y. H. & van de Vijver, F. J. R. (2007). Emotion and culture: A meta-analysis. *Cognition and Emotion, 21,* 913–943.

Varnum, M., Grossmann, I., Kitayama, S. & Nisbett, R. E. (2010). The origin of cultural differences in cognition: The social orientation hypothesis. *Current Directions in Psychological Science, 19,* 9–13.

Vinden, P. G. (1996). Junín Quechua children's understanding of mind. *Child Development, 67,* 1707–1716.

Vinden, P. G. (1999). Children's understanding of mind and emotion: A multi-culture study. *Cognition and Emotion, 13,* 19–48.

Vinden, P. G. (2002). Understanding minds and evidence for belief: A study of Mofu children in Cameroon. *International Journal of Behavioral Development, 26,* 445–452.

Vivelo, F. R. (1995). *Handbuch der Kulturanthropologie: Eine grundlegende Einführung.* Stuttgart: Klett-Cotta.

Wallace, A. F. C. & Carson, M. T. (1973). Sharing and diversity in emotion terminology. *Ethos, 1,* 1–29.

Walsh, V. (2003). A theory of magnitude: Common cortical metrics of time, space and quantity. *Trends in Cognitive Science, 7,* 483–488.

Wassmann, J. (1993). *Das Ideal des leicht gebeugten Menschen.* Berlin: Dietrich Reimer Verlag.

Wassmann, J. & Dasen, P. R. (1994). Yupno number system and counting. *Journal of Cross-Cultural Psychology, 25,* 78–94.

Wassmann, J., Träuble, B. & Funke, J. (Eds.) (im Druck). *Theory of mind: Reasoning across cultures.* New York: Berghahn.

Waxman, S. & Medin, D. L. (2007). Experience and cultural models matter: Placing firm limits on childhood anthropocentrism. *Human Development, 50,* 23–30.

Weger, U. & Pratt, J. (2008). Time flies like an arrow: Space-time compatibility effects suggest the use of a mental timeline. *Psychonomic Bulletin & Review, 15,* 426–430.

Wehner, R. (1982). Himmelsnavigation bei Insekten: Neurophysiologie und Verhalten. *Neujahrsblatt der Naturforschenden Gesellschaft in Zürich, 184,* 1–132.

Weiner, B. (1986). *An attributional theory of motivation and emotion.* New York: Springer Verlag.

Weisler, M. I. (1996). An archaeological survey of Mangareva: Implications for regional settlement models and interaction studies. *Man and Culture in Oceania, 12,* 61–85.

Wellman, H. M., Cross, D. & Watson, J. (2001). Meta-analysis of theory-of-mind development: The truth about false belief. *Child Development, 72,* 655–684.

Welsch, N. & Liebmann, C. C. (2004). *Farben.* Heidelberg: Spektrum.

Westermann, R. (2000). *Wissenschaftstheorie und Experimentalmethodik.* Göttingen: Hogrefe.

White, G. M. & Kirkpatrick, J. (Eds.) (1985). *Person, self, and experience: Exploring Pacific ethnopsychologies.* Berkeley: University of California Press.

White, M. (1979). A new effect of pattern on perceived lightness. *Perception, 8,* 413–416.

White, P. A. (2006). The causal asymmetry. *Psychological Review, 113,* 132–147.

Whorf, B. L. (1991). *Sprache – Denken – Wirklichkeit: Beiträge zur Metalinguistik und Sprachphilosophie.* Reinbek: Rowohlt.

Wichmann, S. (1995). *Wie Kinder über das Denken denken: Eine kognitions- und entwicklungspsychologische Analyse repräsentationaler und operationaler Anforderungen praktischer Schlüsse.* Frankfurt a. M.: Peter Lang.

Widom, T. R. & Schlimm, D. (2012). Methodological reflections on typologies for numerical notations. *Science in Context, 25,* 155–195.

Wierzbicka, A. (1992). *Semantics, culture, and cognition: Universal human concepts in culture-specific configurations.* New York: Oxford University Press.

Wiese, H. (2003). *Numbers, language, and the human mind.* Cambridge: Cambridge University Press.

Wiese, H. (2007). The co-evolution of number concepts and counting words. *Lingua, 117,* 758–772.

Wilkins, M. C. (1928). The effect of changed material on the ability to do formal syllogistic reasoning. *Archives of Psychology, 16,* whole no. 102.

Wimmer, H. & Perner, J. (1983). Beliefs about beliefs: Representation and constraining function of wrong beliefs in young children's understanding of deception. *Cognition, 13,* 103–128.

Winawer, J., Witthoft, N., Frank, M. C., Wu, L., Wade, A. R. & Boroditsky, L. (2007). Russian blues reveal effects of language on color discrimination. *Proceedings of the National Academy of Sciences, 104,* 7780–7785.

Woodward, A. L. (2009). Infants' grasp of others' intentions. *Current Directions in Psychological Science, 18,* 53–57.

Woodworth, R. S. & Sells, S. B. (1935). An atmosphere effect in syllogistic reasoning. *Journal of Experimental Psychology, 18,* 451–460.

Woolfe, T., Want, S. C. & Siegal, M. (2002). Signposts to development: Theory of mind in deaf children. *Child Development, 73,* 768–778.

Wu, S. & Keysar, B. (2007). The effect of culture on perspective taking. *Psychological Science, 18,* 600–606.

Yamaguchi, S., Isejima, H., Matsuo, T., Okura, R., Yagita, K., Kobayashi, M. & Okamura, H. (2003). Synchronization of cellular clocks in the suprachiasmatic nucleus. *Science, 302,* 1408–1412.

Youngblade, L. M. & Dunn, J. (1995). Individual differences in young children's pretend play with mother and sibling: Links to relationships and understanding of other people's feelings and beliefs. *Child Development, 66,* 1472–1492.

ZEIT vom 22.1.2004 (Abruf von http://www.zeit.de/2004/05/Zahlen am 12.4.2011)

Zhang, J. & Norman, D. A. (1995). A representational analysis of numeration systems. *Cognition, 57,* 271–295.

Zhang, J. & Wang, H. (2005). The effect of external representations on numeric tasks. *The Quarterly Journal of Experimental Psychology, 58A,* 817–838.

Zimbardo, P. G. (2008). *Psychologie.* München: Pearson Studium.

Zinken, J. (2010). Temporal frames of reference. In P. Chilton & V. Evans (Eds.), *Language, cognition, and space* (pp. 479–498). London: Equinox.

Sachregister

Länder, Sprachen und Kulturen

Zu den Autoren

PD Dr. Andrea Bender, geb. 1968. 1990-1995 Studium der Ethnologie, Slavistik, Indogermanische Sprachwissenschaft (Keltologie) und Psychologie in Freiburg. 2000 Promotion. Mitarbeiterin in verschiedenen DFG-Projekten. 2003-2008 Stipendiatin im Margarete-von-Wrangell-Habilitationsprogramm des Landes Baden-Württemberg. 2008 Habilitation. Seit 2009 Heisenberg-Stipendiatin der DFG an der Universität Freiburg. 2011-2012 Leitung der Forschungsgruppe The Cultural Constitution of Causal Cognition: Re-Integrating Anthropology into the Cognitive Sciences am Zentrum für interdisziplinäre Forschung (ZiF) der Universität Bielefeld. Forschungsschwerpunkte: Interaktion von Kultur, Sprache und Kognition, insbesondere in den Bereichen numerische Kognition, physikalische Kausalität, räumliche und zeitliche Referenzierung, grammatische Kategorien und soziale Kognition.

Professor Dr. Sieghard Beller, geb. 1966. 1988-1994 Studium der Psychologie in Freiburg. 1997 Promotion. 1997-2008 Mitarbeiter in verschiedenen DFG-Projekten und wissenschaftlicher Assistent. 2006 Habilitation. 2008-2011 Professurvertretungen und wissenschaftlicher Mitarbeiter an der Universität Freiburg. 2011-2012 Leitung der Forschungsgruppe The Cultural Constitution of Causal Cognition: Re-Integrating Anthropology into the Cognitive Sciences am Zentrum für interdisziplinäre Forschung (ZiF) der Universität Bielefeld. Seit 2012 Professor für Kognitive Psychologie an der Universität Paderborn. Forschungsschwerpunkte: Verbindung von Denken und Sprache (auch im Kulturvergleich), insbesondere in den Bereichen logisches Denken, kausales Denken, soziale Regeln, Zahlsysteme, Raum und Zeit.